"기업 직무적성시험
최신경향 완벽반영"

Smart

기업
직무적성
시험

SSAT, HKAT, NHAT, SK그룹 등을 이 한 권의 책으로

Edu - Tech 대한적성시험연구소

圖書出版 오래

Smart 기업
직무적성
시험

"곤륜산을 타고 흘러내린 차가운 물 사태(沙汰)가 사막 한가운데인 염택(鹽澤)에서 지하로 자취를 감추고 잠류하기를 또 몇 천리, 청해에 이르러 그 모습을 다시 지표로 드러내어 장장 8,800리 황하를 이룬다."

위 글은 위당 정인보(爲堂 鄭寅普) 선생이 광복 직후, 백범을 비롯한 임정요인의 환영식에서 소개한 한대(漢代) 장건(張騫)의 시적 구상으로서, 신영복 교수님의 '나무야나무야'에서 발췌한 것입니다.

보이지 않는 땅 속 깊은 곳에서 수천 리의 길을 달려온 물줄기. 이것이 대륙을 휘돌아 거침없이 대양을 향해 흘러가는 거대한 황하의 탄탄한 기본입니다. 인생도 마찬가지입니다. 보이지 않는 단단하고 야무진 기초가 있어야 그 위에 우리의 꿈을 올려놓을 수 있습니다. 모든 조직은 바로 기본이 충실한 사람을 찾습니다. 실력의 기본기도 탄탄하고 인격의 기본기도 탄탄한 그런 사람을 찾습니다.

우리도 이 책을 그러한 생각을 가지고 썼습니다. 독자들이 옹골지게 기본기를 다질 수 있는 책, 지루한 문제풀이의 반복이 아닌, 탄탄한 실력을 쌓아올리는 데 도움이 되는 책을 내놓기 원했습니다. 그래서 우리의 모토를 "Back to the Basic"으로 정한 것입니다.

학습자가 효과적으로 각 영역의 기본원리를 파악하고 문제풀이를 통해 실전에 숙달되도록 책을 구성하였습니다. 원리를 모르고 문제풀이를 반복하는 것은 단순한 노동이요, 시간의 낭비에 지나지 않기 때문입니다.

'기본문제'편에서는 각 영역별로 반드시 확인하고 알아두어야 할 기본원리와 풀이방법론을 소개하였습니다. 다양한 문제유형들을 수록하였습니다. 각 문제유형에서 측정하고자 하는 기본원리를 설명하였고 풀이를 위한 접근방법을 제시하였습니다. '실전문제'편에서는 실전에서 출제되는 문제들을 엄선하여 정리해 두었습니다. 기본문제에서 확인한 기본원리를 실제로 문제를 풀어가면서 적용하고 완전히 자신의 것으로 만들어갈 수 있도록 구성해 두었습니다. 이러한 구성은 학습자가 효과적으로 각 영역을 정리하고, 머릿속에 나름의 수험전략을 구상하는 데에 반드시 도움이 될 것입니다.

"미래는 꿈의 성취를 믿는 사람들의 것이다." 비록 꿈꾸는 것이 힘들어진 시대이지만, 이런 때일수록 더 강렬하게 꿈꾸십시오. 그 꿈이 당신을 붙들어 줄 것입니다. 그리고 잊지 마십시오. 당신은 황하보다 더 크게 될 존재라는 것을….

본 교재가 다른 책과 확 차이 나는 점 및 효율적 활용법

Ⅰ. 기업적성시험 안내

기업 직무적성시험 영역은 표면적으로는 실시하는 기업체마다 차이가 있는 듯이 보이지만, 본질을 살펴보면 언어영역, 수리영역, 추리영역, 직무상식영역의 4영역으로 구분됩니다. 이 4영역을 세분화하거나 통합하는 차이가 있을 차이가 있을 뿐입니다. 예컨대, 일부 기업에서만 실시하는 "상황판단" 영역은 언어추리 부분과 직무상식영역을 혼합하여 만든 영역일 뿐입니다.

Ⅱ. 효율적인 준비방법 = 다른 책과 확 차이 나는 점

1권으로 기본원리를 정확히 이해하고,

모의고사를 통해 시간 내에 풀 수 있게 하자!!!

❶ Back To the Basic

현재 대부분의 취업준비생들이 가지고 있는 마인드는 '적성시험은 별도의 준비가 필요 없고, 모의고사만 많이 풀어보면 된다'입니다. 그러나 이는 잘못된 통념입니다. 모의고사를 풀기 이전에 적성시험문제의 토대가 되는 기본개념과 원리를 정확히 이해하여 내 것으로 만들어야 합니다. 이렇게 하신 분과 모의고사만 푸신 분들과는 확실히 차이가 납니다.

❷ 1권으로 핵심을 이해한다

시중에는 각 기업별 교재가 홍수를 이루고 있어, 초심자에게는 마치 기업별로 모든 교재를 사서 달리 준비해야 하는 것처럼 보입니다. 그러나 위에서 말씀드렸듯이 시험범위는 4영역의 세분화 또는 통합일 뿐이므로 핵심 4영역의 기본원리를 충분히 가르쳐드리는 본 교재 1권이면 충분합니다.

❸ 모의고사를 통해 시간안배에 대한 감각을 몸에 익힌다

구슬이 서말이라도 꿰어야 보배이듯이, 이해한 기본 개념이나 원리를 응용한 문제들을 시간 내에 풀 수 있어야 적성시험준비가 완성됩니다. 이에 대한 준비방법이 모의고사인데, 실전과 무관한 너무 쉽거나 너무 어려운 문제는 백번 풀어야 효용이 별로 없습니다. 따라서 문제구성, 난이도, 적중도 등에서 실전과 동일한 수준의 모의고사 문제집을 고르시는 안목이 필요합니다.

Ⅲ. 이 책의 효율적인 활용법

❶ 기업별 적성시험 분석표의 활용 예시

(1) 〈기업별 직무적성시험 분석표〉

삼성그룹(SSAT), LG화학			현대/기아차, SK그룹 농협, 신한은행	KB, 한화그룹 LG디스플레이	두산그룹 (DCAT)
기초 능력 검사	언어 능력 40문항 20분	1교시 105분	언어논리 언어추리 언어유추 공간지각	언어	언어1 (유창성) 언어2 (논리성)
	수리 능력 30문항 30분		기초수리 응용계산 자료해석(판단력)	수리(자료해석)	수리 (자료해석)
	추리 능력 30문항 30분		수추리 언어추리 도형추리(창의력)	추리	
직무 능력 검사	직무 상식 50문항 25분	2교시 70분			
	상황 판단력 25문항 25분		상황판단력	* 언어,수리 두과목에 언어추리, 수추리가 포함된 경우 우리은행, LG/GS,이랜드, 동부그룹, 현대중공업	한자
인성 검사	300문항 45분		인성검사		상황판단력
					인성검사

구 성

(2) 활용 예시 – 취업준비생 A군의 농협 적성시험 준비의 경우

본 교재의 언어영역, 수리영역, 추리영역 부분의 기본 내용을 충실히 습득한 후 기본문제를 통해 출제유형을 익히도록 한다. 농협의 경우는 직무상식 능력은 출제 범위에서 제외되고 있으므로 특별히 학습할 필요가 없다.

❷ 기본원리 강의와 함께 공부하시길 바랍니다. – 강의는 웅진 패스원

처음 시작하실 때 기본강의를 들으신 분과 그렇지 않은 분들의 차이가 크게 되므로, 반드시 기본원리 강의를 함께 들으시길 권해드립니다. 싸이트는 웅진 그룹 www.passone.net 입니다.

❸ "이것만은 알고 가자"에 대한 철저한 학습

Back To the Basic = 기본개념과 원리의 철저한 학습을 위해서, 본 교재의 각 영역별 기본학습 편에 있는 "이것만은 알고 가자"를 정확히 습득하셔야 합니다.

❹ 맺으면서

본 교재가 취업 때문에 고생하시는 모든 분들에게 조금이나마 도움이 되기를 바랍니다, 저희 에듀테크는 앞으로도 더욱 더 좋은 교재와 강의로 취업을 준비하시는 여러분들의 도우미가 될 수 있도록 노력하겠습니다.

적성시험전문회사 (주) Edu-Tech 집필진 일동

Part 01
언어영역

Part 02
수리영역

Part 03

추리영역

Part 04
직무상식영역

　적성검사 언어영역에서는 단어, 문장, 글의 세 가지 수준에서 언어능력을 측정하고자 한다. 즉 어휘력, 문장 구성력, 독해력을 측정하고자 한다. 따라서 응시생은 각 수준에서 요하는 세부적인 능력을 평가하는 문항들을 정해진 시간 내에 정확히 풀어내는 것을 목표로 하여야 한다. 이하에서는 단어, 문장, 글 각각의 차원에서 원리의 학습을 기본으로 하여 여러 유형의 문제에 익숙해질 수 있는 방향을 **제시**하고자 한다.

　너무 중요하고도 당연한 사실임에도 불구하고 응시생들이 평소에는 미처 생각하지 못 하는 점이 있다. 바로 언어영역은 거의 모든 적성검사시험에서 첫 시간에 해당한다는 점이다. 첫 시간을 어떻게 마무리하였는지는 이후의 시험시간에도 영향을 미친다는 점을 명심하여야 한다. 언어영역은 그래서 더욱 중요하다. 모쪼록 언어영역 시간을 자신감 있게 마무리하고 거기서 얻은 자신감을 갖고 이어지는 다른 영역에서도 자신의 실력을 편안히 발휘할 수 있기를 바란다. 이것이 좋은 성적을 올리기 위한 가장 기본적인 당일 수험전략이다.

어휘능력

단어 수준에서 평가하고자 하는 능력을 한 마디로 말한다면, 그것은 어휘력이다. 각 단어의 정확한 사전적 의미, 문맥상의 의미를 파악하는 것이 가장 기본이 될 것이다. 어휘력은 하루아침에 늘지 않는다. 이 책을 통해 적성검사에서 요구하는 어휘력을 성장시키기 위한 올바른 방향에 대한 감을 잡기 바란다.

이것만은 알고 가자

어휘력은 글을 읽고 이해하기 위해 필요한 가장 기본이 되는 자산이다. 독해능력이 집에 해당한다면 어휘력은 하나하나의 벽돌에 해당한다고 볼 수 있다. 하나의 단어의 정확한 의미를 이해하는 것이 가장 기본이 되는 것이고 종국에는 그 단어가 구체적으로 문장에서 쓰일 때 어떤 의미로 쓰였는지를 파악하는 것이 중요하다.

어휘를 늘리기 위해 사전을 들고 다니면서 외우기란 사실상 불가능할 것이다. 짧은 글을 읽으면서 각 단어가 어떤 의미로 쓰였는지를 문맥을 통해 파악하는 노력을 해보는 것이 효과적인 공부방법이 될 것이다. 낯설게 느껴지거나 정확한 의미를 모르는 단어를 만날 경우 일차적으로 앞뒤의 흐름상 어떤 의미인지를 짐작해보는 것이 중요하다. 그리고 나서 표시해 두었다가, 여러 단어들을 나중에 한꺼번에 사전을 참조하여 확인한다면 상당히 효과적인 공부방법이 될 것이다.

이렇게 단어의 의미를 글 속에서 유추해 보는 공부 방법은 단락의 핵심 주제를 파악하는 훈련과 동시에 이루어 질 수밖에 없어, 독해력의 향상에도 상당한 도움이 될 것이다.

아울러 혼동하기 쉬운 어휘들의 정확한 뜻과 사용례도 미리 정리해 둔다면 큰 도움이 될 것이다.

적성검사 언어영역에서 출제되는 어휘란 시험의 성격상 지나치게 예외적이거나 어려운 것일 수 없다. 문자 생활 속에서 자주 사용되는 어휘들이 등장할 수밖에 없다. 따라서 평소 생활 속에서 앞서 소개한 방법으로 정리해 두면 족할 것이다. 중요한 것은 문제를 푸는 속도이다. 어휘 문제에서는 정확하고 빠르게 답을 골라낼 수 있는 스피드가 관건이 된다. 어휘 문제에서 확보한 시간을 어려운 독해문제를 풀어내는 데 사용해야 한다는 것이다. 따라서 중요한 어휘들과 자주 출제되는 시험유형을 숙지하여 빠르게 문제를 풀어나가는 능력을 기르는 것이 중요하다.

물론 예외적으로 아주 어렵거나 접해보지 못한 어휘 등이 출제 될 수도 있지만 수험생의 입장에서는 걱정할 필요가 없다. 그 문제에서 당락의 차별이 결정되지는 않기 때문이다. 오히려 편안한 마음으로 풀고서 다음 문제로 넘어가는 전략이 필요하다.

한자어를 어려워하는 수험생들이 상당수에 이른다. 한글 표기는 동일하지만 사용되는 한자가 달라지는 어휘들을 구별하는 능력이 필요하다. 이 책에서 중요한 것들을 정리해 두었다. 평소에 틈틈이 익혀두는 것이 최선의 방책이다. 한자어를 미워하지 말라. 자주 보면 친해진다. 한자를 쓰는 문제는 없으니 얼마나 다행인가? 고사성어도 중요한 것들은 정확한 의미를 정리해 두어야 한다. 어느 상황에 쓰이는지를 정확히 구별할 수 있도록 준비하자.

언어

수리

추리

직무상식

유의어, 반의어

기본문제

1 다음 보기의 단어와 가장 유사한 뜻을 가진 것을 고르시오.

| 보기 |
정수(精髓)

① 본말(本末)　　② 고수(固守)
③ 핵심(核心)　　④ 요소(要素)

정답 ③ 핵심(核心)

정수(精髓)	1. 뼈의 속에 있는 골수 2. 사물의 중심을 이루고 가장 뛰어나고 중요한 것. 요점. 핵심.
본말(本末)	1. 일의 처음과 끝 2. 일의근본과 대수롭지 않은 일. 중요한 부분과 그렇지 않은 부분.
고수(固守)	차지한 물건이나 형세 따위를 굳게 지킴.
핵심(核心)	사물의 가장 중심이 되는 부분.
요소(要素)	1. 사물의 성립·효력 등에 꼭 있어야 할 성분 또는 조건. 2. 그 이상 간단한 것으로 분석할 수 없는 것.

2 다음 보기의 단어와 가장 유사한 뜻을 가진 것을 고르시오.

| 보기 |
깜냥

① 재주　　② 오기
③ 판단　　④ 능력

정답 ④ 능력

깜냥	능력
스스로 일을 헤아림. 또는 헤아릴 수 있는 능력.	일을 감당해 낼 수 있는 힘 능력

3 다음 보기의 단어와 가장 유사한 뜻을 가진 것을 고르시오.

| 보기 |
모방

① 창조　　② 반복
③ 판단　　④ 답습

정답 ④ 답습

모방	답습
다른 것을 본뜨거나 본받음	예로부터 해 오던 방식이나 수법을 좇아 그대로 행함

4 다음 보기의 단어와 반대되는 뜻을 가진 것을 고르시오.

| 보기 |
설령

① 설혹 ② 가령
③ 설약 ④ 기실

정답 ④ 기실

설령	기실
가정해서 말하여	실제의 사정, 실제에 있어서

5 다음 보기의 단어와 반대되는 뜻을 가진 것을 고르시오.

| 보기 |
진부(陳腐)

① 일관 ② 참신
③ 개선 ④ 허위

정답 ② 참신

진부	참신
사상, 표현, 행동 따위가 낡아서 새롭지 못함	새롭고 산뜻함

6 다음 보기의 단어와 반대되는 뜻을 가진 것을 고르시오.

| 보기 |
힐난(詰難)

① 책망 ② 곤란
③ 칭찬 ④ 환희

정답 ③ 칭찬

힐난	칭찬
트집을 잡아 거북할 만큼 따지고 듦.	좋은 점이나 착하고 훌륭한 일을 높이 평가함.

유의어, 반의어
실전문제

1. 다음 보기의 단어와 가장 유사한 뜻의 단어는?

> 보기   긴요하다

① 넉넉하다   ② 깨끗하다

③ 중요하다   ④ 평화롭다

2. 다음 보기의 단어와 가장 유사한 뜻의 단어는?

> 보기   에우다

① 메우다   ② 절감하다

③ 작용하다   ④ 둘러싸다

3. 다음 보기의 단어와 가장 유사한 뜻의 단어는?

> 보기   흔하다

① 지천하다   ② 흥행하다

③ 편하다   ④ 훤하다

4. 다음 보기의 단어와 가장 유사한 뜻의 단어는?

> 보기   공명 (共鳴)

① 공훈 (功勳)   ② 명령 (命令)

③ 사명 (使命)   ④ 동감 (同感)

5. 다음 보기의 단어와 가장 유사한 뜻의 단어는?

> 보기   실마리

① 시초 (始初)   ② 효시 (嚆矢)

③ 단서 (端緖)   ④ 연원 (淵源)

6. 다음 보기의 단어와 가장 유사한 뜻의 단어는?

> 보기   백중 (伯仲)

① 명중 (命中)   ② 기세 (氣勢)

③ 호각 (互角)   ④ 호기 (呼氣)

7. 다음 보기의 단어와 가장 유사한 뜻의 단어는?

> 보기   백미 (白眉)

① 압권 (壓卷)   ② 고상 (高尙)

③ 음미 (吟味)   ④ 현미 (玄米)

8. 다음 보기의 단어와 반대되는 뜻을 가진 단어는?

> 보기   잦다

① 뜸하다   ② 크다   ③ 곧다   ④ 주다

9. 다음 보기의 단어와 반대되는 뜻을 가진 단어는?

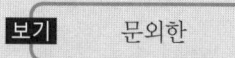

보기   성기다

① 빽빽하다   ② 성가시다

③ 평온하다   ④ 가라앉다

10. 다음 보기의 단어와 반대되는 뜻을 가진 단어는?

보기   문외한

① 공손한   ② 전문가   ③ 겸손한   ④ 별천지

11. 다음 보기의 단어와 반대되는 뜻을 가진 단어는?

보기   미봉책

① 강경책   ② 획책   ③ 상책   ④ 근본책

12. 다음 보기의 단어와 반대되는 뜻을 가진 단어는?

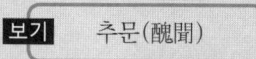

보기   추문(醜聞)

① 험담(險談)   ② 소문(所聞)

③ 미담(美談)   ④ 염문(艶聞)

13. 다음 보기의 단어와 반대되는 뜻을 가진 단어는?

보기   배척(排斥)

① 배신(背信)   ② 투항(投降)

③ 척결(剔抉)   ④ 포용(包容)

14. 다음 보기의 단어와 반대되는 뜻을 가진 단어는?

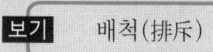

보기   사치(奢侈)

① 치장(治裝)   ② 호사(豪奢)

③ 탐욕(貪慾)   ④ 검소(儉素)

15. 다음 보기의 단어와 반대되는 뜻을 가진 단어는?

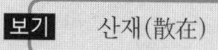

보기   번잡(煩雜)

① 조악(粗惡)   ② 간결(簡潔)

③ 곤란(困難)   ④ 순응(順應)

16. 다음 보기의 단어와 반대되는 뜻을 가진 단어는?

보기   산재(散在)

(보기)

① 연관(聯關)   ② 안전(安全)

③ 밀집(密集)   ④ 보험(保險)

17. 다음 중 의미가 다른 것 하나는?

① 시사(示唆)   ② 암시(暗示)

③ 묵시(□示)   ④ 명시(明示)

18. 다음 중 그 의미가 다른 것은?

① 여명   ② 황혼   ③ 석양   ③ 땅거미

19. 다음 중 그 의미가 다른 것은?

① 회상(回想)   ② 회고(回顧)

③ 추억(追憶)   ④ 추상(抽象)

20. 다음 중 그 의미가 다른 것은?

① 준비(準備)   ② 대비(對備)

③ 채비   ④ 준행(準行)

언
어

수
리

추
리

직
무
상
식

어휘정리 1 — 혼동하기 쉬운 각기 다른 뜻의 어휘들

가르치다	지식이나 이치 등을 깨닫게 하다. 예 그는 영어를 가르칩니다.
가리키다	어떤 방향이나 대상을 지적하여 알리다. 예 그녀가 가리키는 방향을 보았다.
가름	나누다 예 편을 가름
갈음	다른 것으로 바꾸어 대신하다. 예 컴퓨터를 새 것으로 갈음하였다.
갱신(更新)	기간을 연장하여 계약 등이 유효한 상태가 되게 함. 예 계약 기간을 갱신했다.
경신(更新)	종전의 기록을 깨뜨림 예 세계기록 경신
결재(決裁)	상관이 부하가 제출한 안건을 검토하여 허가하거나 승인함.
결제(決濟)	1. 일을 처리하여 끝을 냄. 2. 대금을 주고받아 매매 당사자 사이의 거래 관계를 끝맺는 일.
거치다	어떤 장소를 지나거나 잠깐 들르다. 경유하다 예 시장을 거쳐 집으로 왔다.
걷히다	1. 모집하다('걷다'의 피동) 예 이번에는 회비가 잘 걷히는 편이다. 2. 구름이나 안개 따위가 흩어져 없어지다. 예 안개가 걷히다
너머	높은 것의 저 쪽을 뜻하는 명사 예 산 너머 남촌
넘어	넘어가는 동작을 나타내는 동사 예 산을 넘어 여기까지 왔다.
느리다	빠르지 못하다 예 걸음이 느리다
늘이다	본디보다 더 길게 하다. 길게 처지게 하다. 예 고무줄을 늘이다. 커튼을 늘이다.
늘리다	늘게 하다('늘다'의 사동) 예 회원 수를 늘리다
다르다	같지 않다 예 모양은 달라도 가격은 같다.
틀리다	맞지 않다. 예 계산이 틀리다.
다리다	다리미로 문질러 펴다. 예 아버지가 양복을 다리신다.
달이다	끓여서 진하게 만들다. 예 어머니가 한약을 달이신다.
다치다	부딪치거나 맞아서 상하다. 예 어제 화재로 수많은 사람이 다쳤다.
닫치다	'닫다'의 힘줌말 예 문을 힘껏 닫치고 들어와라.
닫히다	열렸던 것이 닫아지다('닫다'의 피동). 예 상자가 저절로 닫혔다.

드러내다	감추어져 있거나 보이지 않던 것을 밖으로 내어 두드러지게 하다. 예 이제야 본색을 드러내는군.
들어내다	들어서 밖으로 옮기다. 예 책상까지 전부 들어냅시다.
드리다	~을 윗사람에게 주다. 정성을 바치다. 예 어머니께 꽃을 드리다. 예배를 드리다.
들이다	들어가게 하다. 예 집 안에 들여 놓아라.
들리다	위로 올려지다('들다'의 피동). '듣다'의 피동 예 순식간에 몸이 번쩍 들렸다. 새소리가 들린다.
들르다	지나는 길에 잠깐 거치다. 예 꼭 고모님 댁에 들렀다 오너라.
마치다	끝내다. 완수하다 예 일과를 모두 마쳤다.
맞히다	적중하다. 몸에 ~이 닿게 하다. 예 화살을 정확히 중앙에 맞혔다. 주사를 맞히다.
맞추다	마주 대다. 예 입을 맞추다.
띠다	표면에 나타내다. 몸에 지니다. 사명이나 직책을 맡다. 예 붉은 빛을 띤 허리띠를 띠고 있다. 중대한 임무를 띠다.
떼다	붙어 있는 것을 떨어지게 하다. 예 이번 일에서 손을 떼시오.
띄다	'뜨이다'('뜨다'의 피동)의 준말 예 보기 드물게 눈에 띄는 미인이로군.
띄우다	'뜨다'의 사동 예 배를 띄우다. 편지를 띄우다.
바치다	헌신하다. 아낌없이 다하다. 예 사랑을 위해서라면 목숨도 바칠 수 있다.
받치다	다른 물체를 밑에 대다. 어떤 기운이나 마음이 치밀다. 어떤 물건의 속이나 안에 다른 것을 껴 대다. 예 공책 밑에 책받침을 받쳤다. 설움이 받치다. 조끼를 받쳐 입다.
받히다	떠받음을 당하다('받다'의 피동) 예 소에게 받히다.
밭치다	건더기가 섞인 액체를 걸러 국물만 받아내다('밭다'의 힘줌말) 예 술을 체에 밭치다.
반드시	꼭, 틀림없이 예 노력하는 사람에게는 반드시 성과가 있다.
반듯이	비뚤어지거나 기울이거나 굽지 않고 바르게 예 선을 반듯이 그려라.
벌이다	일을 베풀어 놓다. 물건을 늘어놓다. 시설을 차리다. 예 잔치를 벌이다. 상품을 벌여 놓다. 가게를 벌이다.
벌리다	공간을 넓히다. 열어서 속의 것을 드러내다. 예 팔을 벌리다. 밤송이를 벌린다.

아름	두 팔로 껴안은 둘레 **예** 한 아름의 꽃을 선물받았다.
알음	얼굴을 아는 것. 면식 **예** 그와는 전부터 알음이 있는 사이다.
앎	학술적, 정보적 지식 **예** 삶은 곧 앎이요, 앎은 곧 힘이다.

| 부딪치다 | 세게 마주 닿다. 직면하다(＝부닥치다, '부딪다'의 힘줌말)
차와 차가 부딪쳤다. |
| 부딪히다 | 부딪음을 당하다('부딪다'의 피동)
마차가 화물차에 부딪혔다. |

| 붙이다 | 붙게 하다. 서로 맞닿게 하다. 두 편이 관계를 맺게 하다.
예 우표를 붙이다. 흥정을 붙이다. |
| 부치다 | 모자라거나 미치지 못하다. 편지나 물건을 보내다.
예 힘에 부치는 일이다 편지를 부치다. |

| 비치다 | 빛이 나서 환하게 되다. **예** 어둠 속에 달빛이 비치다. |
| 비추다 | 빛을 보내어 무엇을 밝게 하다. **예** 전등으로 지하실을 비추다. |

| 일절(一切) | 전혀, 두무지, 통(切:끊을 절)
예 그는 자신에 관한 이야기는 일절 하지 않는다. |
| 일체(一切) | 모든 것(切: 모두 체)
예 기술 개발에 따른 일체 비용은 저희 회사가 부담하겠습니다. |

| 잊다 | 망각하다 **예** 약속 시간을 깜빡 잊었다. |
| 잃다 | 분실하다 **예** 어제 잃었던 지갑을 다시 찾았다. |

| 작다 | 길이, 넓이, 부피 등 크기와 관계됨 **예** 그 애는 아직 키가 작다. |
| 적다 | 수, 분량, 정도 등 수량과 관계됨 **예** 복권에 당첨될 확률은 매우 적다. |

엉기다	액체가 굳어지다 **예** 기름이 식어 엉기다.
엉키다	실, 줄 그물 등이 꼬이거나 뭉친 상태가 되다. **예** 머리카락이 엉켜서 잘 빗겨지지 않는다.
얽히다	이리저리 걸리고 묶이다('얽다'의 피동). 관련되다. **예** 뇌물 수수 사건에 얽혀 들다. 이 반지에 얽힌 사연

| 저리다 | 피가 통하지 못하여 아리다. **예** 무릎을 꿇고 앉아 있었더니 다리가 저린다. |
| 절이다 | 소금 등을 뿌려 절게 하다. **예** 배추를 소금에 절이다. |

| 젖히다 | 안쪽이 겉면으로 나오게 하다. **예** 그는 윗도리를 뒤로 젖히며 앉았다. |

| 제치다 | 1. 거치적거리지 않게 처리하다 **예** 골키퍼를 제치고 골을 넣었다.
2. 어떤 대상이나 범위에서 빼다. **예** 일단 그 문제는 제쳐 놓고 얘기하자.
3. 경쟁 상대보다 우위에 서다. **예** 경기에서 꼬마가 어른을 제치고 우승했다. |

조리다	국물을 바특하게 바짝 끓여서 익히다. 예 두부를 간장에 조리다.
졸이다	속을 태우다 예 마음을 졸이며 합격자 발표를 기다렸다.
−(으)로서	신분, 지위, 자격 예 대장으로서 책임감을 갖는다.
−(으)로써	자료, 수단, 도구 예 죽음으로써 군인의 명예를 지켰다.
탓	부정적 원인과 관련됨 예 이건 모두 네 탓이야.
덕분	긍정적 원인과 관련됨 예 당신 덕분에 건강을 회복했습니다.
때문	긍정적, 부정적 원인에 모두 사용 가능함 예 우리가 이긴 것 영수 때문이야. 너 때문에 시험을 망쳤어.
−마는	앞 말을 시인하면서도, 다음 말에 의문이나 어긋나는 뜻을 나타냄. 예 아직 어린 아이지마는 실력은 어른 못지 않다.
−만은	어떤 사물을 단독으로 일컬을 때 예 우리 둘만은 변치 말자.
만은	무엇에 견주어 그와 같은 정도에 미침을 나타냄 예 그가 화를 낼 만은 하다.
−므로	까닭, 이유 예 그는 부지런하므로 성공할 것이다.
−ㅁ으로	수단, 방법 예 그는 부지런함으로 인정받으려 한다.
−박이	박혀 있는 것을 나타낼 때 예 점박이, 차돌박이
−배기	나이를 나타낼 때 예 한 살배기
−장이	기술자를 지칭함 예 미장이, 대장장이, 땜장이
−쟁이	사람의 성질, 습관, 행동과 관련됨 예 멋쟁이, 수다쟁이, 욕심쟁이

어휘정리 2 | 동음이의어 한자어 구별

가설	假說	어떤 사실을 설명하거나 어떤 이론 체계를 연역하기 위해 설정한 가정
	架設	전깃줄이나 전화선 교량 따위를 공중에 건너질러 설치함
	假設	임시로 설치함
	家庭	한 가족이 생활하는 집.
	假定	사실이 아니거나 또는 사실인지 아닌지 분명하지 않은 것을 임시로 인정함.
	家政	집안을 다스리는 일.

감상	鑑賞	주로 예술작품을 이해하여 즐기고 평가함
	感想	마음속에서 일어나는 느낌이나 생각
	感傷	하찮은 일에도 쓸쓸하고 슬퍼져서 마음이 상함

개정	改正	주로 문서의 내용 따위를 고쳐서 바르게 함
	改定	이미 정하였던 것을 고쳐서 다시 정함
	改訂	글자나 글의 틀린 곳을 고쳐 바로잡음

| 결정 | 結晶 | 노력의 결과로 얻어진 훌륭한 보람 |
| | 決定 | 결단을 내려 확정함 |

경기	景氣	매매나 거래에 나타나는 호황, 불황 따위의 경제활동상태
	競技	일정한 규칙 아래 기량과 기술을 겨룸
	驚氣	어린아이가 경련을 일으키는 병

고사	枯死	나무나 풀이 말라 죽음
	故事	옛날에 있었던 일이나 그것을 표현한 어구.
	考査	자세히 생각하고 조사함.
	固辭	제의나 권유 따위를 굳이 사양함.' 굳이 사양함',' 거절함'으로 순화.

| 공유 | 共有 | 두 사람 이상이 한 가지 것을 공동으로 가짐 |
| | 公有 | 국가 또는 공공 단체의 소유 |

교정	矯正	틀어지거나 잘못된 것을 바로잡음
	校庭	학교의 마당이나 운동장.
	敎正	가르쳐서 바르게 함.
	校正	교정쇄와 원고를 대조하여 오자, 오식, 배열, 색 따위를 바르게 고침.
	校訂	남의 문장 또는 출판물의 잘못된 글자나 글귀 따위를 바르게 고침.
	交情	사귀는 정. 또는 사귀어 온 정.
	敎程	가르치는 정도.
기능	機能	역할이나 작용
	技能	기술상의 재능
기술	技術	자연의 사물을 인간에게 유용하도록 가공하는 수단
	記述	있는 그대로 열거하거나 기록하여 서술함
답사	踏査	현장에 가서 직접 보고 조사함
	答辭	회답을 함. 또는 그런 말.
	答謝	보답으로 사례를 함. 또는 그 사례.
대비	對比	두 가지의 차이를 밝히기 위하여 서로 맞대어 비교함
	對備	앞으로 일어날지도 모를 어떠한 일에 대응하기 위하여 미리 준비함
동의	同意	1. 같은 의미. 2. 의사나 의견을 같이함.
	動議	회의 중에 토의할 안건을 제기함. 또는 그 안건.
	同議	같은 의견이나 논의.
동화	童話	어린이를 위하여 동심(童心)을 바탕으로 지은 이야기.
	同化	성질, 양식(樣式), 사상 따위가 다르던 것이 서로 같게 됨.
	同和	같이 화합함.
만기	晚期	만년(晚年)의 시기.
	滿期	미리 정한 기한이 다 참. 또는 그 기한.
매수	買受	사서 넘겨받음
	買收	남을 꾀어서 제 편으로 만듦
매장	埋葬	시체나 유골 따위를 땅속에 묻음.
	埋藏	묻어서 감춤.
반려	伴侶	짝이 되는 동무.
	反戾/叛戾	배반하여 돌아섬. 도리에 어긋남.
	返戾	반환(返還)

| 부양 | 扶養 | 생활 능력이 없는 사람의 생활을 돌봄 |
| | 浮揚 | 가라앉은 것이 떠오름 |

부인	夫人	'남의 아내'에 대한 높임말
	婦人	'결혼한 여자'를 통칭하는 말
	否認	어떤 내용이나 사실을 옳거나 그러하다고 인정하지 아니함.

배치	配置	사람이나 물자 따위를 일정한 자리에 알맞게 나누어 둠.
	排置	일정한 차례나 간격에 따라 벌여 놓음.
	背馳	서로 반대로 되어 어그러지거나 어긋남.

사상	事象	관찰할 수 있는 사물과 현상.
	思想	어떠한 사물에 대하여 가지고 있는 구체적인 사고나 생각.
	死傷	죽거나 다침.

사실	寫實	사물을 있는 그대로 그려 냄.
	事實	실제로 있었던 일이나 현재에 있는 일.
	史實	역사에 실제로 있는 사실(事實).
	査實	사실을 조사하여 알아봄.

선전	宣傳	많은 사람들이 알고 이해하도록 잘 설명하여 널리 알림
	宣戰	한 나라가 다른 나라에 대하여 전쟁을 시작한다는 의사 표시를 하는 일
	善戰	있는 힘을 다하여 잘 싸움

수용	收用	거두어들여 사용함.
	受容	어떠한 것을 받아들임.
	收容	범법자, 포로, 난민, 관객, 물품 따위를 일정한 장소나 시설에 모아 넣음.
	受用	받아 씀.

| 습득 | 拾得 | 주워서 얻음 |
| | 習得 | 학문이나 기술 따위를 배워서 자기 것으로 함 |

심사	審査	자세하게 조사하여 등급이나 당락 따위를 결정함
	心思	어떤 일에 대한 여러 가지 마음의 작용.
	心事	마음속으로 생각하는 일. 또는 그 생각.
	深思	깊이 생각함. 또는 깊은 생각.

역전	逆轉	형세가 뒤집힘.
	力戰	온 힘을 다하여 싸움.
	歷戰	이곳저곳에서 많은 전쟁을 겪음.
	逆戰	적의 공격을 받다가 역습하여 나아가 싸움.

| 유학 | 留學 | 외국에 머물면서 공부함 |
| | 遊學 | 타향에서 공부함 |

| 이동 | 移動 | 움직여서 있던 자리를 옮김 |
| | 異動 | 같은 직장 안에서 지위, 직책 따위의 변동 |

이상	理想	생각할 수 있는 범위 안에서 가장 완전하다고 여겨지는 상태.
	以上	수량이나 정도가 일정한 기준보다 더 많거나 나음.
	異常	정상적인 상태와 다름.
	異狀	평소와는 다른 상태.

| 이행 | 移行 | 다른 상태로 옮아 감 |
| | 履行 | 실제로 행함 |

전세	專貰	계약에 의하여 일정 기간 동안 그 사람에게만 빌려 주어 다른 사람의 사용을 금하는 일.
	傳貰	부동산의 소유자에게 일정한 액수의 돈을 미리 주고 그 부동산을 일정 기간 빌려쓰는 일
	戰勢	전쟁, 경기 따위의 형세나 형편.

| 조작 | 造作 | 어떤 일을 사실인 듯이 꾸며 만듦. |
| | 操作 | 기계 따위를 일정한 방식에 따라 다루어 움직임. |

| 재연 | 再演 | 연극이나 영화 따위를 다시 상연함. |
| | 再燃 | 꺼졌던 불이 다시 탐 |

진정	眞情	참되고 애틋한 정이나 마음.
	鎭靜	몹시 소란스럽고 어지러운 일을 가라앉힘.
	陳情	실정이나 사정을 진술함.

치부	恥部	남에게 드러내고 싶지 아니한 부끄러운 부분.
	致富	재물을 모아 부자가 됨.
	置簿	금전이나 물건 따위가 들어오고 나감을 기록함. 또는 그런 장부.

투기	投機	기회를 틈타 큰 이익을 보려고 함. 또는 그 일.
	投棄	내던져 버림.
	鬪技	서로 맞붙어 다툼.

편재	偏在	한곳에 치우쳐 있음.
	騙財	남의 재물을 속여서 빼앗음.
	遍在	널리 퍼져 있음.

| 편집 | 編輯 | 일정한 방침 아래 여러 가지 재료를 모아 신문, 잡지, 책 따위를 만드는 일. |
| | 偏執 | 편견을 고집하고, 남의 말을 듣지 않음. |

언어

수리

추리

직무상식

해석	解釋	문장이나 사물 따위로 표현된 내용을 이해하고 설명함. 또는 그 내용.
	解析	사물을 자세히 풀어서 논리적으로 밝힘.

현상	現象	인간이 지각할 수 있는, 사물의 모양과 상태.
	現狀	나타나 보이는 현재의 상태.
	懸賞	무엇을 모집하거나 구하거나 사람을 찾는 일 따위에 현금이나 물품 따위를 내걺.
	現像	노출된 필름이나 인화지를 약품으로 처리하여 상이 나타나도록 함.
	懸象	천상(天上)에 걸린 현상(現象)
	現想	보고 듣는 데 관련하여 일어나는 생각.

확정	確定	일을 확실하게 정함.
	廓正	잘못을 바로잡음

2 정확한 어휘의 사용
기본문제

1 다음 빈칸에 들어갈 말로 가장 적절한 것을 고르시오.

> 사람들이 인터넷에 홈페이지를 만드는 것은 자기만의 작은 인쇄기를 가지고 자신의 소식지를 찍어 가상의 독자에게 배포하는 것과 흡사하다. 앞으로 당분간 인터넷 그 자체가 책을 (   )하지는 못할지라도 지금의 인쇄된 책과 비슷한 전자책이 출판시장에 등장해서 급속하게 시장을 점유할 것이다.

① 점유   ② 잠식   ③ 대처   ④ 대체

> **정답** ④ 대체: 다른 것으로 대신함
>
> | 문맥상 의미추론 | 인터넷 그 자체가 책을 (대신)하지는 못 할지라도... |
> |---|---|
> | 대체 | 다른 것으로 대신함 |

2 다음 (   ) 안에 공통으로 들어갈 가장 적절한 단어는?

> * 정부는 이번 시위를 불법행위로 (   )하고 대응책을 세우기로 하였다.
> * 헌법에서는 집회의 자유를 (   )하고 있다.

① 확정(確定)   ② 시정(是正)   ③ 규정(規定)   ④ 배정(配定)

> **정답** ③ 규정(規定)
>
> | 규정(規定) | 1. 규칙으로 정함. 또는 그 정하여 놓은 것.
2. 내용이나 성격, 의미 따위를 밝혀 정함. 또는 그 정하여 놓은 것.
3. 〈법률〉양이나 범위 따위를 제한하여 정함. |
> |---|---|

③ 다음 (보기)의 밑줄 친 단어에 해당되는 한자어 표기는?

| 보기 |

우리 학교는 <u>교정</u>이 아름답기로 유명하다.

① 矯正   ② 校庭   ③ 校訂   ④ 交情

정답 ② 校庭

矯正	틀어지거나 잘못된 것을 바로잡음
校庭	학교의 마당이나 운동장.
校訂	남의 문장 또는 출판물의 잘못된 글자나 글귀 따위를 바르게 고침.
交情	사귀는 정. 또는 사귀어 온 정.

④ 다음 (보기)의 밑줄 친 단어에 해당되는 한자어 표기는?

| 보기 |

우리 인생에 영원한 것은 없다. 정말 인생<u>무상</u>이다.

① 無上   ② 無常   ③ 無想   ④ㅍ 無償

정답 ② 無常

⑤ 다음 (   )안에 들어갈 알맞은 단어를 순서대로 제시한 것은?

이사한 집에 가구를 새로 (   )
지나는 길에 삼촌 댁에 (   )

① 들이다, 드르다   ② 들이다, 들르다   ③ 드리다, 드르다   ④ 들이다, 들리다

정답 ② 들이다, 들르다

| 들이다 | 들어가게 하다. **예** 집 안에 들이다. |
| 들르다 | 지나는 길에 잠깐 거치다. **예** 선생님 댁에 들르다. |

6 다음 ( )안에 들어갈 알맞은 단어를 순서대로 제시한 것은?

전 재산을 나라에 (　　)
커피 잔 밑에 찻잔을 (　)

① 바치다, 받치다　　② 바치다, 받히다　　③ 받치다, 받히다　　④ 바치다, 밭치다

정답 ① 바치다, 받치다

| 바치다 | 헌신하다. 아낌없이 다하다. 예 나라에 목숨을 바치다. |
| 받치다 | 다른 물체를 밑에 대다. 예 손으로 턱을 받치다. |

2

정확한 어휘의 사용
실전문제

1. 다음 보기의 (   ) 안에 들어갈 가장 적절한 단어를 고르시오.

> **보기** 과학자들은 어떤 질병 관련 유전자에 이상이 있다고 해서 꼭 병에 걸린다는 (   )은 없다고 말했다.

① 장담(長談) 　　② 의심(疑心)

③ 보장(保障) 　　④ 보장(保藏)

2. 다음의 보기의 (   ) 안에 들어가기에 적절한 단어를 고르시오.

> **보기** • 사원들은 자신들이 신명 나게 일할 수 있는 분위기를 (   )해 달라고 요구했다.
> • 택지를 (   )하여 집을 짓기 시작했다.

① 양성 　② 권장 　③조장 　④조성

3. 다음 보기의 (   ) 안에 들어갈 알맞은 단어를 고르시오.

> **보기** 이번 교육과정은 청소년들이 준법정신을 (   )할 수 있도록 설계되어 있습니다.

① 함양(涵養) 　　② 지양(止揚)

③ 사양(辭讓) 　　④ 게양(揭揚)

4. 다음 보기 문장의 (   ) 안에 들어갈 알맞은 단어를 고르시오.

> **보기** CCTV가 없던 시절에는 많은 뺑소니 차량 사고에서 범인을 찾지 못하고 사건이 (   )으로 끝나버린 경우가 많다.

① 미궁 　② 곤궁 　③ 혼선 　④ 공중

5. 다음의 보기의 (   ) 안에 들어가기에 알맞은 단어를 고르시오.

> **보기** 날치기를 시도하려는 여당의원들과 이를 저지하려는 야당의원들 회의장 에서 (   )하고 있다.

① 대처 　② 대체 　③ 병치 　④ 대치

6. 다음 (보기)의 밑줄 친 단어에 해당되는 한자어 표기는?

> **보기** 의사소통을 잘 하려면 상대방의 이야기를 경청해야 한다.

① 傾聽 　② 敬請 　③ 輕淸 　④ 鏡聽

7. 다음 (보기)의 밑줄 친 단어에 해당되는 한자어 표기는?

> **보기** 내 인생은 내 스스로 설계하고 싶다.

① 設計 　② 雪溪 　③ 設契 　④ 設戒

8. 다음 (보기)의 밑줄 친 단어에 해당되는 한자어 표기는?

> 보기　요즘 같은 불경기에는 확장은커녕 현상유지하기도 어렵다.

① 現像　　② 現狀　　③ 懸賞　　④ 賢相

9. 다음 (보기)의 밑줄 친 단어에 해당되는 한자어 표기는?

> 보기　심사위원들은 고심 끝에 우승자를 가려내었다.

① 心思　　② 深思　　③ 審査　　④ 心事

10. 다음 (보기)의 밑줄 친 단어에 해당되는 한자어 표기는?

> 보기　어떤 법칙을 설명하기 위해서는 가설을 설정하고 검증하는 단계를 거쳐야 한다.

① 假說　　② 假設　　③ 架設　　④ 街說

11. 다음 밑줄 친 (보기)의 단어에 해당되는 한자어 표기는?

> 보기　미술 작품 감상에 몰두하다보면 때로 마치 내가 그 그림을 그린 것처럼 느껴진다.

① 感想　　② 感傷　　③ 鑑賞　　④ 感賞

12. 다음 (보기)의 (　)안에 들어갈 알맞은 단어를 순서대로 제시한 것은?

> 보기　구름이 (　) 나자 태양이 모습을 (　　)

① 거치고 – 드러냈다　② 걷히고 – 들어냈다
③ 겉이고 – 드러냈다　④ 걷히고 – 드러냈다

13. 다음 (보기)의 (　)안에 들어갈 알맞은 단어를 순서대로 제시한 것은?

> 보기
> • 박지성이 찬 공이 골대를 (　　) 튕겨져 나왔다.
> • 승철이는 퀴즈 문제의 정답을 (　　) 상을 탔다.

① 맞히고 – 맞히고,　② 맞추고 – 맞히고,
③ 맞히고 – 맞추고　④ 맞추고 – 맞추고

14. 다음 (보기)의 (　)안에 들어갈 알맞은 단어를 순서대로 제시한 것은?

> 보기
> • 야구에서 승부는 대개 9회말에 (　)이 난다.
> • 그 건물의 높이가 (　)이 안 된다.
> • 어려운 질문에 대해 그는 웃음으로 답변을 (　)했다.

① 가름 – 가늠 – 갈음　② 가늠 – 가름 – 갈음,
③ 갈음 – 가늠 – 가름　④ 갈음 – 가름 – 가름

15. 다음 문장의 (보기)의 (　)안에 들어갈 알맞은 단어는?

> 보기　그 꼬마는 경기에서 어른들을 (　) 우승했다.

① 젖히고　② 제치고　③ 재끼고　④ 재치고

16. 다음 문장의 (보기)의 (　)안에 들어갈 알맞은 단어를 순서대로 제시한 것은?

> 보기
> • 내 친구는 키가 (　)
> • 복권에 당첨될 확률은 매우 (　)

① 적다, 작다　　　② 작다, 작다
③ 적다, 적다　　　④ 작다, 적다

17. 다음 (보기)의 ( )안에 들어갈 알맞은 단어를 순서 대로 제시한 것은?

> 보기
> • 그는 물품 대금을 언제나 신용 카드로 ( )했다.
> • 사장님께 쉽게 ( )를 받을 줄 알았는데 몇 번이나 퇴짜를 맞았다.

① 결제 – 결재　　② 결제 – 결제
③ 결재 – 결제　　④ 결재 – 결재

18. 다음 (보기)의 ( )안에 들어갈 알맞은 단어를 순서 대로 제시한 것은?

> 보기
> • 만료 기간이 다 된 여권을 구청에서 ( ) 해야 한다.
> • 올림픽에 참가하는 선수들의 목적은 종전 기록을 ( )하는 것이다.

① 갱신 – 경신　　② 갱신 – 갱신
③ 경신 – 갱신　　④ 경신 – 경신

19. 다음 (보기)의 ( )안에 들어갈 알맞은 단어를 순서 대로 제시한 것은?

> 보기
> • 두부를 간장에 ( )
> • 합격자 발표를 기다리느라 마음을 ( )

① 조리다 – 조리다　　② 조리다 – 졸이다
③ 졸이다 – 조리다　　④ 졸이다 – 졸이다

20. 다음 (보기)의 ( )안에 들어갈 알맞은 단어를 순서 대로 제시한 것은?

> 보기
> • 그는 과거에 관한 이야기는 ( ) 하지 않는다.
> • 신상품 홍보에 드는 (   )비용은 저희 회사가 부담하겠습니다.

① 일체, 일절　　② 일체, 일체
③ 일절, 일절　　④ 일절, 일체

3  어휘의 문맥상의 뜻
기본문제

1 밑줄 친 단어의 뜻풀이로 적절하지 않은 것은?

① 영세한 기업들이 담당하던 분야를 대기업이 잠식(蠶食)해갔다. ➜ 먹어 들어갔다.

② 그는 자신의 신분을 농부로 위장(僞裝)하였다. ➜ 거짓으로 꾸몄다.

③ 월드컵을 통해 한국축구는 세계무대로 도약(跳躍)하였다. ➜ 높은 단계로 발전하였다.

④ 이 속옷은 신축성이 뛰어나 체형을 잘 보정(補正)해준다. ➜ 안전하게 보호해준다.

> **정답** ④
>
> **보정(補正)하다**　부족한 부분을 보태어 바르게 하다.

2 밑줄 친 단어의 뜻풀이로 적절하지 않은 것은?

① 그는 투자할 만한 값어치가 있는 선수이다. ➜ 가치

② 노인들은 그곳에서 푸대접을 받았다고 주장했다. ➜ 홀대

③ 사람들은 그녀의 유창한 말솜씨에 반했다. ➜ 눌변

④ 그는 힘든 일도 아무 말 없이 성실히 수행한다. ➜ 묵묵히

> **정답** ③
>
> 유창한 말솜씨는 "언변" 이라는 표현이 적절함.　눌변(訥辯)은 어눌한 말솜씨를 뜻함.

3 (보기)의 밑줄 친 단어와 문맥상 의미가 가장 유사한 것은?

┤ 보기 ├─

작심삼일이라고, 다이어트 하는 것이 며칠이나 <u>가겠니?</u>

① 새로 산 바지에 주름이 <u>갔다.</u>

② 이 아파트는 시가로 10억은 <u>간다.</u>

③ 그는 왠지 모를 호감이 <u>가는</u> 사람이다.

④ 그들의 우정은 오래 <u>가지</u> 못했다.

정답 ④	
(보기)	어떤 현상이나 상태가 유지되다
①	금, 줄, 주름살, 홈 등이 생기다
②	가치나 값이 어느 정도에 이르다
③	관심이나 눈길 따위가 쏠리다
④	(보기)와 같은 의미

4 (보기)의 밑줄 친 단어와 문맥상 의미가 가장 유사한 것은?

┤ 보기 ├─

아이들은 뽀로로, 둘리, 짱구와 <u>같은</u> 만화주인공들을 좋아한다.

① 창밖을 보니 비가 올 것만 <u>같은</u> 날씨다.

② 유수와 <u>같은</u> 세월은 막을 수가 없다.

③ 여행할 때는 해열제 <u>같은</u> 비상약을 준비해야 한다.

④ 우리는 <u>같은</u> 동네에 산다.

정답 ③	
(보기)	비슷한 부류나 유형에 속함을 이르는 말
①	추측이나 불확실한 단정을 나타내는 말
②	비교하거나 비유하여 비슷하다
③	(보기)와 같은 뜻
④	동일하다

5 (보기)의 밑줄 친 단어와 문맥상 의미가 가장 유사한 것은?

| 보기 |

우리나라가 월드컵에서 우승한다고 <u>치자</u>. 그것이 너와 무슨 상관이 있니?

① 철수까지 <u>치면</u> 모두 스무 명이다.

② 할아버지는 촌수로 <u>치면</u> 나와 이촌 간이다.

③ 내가 실수 한 번 했다고 <u>치고</u>, 그만 다투자.

④ 그만하면 값을 잘 <u>쳐서</u> 판 것이다.

정답 ③	
(보기)	가정하다. 인정하다
①	계산에 넣다
②	어떤 것을 기준으로 하다
③	(보기)와 같은 뜻
④	셈을 맞추다

6 (보기)의 밑줄 친 단어와 문맥상 의미가 가장 유사한 것은?

| 보기 |

전철에서 자리가 나지 않아 계속 <u>서서</u> 왔다.

① 합격할 수 있다는 확신이 <u>섰다</u>.

② 마을에 장이 <u>섰다</u>.

③ 위신이 <u>서지</u> 않아 화가 <u>났다</u>.

④ <u>서</u> 있지 말고 앉으세요.

정답 ④	
(보기)	기립(起立)하다
①	계획, 결심 등이 마음속에서 이루어지다
②	장 따위가 열리다
③	체면 따위가 유지되다
④	(보기)와 같은 뜻

3

어휘의 문맥상의 뜻

실전문제

1. 밑줄 친 단어의 뜻풀이로 적절하지 않은 것은?

① 이번 회의는 우리 팀장이 직접 주재(主宰)했다. ➜ 맡아 처리했다.

② 그는 진급에 필요한 교육과정을 모두 수료(修了)하였다. ➜ 마쳤다.

③ 나는 동료가 사직서를 제출하려는 것을 만류(挽留)했다. ➜ 못하게 말렸다.

④ 일부 기업은 장마를 틈타 폐수를 몰래 누설(漏泄)했다. ➜ 보관했다.

2. 밑줄 친 단어의 뜻풀이로 적절하지 않은 것은?

① 대통령의 책임은 참으로 막중(莫重)하다. ➜ 매우 중요하다.

② 우체국에서도 등록금을 수납(收納)한다. ➜ 받아 거두어들인다.

③ 이번 등산은 그와 동반(同伴)하기로 하였다. ➜ 공평히 나누다.

④ 나는 복지재단에 천만 원을 기탁(寄託)했다. ➜ 부탁해 맡겼다.

3. 밑줄 친 단어의 뜻풀이로 적절하지 않은 것은?

① 행사를 성공적으로 치르기 위해 시간과 노력을 경주(傾注)해야 한다. ➜ 겨루어야

② 외부의 입김이 작용(作用)하지 않도록 심사를 비밀리에 진행한다. ➜ 영향을 미치지

③ 많은 기업들이 그 자선단체를 지원(支援)하기로 약속하였다. ➜ 지지하고 돕기로

④ 감독은 선수들을 전심을 다해 지도(指導)하였다. ➜ 가르치고 이끌다.

4. 밑줄 친 단어의 뜻풀이로 적절하지 않은 것은?

① 직원들 모두, 방문한 손님들을 영접(迎接)하기 위해 분주하였다. ➜ 보내느라

② 우리는 날치기와 같은 구시대의 악습을 용인(容忍)할 수 없다. ➜ 받아들이다

③ 단 2명의 경찰관이 3개 마을을 관할(管轄)하고 있다. ➜ 맡고

④ 폭설로 인해 고향으로 가는 모든 길이 두절(杜絶)되었다. ➜ 끊기었다

5. 밑줄 친 단어의 뜻풀이로 적절하지 않은 것은?

① 우리 학교에는 맨 은행나무뿐이다. ➜ 온통

② 예전의 용감하고 씩씩했던 모습과는 영 딴판이 되었다. ➜ 조금

③ 종업원들의 태도가 썩 좋아졌다. ➜ 매우

④ 정 싫으면 하지 않아도 된다. ➜ 도무지

6. 밑줄 친 단어의 뜻풀이로 적절하지 않은 것은?

① 남의 어려움을 보고도 고개를 돌리는 사람들이 많다. ➜ 외면하는

② 드디어 긴 여정에 마침표를 찍는 순간이 오고 말았다. ➜ 마치는

③ 친구는 물론 친척들과도 담을 지고 살아온 지 오래다. ➔ 담담히

④ 그는 경찰서를 사흘이 멀다 하고 드나든다. ➔ 매우 자주

7. 밑줄 친 단어의 뜻풀이로 적절하지 않은 것은?

① 아무리 사정해 봐야 부질없는 노릇이다. ➔ 소용없는

② 섣부르게 행동하는 것은 바람직하지 않다. ➔ 어설프게

③ 오늘따라 유달리 그녀는 나를 살갑게 대했다. ➔ 다정하게

④ 옥수수가 옹골지게 여물었다. ➔ 부실하게

8. 밑줄 친 부분의 의미가 나머지 것과 다른 하나는?

① 저 걸인을 괄시하면 나중에 큰 코 다칠 것이다.

② 졸부들은 가난한 사람을 멸시하는 습성이 있다.

③ 3D 업종의 일을 천시해서는 안 된다.

④ 나보다 재능 있는 사람을 질시하는 것은 바람직하지 못하다.

9. (보기)의 밑줄 친 단어와 문맥상 의미가 가장 유사한 것은?

> 보기 배추가 작황이 나빠서 부르는 게 값이다.

① 나잇값 좀 해라.

② 외상값을 모두 갚았다.

③ 2X＝10에서 'X'의 값은 5이다.

④ 금반지는 값이 비싸 살 엄두가 나지 않는다.

10. (보기)의 밑줄 친 단어와 문맥상 의미가 가장 유사한 것은?

> 보기 시험을 마치고 난 그녀의 얼굴에 피곤한 기색이 어렸다.

① 그녀는 졸음기가 어린 말투로 혼자 중얼거렸다.

② 그녀의 두 눈에 눈물이 어리고 있었다

③ 구름이 걷히자 희미한 달빛이 방안에 어리기 시작하였다.

④ 가장 나이가 어린 신입사원이 그 일을 맡았다.

11. (보기)의 밑줄 친 단어와 문맥상 의미가 가장 유사한 것은?

> 보기 그들은 정말 셈에 밝은 장사치들이었다.

① 그녀는 무슨 셈을 따져서 그들에게 친절했던 것이 아니다.

② 그는 속는 셈치고 일단 동행하기로 하였다.

③ 처음에는 어떻게 되는 셈인지 몰라서 멀거니 천장만 바라보았다.

④ 나는 다섯 살부터 글자와 셈을 배웠다.

12. (보기)의 밑줄 친 단어와 문맥상 의미가 가장 유사한 것은?

> 보기 이 글에서 잘못된 문장을 가려내어 고치십시오.

① 신입 여자 직원이 낯을 많이 가린다.

② 지난 일을 잘잘못을 가려 봤자 무엇 합니까?

③ 평가단은 본선 진출자를 가리는 데 애를 먹었다.

④ 그녀는 자기 앞도 못 가리는 처지였다.

13. (보기)의 밑줄 친 단어와 문맥상 의미가 가장 유사한 것은?

> 보기 그는 국자를 가지러 부엌에 갔다.

① 그는 늘 큰 포부를 가지고 산다.

② 고모는 바람대로 아이를 가지게 되었다.

③ 우산을 가지고 온 사람들이 많았다.

④ 내일 오후에 기자회견을 가질 예정이다.

14. (보기)의 밑줄 친 단어와 문맥상 의미가 가장 유사한 것은?

> 보기 그녀는 패션 분야에서 이름깨나 얻은 디자이너입니다.

① 이 동물의 이름은 고라니이다.
② 안보라는 이름으로 사생활 침해를 정당화하다니.
③ 아버지의 이름을 더럽히는 일을 눈뜨고 볼 수가 없다.
④ 그는 문화계에서 이름 높은 화가로 알려져 있다.

15. (보기)의 밑줄 친 단어와 문맥상 의미가 가장 유사한 것은?

> 보기 세제를 많이 쓴다고 빨래가 깨끗하게 되는 것은 아니다.

① 생떼를 쓰다
② 왼손을 쓰는 투수
③ 이 일에 신경 쓰지 마라.
④ 출장비로 100만원을 썼다.

16. (보기)의 밑줄 친 단어와 문맥상 의미가 가장 유사한 것은?

> 보기 어머니는 무서운 표정을 짓고 잘못을 야단치셨다.

① 새로 집을 짓고 이사를 가다.
② 아이들이 무리를 지어 다닌다.
③ 그녀는 야릇한 미소를 지을 뿐이었다.
④ 시를 짓는 것은 힘든 일이다.

17. (보기)의 밑줄 친 단어와 문맥상 의미가 가장 유사한 것은?

> 보기 인간만이 말을 한다는 주장에 대해 의문이 제기되고 있다.

① 웬일인지 오늘은 그녀가 먼저 말을 꺼냈다.
② 말은 생각과 느낌을 표현하는 수단이다
③ 새로운 부양책이 발표될 것이라는 말이 있다.
④ '고맙다'라는 말로는 다 표현할 수가 없었다.

18. (보기)의 밑줄 친 단어와 문맥상 의미가 가장 유사한 것은?

> 보기 겨울보다 여름에 빨래가 잘 마른다.

① 얼굴에 눈물이 마른 자국이 있다.
② 그는 요즘 들어 계속해서 자꾸 마른다.
③ 남획이 자행된 근해에서 고기가 씨가 말랐다.
④ 격한 운동을 했더니 목이 몹시 마르다.

19. (보기)의 밑줄 친 단어와 문맥상 의미가 가장 유사한 것은?

> 보기 음식에 간이 제대로 들었다.

① 그녀는 볼수록 마음에 드는 여자이다.
② 나는 탁구 동아리에 들었다.
③ 흰 옷에 물이 들어서 못 입게 되었다.
④ 자, 안으로 드시지요.

20. (보기)의 밑줄 친 단어와 문맥상 의미가 가장 유사한 것은?

> 보기 상황이 나빠져도 나는 원래 계획대로 나가겠다.

① 지금까지 나간 비용은 모두 100만 원이다.
② 오늘 수업은 4단원까지 나가겠다.
③ 축구를 했더니 구두가 다 나갔다.
④ 우리 측은 협상에서 강경하게 나갔다.

4 단어의 관계
기본문제

언 어
수 리
추 리
직무상식

1 다음 보기에 제시된 단어와 같은 관계를 가진 것은?

| 보기 |
> 이면 (裏面) : 표면 (表面)

① 협소 : 광활　　　② 소 : 가축　　　③ 가수 : 배우　　　④ 방화 : 점화

> **정답** ②
>
> [(보기)는 반의어 관계임. '이면(속) : 표면(겉)' ≒ '협소(좁음) : 광활(넓음)']

2 다음 보기에 제시된 단어와 같은 관계를 가진 단어끼리 묶인 것은?

| 보기 |
> 헌신 : 희생

① 창 : 방패　　　② 선전 : 홍보　　　③ 군중 : 광장　　　④ 수저 : 접시

> **정답** ①
>
> | 관계 | 단어 | 의미 |
> |------|------|------|
> | 유의어 관계 | 헌신 | 몸과 마음을 바쳐 있는 힘을 다함. |
> | | 희생 | 목적을 위하여 자신의 목숨, 재산, 명예, 이익 따위를 바치거나 버림 |
> | 유의어 관계 | 선전 | 많은 사람이 알고 이해하도록 잘 설명하여 널리 알리는 일. |
> | | 홍보 | 널리 알림. 또는 그 소식이나 보도. |

3 제시된 두 단어 간의 관계가 나머지와 다른 것은?

① 더위: 추위   ② 희망: 절망   ③ 아이: 엄마   ④ 상행: 하행

> **정답** ③
>
> [나머지는 반의어 관계임. / '아이: 엄마'는 특별한 관계에 잊지 아니함]

4 제시된 두 단어 간의 관계가 나머지와 다른 것은?

① 나무: 뿌리   ② 자전거: 핸들   ③ 라디오: 안테나   ④ 포유동물: 코끼리

> **정답** ④
>
> ['전체: 구성부분'의 관계임. / '포유동물: 코끼리'는 '상위어: 하위어' 관계임]

5 다음 (   ) 안에 들어갈 알맞은 단어는?

┌─| 보기 |──────────────┐
│   악화: 호전 ≒ 감소: (   )   │
└────────────────────┘

① 증감   ② 증대,   ③ 약소   ④ 차감

> **정답** ②
>
> [[(보기)의 좌변은 반의어 관계임. 감소의 반의어는 증대임]

6 다음 (   ) 안에 들어갈 알맞은 단어는?

┌─| 보기 |──────────────┐
│ 조삼모사: 원숭이 ≒ 좌정관천: (   ) │
└────────────────────┘

① 나귀,   ② 고양이,   ③ 토끼,   ④ 개구리

> **정답** ④
>
> [원숭이는 고사성어 '조삼모사'의 배경이야기와 관련이 있다. 좌정관천과 관련이 있는 동물은 개구리이다.]

4

단어의 관계
실전문제

1. 제시된 두 단어 간의 관계가 나머지와 다른 단어의 쌍은?

① 인하: 가격　　　② 하락: 기후

③ 증가: 수요　　　④ 상승: 시청률

2. 보기에 제시된 것과 같은 관계로 묶여진 단어의 쌍은?

보기　　도달(到達) : 당도(當到)

① 밤: 식혜　　　② 악어: 악어새

③ 포도: 수박　　　④ 공헌: 기여

3. 보기에 제시된 것과 같은 관계로 묶여진 단어의 쌍은?

보기　　언어: 한국어

① 동물: 소　　　② 소설: 시

③ 삼각형: 사각형　　　④ 빈대떡: 메밀가루

4. 보기에 제시된 것과 같은 관계로 묶여진 단어의 쌍은?

보기　　소환: 호출

① 비난: 힐책　　　② 위안: 근심

③ 봉쇄: 개봉　　　④ 곡선: 곡면

5. 보기에 제시된 것과 같은 관계로 묶여진 단어의 쌍은?

보기　　이발지시: 화살

① 감탄고토: 흙　　　② 오월동주: 술

③ 수구초심: 고향　　　④ 동가홍상: 치마

6. 보기에 제시된 것과 다른 관계로 묶여진 단어의 쌍은?

보기　　분리: 통합

① 통제: 자율　　　② 보편: 특수

③ 다양: 획일　　　④ 성취: 달성

7. (보기)에서 제시된 것과 다른 관계로 묶여진 단어의 쌍은?

보기　　융기(隆起) : 침강(沈降)

① 단순: 복잡,　　　② 발전: 퇴보

③ 병립: 공존,　　　④ 분실: 습득

8. (보기)에서 제시된 것과 다른 관계로 묶여진 단어의 쌍은?

보기　　이동: 고정

① 상수: 변수　　　② 흡입: 배출

③ 상승: 하강　　　④ 배치: 배정

9. 다음 (   ) 안에 들어갈 알맞은 단어는?

> **보기**　　정밀: 세밀 ≒ 배양: (   )

① 배제　　② 양성　　③ 배송　　④ 양도

10. 다음 (   ) 안에 들어갈 알맞은 단어는?

> **보기**　　프린터: 인쇄 ≒ 비디오: (   )

① 재생　　② 인화　　③ 가동,　　④ 운전

11. 다음 (   ) 안에 들어갈 알맞은 단어는?

> **보기**　　품종: 개량 ≒ 의견: (   )

① 개편,　　② 개선　　③ 전달　　④ 설명

12. 다음 (   ) 안에 들어갈 알맞은 단어는?

> **보기**　　죄수: 처벌 ≒ 환자: (   )

① 의사,　　② 병,　　③ 치료,　　④ 약

13. 다음 (   ) 안에 들어갈 알맞은 단어는?

> **보기**　풍수지탄: 어버이 ≒ 맥수지탄: (   )

① 자식,　　② 임금,　　③ 나라,　　④ 재물

14. 다음 (   ) 안에 들어갈 알맞은 단어는?

> **보기**　　TV: 시청 ≒ 라디오: (   )

① 수리　　② DJ　　③ 청취　　④ 녹음

15. 다음 (   ) 안에 들어갈 알맞은 단어는?

> **보기**　　드라마: 탤런트 ≒ 콘서트: (   )

① 배우　　② 감독　　③ 가수　　④ 텔레비전

16. 다음 (   ) 안에 들어갈 알맞은 단어는?

> **보기**　　사과: 과일 ≒ 막걸리: (   )

① 쌀　　② 누룩　　③ 술　　④ 사발

17. 다음 (   ) 안에 들어갈 알맞은 단어는?

> **보기**　　등산화: 등산 ≒ 청진기: (   )

① 병원　　② 진료　　③ 의사　　④ 응급실

18. 다음 (   ) 안에 들어갈 알맞은 단어는?

> **보기** 개시(開始): 종료(終了) ≒ 속박(束縛): (   )

① 제한(制限)　　　　② 제약(制約)

③ 통제(統制)　　　　④ 해방(解放)

19. 다음 (   ) 안에 들어갈 알맞은 단어는?

> **보기**　　수사: 형사 ≒ (   ): (   )

① 공연, 배우　　　　② 의존: 자립

③ 쥐: 고양이　　　　④ 허수아비: 참새

20. 다음 (   ) 안에 들어갈 알맞은 단어는?

> **보기**　　밀: 국수 ≒ (   ): (   )

① 벼: 곡식　　　　② 조기: 굴비

③ 짜장면: 짬뽕　　④ 사과: 배

어휘정리 3   주제별 한자성어

1. 효(孝)

事親以孝(사친이효)	부모를 효도로써 섬긴다. 세속오계의 하나.
昏定晨省(혼정신성)	아침, 저녁으로 부모의 안부를 물어 살핌
反哺報恩(반포보은)	자식이 부모가 길러 준 은혜를 갚음
風樹之嘆(풍수지탄)	이미 부모는 돌아가셔서 효행을 다하지 못하는 슬픔
望雲之情(망운지정)	객지에서 부모를 생각하는 마음
斑衣之戲(반의지희)	늙어서 효도함을 이르는 말.

2. 무례

厚顔無恥(후안무치)	뻔뻔스러워 부끄러워할 줄 모름.
破廉恥漢(파렴치한)	염치를 모르는 뻔뻔한 사람.
天方地軸(천방지축)	함부로 날뛰는 모양.
傍若無人(방약무인)	거리낌 없이 함부로 행동함.
眼下無人(안하무인)	방자하고 교만하여 사람을 모두 얕잡아 보는 것.
回賓作主(회빈작주)	주장하는 사람의 의견을 무시하고 자기 마음대로 함.

3. 겉과 속이 다름

面從腹背(면종복배)	겉으로는 복종하는 체하면서 내심으로는 배반함.
勸上搖木(권상요목)	나무 위에 오르라고 권하고는 오르자마자 아래서 흔들어 댐
羊頭狗肉(양두구육)	겉으로는 그럴 듯하게 내세우나 속은 음흉한 딴 생각이 있음
敬而遠之(경이원지)	겉으로는 존경하는 체하면서 속으로는 멀리함
口蜜腹劍(구밀복검)	입에는 꿀이 있고 배 속에는 칼이 있다는 뜻으로, 말로는 친한 듯하나 속으로는 해칠 생각이 있음을 이르는 말.
表裏不同 (표리부동)	겉과 속이 다름.

4. 어리석음

緣木求魚(연목구어)	나무에 올라가서 물고기를 구한다는 뜻으로, 도저히 불가능한 일을 굳이 하려 함을 비유적으로 이르는 말.
陸地行船(육지행선)	육지에서 배를 저으려 한다는 뜻으로, 안 되는 일을 억지로 하려고 함을 비유적으로 이르는 말.
以卵投石(이란투석)	달걀로 돌을 친다는 뜻으로, 아주 약한 것으로 강한 것에 대항하려는 어리석음을 비유적으로 이르는 말
刻舟求劍(각주구검)	융통성 없이 현실에 맞지 않는 생각을 고집하는 어리석음.
守株待兔(수주대토)	구습을 고수하여 변통할 줄 모름. 진보가 없음을 비유

5. 노력

自强不息(자강불식)	스스로 힘써 행하여 쉬지 않음
發憤忘食(발분망식)	끼니까지도 잊을 정도로 어떤 일에 열중하여 노력함.
手不釋卷(수불석권)	손에서 책을 놓지 아니하고 늘 글을 읽음.
螢雪之功(형설지공)	가난한 사람이 반딧불과 눈빛으로 글을 읽어가며 고생 속에서 공부함을 일컫는 말.
切磋琢磨(절차탁마)	옥이나 돌 따위를 갈고 닦아서 빛을 낸다는 뜻으로, 부지런히 학문과 덕행을 닦음을 이르는 말.
走馬加鞭(주마가편)	달리는 말에 채찍질한다는 뜻으로, 잘하는 사람을 더욱 장려함을 이르는 말.

6. 견문이 좁음

井底之蛙(정저지와)	우물 안의 개구리
坐井觀天(좌정관천)	우물 속에 앉아서 하늘을 본다는 뜻으로, 사람의 견문(見聞)이 매우 좁음을 이르는 말.
通管窺天(통관규천)	붓 대롱을 통해서 하늘을 엿본다.

7. 은혜를 저버림

背恩忘德(배은망덕)	남에게 입은 은덕을 저버리고 배신하는 태도가 있음.
見利忘義(견리망의)	이익을 보면 의리를 잊음.

8. 대를 위해 소를 희생함

先公後私(선공후사)	공적인 것을 앞세우고 사적인 것은 뒤로 함.
大義滅親(대의멸친)	큰 도리를 지키기 위하여 부모나 형제도 돌아보지 않음.
見危致命(견위치명)	나라가 위태로울 때 자기의 몸을 나라에 바침.
滅私奉公(멸사봉공)	사를 버리고 공을 위해 희생함.

9. 의지

百折不屈(백절불굴)	여러 번 꺾어져도 굽히지 않음.
七顚八起(칠전팔기)	일곱 번 넘어지고 여덟 번 일어난다는 뜻으로, 여러 번 실패하여도 굴하지 아니 하고 꾸준히 노력함을 이르는 말.

10. 허세

虛張聲勢(허장성세)	실속이 없으면서 허세만 떠벌림.
虛禮虛飾(허례허식)	예절, 법식 등을 겉으로만 번드레하게 하는 일.

11. 비정한 세태

甘呑苦吐(감탄고토)	달면 삼키고 쓰면 뱉는다는 뜻으로, 자신의 비위에 따라서 사리의 옳고 그름을 판단함을 이르는 말.
兎死狗烹(토사구팽)	토끼가 죽으면 토끼를 잡던 사냥개도 필요 없게 되어 주인에게 삶아 먹히게 된다는 뜻. 필요할 때는 쓰고 필요 없을 때는 야박하게 버리는 경우를 이르는 말.
炎涼世態(염량세태)	세력이 있을 때는 아첨하여 따르고 세력이 없어지면 푸대접하는 세상인심을 비유적으로 이르는 말.

12. 일관성이 없음

朝變夕改(조변석개)	아침저녁으로 뜯어고친다는 뜻으로, 계획이나 결정 따위를 일관성이 없이 자주 고침을 이르는 말.
朝令暮改(조령모개)	아침에 명령을 내렸다가 저녁에 다시 고친다는 뜻으로, 법령을 자꾸 고쳐서 갈피를 잡기가 어려움을 이르는 말.

13. 위태로운 상황

風前燈火(풍전등화)	바람 앞에 놓인 등불, 사물이 매우 위태로운 처지에 놓여 있음을 비유하는 말.
焦眉之急(초미지급)	눈썹이 타면 끄지 않을 수 없다는 뜻, 매우 다급한 일을 일컬음.
危機一髮(위기일발)	위급함이 매우 절박한 순간.
累卵之勢(누란지세)	알을 쌓아 놓은 형세라는 뜻으로, 몹시 위태로운 형세를 비유적으로 이르는 말.
百尺竿頭(백척간두)	백 자나 되는 높은 장대 위에 올라섰다는 뜻으로, 몹시 어렵고 위태로운 지경을 이르는 말.
如履薄冰(여리박빙)	살얼음을 밟는 것과 같다는 뜻으로, 아슬아슬하고 위험한 일을 비유적으로 이르는 말.
四面楚歌(사면초가)	아무에게도 도움을 받지 못하는, 외롭고 곤란한 지경에 빠진 형편을 이르는 말.
一觸卽發(일촉즉발)	조금만 닿아도 곧 폭발할 것 같은 모양. 막 일이 일어날 듯하여 위험한 지경.

14. 가난

| 三旬九食(삼순구식) | 삼십 일 동안 아홉 끼니밖에 먹지 못한다는 뜻으로 몹시 가난함을 이르는 말. |
| 桂玉之嘆(계옥지탄) | 식량구하기가 계수나무 구하듯이 어렵고 땔감을 구하기가 옥을 구하기만큼 어려움. |

15. 헛된 꿈

南柯一夢(남가일몽)	꿈과 같이 헛된 한때의 부귀영화를 이르는 말.
一場春夢(일장춘몽)	한바탕의 봄꿈이라는 뜻으로, 헛된 영화나 덧없는 일을 비유적으로 이르는 말.
邯鄲之夢(한단지몽)	세상의 부귀영화가 허황됨을 이르는 말.

16. 어부지리

漁父之利(어부지리)	두 사람이 이해관계로 서로 싸우는 사이에 엉뚱한 사람이 애쓰지 않고 가로챈 이익을 이르는 말.
犬兔之爭(견토지쟁)	개와 토끼의 다툼이라는 뜻으로, 두 사람의 싸움에 제삼자가 이익을 봄을 이르는 말.
蚌鷸之爭(방휼지쟁)	대립하는 두 세력이 다투다가 결국은 구경하는 다른 사람에게 득을 주는 싸움을 비유적으로 이르는 말.

17. 세상의 변화

| 桑田碧海(상전벽해) | 뽕나무밭이 변하여 푸른 바다가 된다는 뜻으로, 세상일의 변천이 심함을 비유적으로 이르는 말. |
| 天旋地轉(천선지전) | 세상일이 크게 변함 |

18. 늦은 조치

亡羊補牢(망양보뢰)	양을 잃은 후에 우리를 고침.(= 소 잃고 외양간 고친다)
渴而穿井(갈이천정)	목이 말라야 비로소 샘을 판다는 것으로, 미리 준비를 하지 않고 있다가 일이 지나간 뒤에는 아무리 서둘러 봐도 아무 소용이 없음을 의미. 자신이 급해야 서둘러서 일을 한다는 뜻도 있음.
死後藥方文(사후약방문)	죽은 뒤에야 약방문(藥方文)

19. 길흉화복

| 塞翁之馬(새옹지마) | 인생의 길흉화복은 변화가 많아서 예측하기가 어렵다는 말. |
| 轉禍爲福(전화위복) | 화가 바뀌어 복이 됨 |

20. 가혹한 정치

苛斂誅求(가렴주구)	세금을 가혹하게 거두어들이고, 무리하게 재물을 빼앗음.
泡烙之刑(포락지형)	잔혹하고 가혹한 형벌.
塗炭之苦(도탄지고)	진구렁에 빠지고 숯불에 타는 괴로움을 이르는 말.

21. 시작 또는 최초

嚆矢(효시)	어떤 사물이나 현상이 시작되어 나온 맨 처음을 비유적으로 이르는 말.
前代未聞(전대미문)	이제까지 들어 본 적이 없는 일.
前人未踏(전인미답)	이제까지 아무도 발을 들여놓거나 도달한 사람이 없음.
前無後無(전무후무)	전에도 없었고 앞으로도 없음.
空前絕後(공전절후)	전에도 없었고 앞으로도 없음.
未曾有(미증유)	지금까지 한 번도 있어본 일이 없음.

22. 환경의 중요성

近墨者黑(근묵자흑)	먹을 가까이 하면 검게 된다. 좋지 못한 사람과 가까이 하면 악에 물들게 됨.
三遷之敎(삼천지교)	맹자의 교육을 위하여 그 어머니가 세 번이나 집을 옮긴 일. 교육에는 환경이 중요함. = 孟母三遷(맹모삼천)
橘化爲枳(귤화위지)	회남의 귤을 회북으로 옮기어 심으면 귤이 탱자가 된다는 말. 환경에 따라 사물의 성질이 달라진다는 말.

23. 모순

矛盾(모순)	창과 방패. 일의 앞뒤가 서로 안맞는 상태. 서로 대립하여 양립하지 못함.
自家撞着(자가당착)	같은 사람의 말이나 행동이 앞뒤가 맞지 아니함. 자기 모순.
二律背反(이율배반)	서로 모순되어 양립할 수 없는 두 개의 명제.

24. 태평한 시대

太平聖代(태평성대)	태평스런 시절
康衢煙月(강구연월)	번화한 큰 길거리에서 달빛이 연기에 은은하게 비치는 모습을 나타내는 말로, 태평한 세상의 평화로운 풍경을 이르는 말.
鼓腹擊壤(고복격양)	태평한 세월을 즐김을 이르는 말.
擊壤老人(격양노인)	태평한 생활을 즐거워하여 노인이 땅을 치며 노래함

25. 그리워함

寤寐不忘(오매불망)	자나 깨나 잊지 못함
輾轉反側(전전반측)	누워서 몸을 이리저리 뒤척이며 잠을 이루지 못함. = 輾轉不寐(전전불매)

26. 고향에 대한 그리움

首邱初心(수구초심)	여우가 죽을 때에 머리를 저 살던 굴 쪽으로 향한다는 뜻, 고향을 그리워하는 마음
看雲步月(간운보월)	구름을 바라보거나 달빛 아래 거닌다는 뜻으로, 객지에서 집을 생각함을 이르는 말.

27. 기다림

鶴首苦待(학수고대)	학의 목처럼 길게 늘여 고대함.
一日如三秋(일일여삼추)	하루가 삼 년 같다는 뜻으로, 몹시 애태우며 기다림을 이르는 말.

28. 서로 마음이 통함

以心傳心(이심전심)	마음과 마음으로 서로 뜻이 통함.·心心相印(심심상인): 마음과 마음으로 뜻을 전함.
不立文字(불립문자)	문자나 말에 의지하지 않고 도를 전함拈華微笑(염화미소): 로 통하지 아니하고 마음에서 마음으로 전하는 일.

29. 뛰어난 사람

白眉(백미)	흰 눈썹이라는 뜻으로, 여럿 가운데에서 가장 뛰어난 사람이나 훌륭한 물건을 비유적으로 이르는 말.
鐵中錚錚(철중쟁쟁)	여러 쇠붙이 가운데서도 유난히 맑게 쟁그랑거리는 소리가 난다는 뜻으로, 같은 무리 가운데서도 가장 뛰어남을 이르는 말.
群鷄一鶴(군계일학)	닭의 무리 가운데서 한 마리의 학이란 뜻. 여럿 가운데서 가장 뛰어난 사람.
棟梁之材(동량지재)	한 집안이나 한 나라의 기둥이 될 만한 훌륭한 인재.
囊中之錐(낭중지추)	주머니 속의 송곳이란 뜻으로서 재능이 뛰어난 사람은 숨어 있어도 남의 눈에 띄게 됨을 이르는 말.

30. 스승보다 나은 제자

靑出於藍(청출어람)	쪽에서 뽑아낸 푸른 물감이 쪽보다 더 푸르다는 뜻으로, 제자나 후배가 스승이나 선배보다 나음을 비유적으로 이르는 말.
後生可畏(후생가외)	젊은 후학들을 두려워할 만하다는 뜻으로, 후진들이 선배들보다 젊고 기력(氣力)이 좋아, 학문(學問)을 닦음에 따라 큰 인물(人物)이 될 수 있으므로 가히 두렵다는 말.

31. 발전

日就月將(일취월장)	날로 달로 나아감. 곧 학문이 계속 발전해 감.
刮目相對(괄목상대)	눈을 비비고 상대편을 본다는 뜻으로, 남의 학식이나 재주가 놀랄 만큼 부쩍 늚을 이르는 말.

5 한자성어
기본문제

① 다음 보기의 글과 가장 관련이 깊은 한자성어는?

| 보기 |

　재물이란 우물의 물과 같다. 퍼내면 차게 마련이고 이용하지 않으면 말라 버린다. 그렇듯이 비단을 입지 않기 때문에 나라 안에 비단 짜는 사람이 없고, 그릇이 찌그러져도 개의치 않으며 정교한 기구를 애써 만들려 하지 않으니, 기술자나 질그릇 굽는 사람들이 없어져 각종 기술이 전해지지 않는다. 심지어 농업도 황폐해져 농사짓는 방법을 잊어버렸고, 장사를 해도 이익이 없어 생업을 포기하기에 이르렀다.

① 積水成淵　　　② 不撤晝夜　　　③ 流水不腐　　　④ 孤掌難鳴

정답 ③

적수성연(積水成淵)	한 방울 한 방울의 물이 쌓여 연못이 됨. 작은 것도 모이면 큰 것이 됨.
불철주야(不撤晝夜)	어떤 일에 몰두하여 밤낮을 가리지 않는다 라는 뜻으로, 조금도 쉴 사이 없이 일에 힘씀
뉴수물부(流水不腐)	흐르는 물은 썩지 않는다는 뜻으로, 항상(恒常) 움직이는 것은 썩지 않음을 이르는 말
고장난명(孤掌難鳴)	외손뼉은 울릴 수 없다는 뜻으로, 혼자서는 어떤 일을 이룰 수 없다는 말

② 다음 보기의 글과 가장 관련이 깊은 한자성어는?

| 보기 |

　군복무를 마치고 복학을 한 길동이는 모든 친구관계를 정리하고 취업을 준비하기 위해 집에서 나오지도 않고서 주야로 공부만 하고 있다. 친한 친구들조차 만나지 않아 그의 소식을 아는 사람이 아무도 없는 지경에 이르렀다.

① 면종복배(面從腹背)　　　② 함흥차사(咸興差使)

③ 두문불출(杜門不出)　　　④ 점입가경(漸入佳境)

정답 ③

면종복배	겉으로는 복종하는 체하면서 내심으로는 배반함.
함흥차사	심부름을 가서 오지 아니하거나 늦게 온 사람을 이르는 말.
두문불출	집 속에만 틀어박혀 있어 세상 밖에 나가지 않음
점입가경	가면 갈수록 더 좋은 경치가 나온다는 뜻

3 다음 보기의 글과 관련이 없는 한자성어는?

─| 보기 |─

　길동이는 편의점 아르바이트를 하면서 생긴 잘못된 생활습관으로 인해 3개월 만에 몸무게가 20kg 이나 증가하였다. 작년 봄부터 하루에 30분씩 산책을 하기로 결심을 하였다. 주변 사람들은 그 정도로 운동해서 언제 살이 빠지겠느냐며 비웃었다. 그러나 길동이는 아랑곳하지 않고 1년 365일 쉬지 않고 딱 30분씩 산책을 하여 현재까지 20kg 감량에 성공하고 몸짱이 되었다.

① 愚公移山　　　② 磨斧作針　　　③ 水滴穿石　　　④ 指鹿爲馬

정답 ④

우공이산(愚公移山)	끊임없이 노력하면 반드시 이루어짐을 이르는 말
마부작침(磨斧作針)	도끼를 갈아 바늘을 만든다는 뜻으로, 아무리 어려운 일이라도 끈기 있게 노력(努力)하면 이룰 수 있음을 비유하는 말
수적천석(水滴穿石)	물방울이 바위를 뚫는다는 뜻으로, 작은 노력(努力)이라도 끈기 있게 계속(繼續)하면 큰 일을 이룰 수 있음
지록위마(指鹿爲馬)	윗사람을 농락하여 권세를 마음대로 함. 모순된 것을 끝까지 우겨서 남을 속이려는 짓을 비유적으로 이르는 말

4 〈보기〉에 제시된 속담과 가장 유사한 의미의 고사성어는?

| 보기 |

냉수 먹고 이쑤시기

① 오비삼척(吾鼻三尺) ② 천양지차(天壤之差)

③ 허장성세(虛張聲勢) ④ 만휘군상(萬彙群象)

정답 ③

[잘 먹은 체하며 이를 쑤신다는 뜻으로 실속은 없으면서 무엇이 있는 체하는 것을 이르는 말]

5 비정한 세태와 관련된 고사성어가 아닌 것은?

① 감탄고토(甘呑苦吐) ② 토사구팽(兎死狗烹)

③ 주마가편(走馬加鞭) ④ 염량세태(炎凉世態)

정답 ③ 주마가편

[달리는 말에 채찍질한다는 뜻으로, 잘하는 사람을 더욱 장려함을 이르는 말]

6 효도와 관련된 고사성어가 아닌 것은?

① 혼정신성(昏定晨省) ② 반의지희(班衣之戲)

③ 오매불망(寤寐不忘) ④ 반포지효(反哺之孝)

정답 ③ 오매불망

[자나 깨나 잊지 못함을 이르는 말]

1. 다음 보기의 글과 관련이 없는 한자성어는?

보기

"이 나이에 언제나 쫓겨 다니며 이 도시 저 도시를 방황하면서 유랑지를 바꾸는 내가 어떤 삶을 영위하겠습니까? 내가 어디를 가더라도 여기서처럼 젊은이들이 내게로 몰려들 것이기 때문입니다. 그리고 만일 내가 그들을 내쫓는다면 그들의 연장자들도 그들의 요구 때문에 나를 내쫓을 것이며, 그리고 만일 그들이 나에게 오도록 나두면 그들의 아버지와 친구들이 그들을 위해 나를 내쫓을 것입니다."

① 四面楚歌   ② 進退兩難

③ 進退維谷   ④ 塵合泰山

2. 다음 보기의 글과 관련이 없는 한자성어는?

보기

3대 독자로 귀하게 자란 영수는 항상 할아버지에 의해 귀하게 대접받았다. 시골에 가면 할아버지 곁에서 겸상을 할 수 있는 유일한 손주였다. 항상 부족한 것이 없었고 남이 갖고 있는 것이 탐나면 반드시 빼앗고 말았다. 어떠한 일에 있어서도 그는 항상 자신이 먼저였다.

① 傲慢無道   ② 傍若無人

③ 眼下無人   ④ 目不識丁

3. 다음 보기의 글과 관련된 한자성어를 고르시오?

보기

K음료회사 L사장은 3년 전 이온음료 시리즈를 출시하여 큰 성공을 거둔 적이 있다. 그 이후로는 늘 이온음료만을 개발하는 데에 회사의 전력을 기울이고 있다. 그러나 소비자들의 취향은 계속적으로 바뀌어 가서 음료시장에서 이온음료가 차지하는 비율은 해마다 감소하고 있다. 그럼에도 불구하고 L사장은 과거의 성공 경험을 바탕으로, 오직 이온음료의 개발만이 돌파구라고 믿고 있다.

① 수주대토(守株待兔)   ② 연목구어(緣木求魚)

③ 점입가경(漸入佳境)   ④ 절치부심(切齒腐心)

4. 다음 보기의 글과 관련된 한자성어를 고르시오?

보기

18세기 영국은 다른 나라와 잦은 전쟁을 벌였다. 여기에는 영국의 식민지인들이 참여했다. 영국은 이러한 식민지인들의 참여가 당연하다고 생각했다. 왜냐하면 전쟁이 식민지인들을 위한 것이라고 생각했기 때문이다. 나아가 자신들이 식민지들을 적극적으로 보호했으므로 식민지인들에게 전쟁이 끝난 후 전쟁으로 인한 재정적 보상을 받아야 한다고 여겼다. 그러나 식민지인들은 전쟁에서 자신들이 영국을 위해 힘들여 싸웠으므로 이에 대한 대가를 얻을 수 있을 것으로 예상했다.

① 氷炭之間   ② 同床異夢

③ 厚顔無恥   ④ 遲遲不進

5. 다음 보기의 글과 관련된 표현을 고르시오?

보기

공부를 하기 위해 고향을 떠나온 길동이는 학교에서 멀지 않은 곳에 전세방을 얻었다. 교통도 좋고, 공공도서관도 가깝고, 대형 마트도 가까운 곳이라 혼자 살기에 이보다 더 좋은 곳은 없다는 생각이 들었다.

① 안성맞춤　　　② 落花流水
③ 流芳百世　　　④ 螢雪之功

6. 속담과 한자 성어의 의미가 잘못 연결된 것은?

① 낫 놓고 기역자도 모른다 – 목불식정(目不識丁)
② 과부사정은 홀아비가 안다 – 동병상련(同病相憐)
③ 소 잃고 외양간 고친다 – 망양보뢰(亡羊補牢)
④ 모난 돌이 정 맞는다 – 일석이조 (一石二鳥)

7. 속담과 한자 성어의 의미가 잘못 연결된 것은?

① 계란으로 바위치기 – 이란투석(以卵投石)
② 호랑이도 제말하면 온다. – 호가호위(狐假虎威)
③ 천리 길도 한 걸음부터 – 등고자비(登高自卑)
④ 하룻강아지 범 무서운 줄 모른다. – 당랑거철 (螳螂拒轍)

8. 속담과 한자 성어의 의미가 잘못 연결된 것은?

① 열 번 찍어 아니 넘어가는 나무 없다 – 십시일반 (十匙一飯)
② 언 발에 오줌 누기 – 고식지계(姑息之計)
③ 이왕이면 다홍치마 – 동가홍상(同價紅裳)
④ 방귀 뀐 놈이 성낸다. – 적반하장(賊反荷杖)

9. 다음 한자성어와 함께 제시된 단어의 관계가 나머지와 다른 것은?

① 교각살우(矯角殺牛) : 소
② 고장난명(孤掌難鳴) : 손바닥
③ 결자해지(結者解之) : 그물
④ 백아절현(伯牙絕絃) : 거문고 줄

10. 다음 한자성어와 함께 제시된 단어의 관계가 나머지와 다른 것은?

① 百尺竿頭 : 위기　　② 錦衣還鄕 : 성공
③ 望雲之情 : 효도　　④ 磨斧爲針 : 도끼

11. 다음 보기에 제시된 단어와 관련이 있는 한자 성어는?〈기출유형〉

보기　　　　知音人

① 菽麥不辨　　　② 金蘭之交
③ 家給人足　　　④ 見善從之

12. 다음 보기에 제시된 한자성어와 반대 의미를 지닌 것은?

보기　　　역지사지(易地思之)

① 我田引水　　　② 良藥苦口
③ 左之右之　　　④ 以夷制夷

13. 다음 보기에 제시된 한자성어와 반대 의미를 지닌 것은?

보기　　　용두사미(龍頭蛇尾)

① 始終一貫　　　② 已發之矢
③ 自己矛盾　　　④ 種豆得豆

14. 독서와 관련된 한자성어가 아닌 것은?

① 등화가친(燈火可親)

② 위편삼절(韋編三絶)

③ 한우충동(汗牛充棟)

④ 혼정신성(昏定晨省)

15. 다음 중 나머지와 의미가 다른 한자성어는?

① 面從腹背

② 口蜜腹劍

③ 表裏不同

④ 緣木求魚

16. 다음 중 나머지와 의미가 다른 한자성어는?

① 靑出於藍

② 刻舟求劍

③ 以卵投石

④ 陸地行船

17. 다음 중 나머지와 의미가 다른 한자성어는?

① 風前燈火

② 累卵之勢

③ 百尺竿頭

④ 鶴首苦待

18. 다음 중 나머지와 의미가 다른 한자성어는?

① 苛斂誅求

② 鼓腹擊壤

③ 苛政猛於虎

④ 塗炭之苦

19. 다음 중 나머지와 의미가 다른 한자성어는?

① 塞翁之馬

② 三遷之敎

③ 橘化爲枳

④ 近墨者黑

20. 다음 중 나머지와 의미가 다른 한자성어는?

① 철중쟁쟁(鐵中錚錚)

② 군계일학(群鷄一鶴)

③ 망양보뢰(亡羊補牢)

④ 낭중지추(囊中之錐)

2 문장연결 능력

여러 개의 문장이 모여 있다고 하여 무조건 하나의 글이 되는 것은 아니다. 하나하나의 문장들이 유기적으로 연결되어서 하나의 큰 의미를 형성해야 비로소 하나의 글이 되는 것이다. 즉 하나의 글 속에서 각 문장들은 문법적으로 또 의미적으로 연관성을 맺고 있다. 독립된 문장과 문장을 자연스럽게 연결하여 하나의 주제를 표현하는 의미 단일체를 구성하는 능력이 바로 문장연결 능력이다. 이러한 능력은 글을 쓰는 능력은 물론, 글을 읽고 이해하는 능력, 즉 독해 능력의 근간이 된다는 점에서 상당히 중요하다.

이러한 능력을 파악하기 위해 출제되는 문제들은 크게 두 가지로 분류해 볼 수 있다. 하나는 여러 문장들을 자연스럽게 이어나가기 위한 '문장연결 완성형' 문제이고 나머지 하나는 여러 개의 문장들의 자연스러운 순서를 구성해내는 '문장배열형' 문제이다.

이것만은 알고 가자

1. 문장연결 완성

문장들의 연결을 완성하는 유형의 문제로서 그 구체적 내용은 알맞은 접속사나 연결형 어휘를 찾는 것이다. 문장연결 완성형 문제들을 풀 때 염두에 두어야 하는 것은 앞의 문장(글)과 뒤 문장(글) 간의 내용상의 흐름이다. 문장 간의 접속관계의 유형에는 부가적 관계(그리고), 인과관계(그러므로), 반대관계(그러나), 전환관계(다음으로), 환원관계(요컨대), 예시관계(예컨대) 등이 있다.

부가적 관계	선행 문장의 화제에 관하여 말할 내용이 더 있음을 표시함.
	그리고, 또, 및, 혹은, 더구나, 게다가, 아울러, 더욱이, 특히
인과관계	후행 문장이 선행 문장에 제시된 정보로부터 파생된 결과임을 표시함.
	그러므로, 따라서, 그래서, 그러니까
반대관계	두 문장의 내용이 대립되는 관계에 있음을 표시함.
	그러나, 하지만, 그래도, 그렇지만, 반면에, (그런데)
전환관계	선행 문장에서 다루지 않은 소재로 이야기를 옮겨감을 표시함.
	다음으로, 한편, 아무튼
환원관계	앞의 내용을 간략하게 요약하거나 비슷한 의미로 바꿈을 표시함
	요컨대, 이른바, 즉, 결국, 다시 말하면, 바꾸어 말하면
예시관계	앞 내용을 설명하기 위한 예를 들 때
	예컨대, 이를 테면, 예를 들면, 가령

2. 문장배열

　　문장배열 유형 문제 역시 핵심은 글의 흐름을 파악하는 것이다. 여러 문장들이 모여 어떤 의미를 전하려고 하는지 그 주제를 염두에 두면서 풀어나가는 것이 효과적이다. 이 때 중요한 것은 문장 내의 핵심 어구를 파악하는 것이다. 앞 문장과 뒤 문장은 핵심 어구를 공통으로 하여 연결될 수밖에 없기 때문이다. 따라서 핵심 어구를 공유하고 있는 문장들은 바로 인접해 있는 문장이 될 가능성이 큰 것이다. 많은 경우에 앞뒤로 연결되는 문장에는 동일어, 동의어, 유의어, 상위어 등이 반복되거나 혹은 의미상으로 서로 연결되어 있고 관용적으로 함께 사용되는 두 어휘가 등장하게 된다.

　　한편 논리적 구조면에서 보자면, 문장들이 연결되는 구조는 참으로 다양하다. 가령, '관심유발 – 문제제기 – 대안제시 – 마무리', '현상 파악 – 현상 분석 – 문제제기 – 대안제시', '전체적인 설명 – 부분들에 대한 설명 – 요약' 등 수 없이 많은 구조가 있다. 이런 많은 구조들을 일일이 다 외우는 것은 바람직하지도 않고 가능하지도 않다. 따라서 각 문장들의 핵심어구들을 찾아 논리적으로 연결시키는 것이 문장의 자연스런 흐름과 순서를 찾는 길이 된다.

문장연결 완성
기본문제

1 다음 빈칸에 들어갈 말로 가장 적절한 것을 고르시오.

> 과학자들은 아기가 어머니의 심장 고동 소리를 들으면 편안해지고 마음이 가라앉는다고 생각한다. (   ) 아기는 어머니의 몸속에 있을 때 심장의 고동소리에 각인되어 있기 때문이다.

① 그러므로   ② 왜냐하면   ③ 또한   ④ 따라서

정답 ②

[뒤 문장은 앞 문장의 원인에 해당한다. 결과와 원인의 관계이므로 "왜냐하면"이 가장 적절하다]

2 다음 빈칸에 들어갈 말로 가장 적절한 것을 고르시오.

> 미술가가 작가나 정치인들만큼이나 제1차 세계대전이 일어날 가능성에 관심을 두고 그들 사회의 앞날에 관해서 깊이 숙고하며 그에 맞는 형상을 선별하여 특이한 기법을 통해서 미래를 표현하려고 하는 것은 미술가들로서는 당연한 일이다. (   ) 이 예술가들이 정치적·사회적 경향을 빠르게 예견하여 미술로 표현했다기보다는 전통을 깨트린 파격적인 예술의 형태를 창조했다는 것이 훨씬 더 중요한 것이다.

① 그러나   ② 그래서   ③ 그리고   ④ 한편

정답 ①

[괄호 앞 문장에서는 미술가들의 표현에 대한 이야기를 하고 있다. 괄호 뒤 문장에서는 표현보다는 파격적인 예술 형태의 창조가 더 중요하다고 이야기 하고 있으므로 반대관계로 보는 것이 가장 적절하다.]

3 다음 빈칸에 들어갈 말로 가장 적절한 것을 고르시오.

> 18세기 서구 계몽주의 시기에 몇몇 특권층 여성들은 살롱에서 남성들 사이의 대화를 중재하고 질서를 유지하는 권위를 부여받았다. (   ) 여성들은 본격적인 논쟁에 참여한 것이 아니라 단지 남성들의 논쟁을 정리하고 중재했을 뿐이다. 요컨대 여성들은 논쟁으로부터 소외된 것이다.

① 그런데 ② 그래서 ③ 그러나 ④ 한편

> **정답** ③
>
> [앞 문장은 소수의 여성들이 특권을 부여받았다는 내용이다. 그러나 뒤 문장에서는 그 여성들은 실제로 논쟁에서 소외된 것이라는 내용을 담고 있으므로 두 문장의 관계는 반대관계로 보는 것이 가장 적절하다]

4 다음 빈 칸에 들어갈 말로 가장 적절한 것은?

> 패러디의 특성은 '하나의 기존 텍스트에 대한 풍자적 비판'이고, 패스티시의 특성은 '여러 기존 텍스트들의 짜깁기'라고 할 수 있다. 여기에서 중요한 것은 둘 중 그 어느 것도 표절을 의미하는 것이 아니라는 점이다.
> (   ) 예술가의 상상력의 고갈로 인해 독창성 있는 작품을 창조하지 못하고 다른 텍스트들을 적당히 짜깁기해 표절하는 것과, 특정한 예술적 목적에 의해 여러 작품들의 특성을 뒤섞어 보여주는 패스티시는 엄격히 구별되어야만 한다.

① 그렇지만 ② 그러므로 ③ 또한 ④ 왜냐하면

> **정답** ②
>
> [앞의 내용은 패러디와 패스티시를 설명하며 이 두 가지 모두 표절과 다르다는 것을 지적하고 있고, 뒤의 내용은 표절과 패스티시를 구별해야 한다고 주장하고 있다. 따라서 앞의 내용이 뒤 내용의 근거이므로 '그러므로'가 적당하다.]

5 다음 빈 칸에 들어갈 말로 가장 적절한 것은?

> 1905년에 특수상대성이론이 발표되면서 이전부터 사용되던 고전물리학의 몇몇 공식들이 물리적 운동을 정확하게 계산하지 못한다는 것이 밝혀졌다.
>
> (   ) 특수상대성이론의 발표 이후에도 고전물리학의 공식들은 계속 사용되었다. 일반인들이 경험할 수 있는 운동의 범위 안에서는 고전물리학이 정확하다고 해도 무방할 정도의 오차만을 가지고 있기 때문이다.

① 왜냐하면   ② 그렇지만   ③ 결국   ④ 따라서

> **정답** ②
>
> 고전물리학이 정확하지 못하다는 것이 드러났다는 내용 뒤에 고전물리학이 계속 사용되고 있다는 내용이 이어지고 있다. 따라서 상반된 내용을 연결시켜 주는 '그렇지만'이 들어가야 한다.

6 다음 빈칸에 들어갈 적절한 말을 고르시오.

> 인권에 대한 서구의 가치를 보편적으로 규정하고 다른 지역과 국가에 강요해서는 안 된다. (   ) 구체적으로 아시아적 가치의 시각에서는 어떻게 인권에 접근하고 있는가?

① 또한   ② 그러면   ③ 하지만   ④ 그러므로

> **정답** ②
>
> [서구의 가치를 다른 지역에 강요해서는 안 된다는 주장을 받아들이고 인권에 대한 아시아적 접근을 알아보려 하고 있다. 따라서 앞의 내용을 받아들이고 주장을 할 때 쓰는'그러면'이 적절하다.]

1 문장연결 완성
실전문제

1. 다음 빈칸에 들어갈 말로 가장 적절한 것을 고르시오.

보기

　역법에서 가장 기초가 되는 상수(常數)는 1 태양년의 길이다. 중국식 역법에서는 태양이 동지점에서 출발해 다시 동지점으로 돌아오는 시간을 측정해 1태양년을 정했다. (　) 서양 역법에서는 태양년을 측정하는 기준점으로 춘분점을 이용한다. 중국식 천문학에서 천구의 적도를 중심으로 관측이 이루어진 반면, 서양식 천문학에서는 천구에서서 태양의 궤도인 황도 중심의 관측이 이루어졌기 때문에 기준점이 각각 달랐다.

① 게다가　　　② 따라서

③ 이에 비해　　④ 상대적으로

2. 다음 빈칸에 들어갈 적절한 말을 고르시오.

보기

　인간을 구속하는 모든 것 중에서 가장 고통스러운 것은 바로 경제적 부자유다. 감옥에 갇힌 수인이라고 하더라도 많은 돈이 있다면 육체적 구속을 감내할 수 있다. 엄청난 돈을 빼돌리고 천연덕스럽게 연방교도소에 앉아 있는 마피아 두목의 모습을 할리우드 영화에서 많이 보지 않았던가. (　) 아무런 구속도 받지 않는 자유인이라 할지라도 돈이 없으면 삶 자체가 감옥이 될 수 있다.

① 그리고　　　② 그래서

③ 이를테면　　④ 그러나

3. 다음 빈칸에 들어갈 적절한 말을 고르시오.

보기

　고대나 중세에 발전이라는 개념은 없었다. 고대인은 역사가 되풀이되는 것으로 생각하였다. 중세 기독교적인 역사관에 이르러 고대의 순환사관은 깨어지고 역사는 목표와 의미를 가졌지만, 그 목표와 의미는 현세와 인간을 넘어선 신의 섭리에서 구해지는 수밖에 없었다.

　(　) 기독교적 역사관은 정체적인 중세 봉건 사회와 깊게 결합함으로써 역으로 기존 사회체제와 질서를 긍정하고 옹호하는 결과를 가지고 왔다.

① 게다가　　　② 그래도

③ 한편　　　　④ 예컨대

4. 다음 빈칸에 들어갈 적절한 말을 고르시오.

보기

　산업시대는 대량생산을 위해서 관료조직이라는 거대한 합리적 피라미드형의 계층제가 필요하였다. (　) 관료조직은 정보시대로 넘어오면서 체질을 전환해야 했다. 산업시대의 관료조직으로는 급격히 변화하는 정보시대의 환경을 적응하기 힘들기 때문이다.

① 그러나　　　② 나아가

③ 왜냐하면　　④ 그래서

5. 다음 빈칸에 들어갈 적절한 말을 고르시오.

> **보기**
>
> 경제발전에도 불구하고 동아시아에서 빈곤문제는 여전히 상존하고 있다. 중국의 경우만 보더라도 2억이 넘는 인구가 하루에 1달러 미만의 생활비로 살아가야 하는 절대적 빈곤상태에 있다. ( ) 몽고, 인도네시아, 캄보디아, 라오스, 말레이시아, 필리핀, 태국, 베트남은 국가별 빈곤 하한선 아래 인구가 전체의 10%를 넘어서고 있고 일부는 50%에 육박하기도 한다.

① 하기야   ② 또한

③ 그리하여   ④ 한편

6. 다음 빈칸에 들어갈 적절한 말을 고르시오.

> **보기**
>
> 작가가 어떤 연극을 위해서 줄거리를 만들어야 할 때, 이 줄거리는 개연성을 획득하기 위해 진실처럼 보이는 방식으로 창작되어야 한다. 개연성 없는 줄거리로는 연극 관람객에게 어떤 심정적 작용도 불러일으키지 못하기 때문이다. ( ) 예술적 표현방식에서 결정적인 면은 대상이 개연성 있게 표현되어 수용자가 예술로 표현된 어떤 가치를 즐겁게 받아들이게끔 해야 한다는 것이다.

① 따라서   ② 반면에

③ 아울러   ④ 또는

7. 다음 빈칸에 들어갈 적절한 말을 고르시오.

> **보기**
>
> 성공한 대부분의 미국 기업은 고객의 불만에 귀를 기울이고, 고객의 욕구를 만족시키고자 하였다. 즉, 고객의 입장에서 조직의 구조를 재조정하였던 것이다. ( ) 보스톤시에 있는 베쓰 이스라엘 병원은 환자의 권리와 환자의 입장에서 경영을 혁신했다.

① 그러므로   ② 예컨대

③ 그뿐 아니라   ④ 이와 함께

8. 다음 빈칸에 들어갈 적절한 말을 고르시오.

> **보기**
>
> 지금 우리나라 경제위기의 원인 가운데 하나는 바로 '체제 사고' 의식의 결핍을 들 수 있다. 즉, 각 은행과 기업들의 해외 및 국내 지사들이 자신의 금융행위가 자신의 '은행체제' 및 '기업체제', ( ) 우리나라는 '국가체제'에 미칠 영향을 간과한 결과이다.

① 한편   ② 그리고

③ 이를테면   ④ 그러니까

언어

수리

추리

직무상식

2 문장배열
기본문제

① 다음 보기의 문장을 문맥에 맞게 자연스럽게 배열한 것은?

| 보기 |

(가) 베르린 올림픽 이후 각국은 올림픽을 국가선전의 장으로 삼기 위한 노력을 본격적으로 전개하기 시작하였다.

(나) 하지만 여러 나라의 정치 지도자들은 올림픽을 국가의 선전 무대로 삼으려고 시도하였다.

(다) 이는 다양한 정치 이데올로기를 지닌 국가들을 올림픽의 건전한 경쟁의 정신 속에 함께 묶고자 했던 쿠베르탱의 이념이기도 하다.

(라) 원래 올림픽은 월드컵과 달리 국가 간의 대결을 지향하지 않는 국제 대회다.

① 라-다-나-가 ② 라-다-가-나 ③ 가-라-다-나 ④ 가-다-라-나

정답 ① 라-다-나-가

[의미를 구성해 보면, (라) 올림픽은 국가 간 대결이 아니다-(다) 이것은 쿠베르탱의 이념이었다-(나) 정치인들은 올림픽을 선전무대로 삼으려 하였다-(가) 베르린 올림픽 이후 본격화 되었다.]

2 다음 보기의 문장을 문맥에 맞게 자연스럽게 배열한 것은?

| 보기 |
(가) 항생제는 지금 처방하는 환자에게도 중요하지만, 다음의 환자에게도 중요하기 때문이다.
(나) 한국을 포함한 아시아 국가 의사들은 대부분 항생제를 처방할 때 거의 제한을 받지 않는다.
(다) 예를 들면, 카바페넴이 꽤 광범위한 효과를 나타낸다고 마구 처방하면, 같은 세균에 감염된 다음 환자에게 나쁜 영향을 미칠 수 있다.
(라) 그렇더라도 의사는 항생제를 선택 ─ 처방할 때 이 약이 환자에게 최상의 약인지 고민해야 한다.
(마) 따라서 지금 선택 ─ 처방하는 항생제가 다음 환자에게 어떤 영향을 미치는지 늘 생각해야 한다.

① 가-다-라-나-마 ② 가-나-다-마-라
③ 나-가-다-라-마 ④ 나-라-가-다-마

정답 ④ 나 - 라 - 가 - 다 - 마

[의미를 구성해 보면, (나) 한국 의사들은 항생제 처방에 제한이 없다 - (라)그러나 의사는 고민해야 한다 - (가) 다음 환자에게도 중요하니까- (다) 다음 환자에 영향을 주는 예 - (마) 의사는 늘 항생제의 영향을 생각해야한다.]

3 다음 보기의 문장을 문맥에 맞게 자연스럽게 배열한 것은?

| 보기 |
(가) 그런데 생태계의 위기를 걱정하는 많은 사람들은 이를 극복하기 위한 노력을 과학적 차원보다는 윤리적 차원에서 접근해야 한다고 주장하고 있다.
(나) 과학 기술의 발달과 지속적인 경제 개발은 산업화와 도시화에 의한 자연 환경의 파괴를 초래하였다.
(다) 이에 따라, 생태계의 자연스러운 순환과 재생 능력이 무너지는 생태적 위기가 닥쳐왔다.
(라) 다시 말해, 이제 우리는 더 이상 물질적 풍요와 진보만을 숭상하거나, 인간 중심주의적 관점에서 자연을 바라보지 말고, 산업 혁명 이후 오늘날에 이르기까지 현대 문명을 주도하고 있는 관점 자체를 반성해볼 시점에 이르렀다는 것이다.

① (나) - (다) - (가) - (마) - (라) ② (나) - (다) - (마) - (가) - (라)
③ (나) - (라) - (다) - (마) - (가) ④ (나) - (라) - (마) - (다) - (가)

> **정답** ②
>
> [산업화로 인한 자연 환경 파괴(나)에 따라 생태적 위기가 나타났고(다) 이에 대한 대안이 필요하다 (마)는 내용으로 이어지는 것이 자연스럽다. 따라서 (나) – (다) – (마)의 순으로 연결되어야 한다. 또한 (가)와 (라)는 생태계 위기의 대안을 도출하기 위한 관점 중의 하나를 설명하고 있으므로 대안 이 필요하다는 (마)의 뒤에 이어지는 것이 자연스럽다.]

④ 다음 보기의 문장을 문맥에 맞게 자연스럽게 배열한 것은?

> **│ 보기 │**
>
> (가) 그러나 이만한 조건으로 방언도 없으리라는 기대를 할 수는 없을 것이다.
>
> (나) 어떤 급격한 언어 분화를 일으킬 요소가 없이 지내온 나라인 셈이다.
>
> (다) 언어의 분화란 한 세대사이에서도 일어나고 50km만 떨어져도 생기기 마련이기 때문이다.
>
> (라) 한국은 단일 민족이 단일 언어를 사용하며 오랜 기간 중앙 집권 체제로 이어온 나라다. 거기에다가 국토도 좁다.

① 라 – 가 – 다 – 나　② 라 – 나 – 가 – 다　③ 가 – 다 – 라 – 나　④ 가 – 다 – 나 – 라

> **정답** ② 라 – 나 – 가 – 다
>
> [의미를 구성해 보면, (라)단일언어, 중앙집권체제, 좁은 국토의 한국 – (나)언어분화 요소가 없는 조 건 – (가)그러나 방언이 존재할 수 있음 – (다)방언은 50Km만 떨어져도 생기니까.]

⑤ 다음 보기의 문장을 문맥에 맞게 자연스럽게 배열한 것은?

> **│ 보기 │**
>
> (가) 시장창조를 위한 마케팅전략이 안고 있는 과제 중 하나는 후발업체의 진입이다.
>
> (나) 후발업체가 진입하여 유사제품을 출시하면 시장의 성장속도가 빨라진다.
>
> (다) 예를 들어 딤채가 최초로 출시한 김치냉장고는 기존 가전업체의 진입으로 그 시 장이 엄청나게 커졌다.
>
> (라) 따라서 후발업체의 진입은 긍정적 요소로 작용할 수 있지만 선발이점을 잃으면 문제가 된다.
>
> (마) 하지만 유사제품의 범람 속에 딤채의 선발이점이 점차 줄어들고 있는 실정이다.

① (가) – (나) – (다) – (라) – (마)　　② (가) – (나) – (라) – (다) – (마)

③ (가) – (다) – (나) – (라) – (마)　　④ (가) – (다) – (마) – (라) – (나)

정답 ②

[(가)에서 후발업체의 진입이 마케팅전략의 과제라고 소개하고 있으므로 후발업체의 진입의 효과를 설명하는 (나)와 (라)가 그 뒤에 이어져야 한다. 이때 (나)의 내용은 (라)의 근거가 되며 '따라서'로 연결되고 있으므로 (나)가 (라)의 앞에 와야 한다. 그리고 (다)와 (마)는 김치냉장고 시장의 예로써, 후발업체 진입의 긍정적−부정적 효과를 모두 보여주고 있으므로 (라)의 뒤에 이어져야 한다.]

6 다음 보기의 문장을 문맥에 맞게 자연스럽게 배열한 것은?

┌─ 보기 ─────────────────────────────────────┐

(가) 하지만 이 공간을 단순히 가상적이라고 하는 것은 낡은 관점이다.

(나) 사이버 공간은 분명 일상의 물리적 공간과는 다르다.

(다) 가상 세계는 현실 세계의 연속선상에 있다.

(라) 컴퓨터게임에 빠지고 인터넷 서핑에 미치는 것은 그 공간이 현실보다 더욱 현실적이라고 느끼기 때문이다.

(마) 때로 이 가상의 공간은 현실보다 더한 현실성을 가진다.

└───┘

① (나) − (가) − (다) − (마) − (라)　　　② (나) − (마) − (가) − (다) − (라)

③ (다) − (가) − (마) − (나) − (라)　　　④ (다) − (마) − (라) − (가) − (나)

정답 ①

[(가)는 사이버 공간을 단순히 가상적이라고 보는 관점이 낡았다는 내용이며 '하지만'이라는 접속부사로 볼 때 (가)의 앞에는 이와 상반되는 내용이 와야 한다. 그런데 (나)는 사이버 공간과 물리적 공간을 구분하는데 비해, (다)(라)(마)는 사이버 공간의 현실성을 이야기하고 있다. 따라서 (가)와 대비되는 내용인 (나)가 (가)의 앞에 놓여야 하며 (다)(라)(마)는 (가)의 뒤에 이어져야 한다. 또한 (다)(라)(마)는 '(다)현실의 연속 − (마)현실보다 더한 현실성 − (라)현실보다 더한 현실성의 예'순으로 논의가 전개되어야 자연스럽다.]

2 문장배열 실전문제

1. 다음 보기의 문장을 문맥에 맞게 자연스럽게 배열한 것은?

> **보기**
>
> A. 오늘날의 광고는 개인의 허영심, 자존심은 물론 심지어 도덕심에까지 호소하는 고도로 지능화된 전략을 펼치고 있다.
> B. 그런데 조금 깊게 들여다보면 결국 광고가 자극하는 욕망들은 주로 향락성 욕망이요 퇴폐성 욕망들이다.
> C. 그래서 소비자로 하여금 광고된 상품을 사지 않으면 속이 상하게, 자존심이 상하게 또는 도덕적으로 부끄러움을 느끼게 만든다.
> D. 따라서 우리는 광고로 인해 향락성 욕망을 충족시키는 데 해마다 막대한 자원을 소모하게 된다.

① D − C − A − B   ② A − C − D − B

③ A − C − B − D   ④ C − D − A − B

2. 다음 보기의 문장을 문맥에 맞게 자연스럽게 배열한 것은?

> **보기**
>
> A. 따라서 경쟁심을 자제할 줄 아는 사람만이 합리적인 소비생활을 할 수 있게 된다.
> B. 이러한 경쟁의 심화는 생산 활동에만 국한되지 않고 소비활동에도 광범위하게 적용된다.
> C. 자본주의 시장경제는 경쟁을 바탕으로 하기 때문에 무한한 욕망을 바탕으로 한 무한 경쟁을 조장하는 경향이 있다.
> D. 경쟁심의 발로로 인한 충동구매와 과시하기 위한 소비 행태가 그 좋은 예이다.

① C − B − A − D   ② C − B − D − A

③ B − C − A − D   ④ B − C − D − A

3. 다음 보기의 문장을 문맥에 맞게 자연스럽게 배열한 것은?

> 보기
>
> (가) 사람은 생존을 위하여 함께 살아가야만 하는데, 대립과 투쟁만을 일삼으면 항상 서로의 생존을 위협하게 되고 언젠가는 공멸하게 될지도 모른다는 걱정을 하게 되었다.
> (나) 즉 어떤 가치를 어떠한 사람들에게 언제, 어디서, 어떻게, 얼마나 줄 것인가를 결정하는 것이 바로 정치인 것이다.
> (다) 따라서 이러한 문제를 해결하기 위해 나타난 사회적 현상이 바로 정치였다.
> (라) 사람들은 역사 이래로 자신들이 추구하는 최고의 가치를 보다 많이 얻기 위해 서로 대립하고 조정하고 싸워 왔다.

① 라 – 가 – 다 – 나   ② 라 – 나 – 가 – 다
③ 가 – 다 – 라 – 나   ④ 가 – 다 – 나 – 라

4. 다음 보기의 문장을 문맥에 맞게 순서대로 배열한 것을 고르시오.

> 보기
>
> A. 이러한 결과는 저출산 문제에 효과적으로 대처하려면 정확한 진단에 근거해 처방을 내려야 함을 시사한다.
> B. 우리나라의 경우 2000년대 초반에 나타난 급격한 출산율 저하는 주로 소득요인에 의한 것으로 판단된다.
> C. 이는 동독이나 폴란드 등 체제전환국과 유사한 양상이다. 또 한 가지 주목할 만한 사실은 자녀의 양육비용 등 '자녀요인'보다 만혼의 증가, 여성의 경제적 역할 증대, 육아와 직장의 양립 어려움 등 '가치관 및 사회·직장요인'이 출산율 저하에 더 큰 영향을 주었다는 것이다.
> D. 외환위기 이후 급격하게 진행된 경제, 사회적인 변화로 인해 소득이나 고용의 불안정성이 크게 높아지면서 급격한 출산율 저하를 유발한 것이다.

① A – B – C – D   ② B – D – C – A
③ A – B – D – C   ④ C – A – B – D

5. 다음 보기의 문장을 문맥에 맞게 순서대로 배열한 것을 고르시오.

보기
(가) 불씨(佛氏)는 만물(萬物) 가운데 호랑이 같은 맹수나 모기 같은 미물이 자기 몸을 물어뜯어도 전혀 아깝게 여기려 하지 않는다.
(나) 유가(儒家)에서 어진 마음을 베푸는 순서는 육친(肉親)에서 사람으로, 또 사람에서 사물로 나아가야 한다.
(다) 이는 물이 첫째 웅덩이에 가득 찬 후에 둘째 웅덩이를 거쳐 셋째 웅덩이로 흘러가는 것과 같다.
(라) 그런가 하면 사람에 대해서는 어느 나라 사람인지를 가리지 않고 배고픈 자에게는 밥을 먹이려 들고, 추위에 떠는 자에게는 옷을 입히려 드는데, 이것이 이른바 보시(布施)라는 것이다.
(마) 그러나 불씨(佛氏)가 주장하는 자비설(慈悲說)은 그렇지 않다.

① (가) - (라) - (나) - (다) - (마)
② (가) - (라) - (마) - (나) - (다)
③ (나) - (다) - (마) - (가) - (라)
④ (나) - (마) - (가) - (다) - (라)

6. 다음 보기의 문장을 문맥에 맞게 순서대로 배열한 것을 고르시오.

보기
(가) 그리고 사회를 구성하는 개개인의 사고나 행동방식에도 전통이 깃들여 있다.
(나) 문화적 유산이라는 것은 포괄하는 범위가 실로 넓어서 사상·종교·예술·문화는 물론이고 풍속·예절·관습에 이르기까지 모두 포함된다.
(다) 이를 확대해 본다면, 역사 이래로 조상들이 이룬 모든 것이 그 후손에게 있어서는 유산으로서 전통이 될 소지를 가지고 있다.
(라) 전통이란 국가와 민족, 사회와 가족 등과 같은 공동체를 중심으로 전해 오는 관습이나 의식과 같은 문화적 유산을 통칭하는 말이다.
(마) 그러나 조상으로부터 받은 모든 유산이 곧 전통이 되는 것은 아니다.

① (나) - (가) - (라) - (다) - (마)
② (나) - (가) - (다) - (라) - (마)
③ (라) - (나) - (가) - (다) - (마)
④ (라) - (나) - (다) - (마) - (가)

7. 다음 보기의 문장을 문맥에 맞게 순서대로 배열한 것을 고르시오.

> **보기**
>
> (가) 19세기에 마티가 피력한 주장이 바로 이런 것이다.
> (나) 인간은 만물의 영장이라고 한다.
> (다) 따라서 언어라는 것도 이런저런 이유로 우여곡절 끝에 겨우 생겨난 것이 아니라 인간이 마음먹고 지혜를 발휘하여 만들어 냈다고 볼 수 있다.
> (라) 다른 동물과 달리 인간은 세상을 관찰해서 스스로 판단하고 행동하며 놀랄 만한 일들을 창의적으로 해결해나가는 존재라는 점에서 나온 말일 것이다.
> (마) 그에 따르면, 사물의 소리를 모방하거나 몸짓으로 무엇인가를 표현하면서 언어가 시작된 것이 아니라 인간이 의지적으로 의사소통 방법을 궁리하여 추상적 언어를 창조적으로 만들어 낸 것이다.
> (바) 이런 측면에서 본다면, 인간의 감정을 표현하거나 서로 어떤 의사를 교환하고자 할 때에도 지혜를 발휘하여 그에 필요한 해결책을 찾아나 갈 수 있으리라고 생각할 수 있다.

① (나) – (다) – (라) – (바) – (마) – (가)
② (나) – (다) – (바) – (가) – (마) – (라)
③ (나) – (라) – (가) – (마) – (바) – (다)
④ (나) – (라) – (바) – (다) – (가) – (마)

8. 다음 보기의 문장을 문맥에 맞게 순서대로 배열한 것을 고르시오.

> **보기**
>
> (가) 즉, 수많은 개별적 언어사실들에 의해 귀납된 언어 체계에 의해 이루어져야 한다.
> (나) 국어사의 시대 구분은 인위적인 것이다.
> (다) 왜냐하면 언어는 음운체계, 문법체계, 어휘체계, 의미체계가 유기적으로 결합된 체계이며, 언어 변화도 개별적으로 일어나는 것이 아니고 체계 전체에서 일어나기 때문이다.
> (라) 그러나 그 구분은 성실하게 정리된 언어 사실을 바탕으로 이루어져야 한다.
> (마) 이러한 태도에서 최근에는 언어 외적인 면은 배제하고 순수하게 국어 체계상의 변화에 의해서만 시대를 구분하려는 시도들이 있었다.

① (나) – (가) – (라) – (다) – (마)
② (나) – (라) – (가) – (다) – (마)
③ (나) – (라) – (마) – (다) – (가)
④ (나) – (라) – (다) – (가) – (마)

3 독해능력

한편의 글을 읽고 이해한다는 것은 그 글의 주제를 정확히 파악하였다는 것을 의미한다. 따라서 글의 내용을 객관적으로 이해하고 주제를 이해하는 것이 독해능력의 핵심이 되는 것이다. 또한 글쓴이가 주제를 효과적으로 전달하기 위해 글을 어떻게 전개하였는지를 파악하는 것은 주제 파악을 위한 전제로서 중요한 사항이 된다. 즉 독해영역에서는 글의 주제와 글의 전개방식을 이해하는 것이 가장 중요한 요소가 된다.

이것만은 알고 가자

독해문제에서 가장 중요한 측정요소는 "글의 주제 파악"과 "글의 전개방식 파악"으로 요약할 수 있다. 글을 읽는 목적이 글에 담긴 중심 생각을 읽어내기 위한 것이라는 점을 생각할 때 글의 주제파악이 중요한 것은 당연한 일이다. 한편 글을 쓰는 사람의 입장에서는 중심 생각을 좀 더 효과적으로 전달하기 위해 노력하게 되고 그 과정에서 가장 적절한 전개방식을 선택하게 되므로 글의 전개방식은 주제와 밀접한 관련이 있는 요소가 되는 것이다.

이에 더하여, 글의 세부적인 내용을 파악하고, 세부적인 표현방법 등을 이해하는 문제가 출제되는 것이 일반적인 형태이다. 따라서 응시자는 글의 주제와 전개방식 이라는 큰 그림을 염두에 두면서도, 특정한 부분에 대해서는 좀 더 세밀한 관심을 기울이며 글을 읽어 나갈 필요가 있다. 전체를 파악하고 특정 부분을 염두에 두는 독해 전략이 필요한 것이다.

언어영역에서 수험생 간에 가장 큰 격차가 존재하게 되는 부분이 바로 이 독해문제 영역이다. 제한된 시간 내에 빠르게 글을 읽고 정확하게 내용을 파악하는 속도가 관건이 된다. 따라서 평소 글을 빠르게 읽고 요약해 보고나서 다시금 천천히 읽고 정확히 파악했는지를 점검해보는 훈련을 한다면 도움이 될 것이다.

　글을 빠르게 읽어가면서도 중요 내용을 기억하는 능력을 기르기 위해서는 글을 구성하는 각 단락의 핵심을 머릿속에 기억해가면서 읽어가는 훈련이 필요하다. [기본독해]에 제시된 글의 오른 쪽 여백에는 각 단락의 핵심을 정리해 놓았다. 실제 상황에서는 오른쪽 상자 안의 내용을 머릿속에 저장하면서 글을 읽어내려 가야한다. 처음부터 익숙할 수는 없다. 이 방법을 처음 적용해 보는 사람이라면 글의 여백에 각 단락의 핵심을 써보는 것도 상당히 좋은 방법이 될 것이다. 틈틈이 생활 속에서 접하는 다양한 글에 대해 이 방법을 적용하여 연습한다면 반드시 독해능력이 향상될 것이다.

독해능력
기본문제

다음 글을 읽고 물음에 답하시오.

글의 흐름

　특정 사회의 고유문화는 오랜 세월에 걸쳐 축적되어 온 경험의 결과로 그 사회만의 고유한 특성과 가치를 지니고 있다. 때문에 기준을 정해 문화의 우열을 평가하는 것은 무의미하다는 것이 '다문화 교육'의 기본전제다. '다문화 교육'에서 문화는 산업화와 동일시될 수 없으며, 각기 다른 토양에서 잉태된 다양한 문화를 전 인류를 ㉠포괄하는 차원에서 받아들여야 한다는 말이다. 따라서 '다문화 교육'과 관련한 문제는 '자국 문화의 입장을 어느 정도까지 지켜야 할 것인지'와 '다른 나라의 문화를 어느 선까지 수용할 것인가?'의 수위를 결정하는 점을 얘기할 수 있을 것이다.

> 다문화교육과 관련 문제는 다른 나라의 문화를 어느 선까지 수용할 것인가의 문제이다.

　많은 교육가들은 다양한 문화를 이해하기 위해서 다문화 교육을 해야 한다고 옹호는 하지만 그 교육이 어떻게 이루어져야만 하는지에 관해서는 여러 가지 제안들이 있다. 그 중에서 가장 조심성 있는 제안은 현재 한국의 학교나 대학에서 학생들에게 주된 문화인 서구 문화의 관점으로부터 다른 문화들을 가르침으로써 다양한 문화적 이해를 장려해야한다고 주장한다. 이에 대한 지지자들은 학생들이 다른 문화에 대해 배워야만 하지만 그 문화에 대한 평가는 서구 문화의 관점 및 가치 그리고 방법론에 의해서 ㉡결정되어야만 한다고 주장한다. 그 주된 문화의 가치 및 관점들은 전형적으로 민주주의, 포용, 인간평등과 같은 자유주의와 관련된 것들이다.(가)

> 첫 번째 제안:
> 서구 문화를 바탕으로 다문화 교육을 해야 한다는 견해의 소개

　이 첫 번째 제안에 대해 비판하는 사람들은 만약 한국의 전통 문화에 대한 연구가 서구 문화의 관점과 차이가 난다면, 우리의 전통 문화들에 대한 진정한 이해는 불가능할 것이라고 주장한다. (나) (ⓐ) 비판가들은 세계에서 주류 문화인 서구 문화적 관점으로부터 다른 문화 가치는 정확하게 평가되고 이해될 수 없다고 주장하는 것이다.

> 첫 번째 제안에 대한 비판: 서구 문화를 바탕으로 다른 문화를 평가할 수 없다.

이러한 반대 의견을 반영하듯이 여러 문화들의 가치 차이에 관하여 중립적인 입장을 채택해야만 한다는 두 번째 제안이 발달하게 된다. 이것은 한 문화의 가치가 다른 문화의 가치를 평가하는 기준이 될 수 없다는 것이다. (다) (ⓑ) 이 두 번째 제안 역시 서구 과학적 관점과 유산으로부터 도출된 방법인 인류학, 사회 심리학, 정치 과학, 사회학과 같은 것으로부터 문화들을 평가하고자 하므로 여전히 서구 중심적이라 할 수 있다.(라)

따라서 두 번째 제안에 대하여 반대하는 비판가들은 다음과 같이 주장한다. 서구 과학적 유산은 주관적인 것보다 객관적인 것을, 직관적인 것보다 논리적인 것을, 신비주의적인 것보다 경험적으로 확인할 수 있는 것 위주로 평가하는 인식 체계를 기초로 하고 있다. 따라서 그 사회 과학적인 평가방법은 객관성과 같은 확실한 가치가 포함되어 있다는 것이다.

> 가치중립적인 입장을 채택해야 한다는 두 번째 비판 역시 서구 중심적이다.

> 두 번째 제안에 대한 비판: 서구과학적 관점의 유용성

1 글에 대한 이해로 적절한 것은?

① 다양한 문화를 이해하기 위해서는 다른 문화에 대한 비판 없는 수용이 필요하다.

② 다문화 교육에 있어서 다른 나라의 문화를 어디까지 수용해야 할 것인가에 대한 서구적 관점의 판단이 필요하다.

③ 다문화 교육에 대해 많은 사람들은 서구적 관점에 입각한 다문화 교육이 필요하다고 본다.

④ 다문화 교육에 대해서 서구적 관점을 배제한 다른 관점으로 교육할 수 있는 방안에 대한 마련이 시급하다.

> **정답** ③
>
> [다문화 교육의 방법으로서 둘째 단락에서는 서구 문화의 관점을 바탕으로 다른 문화를 가르치는 첫 번째 방법이 제시되고 있다. 넷째 단락에서는 첫 번째 방법에 대한 비판에서 출발한 두 번째 방법 역시 여전히 서구 중심적 관점을 갖고 있다고 설명하고 있다. 따라서 ③의 내용은 본문에서 인정하고 있는 사실이 된다.]

2 밑줄 친 ㉠, ㉡에 해당하는 한자를 순서대로 옳게 나열한 것은?

① 抱括, 結定　　② 包括, 潔淨　　③ 抱括, 決程　　④ 包括, 決定

정답 ④

[포괄(包括): 일정한 대상이나 현상 따위를 어떤 범위나 한계 안에 모두 끌어넣음.]
[결정(決定): 행동이나 태도를 분명하게 정함. 또는 그렇게 정해진 내용.]

3 빈칸 ⓐ, ⓑ에 들어갈 적절한 접속사를 순서대로 옳게 나열한 것은?

① 그래서, 그러나 　② 그러므로, 그래서 　③ 따라서, 그리고 　④ 그리고, 그러나

정답 ①

[ⓐ의 앞 문장은 뒷문장의 원인, 이유로 해석함이 자연스럽다. ⓑ는 두 번째 제안이 첫 번째 제안을 비판하고 있지만 여전히 그 역시 서구 중심적 관점을 버리지 못하고 있다는 내용을 연결해 주고 있으므로 앞 뒤 문장의 관계는 역접관계로 해석함이 자연스럽다.]

4 (가)~(라) 중 다음 보기가 삽입될 부분으로 가장 적절한 곳은?

| 보기 |

　예를 들어 과거 유교나 불교와 같이 한국의 모든 문화들을 서구 문화처럼 자유주의나 평등의 가치로 재단할 수 없을 것이다. 왜냐하면, 다양한 문화의 가치 체계는 근본적으로 다른 사회적, 역사적 환경에서 종종 일어나기 때문이다.

① (가)　　　　　② (나)　　　　　③ (다)　　　　　④ (라)

정답 ②

[보기는 우리의 전통과 다른 관점을 갖고 있는 서양 문화를 기준으로 우리 문화를 평가하고 이해하기에 적절하지 않은 예들을 열거하고 있으므로 (나)부분 앞에 있는 문장의 근거로 사용됨이 타당하다.]

독해능력
기본문제

다음 글을 읽고 물음에 답하시오.

'인간의 역사가 결국 어디로 가고 있는가' 하는 물음에 대해 많은 역사 학자·철학자들이 나름대로 대답을 내놓았다. 종말론적인 해답도 있었고 발전론적인 해답도 있어 왔지만, 지금까지의 인류 사회가 지향해 온 역사의 길은 인간들이 살기에 한층 더 나은 사회를 만드는 길이었으며, 그것은 또 많은 우여 곡절이 있었음에도 불구하고 일정하게 이루어져 왔다고 생각된다.

좀 더 구체적으로 말해 보면, 인류의 역사는 모든 인간들이 정치적인 (㉠)에서 점점 벗어나는 방향으로 발전해 왔다. 헤겔은 '역사의 발전이란 곧 자유의 확대 과정'이라 말했다. 역사는 정치적으로 자유로워지는 인간의 수가 점점 많아지는 방향으로 발전해 온 것이다. 고대 사회에서는 왕과 귀족들만이 정치적 자유를 누렸지만, 근대 사회로 오면서 그 정치적 자유가 시민 계급에까지 확대되었고, 현대 사회로 오면서는 노동자·농민층에게까지 실질적으로 확대되어 가고 있다.

인류 사회의 이상 가운데 하나는 정치적 민주주의가 더 확대되는 것이고, 그것이 곧 인류 역사가 나아갈 방향이기도 하다. 인간이 정치적으로 자유로워지는 길은 곧 스스로 권력을 가지는 길이며, 권력을 가지고 행사하는 인간이 많아지는 길, 즉 인민 주권주의가 확대되는 길이 곧 역사가 나아가는 길인 것이다.

또한 인간의 역사는 경제적으로 빈부의 차가 적어지는 길로 발전해 왔고 또 앞으로도 계속 그렇게 나아갈 것이다. ㉡신라 시대나 고려 시대에는 소수의 귀족층만이 재부의 대부분을 차지하여 피지배층의 생활은 처참했다. 조선 시대에도 양반 지배층의 생활과 일반 농민의 생활 사이에는 상상하기 어려울 만큼 차이가 있었다. 근대 사회로 내려오면서 자산 계급과 서민 대중 사이의 생활양식은 어느 정도 접근해 갔으나 소유한 재부의 차이는 여전히 크다. 그러나 재부의 편중을 억제하고 사회적

글의 흐름

역사의 길은 인간들이 살기에 좋은 사회를 만드는 길로 일정하게 이루어져 왔다.

정치적인 속박에서 벗어나는 방향으로 발전해 왔다.

정치적 민주주의가 확대되어 왔다.

경제적으로 빈부의 차가 적어지는 길로 발전해 왔다.

평등을 촉진하는 운동과 정책이 계속 추진되고 있으며, 그것이 바른 역사의 길이라는 인식이 확대되어 가고 있다. 이와 같은 현상은 앞으로도 더 발전될 수밖에 없을 것이다.

인간의 역사는 또 생각하고 표현하는 자유, 즉 사상의 자유가 꾸준히 확대되는 방향으로 발전해 왔다. ⓒ지구가 도는 것임을, 만민이 평등함을, 권력은 국민의 것이어야 함을, 재부가 만민의 것임을 남보다 먼저 말했다가 희생된 사람들이 많았지만, 아무리 무서운 권력도 뿌리 깊은 인습도 인간의 '생각하고 말하는 자유'를 계속 누를 수는 없었다. 사상의 자유야말로 인간의 역사를 앞으로 나아가게 하는 원동력 가운데 하나였던 것이다.

수천 년에 걸친 인간의 역사를 분석해 온 역사학은 역사의 변화에 일정한 방향이 있다고 말하고 있다. 그 방향은 크게 말해서 인간이 정치적인 속박을 벗어나는 길, 경제적인 불평등을 극복하는 길, 사회적인 불평등을 해소하는 길, 사상의 자유를 넓혀가는 길이라 말하고 있다.

사상과 표현의 자유가 확대되는 길로 발전해 왔다.

역사의 방향성에 대한 재확인(자유의 확대, 경제적 평등지향)

1 위 글에 대한 제목으로 적절한 것은?

① 역사의 발전방향　　② 역사학의 사회적 의미

③ 역사관의 중요성　　④ 역사의 정치성

> **정답** ①
>
> [글의 제목은 글의 내용을 잘 나타내어야 한다는 점에서, 이 문제는 결국은 글의 주제를 묻는 것이다. 글의 주제로 적합한 것은 바로 '역사의 발전방향'이다.]

2 글에 대한 설명 중 옳지 않은 것은?

① 논지를 제시하고 내용을 서술하고 다시 논지를 강조하였다.

② 통시적인 관점에서 역사를 서술하고 있다

③ 구체적인 예시를 통해 논지 전달을 하고 있다.

④ 대립되는 관점들을 절충하는 태도를 취하고 있다.

> **정답** ④
>
> [역사는 자유가 확장되는 방향으로 흘러가고 있다는 필자의 견해만이 소개되고 있을 뿐 그에 대해 반대되는 관점들이 제시되고 있지는 않다.]

3 문맥상 ㉠에 들어갈 적절한 말은?

① 속박(束縛)　　　② 해방(解放)　　　③ 발전(發展)　　　④ 방종(放縱)

> **정답** ①
>
> [자유가 확대되어 왔다는 앞뒤 문맥의 흐름상 ㉠에 들어갈 가장 자연스러운 단어는 '속박'이 된다.]

4 ㉡과 관련이 없는 한자성어는?

① 苛斂誅求　　　② 草根木皮　　　③ 三旬九食　　　④ 家給人足

> **정답** ④
>
> [가급인족(家給人足) : 어느 집 사람이나 모두 의식(衣食)에 부족함이 없이 생활이 풍족함]

5 위 글의 주제를 고려할 때 ㉢에 적절한 속담은?

① 닭의 목을 비틀어도 새벽은 온다.

② 모난 돌이 정 맞는다.

③ 동쪽에서 뺨맞고 서쪽에서 눈 흘긴다.

④ 미운자식 떡 하나 더 준다.

> **정답** ①
>
> [권력이 자유를 외치는 소수의 사람을 희생시킬 수는 있어도 궁극적으로 사람들의 자유를 억제할 수는 없다는 의미이다]

독해능력
기본문제

다음 글을 읽고 물음에 답하시오.

운전을 하다 보면 내 차선은 별로 움직일 기미가 안 보이는데, 옆 차선 차들은 꾸준히 앞으로 나가고 있는 것을 보게 된다. 그래서 차선을 무리하게 바꿨더니 이제는 상황이 뒤바뀌어 원래 차선이 더 빠르게 빠지는 것이 아닌가! 이것 역시 ⊙'머피의 법칙'일까? 왜 하필 내 차선이 제일 느릴까?

교통 흐름을 연구하는 학자들에 따르면, 실제로는 옆 차선이 더 느린 경우에도 많은 운전자들이 자기 차선이 더 느리다고 느낀다고 한다. 운전을 할 때는 시야가 주로 전방을 향해 있기 때문에 자신이 추월한 차보다 자신을 추월한 차가 시야에 더 오래 남기 때문이라고 한다. 일종의 ⓒ착시인 것이다.

캐나다 토론토 의 대 도널드 레델메이어 교수와 미국 스탠포드 대학 통계학과 로버트 티브시라니 교수는 지난 1999년 9월 ≪네이쳐≫에 이를 뒷받침하는 연구 결과를 발표했다. 그들은 차량에 비디오 카메라를 설치해 옆 차선의 평균속도가 더 느린 상황을 담은 필름만 골라 사람들에게 보여준 뒤 반응을 조사했다. 그 결과 옆 차선이 더 느림에도 불구하고 전체 응답자의 70%가 옆 차선이 더 빠르다고 응답했고, 65%는 가능하면 옆 차선으로 바꾸겠다고 대답했다.

왜 많은 운전자들은 옆 차선의 차량 속도를 과대평가하고 자기 차선이 더 느리다고 생각할까? 이것은 심리적인 요인 때문이다. 대부분의 운전자는 자기가 옆 차를 추월하는 경우보다는 추월 당하는 경우 더 강한 심리 반응을 보일 뿐 아니라, 운전자의 시야가 주로 전방을 향하고 있기 때문에 자신이 추월한 차는 금방 시야에서 사라지지만 자기를 추월한 차는 긴 시간 동안 시야에 남아 있어 이런 착각을 일으킨다고 그들은 설명한다.

글의 흐름

운전을 하다보면 내 차선만 제일 느리게 느껴진다.

운전자는 자기 차선이 더 느리다고 느낀다. 일종의 착시다.

운전자들은 옆 차선이 빠르다고 느끼고 있음을 보여주는 연구결과

옆 차선이 빠르다고 느끼는 심리적인 요인– 시야가 전방을 향하기 때문

그러나 운전자들이 이렇게 착각하는 데는 물리적인 원인도 있다. 두 개의 차선이 있는데 양쪽 모두 옆 차선과 비교해서 막히는 구간과 잘 빠지는 구간의 길이가 똑같다고 가정해 보자. 그러면 내 차선이 잘 안 빠지는 구간을 통과하는 데 걸리는 시간은 내 차 속도가 느린 관계로 길기 때문에 운전자는 늘 내 차선이 더 느리다고 느끼게 된다. 결국 똑같은 상황임에도 불구하고, 모든 차선의 운전자들이 '내 차선이 더 느리다고 느껴지는 시간'이 '더 빠르다고 느껴지는 시간'보다 길게 된다. 이것이 차선을 바꾸고 나서 원래 차선이 더 느리다고 느낄까? 레델메이어 교수와 티브시라니 교수는 같은 논문에서 평균 속력이 같은 두 개 차선의 도로상황을 컴퓨터 시뮬레이션으로 만들고 이 상황에서 운전대에 앉은 운전자들이 어떻게 느끼는지 알아보았다. 그 결과 차량 밀도가 1km당 20대 이하일 때는 자기 차선이 더 빠르다고 느끼는 시간과 옆 차선이 더 빠르다고 느끼는 시간이 거의 같았지만, 차량 밀도가 이보다 커지기 시작하면 옆 차선이 더 빠르다고 느끼는 시간이 점점 길어지게 된다는 사실을 알아냈다. 따라서 (_____ⓒ_____)

> 물리적인 원인–
> 막히는 구간을 지날 때 걸리는 시간이 더 오래 걸린다.
> 차량의 밀도와 느껴지는 시간과의 관계

언 어 / 수 리 / 추 리 / 직무상식

1 위 글에 대한 이해로 적절하지 않은 것은?

① 운전자들이 자신의 차선이 항상 더 느리다고 생각하는 것은 심리적인 요인에 의한 것이다.

② 차량의 밀도가 적다면 운전자는 자신의 차선이나 다른 차선의 속도에 별다른 차이를 느끼지 못한다.

③ 막히는 구간과 잘 빠지는 구간이 같은 길이의 차선에서 잘 빠지는 구간을 지날 때 운전자는 자신의 차가 더 빠르다는 것을 감지하지 못한다.

④ 운전자들이 옆 차선이 빠르다고 생각하는 이유는 운전자의 시야와도 관련이 있다.

> **정답** ③
>
> [다섯째 단락을 보면, 막히는 구간과 잘 빠지는 구간이 같은 길이의 차선에서 내 차선이 더 느리게 느껴지는 이유는, 차선이 잘 안 빠지는 구간을 통과하는 데 걸리는 시간이 더 길기 때문이다. 지문 ③에서처럼 운전자가 잘 빠지는 구간을 지날 때 자신의 차가 더 빠르다는 감지하지 못한다는 내용은 언급되어 있지 않다.]

2 밑줄 친 빈칸 (㉢)에 들어갈 내용으로 적절한 것은?

① 주변에 차가 적을수록 나는 내 차선이 더 느리다고 느끼게 되는 것이다.

② 주변에 차가 많을수록 나는 내 차선이 더 느리다고 느끼게 되는 것이다.

③ 옆 차선의 차가 빠를수록 내 차선이 더 느리다고 생각하게 되는 것이다.

④ 옆 차선의 차가 느릴수록 내 차선이 더 느리다고 생각하게 되는 것이다.

> **정답** ②
>
> [차량 밀도가 일정 수준을 넘어서게 되면, 옆 차선이 더 빠르다고 느끼는 시간이 길어지게 된다. 밀도가 커진다는 것은 차량의 수가 증가한다는 것과 같은 의미이다.]

3 밑줄 친 ㉠의 뜻과 비슷한 의미의 한자성어는?

① 累卵之危　　　② 近墨者黑　　　③ 風前燈火　　　④ 雪上加霜

> **정답** ④
>
> [설상가상(雪上加霜): 눈 위에 서리가 덮인다는 뜻으로, 난처한 일이나 불행한 일이 잇따라 일어남을 이르는 말]

4 밑줄 친 ㉡ '착시' 에 해당하는 한자는?

① 着視　　　② 錯施　　　③ 錯視　　　④ 鑿試

> **정답** ③
>
> [착시(錯視): 시각적인 착각 현상.]

1 독해능력
실전독해 1

(가) 언어는 개방적이고 무한한 체계이기 때문에 우리는 언어를 통해서 반드시 보았거나 들은 것, 존재하는 것만을 이야기하는 데 그치지 않고, '용, 봉황새, 손오공, 유토피아' 등과 같이 현실에 존재하지 않는 상상의 산물이나, 나아가서는 '희망, 불행, 평화, 위기'라든가, '의문, 제시, 제한, 효과, 실효성' 등과 같은 관념적이고 추상적인 개념까지 거의 무한에 가깝게 표현할 수가 있다. 이 것을 언어의 개방성이라 한다.

(나) 우리는 언어를 사용하여 상상이나 추상의 세계같이 존재하지 않는 세계에 대해서까지 사고할 수 있지만, 사실 언어는 가장 간단한 것조차도 그것이 가리키는 외부 세계를 있는 그대로 반영하는 것이 아니다. 언어는 연속적으로 이루어져 있는 세계를 불연속적인 것으로 끊어서 표현한다. 언어의 이러한 특성을 분절성(分節性)이라고 한다. 예를 들어, 무지개의 색깔이 단지 '빨강, 주황, 노랑, 초록, 파랑, 남색, 보라' 일곱 가지 색으로 이루어져 있는 것만은 아니며, 어떤 얼음이나 눈도 똑같은 '하양' 색깔은 아니다. 뺨, 턱, 이마 사이에도 정확한 구획이 정해져 있는 것은 아니다. 매년 송구영신(送舊迎新)이라 하면서 묵은 해가 가고 새해가 온다고 생각하지만, 사실 12월 31일과 1월 1일 사이의 시간의 흐름에 어떤 분명한 경계가 있는 것은 아니다.

(다) 언어에 의해서 분절(分節)이 이루어져 형성된 한 덩어리의 생각을 개념(槪念)이라고 한다. 언어는 대부분의 경우에 이 개념을 단위로 하여

운용된다. 언어의 본질을 정확히 이해하려면 이 '개념'이라는 것에 대하여 정확히 인식해야 한다.

(라) 우리가 사용하는 명사 하나를 예로 들어 보자. 가령, '꽃'과 같이 매우 쉬운 단어라 할지라도 이는 상당한 수준의 추상화 과정을 거친 후에야 형성된 개념이다. 우리가 '꽃'이라고 부르는 대상들은 실제로는 '무궁화, 진달래, 개나리, 목련, 등의 다양한 모습으로 존재하고 있는 것으로서, 그 구체적인 실체를 가리키는 것은 아니다. 바꿔 말해서, '꽃'이라는 말의 의미 내용은 우리가 수많은 종류의 꽃들로부터 공통 속성만을 뽑아내는 과정, 즉 추상화의 과정을 통해서 형성된 것이다. 이러한 수많은 하위어(下位語)들을 묶어 표현하는 말들을 총칭어(總稱語)라고 하는데, 그 개념은 인간의 머릿속에만 존재하는 것이다. 이런 식으로 생각해 나간다면, 사실 하위어인 '무궁화'라는 단어 자체도 또한 추상화된 개념에 해당한다. 무궁화의 종류도 많을 뿐만 아니라, 하나하나의 모양도 제각기 다르기 때문이다. 우리는 이미 말을 배울 때부터 이러한 추상화 과정에 너무나 익숙해 있기 때문에, 스스로도 잘 인식하지 못하고 있는 것이 보통이다. 그러나 실제로 고유 명사 같은 특별한 말들을 제외하고는 우리가 사용하는 단어들이 대부분은 이같이 고도로 추상화된 개념을 실어 나르고 있다.

언어는 이처럼 본질적으로 ㉠추상적이며, 이러한 추상화의 능력이야말로 인간만이 해 낼 수 있는 능력이다.

1. 위 글의 제목으로 적절한 것은?

   ① 언어의 특성　　② 언어와 생활

   ③ 언어와 경험　　④ 어휘의 형성

2. 위 글을 읽고 보이는 반응으로 적절하지 않은 것은?

   ① 인간은 보지도 못한 외계인에 대해서 이야기 할 수 있군.

   ② 나무를 뿌리, 줄기, 가지로 나누어 생각하는 것도 언어의 특성이군.

   ③ "고양이" 라는 단어도 실제로는 존재하지 않는 대상을 표현한다고 볼 수도 있군.

   ④ "자동차"는 실재하는 것이니 추상화 과정을 거친 어휘는 아니군.

3. (가)의 내용에 비추어 볼 때 다음 중, 범주가 다른 단어는?

   ① 행복　　② 도전

   ③ 우정　　④ 의자

4. (라)의 내용에 비추어 볼 때 추상성이 가장 강한 단어는?

   ① 동물　　② 생물

   ③ 코끼리　　④ 고래

5. 밑줄 친 ㉠추상의 올바른 한자표기는?

   ① 抽象　　② 追償

   ③ 秋霜　　④ 推尙

㉮ 우리 몸의 각 기관과 조직은 성장과 생리 작용 조절, 자손 생산 등과 관련하여 다양한 기능을 갖는 호르몬의 작용에 의해 조화를 이루어 하나의 정상적인 유기체를 이루게 된다.

㉯ 호르몬은 체내의 수용체와 결합해야만 그 기능을 발휘하며, 또한 특정 호르몬은 특정 수용체하고만 결합한다. 이러한 결합 방식으로 인해 정보가 잘못 전달되는 것을 방지할 수 있다. 그러나 어떤 합성 화학물질은 우리 체내에 유입되어 이들 수용체와 결합해 정보 전달 체계를 교란시킨다. 이러한 합성 화학 물질이 바로 환경호르몬이다.

㉰ 환경호르몬은 우리 체내의 호르몬을 흉내 내어 그와 동일한 역할을 한다. 마치 가짜 열쇠가 자물쇠를 여는 상황과 같다고 할 수 있다. 이와는 달리 수용체와 결합하기는 하지만, 결합 후 아무런 활동도 하지 않음으로써 자연 호르몬의 활동을 막는 경우도 있다. 즉 열쇠가 자물쇠에 꽂힌 후 자물쇠가 잠긴 상태로 망가져 진짜 열쇠가 자물쇠를 못 여는 경우와 같다.

㉱ 환경호르몬은 화학적인 안정성이 매우 높다. (㉠) 다른 물질로 분해되지 않고 계속 제 모습을 유지한 채 지구상의 어느 곳으로든지 이동할 수 있으며, 생명체의 체내의 지방에 영구히 머무름으로써 먹이사슬을 거슬러 올라갈 때마다 대폭적으로 증가된다. 환경호르몬은 모유를 통해 신생아에게 쉽게 전달될 수 있으며, 성호르몬에 미치는 환경호르몬의 폐해는 그 자손에게까지 직접적으로 치명적인 결과를 안겨 줄 수 있다.

㉲ 우리 주위는 수많은 합성 화학 물질로 가득 차 있다. 환경호르몬을 피하기 위해서 합성 화학

물질들을 피하는 것이 좋다. 그러나 근본적으로는 우리의 삶의 지향점과 가치관을 바꾸는 것이 필요하다. 좀 더 편리하고 위생적인 삶을 살기 위해 우리가 선택한 물건들이 우리 몸에 환경호르몬을 서서히 (㉡)시켜가는 주범이기 때문이다.

1. 위 글을 통해 글쓴이가 전달하고자 하는 궁극적인 내용은?

① 환경호르몬의 특성과 폐해의 심각성

② 환경호르몬에 대한 구체적인 대응방안

③ 환경호르몬의 구체적 작동원리

④ 환경호르몬에 관해 대중이 오해하고 있는 부분

2. 환경호르몬을 바르게 이해하지 못한 반응은?

① 환경호르몬은 외부에서 유입된 합성화학물질이군.

② 환경호르몬은 뱀보다는 개구리에게 더 위협적이군.

③ 환경호르몬은 분해되기 어려우니 유입을 막아야겠어.

④ 환경호르몬은 자연호르몬과 유사하게 작동하는군.

3. (다)에서 사용된 비유를 바탕으로 보기에 들어갈 알맞
은 단어를 순서대로 고르시오.

> **보기** 열쇠 : 자물쇠 ≒ (   ) : (   )

① 호르몬, 수용체

② 수용체, 호르몬

③ 환경호르몬, 수용체

④ 수용체, 환경호르몬

4. ㉠에 들어갈 가장 적절한 말은?

① 그리고   ② 그래서

③ 그런데   ④ 게다가

5. ㉡에 들어갈 가장 적절한 어휘는?

① 저축   ② 축적

③ 소비   ④ 납입

3 독해능력
실전독해 3

언어 / 수리 / 추리 / 직무상식

㈎ '콩코드의 오류'라는 용어는 프랑스에서 추진한 초음속 여객기인 콩코드기 개발과 관련하여 생겨난 말이다. 처음에는 세계 최초로 초음속 여객기를 개발한다는 데 대해 프랑스 인들은 열광했다. 그러나 이 사업은 기술 발전에는 큰 기여를 했지만, 개발 과정에서 지나치게 많은 비용이 투입되어 경제성이 없었다. 그렇지만 과도한 자금이 투입되었기 때문에 경제성이 없는 줄 뻔히 알면서도 중도에 그만둘 수는 없었다. 이미 투입한 돈이 아까워서 가망 없는 사업에서 손을 떼지 못한 것이다.

㈏ 게다가 현실에서는 이런 오류에 ㉠<u>정치적 논리</u>가 끼어든다. 어떤 사업이 크면, 그것에서 이득을 보는 사람이 생겨나고, 자연히 그 사업을 지지하는 사람들은 큰 정치적 힘을 발휘한다. 그 사업을 ㉡<u>중도</u>에라도 그만두면 사회 전체는 결과적으로 이득을 얻게 되지만, 그런 이득은 아주 널리 흩어지므로 수혜자들은 자신에게 이득이 되는지조차 모르고 넘어가게 마련이다.

㈐ 그래서 그 사업에서 이득을 보려는 사람들의 강한 반대를 무릅쓰고 그만두자고 나서는 사람은 드물다. 이러한 사정을 잘 아는 사람들은 일이 그런 방향으로 굴러가도록 만든다. 선진국의 경우에도 거대한 자본이 투입될 사업을 구상하는 당국은 일거리를 여러 선거구에 분산시켜서, 많은 국회의원들을 사업의 지지자들로 만들고 정부의 보조를 받게 하며, 제품의 경제성이나 시장성 검토가 끝나기도 전에 생산을 먼저 시작해서 콩코드의 오류를 스스로 만드는 사례가 있다.

㈑ (㉢) 흥미로운 점은 이런 오류와 관련한 우리말 표현이 별로 없다는 것이다. 그 이유는 이

오류가 야기하는 사회적·경제적 손실을 제대로 인식하지 못하고 있으며, 이를 예방할 수 있는 장치를 갖추지도 못했기 때문이다. 이는 우리 사회가 합리적 의사 결정이 나오는 풍토를 제대로 가꾸지 못했음을 가리킨다고 볼 수 있다.

1. 글쓴이가 전달하고자 하는 주된 생각은?

① 합리적 의사 결정 풍토가 취약한 우리 사회의 문제점
② 우리나라 정치인들의 구태적인 모습에 대한 비판
③ 합리성을 결여한 국책사업에 대한 비판
④ 경제성을 바탕으로 한 과학기술에 대한 평가

2. 〈보기〉가 들어갈 글의 순서로 적절한 곳은?

> **보기**
>
> 존슨 대통령이 미국이 베트남전에서 지고 있는 원인을 해결할 수 없으며, 결과적으로 전쟁에서 이길 수 없다고 판단했음에도 불구하고 수십만의 군인을 계속 투입한 것 역시 그 대표적인 예이다.

① (가) 단락의 뒤
② (나) 단락의 뒤
③ (다) 단락의 뒤
④ (라) 단락의 뒤

3. 밑줄 친 ㉠ "정치적 논리" 의 문맥상 의미로 가장 적절한 것은?

　① 다양한 민의를 반영하는 것

　② 이해타산을 따지는 것

　③ 대표를 선출하는 것

　④ 법적 타당성을 따지는 것

4. 밑줄 친 ㉡ "중도" 에 대한 절절한 한자어 표기는?

　① 衆徒　　　② 中稻

　③ 中途　　　④ 中道

5. (라)의 (㉢)안에 들어갈 적절한 어휘는?

　① 그런데　　② 그래서

　③ 그러므로　④ 게다가

최근에 은행업, 보험업, 관광업 및 레저 산업과 같은 서비스 분야의 직업이 증가함에 따라 '감정노동'에 관련된 사람들의 수도 현저히 늘고 있다. 그런데 감정노동은 특정한 범주의 직업에만 한정되지 않으며 공적·사적 생활에서 광범위하게 이루어지고 있다. 우리는 모두 가정과 직장에서 어느 정도 우리의 감정을 만들어내고 관리할 필요가 있다. 예를 들어, 어린아이를 동반한 쇼핑은 아이들 때문에 심하게 부대끼는 부모들에게 종종 감정노동을 단련할 기회가 된다. 부모들은 계산대 앞에서 차례를 기다리는 동안 아이들에게 고함을 지르기보다는 억지 미소를 지어야 하기 때문이다.

스스로 자신을 돌볼 수 없는 아동이나 노인, 장애인 및 병자를 돌보는 직종에 종사하는 사람들 역시 육체노동뿐만 아니라 감정노동을 수행하고 있다. 그들은 규범적이고 윤리적인 측면을 포함한 사회관계 속에서 노동을 한다. 그들은 사회가 일반적으로 그 직업에 기대하는 역할을 수행하기 위해 특정한 얼굴 표정과 육체적 표현을 만들 수 있도록 자신의 감정을 관리한다.

감정노동 종사자들의 임무는 고객들이 요구하는 서비스를 제공함으로써 그들이 편안함을 느끼도록 하는 것이다. 이러한 업무 속에서 그들은 고객들에게 짜증을 내지 않으면서 자신들의 역할에 충실해야 한다는 딜레마에 부딪히게 된다. 표면 연기는 이 딜레마에 대처하는 한 가지 방식이다. 그러나 표면 연기가 위선적이며 자존심을 상하게 한다고 생각하는 사람들에게 그 방법은 만족스럽지 못하다. 그래서 노련한 직업인들은 표면 연기 대신 내면 연기를 선호하는 경향이 있다. 예를 들어 간호사들은 무례하고 공격적인 환자를 다룰 때 그 환자의 행동이 정당화될 수 있는 이유를 생각해려고 애쓰고, 화를 내기보다는 스스로 미안한 감정을 가지려 한다. 그러나 그런 대처 방식도 바람직한 것만은 아니다. 진정한 자기감정으로부터 (㉠)되는 현상을 감수해야 하기 때문이다.

특정 직업이 몸에 가하는 스트레스는 특정한 감정과 육체적 상태를 요구하는 업무 때문에 더욱 심화된다. 자신의 행위가 자아 개념과 모순된다고 인식될 때 스트레스 수준은 높아진다. 자신의 욕구를 부정하면서 언제나 다른 사람들의 욕구에 우선적으로 부응해야 할 때 몸은 견딜 수 있는 이상으로 가해지는 긴장에 대해 무의식적인 저항을 드러낼 수 있다. 감정노동 종사자들에게 기대하는 감정노동의 양이 증가하고 있는 현대사회에서 이런 위험성은 더욱 높아지고 있다.

1. 위 글을 바르게 이해하지 못한 것은?

① 현대의 많은 사람들은 직·간접적으로 감정노동을 수행하고 있다.

② 서비스 분야에서 일하는 사람들은 감정노동을 수행하고 있는 경우가 많다.

③ 감정노동 종사자들은 자신의 업무를 수행하는 과정에서 스트레스가 발생할 확률이 높다.

④ 고객들의 요구에 부응하려는 진정한 마음을 갖는다면 감정노동으로 인한 문제를 해결할 수 있다.

2. 다음 중 (㉠)에 들어갈 말로 가장 적절한 것을 고르시오.

① 유별(有別)　　② 유리(遊離)
③ 전환(轉換)　　④ 전달(傳達)

3. 본문의 밑줄 친 부분과 가장 관계있는 한자성어를 고르시오.

① 吳越同舟　　② 走馬加鞭
③ 盤溪曲徑　　④ 易地思之

㈎ 우리나라는 인터넷 보급 비율, 초고속 인터넷 접속 비율, 사용자 수 등 모든 면에서 세계 최고 수준의 정보기술(IT) 인프라를 자랑하고 있다. 인터넷 활용이 증대되면서 이제 사이버 공간은 제 2 의 생활공간이 되고 있으며 인터넷은 없으면 불편한 존재가 아니라 전화선만큼, 어쩌면 전화선보다 더 중요한 국가 기간망으로 자리 잡게 되었다.

㈏ 그러나 정보 보안 수준은 이에 미치지 못할 뿐만 아니라 매우 열악한 수준으로 위와 같은 상황을 낙관할 수 없게 하는 요인이 되고 있다. 한국정보보호진흥원 조사 결과에 따르면, 인터넷 이용자의 93.9%가 프라이버시 침해를 우려하면서도 웹사이트에 가입할 때 해당 사이트의 개인정보 보호정책을 주의 깊게 살펴보지 않는 것으로 나타났다. 또 컴퓨터·인터넷이용 시간이 늘면서 사이버 공격에 의한 피해가 커지고 있음에도 불구하고 일반 이용자 중 42%는 바이러스 등에 의한 피해를 우려하지않는 것으로 조사된 것도 이와 같은 우려를 뒷받침한다.

㈐ 빈약한 정보 보호 투자도 문제이다. 정보화에 투자되는 정부예산은 점차 증가하고 있으나 정보 보호를 위한 정부 투자는 인색한 편이다. 정보통신부 자료를 보면, 지난 해 정보화에 쏟아 부은 예산은 5,789억 원이지만 정보 보호를 위한 투자예산은 306억 원으로 5.3%에 불과했다. 이는 민간부문(6.2%)이 나 미국(8.1%)보다 낮은 수준이라 할 수 있다. 한편 민간 기업들은 43%가 정보 보호를 위한 별도의 전담 조직을 두지 않고 유관 부서에서 병행하고 있으며, 44%는 특별한 관리를 하지않는 것으로 조사되었다. 이러한 조사 결과는 국내 기업들의 정보 보호 상황이 위험한 수준임을 단적으로 보여주는 것이라 할 수 있다.

㈑ 큰 사고가 터질 때마다 '예고된 사고', '인재' 라는 말이 등장하는 것은 아직도 사람들이 '(㉠)'을 위해 쓰는 돈과 노력을 '비용'이 아닌 '(㉡)'라고 생각하기 때문이다. 선진국에서는 이미 거의 모든 분야에서 안전 비용은 필수적인 비용이라는 인식이 자리 잡고 있다. 안전에 필요한 노력이나 비용은 처음에는 필요 없는 것처럼 보일 수도 있겠지만, 장기적으로 발생할 수 있는 사고를 미연에 방지함으로써 적은 비용으로 큰 손실을 막는 역할을 하고 있다. 결국 안전에 드는 노력이나 비용은 각각의 회사 또는 더 나아가서 국가의 경쟁력을 높이는 핵심적인 요소라고 할 수 있다.

㈒ 정부에서는 우선적으로 보안에 대한 모범을 보일 필요가 있다. 최소한 정부가 관리하는 컴퓨터들은 보안에 대한 투자와 관리가 적정한 수준으로 행해져서 다른 부문에 피해를 입히는 일은 없어야 한다. 민간에 대해서도 보안에 대한 정보를 제공하고 권고함과 동시에 인센티브를 통해서 안전한 인터넷 환경을 만들어갈 수 있도록 유도해야 한다. 또한, 정보 보호 예산을 별도로 책정하여야 한다. 그 동안 정보보호 예산은 하드웨어나 소프트웨어 예산에 묻혀왔으나 앞으로는 별도로 예산 항목을 설정함으로써 다른 곳으로 전용되는 일이 없도록 해야 할 것이다.

1. 위 글의 핵심내용으로 가장 적절한 것은?

① 정보기술이 발달할수록 정보보안을 위해서 많은 투자가 필요하다.

② 우리나라의 정보보안 수준을 높이기 위해서는 정부가 직접 보호활동에 나서야 한다.

③ 우리나라가 정보기술 강국으로 거듭나기 위해서는 정부·민간 기업 간의 협력이 필요하다.

④ 우리나라의 정보보안이 취약한 이유는 개인정보 유출 예방에 대한 인식이 부족하기 때문이다.

2. ㉠과 ㉡에 들어갈 단어로 적절한 것은?

① ㉠ : 예방, ㉡ : 준비

② ㉠ : 예방, ㉡ : 낭비

③ ㉠ : 비용, ㉡ : 낭비

④ ㉠ : 비용, ㉡ : 소득

3. 〈보기〉의 내용이 들어갈 위치로 적절한 것은?

> **보기**
>
> 이는 자동차 보험에 가입하는 이유와도 일맥상통한다. 사고가 나지 않을때는 자동차 보험을 드는 것이 아깝다는 생각을 많이 하게 된다. 자동차사고는 다른 사람들의 이야기이며 자기에게는 해당 사항이 없을 것이라는 생각도 하게 된다. 그러나 일단 사고가 나면 그 피해 액수나 형사 책임이 너무 커서 개인적으로 감당하기에는 힘든 경우가 많다. 따라서 자동차 보험은 자동차를 몰면서 누릴 수 있는 많은 혜택을 받기 위해서 필수적으로 지불해야 하는 안전 비용이라고 볼 수 있다.

① (나) 단락의 뒤   ② (다) 단락의 뒤

③ (라) 단락의 뒤   ④ (마) 단락의 뒤

4. 위 글을 읽고 난 후의 반응으로 적절하지 않은 것은?

① 정보보안은 매우 중요하므로 이를 위해 돈이 쓰이는 걸 아까워해서는 안 되겠어.

② 정보보안 수준이 높은 기업을 선정해 세재 혜택을 주는 방안을 시행하는 것이

③ 다음부터 인터넷 사이트를 가입할 때는 정보보안에 대한 준비가 되어 있는지를 꼭 확인해 봐야지.

④ 정부와 달리 민간 기업은 정보보안이 철저하니까 되도록 민간 기업을 이용하면 정보유출의 위험이 적겠어.

역사적 사실이 지니는 어떤 의미란 우리가 보통 역사적 의의라고 부르는 것이다.

이 역사적 의의를 찾는 것이 사실의 탐구와는 차원을 달리한다고 해서 누구나 멋대로 그 의의를 규정할 수 있다는 것은 아니다. 종교가나 철학자들도 그들의 신념에 따라서 이러한 작업을 할 수가 있겠지만, 그것은 신앙이나 과학일 수는 있겠으나 역사학이라고는 할 수가 없다. 역사학에서 말하는 역사적 의의의 추구란 것은, 시대적·사회적 관련 속에서 과거의 사실들이 지니는 위치를 밝히려는 것이다. 그러므로 이 관련성을 훌륭히 설명해 내면 그것이 곧 역사학의 본질에 육박하는 것이 된다고 믿는다.

(㉠) 시대적·사회적 관련을 어떻게 찾아낼 수가 있는가. 이 경우에 역사가들은 일차적으로 사료에 나타난 증거들을 찾아보게 된다. 이것은 물론 역사가들이 제일먼저 해야만 할 중요한 작업임에는 틀림이 없다. 그러나 또 이것만으로써 모든 문제를 해결할 수 없는 것도 분명한 일이다. 가령 신라에서 불교를 받아들여 절을 짓는데 반대한 대신의 말을 들어 보면, 흉년이 들어서 백성들이 불안하고 이웃나라 군대가 침입하여 전쟁이 멎지 않는데 어느 겨를에 백성을 괴롭혀 무용한 집을 짓겠는가 하는 것이었다고 한다. 그러나 이렇게 표면에 내세운 것이 그들이 불교를 반대한 진정한 이유가 될 수 없다는 것은 명백하다. 만일 그러한 식으로 당사자들의 말을 따른다면, 이완용도 애국자가 될지 모르고, 이등박문도 한국의 독립수호자가 될지 모른다. 그리고 이러한 표면에 내세운 말만을 따르는 사람은 이미 역사가가 아니라 그들 정치가의 비서나 대변인으로 전락했

다고 할밖에 없다.

역사적 인물들이 표면에 내세운 이유만으로 사실과 사실 사이의 관련성을 설명할 수가 없다면, 무엇으로 이것은 가능하게 되는 것일까. 그것은 다름 아닌 인간사회를 지배하는 보편적인 법칙이라고 믿는다. 불교를 믿자고 한 법흥왕이나 이를 반대한 귀족들의 태도는 모두 왕권 중심의 중앙집권적인 귀족국가가 성장하는 과정에서 국가 종교에 대하여 일으키는 이 양자의 반응이라는 일반적인 현상과 관계가 있다. 그러한 현상을 꿰뚫고 있는 보편적인 법칙이 신라의 경우에도 작용하고 있다고 보는 것이 불교 수용의 실제를 훨씬 더 잘 설명해 주는 것이다.

1. 다음 중 (㉠)에 들어갈 알맞은 접속사는?

① 그리고   ② 그러나

③ 그러면   ④ 따라서

2. 밑줄 친 단어 중 성격이 다른 하나는?

① 대신의 말   ② 진정한 이유

③ 보편적인 법칙   ④ 일반적인 현상

3. 위 글을 토대로 알 수 없는 것은?

① 사실적 증거만을 근거로 한 역사학은 제대로 된 역사학이라 부를 수 없다.

② 인간사회에서 일어나는 사실과 사실 사이의 관계는 보편적 법칙의 지배를 받고 있다.

③ 역사는 보편적 법칙에 따라 변화하기 때문에 모든 민족은 동일한 역사의 과정을 겪는다.

④ 어떤 사건의 역사적 의의를 찾기 위해서는 그 사건에 작용하고 있는 법칙을 파악해야 한다.

7

실전독해 7

오늘날 대중 매체는 그 규모가 커지고 대기업화되면서 사회 전반에 미치는 영향력이 커졌다. 이에 따라 대중 매체는 어떤 사건의 과정에 개입하여 그 결과에 영향을 미칠 수 있는 능력, 즉 권력을 가지게 되었다. 이러한 대중 매체 권력은 사회학자인 룩스가 제시한 3차원적 권력으로 볼 수 있다.

권력은 직접적으로 드러나는 행위나 결정을 통해 어떤 사건에 영향을 미치는 1차원적 권력과 행위나 결정이 직접적으로 드러나지 않지만 어떤 사건의 결과에 영향을 주는 2차원적 권력이 있다. 2차원적 권력은 권력 주체가 여러 의제 중 자신에게 유리한 의제만 쟁점화하는 것이다. 그리고 2차원적 권력이 좀 더 구조화·관행화되면 3차원적 권력이 된다. 3차원적 권력은 권력의 주체가 대상의 사고방식을 구성하여 잠재된 갈등 자체를 봉쇄하는 것을 말한다.

대중 매체가 3차원적 권력을 형성하게 것은 사회적 의제를 선택하고 논의하는데 대중 매체가 큰 기능을 하기 때문이다. 대중 매체는 메시지를 옮기거나 축적시킴으로써 여러 수용자들 사이의 (㉠   ) 중계 기능을 한다. 인간의 활동 범위가 크게 확장된 현대사회에서는 전통사회와 달리 정부를 비롯해 거의 모든 정치적·사회적 주체들이 대중 매체를 통해 소통한다. 또한 대중 매체는 동시에 같은 메시지를 지리적으로 산재해 있는 불특정 수용자 다수에게 전달할 수 있다. 특히 대중 매체 상품은 하나를 만드는 데는 큰돈이 들지만 똑같은 하나를 더 만드는 데 드는 비용은 사실상 제로에 가깝다.

대중 매체 권력은 비대칭적인 대중 매체의 커뮤니케이션에서도 드러난다. 메시지는 주로 대중 매체에서 수용자로 전달된다. 수용자에서 대중 매체로 진행되는 피드백은 없거나 매우 약하다. 그 이유는 대중 매체가 조직적이고 정기적이며 체계적으로 메시지를 생산하는 데 비해 수용자들은 산재되어 있고 서로의 ㉡ 유대가 약하며 특별한 경계 없이 사적으로 대중 매체를 소비하기 때문이다. 물론 최근 들어 대중 매체와 채널이 급증하여 이러한 권력관계의 틀이 근본적으로 달라졌다고 볼 수도 있다. 즉, 대중 매체도 다원화된 것이 아니냐는 것이다. 그러나 대중 매체 숫자가 아무리 늘어도 수용자 수준으로 다원화되거나 수용자의 여러 측면을 온전히 담아내기에는 많은 한계가 있다.

1. (㉠   )에 들어갈 말로 알맞은 것은?

① 인간적 배려심을 확장시켜 주는

② 사회적 유대감을 형성시켜 주는

③ 다양한 관점과 생각을 일치시켜 주는

④ 공간적·사회적 거리를 단축시켜 주는

2. 위 글을 토대로 짐작할 수 없는 것은?

① 대중 매체 권력의 특성상 대중 매체가 권력을 행사하고 있어도 수용자는 그 사실을 인지하지 못할 수 있다.

② 현대에는 인터넷과 같은 의사소통 수단의 발달로 인해 신문이나 TV에 대한 수용자들의 의존도가 낮아지고 있다.

③ 자신의 주변사람들에게서 정보를 얻던 옛날과 달리 현대인들은 생활에 필요한 정보의 대부분을 공적 매체를 통해서 얻고 있다.

④ 점차 표현의 자유가 확대됨에 따라 대중 매체의 메시지를 그냥 받아들이는 것이 아니라 이를 비판하고 나아가 자신의 의견을 반영시키는 경우가 늘고 있다.

3. 밑줄 친 ⓛ '유대' 의 한자로 적절한 것은?

① 有待   ② 有備

③ 紐帶   ④ 有比

언어

수리

추리

직무상식

1 어휘능력

1 유의어, 반의어
[실전문제 정답 및 해설]

[1] 정답 ☞ ③
　　긴요하다: 꼭 필요하고 중요하다.

[2] 정답 ☞ ④
　　에우다: 1. 사방을 빙 둘러싸다. 2. 다른 길로 돌리다. 3. 장부 따위에서 쓸 데 없는 부분을 지우다.

[3] 정답 ☞ ①
　　흔하다: 보통보다 더 자주 있거나 일어나서 쉽게 접할 수 있다.
　　지천하다(至賤--): 1. 더할 나위 없이 천하다 2. 매우 흔하다.

[4] 정답 ☞ ④
　　공명(共鳴): 남의 사상이나 감정, 행동 따위에 공감하여 찬성함.

[5] 정답 ☞ ③
　　실마리: 일이나 사건을 풀어 나갈 수 있는 첫머리.
　　단서(端緒): 어떤 문제를 해결하는 방향으로 이끌어 가는 일의 첫 부분.
　　효시(嚆矢): 사물이나 현상이 시작되는 맨 처음을 비유적으로 이르는 말.
　　연원 (淵源): 사물의 근원.

[6] 정답 ☞ ③
　　백중(伯仲): 1. 맏형과 그 다음 2. 재주나 실력, 기술 따위가 서로 비슷하여 우열을 가리기 힘듦. 백중지간.
　　호각(互角): 서로 역량(力量)이 같음. 또는 그런 상태.

[7] 정답 ☞ ①

백미(白眉) : 여럿 중에 가장 뛰어난 사람이나 물건.

압권(壓卷) : 1. 어떤 서책 가운데서 가장 잘 지은 대목이나 시문(詩文).

2. 가장 뛰어난 부분. 또는 그런 물건.

고상(高尙) : 인품·학문·예술 등이 품위가 있고 훌륭함

음미(吟味) : 1. 시가를 읊어 감상함. 2. 사물의 내용, 속뜻을 깊이 새기어 맛봄.

[8] 정답 ☞ ①

잦다 : 1. 여러 차례로 자주 거듭되는 기간이 짧다. 2. 자주 있다. 빈번하다.

[9] 정답 ☞ ①

성기다 : 1. 물건의 사이가 뜨다. 2. 반복되는 횟수나 도수(度數)가 뜨다.

3. 관계가 깊지 않고 서먹하다.

[10] 정답 ☞ ②

문외한(門外漢) : 그 일에 전문가가 아닌 사람. 직접 관계가 없는 사람.

[11] 정답 ☞ ④

미봉책(彌縫策) : 임시로 꾸며 대어 눈가림만 하는 일시적인 대책.

[12] 정답 ☞ ③

추문(醜聞) : 추잡하고 아름답지 못한 소문.

염문(艶聞) : 연애나 정사에 관한 소문.

[13] 정답 ☞ ④

배척(排斥) : 따돌리거나 거부하여 밀어 내침.

[14] 정답 ☞ ④

사치(奢侈) : 신분에 지나치게 치레함. 분수없이 호사함.

치장(治粧) : 잘 매만져 곱게 꾸밈.

호사(豪奢) : 호화롭게 사치함. 또는 그런 사치.

검소(儉素) : 사치하지 않고 꾸밈없이 수수함.

[15] 정답 ☞ ②

번잡(煩雜) : 번거롭고 혼잡함.

조악(粗惡) : 거칠고 나쁨.

[16] 정답 ☞ ③

산재(散在) : 여기저기 흩어져 있음.

연관(聯關) : 사물이나 현상이 일정한 관계를 맺는 일.

밀집(密集) : 빈틈없이 빽빽하게 모임.

[17] 정답 ☞ ④

명시(明示) : 분명하게 드러내 보임.

[18] 정답 ☞ ①

여명(黎明) : 1. 희미하게 밝아 오는 새벽, 갓밝이, 어둑새벽. 2. 희망의 빛.

[19] 정답 ☞ ④

추상(抽象) : 여러 가지 사물이나 개념에서 공통되는 특성이나 속성 따위를 추출하여 파악하는 작용.

[20] 정답 ☞ ④

준행(準行) : 어떤 사물을 표준으로 하여 그대로 행함.

2 정확한 어휘의 사용
[실전문제 정답 및 해설]

[1] 정답 ☞ ③

보장(保障): 어떤 일이 어려움 없이 이루어지도록 조건을 마련하여 보증하거나 보호함.

[2] 정답 ☞ ④

조성(造成): 1. 무엇을 만들어서 이룸. 2. 분위기나 정세 따위를 만듦.

[3] 정답 ☞ ①

함양(涵養): 능력이나 품성을 기르고 닦음.

[4] 정답 ☞ ①

미궁(迷宮): 1. 들어가면 나올 길을 쉽게 찾을 수 없게 되어 있는 곳.

2. 사건, 문제 따위가 얽혀서 쉽게 해결하지 못하게 된 상태.

[5] 정답 ☞ ④

대치(對峙): 서로 맞서서 버팀.

[6] 정답 ☞ ①

경청(傾聽): 귀를 기울여 들음.

[7] 정답 ☞ ①

설계(設計): 1. 계획을 세움. 또는 그 계획. 2. 건축·토목·기계 제작 따위에서, 그 목적에 따라 실제적인 계

획을 세워 도면 따위로 명시하는 일.

[8] 정답 ☞ ②

현상(現狀): 나타나 보이는 현재의 상태.

[9] 정답 ☞ ③

심사(審査): 자세하게 조사하여 등급이나 당락 따위를 결정함.

[10] 정답 ☞ ①

가설(假說): 어떤 사실을 설명하거나 어떤 이론 체계를 연역하기 위하여 설정한 가정.

[11] 정답 ☞ ③

감상(鑑賞): 주로 예술 작품을 이해하여 즐기고 평가함.

[12] 정답 ☞ ④

걷히다: '걷다(비가 그치고 맑게 개다)'의 피동사.

드러나다: 1. 가려 있거나 보이지 않던 것이 보이게 되다.

2. 알려지지 않은 사실이 널리 밝혀지다.

[13] 정답 ☞ ①

맞히다: '맞다'의 사동사: (예)정답을 맞히다. 골대를 맞히다.

[14] 정답 ☞ ①

가늠: 1. 목표나 기준에 알맞게 헤아리는 일.

2. 일이 되어 가는 모양이나 형편을 살펴보고 하는 짐작.

가름: 나누다 (예) 편을 가름

갈음: 다른 것으로 바꾸어 대신하다. **예** 컴퓨터를 새 것으로 갈음하였다.

[15] 정답 ☞ ②

제치다: 1. 거치적거리지 않게 처리하다. 2. 어떤 대상이나 범위에서 빼다.

　　　　　3. 경쟁 상대보다 우위에 서다.

[16] 정답 ☞ ④

작다: 길이, 넓이, 부피 등 크기와 관계됨.

적다: 수, 분량, 정도 등 수량과 관계됨.

[17] 정답 ☞ ①

결재(決裁): 상관이 부하가 제출한 안건을 검토하여 허가하거나 승인함.

결제(決濟): 1. 일을 처리하여 끝을 냄.

　　　　　　2. 대금을 주고받아 매매 당사자 사이의 거래 관계를 끝맺는 일.

[18] 정답 ☞ ①

갱신(更新): 기간을 연장하여 계약 등이 유효한 상태가 되게 함.

경신(更新): 종전의 기록을 깨뜨림.

[19] 정답 ☞ ②

조리다: 국물을 바특하게 바짝 끓여서 익히다.

졸이다: 속을 태우다.

[20] 정답 ☞ ④

일절(一切): 전혀, 두무지, 통(切:끊을 절)

일체(一切): 모든 것(切: 모두 체)

3　어휘의 문맥상의 뜻
[실전문제 정답 및 해설]

[1] 정답 ☞ ④

누설하다(漏泄--/漏洩--): 기체나 액체 따위가 밖으로 새어 나가다. 또는 그렇게 하다.

[2] 정답 ☞ ③

동반하다(同伴--): 일을 하거나 길을 가는 따위의 행동을 할 때 함께 짝을 하다.

[3] 정답 ☞ ①

경주하다(傾注--): 힘이나 노력을 기울이다.

[4] 정답 ☞ ①

영접하다(迎接--): 손님을 맞아서 대접하다.

[5] 정답 ☞ ②

영: 아주 또는 대단히.

[6] 정답 ☞ ③

담을 지다: 서로 사귀던 사이를 끊다.

[7] 정답 ☞ ④

   옹골지다: 실속이 있게 속이 꽉 차 있다.

[8] 정답 ☞ ④

   질시하다(疾視--): 밉게 보다.

[9] 정답 ☞ ④

   ① 합당한 구실이나 노력.

   ② 물건을 사고 팔 때 주고받는 돈.

   ③ 하나의 글자나 값이 취하는 수.

   ④ 사고파는 물건에 일정하게 매겨진 액수.

[10] 정답 ☞ ①

   ① 어떤 현상, 기운, 추억 따위가 배어 있거나 은근히 드러나다.

   ② 눈에 눈물이 조금 괴다.

   ③ 빛이나 그림자, 모습 따위가 희미하게 비치다.

   ④ 나이가 적다.

[11] 정답 ☞ ①

   ① 이해관계를 따져 밝히는 일, 즉 이해타산.

   ② 미루어 가정함을 나타내는 말.

   ③ 어떤 형편이나 결과를 나타내는 말.

   ④ 수효를 세어서 헤아림. 혹은 계산.

[12] 정답 ☞ ③

   ① 낯선 사람을 대하기 싫어하다.

   ② 잘잘못이나 좋은 것과 나쁜 것 따위를 따져서 분간하다.

   ③ 여럿 가운데서 구별하여 고르다.

   ④ 자기 일을 알아서 스스로 처리하다.

[13] 정답 ☞ ③

   ① 생각, 태도 사상 따위를 마음에 품다.

   ② 아이나 새끼, 알을 배 속에 지니다.

   ③ 손에 쥐거나 몸에 지니다.

   ④ 모임을 치르다.

[14] 정답 ☞ ④

   ① 다른 것과 구별하기 위하여 사물, 단체, 현상 따위에 붙여서 부르는 말.

   ② 일을 꾀할 때 내세우는 구실이나 이유 따위, 명분.

   ③ 세상에서 훌륭하다고 인정되는 이름이나 자랑, 명예.

   ④ 세상에 알려진 평판이나 명성.

[15] 정답 ☞ ②

   ① 강하게 나타내다.

   ② 사용하다.

   ③ 어떤 일에 마음이나 힘을 기울이다.

   ④ 어떤 일에 시간이나 돈을 들이다.

[16] 정답 ☞ ③
　　① 재료를 들여 밥, 옷, 집 따위를 만들다.
　　② 한데 모여 줄이나 대열 따위를 이루다.
　　③ 어떤 표정이나 태도 따위를 얼굴이나 몸에 나타내다.
　　④ 시, 소설, 편지, 노래 가사 따위와 같은 글을 쓰다.

[17] 정답 ☞ ②
　　① 이야기, 화제.
　　② 의사소통 수단으로서의 언어 일반.
　　③ 소문.
　　④ 단어, 어휘.

[18] 정답 ☞ ①
　　① 물기가 없어지다.
　　② 야위다. 살이 빠지다.
　　③ 다 쓰이거나 없어지다.
　　④ 갈증이 나다.

[19] 정답 ☞ ③
　　① 어떤 물건이나 사람이 좋게 받아들여지다.
　　② 어떤 조직체에 가입하여 구성원이 되다.
　　③ 물감, 색깔, 물기, 소금기가 스미거나 배다.
　　④ 밖에서 속이나 안으로 향해 가거나 오거나 하다.

[20] 정답 ☞ ④
　　① 비용 따위가 지급되거나 지출되다.
　　② 일의 과정이 어느 정도 진행되다.
　　③ 옷이나 신, 양말 따위가 해지거나 찢어지다.
　　④ 어떤 행동이나 태도를 취하다.

4 단어의 관계
[실전문제 정답 및 해설]

[1] 정답 ☞ ②
　　나머지는 '술어 : 주어'의 관계가 성립한다.

[2] 정답 ☞ ④
　　(보기)는 유의어 관계.

[3] 정답 ☞ ①
　　(보기)는 '상위어 : 하위어' 관계.

[4] 정답 ☞ ①
　　(보기)는 유의어 관계.

[5] 정답 ☞ ④

(보기)는 '한자성어: 표현에 등장한 소재' 관계이다. 치마는 동가홍상 이라는 한자성어의 표현에 등장한 소재에 해당한다.

[6] 정답 ☞ ④

(보기)는 반의어 관계이고 '성취: 달성'은 유의어 관계이다.

[7] 정답 ☞ ③

(보기)는 반의어 관계이고 '병립: 공존'은 유의어 관계이다.

[8] 정답 ☞ ④

(보기)는 반의어 관계이고 '배치: 배정'은 유의어 관계이다.

[9] 정답 ☞ ②

'정밀: 세밀'은 유의어 관계, '배양: 양성'은 유의어 관계이다.

[10] 정답 ☞ ①

'프린터: 인쇄'는 '기계: 용도'의 관계.

[11] 정답 ☞ ②

품종은 '개량'하는 것. 의견은 '개선'하는 것.

[12] 정답 ☞ ③

죄수는 '처벌'받는 사람. 환자는 '치료'받는 사람.

[13] 정답 ☞ ③

풍수지탄은 '어버이'를 여읜 슬픔, 맥수지탄은 '나라'를 잃은 슬픔

[14] 정답 ☞ ③

TV는 '시청'하는 것, 라디오는 '청취'하는 것

[15] 정답 ☞ ③

'탤런트'는 드라마를 찍고, '가수'는 콘서트를 한다.

[16] 정답 ☞ ③

사과는 '과일'의 일종, 막걸리는 '술'의 일종이다.

[17] 정답 ☞ ②

등산화는 '등산'하는 데 필요하고, 청진기는 '진료'하는 데 필요하다.

[18] 정답 ☞ ④

'개시: 종료'는 반의어 관계

[19] 정답 ☞ ①

수사는 형사가 하고, 공연은 배우가 한다.

[20] 정답 ☞ ②

밀로 국수를 만들고 조기로 굴비를 만든다.

5 한자성어
[실전문제 정답 및 해설]

[1] 정답 ☞ ④
　(보기)의 주인공은 의지할 곳 없는 외로운 처지이다.
　사면초가(四面楚歌) : 아무에게도 도움을 받지 못하는, 외롭고 곤란한 지경.
　진퇴양난(進退兩難) : 진퇴유곡(進退維谷) 이러지도 저러지도 못하는 어려운 처지.
　진합태산(塵合泰山) : 티끌이 모여 태산이 된다.

[2] 정답 ☞ ④
　오만무도(傲慢無道) : 태도나 행동이 건방지거나 거만하여 도의(道義)를 지키지 아니함.
　방약무인(傍若無人) : 거리낌 없이 함부로 행동함.
　안하무인(眼下無人) : 방자하고 교만하여 사람을 모두 얕잡아 보는 것.
　목불식정(目不識丁) : 낫 놓고 기역자도 모른다.

[3] 정답 ☞ ①
　(보기)의 주인공은 한 번의 성공에만 집착하여 새로운 방식을 시도할 줄 모른다.
　수주대토(守株待兎) : 한 가지 일에만 얽매여 발전을 모르는 어리석은 사람을 비유하는 말.
　연목구어(緣木求魚) : 나무에 올라가서 물고기를 구한다는 뜻으로, 도저히 불가능한 일을
　　　　　　　　　　　　굳이 하려 함을 비유적으로 이르는 말.
　점입가경 (漸入佳境) : 1. 들어갈수록 점점 재미가 있음.
　　　　　　　　　　　　2. 시간이 지날수록 하는 짓이나 몰골이 더욱 꼴불견임을 비유적으로 이르는 말.
　절치부심 (切齒腐心) : 몹시 분하여 이를 갈며 속을 썩임.

[4] 정답 ☞ ②
　(보기) 영국과 식민지는 같이 전쟁을 치르면서도 서로 다른 생각을 가지고 있다.
　동상이몽(同床異夢) : 겉으로는 같이 행동하면서도 속으로는 각각 딴 생각을 하고 있음을 이르는 말.
　빙탄지간(氷炭之間) : 얼음과 숯 사이란 뜻으로 서로 화합(和合)할 수 없는 사이.
　후안무치 (厚顔無恥) : 뻔뻔스러워 부끄러움이 없음.
　지지부진 (遲遲不進) : 매우 더디어서 일 따위가 잘 진척되지 아니함.

[5] 정답 ☞ ①
　(보기) 전세방의 여러 조건이 길동이의 상황에 잘 들어맞는다.
　안성맞춤(安城--) 1. 요구하거나 생각한 대로 잘된 물건을 비유적으로 이르는 말.
　　　　　　　　　　2. 조건이나 상황이 어떤 경우나 계제에 잘 어울림.
　낙화유수(落花流水) 1. 떨어지는 꽃과 흐르는 물이라는 뜻. 가는 봄의 경치를 이르는 말.
　　　　　　　　　　2. 살림이나 세력이 약해져 아주 보잘것없이 됨을 비유적으로 이르는 말.
　유방백세(流芳百世) : 꽃다운 이름이 후세에 길이 전함.
　형설지공(螢雪之功) : 가난한 사람이 반딧불과 눈빛으로 글을 읽어가며 고생 속에서 공부함을 일컫는 말.

[6] 정답 ☞ ④
　일석이조(一石二鳥) : 돌 한 개를 던져 새 두 마리를 잡는다는 뜻으로, 동시에 두 가지 이득을 봄을 이르는 말.

[7] 정답 ☞ ②

　　호가호위(狐假虎威) : 남의 권세를 빌려 위세를 부림.

[8] 정답 ☞ ①

　　십시일반(十匙一飯) : 밥 열 술이 한 그릇이 된다는 뜻으로, 여러 사람이 조금씩 힘을 합하면 한 사람을 돕기 쉬움을 이르는 말.

　　십벌지목(十伐之木) : 열 번 찍어 베는 나무라는 뜻으로, 열 번 찍어 안 넘어가는 나무가 없음을 이르는 말.

[9] 정답 ☞ ③

　　나머지는 한자성어와 그 '표현 소재'의 관계에 있다.

　　결자해지(結者解之) : 맺은 사람이 풀어야 한다는 뜻으로, 자기가 저지른 일은 자기가 해결해야 함을 이르는 말. '그물'은 소재가 아님.

　　교각살우(矯角殺牛) : 소의 뿔을 바로잡으려다가 소를 죽인다는 뜻으로, 잘못된 점을 고치려다가 그 방법이나 정도가 지나쳐 오히려 일을 그르침을 이르는 말.

　　고장난명 (孤掌難鳴) : 1. 외손뼉만으로는 소리가 울리지 아니한다는 뜻으로, 혼자의 힘만으로 어떤 일을 이루기 어려움을 이르는 말.
　　　　　　　　　　　　2. 맞서는 사람이 없으면 싸움이 일어나지 아니함을 이르는 말.

　　백아절현(伯牙絶絃) : 자기를 알아주는 참다운 벗의 죽음을 슬퍼함. 종자기가 죽어 거문고 소리를 들을 사람이 없게 되자 백아가 절망하여 거문고 줄을 끊어 버리고 거문고를 타지 않았다는 데서 유래.

[10] 정답 ☞ ④

　　나머지는 한자성어와 그 '주제'의 관계이다.

　　磨斧爲針(마부위침) : 도끼를 갈아 바늘을 만든다는 뜻.

　　'마부위침(磨斧爲針) : 도끼'는 한자성어와 '표현 소재'의 관계이다.

[11] 정답 ☞ ②

　　지음인(知音人) : 마음이 서로 통하는 친한 벗을 비유적으로 이르는 말.

　　금란지교(金蘭之交) : 친구 사이의 매우 두터운 정을 이르는 말

　　가급인족(家給人足) : 집집마다 먹고사는 것에 부족함이 없이 넉넉함.

　　견선종지(見善從之) : 착한 일이나 착한 사람을 보면 그것을 따르라는 뜻

[12] 정답 ☞ ①

　　역지사지(易地思之) : 처지를 바꾸어서 생각하여 봄.

　　아전인수(我田引水) : 자기 논에 물 대기라는 뜻으로, 자기에게만 이롭게 되도록 생각하거나 행동함을 이르는 말.

　　좌지우지(左之右之) : 이리저리 제 마음대로 휘두르거나 다룸.

　　양약고구(良藥苦口) : 좋은 약은 입에 쓰다는 뜻으로, 충언(忠言)은 귀에 거슬리나 자신에게 이로움을 이르는 말.

　　이이제이(以夷制夷) : 오랑캐로 오랑캐를 무찌른다는 뜻으로, 한 세력을 이용하여 다른 세력을 제어함을 이르는 말.

[13] 정답 ☞ ①

　　용두사미(龍頭蛇尾) : 용의 머리와 뱀의 꼬리라는 뜻으로, 처음은 왕성하나 끝이 부진한 현상을 이르는 말.

　　시종일관(始終一貫) : 일 따위를 처음부터 끝까지 한결같이 함.

　　　　이발지시(已發之矢) : 이미 쏘아 놓은 화살이라는 뜻으로, 이왕에 시작한 일이라 중도에 그만두기 어려운
　　　　　　　　　　　　　 형편을 비유적으로 이르는 말.

　　　　자기모순 (自己矛盾) : 스스로의 생각이나 주장이 앞뒤가 맞지 아니함.

　　　　종두득두(種豆得豆) : 콩을 심으면 반드시 콩이 나온다는 뜻으로, 원인에 따라 결과가 생김을 이르는 말.

[14] 정답 ☞ ④

　　　　혼정신성(昏定晨省) : 아침, 저녁으로 부모의 안부를 물어 살핌.

　　　　등화가친(燈火可親) : 등불을 가까이 할 수 있다는 뜻. 가을은 책 읽기에 좋음을 이르는 말.

　　　　위편삼절(韋編三絶) : 위편(韋編)은 가죽으로 맨 책끈을 말하는데, 그 가죽끈이 세 번이나 닳아 끊어졌다
　　　　　　　　　　　　　 는 뜻.

　　　　한우충동(汗牛充棟) : 수레에 실으면 소가 땀을 흘리고 집에 쌓으면 대들보까지 닿게 된다는 뜻으로 책이
　　　　　　　　　　　　　 많은 것을 비유한 말.

[15] 정답 ☞ ④

　　　　연목구어(緣木求魚) : 나무에 올라가서 물고기를 구한다는 뜻으로, 도저히 불가능 한 일을 굳이 하려 함을
　　　　　　　　　　　　　 비유적으로 이르는 말. (cf. 어휘정리 3 참조)

[16] 정답 ☞ ①

　　　　청출어람(靑出於藍) : 쪽에서 뽑아낸 푸른 물감이 쪽보다 더 푸르다는 뜻으로, 제자나 후배가 스승이나 선
　　　　　　　　　　　　　 배보다 나음을 비유적으로 이르는 말. (cf. 어휘정리 3 참조)

[17] 정답 ☞ ④

　　　　학수고대(鶴首苦待) : 학의 목처럼 목을 길게 빼고 간절히 기다림. (cf. 어휘정리 3 참조)

[18] 정답 ☞ ②

　　　　고복격양(鼓腹擊壤) : 태평한 세월을 즐김을 이르는 말.

　　　　가정맹어호(苛政猛於虎) : 가혹한 정치는 호랑이보다 무섭다는 뜻으로, 혹독한 정치의 폐가 큼을 이르는
　　　　　　　　　　　　　　　 말. (cf. 어휘정리 3 참조)

[19] 정답 ☞ ①

　　　　새옹지마(塞翁之馬) : 인생의 길흉화복은 변화가 많아서 예측하기가 어렵다는 말. (cf. 어휘정리 3 참조)

[20] 정답 ☞ ③

　　　　망양보뢰(亡羊補牢) : 양을 잃고 우리를 고친다는 뜻으로, 이미 어떤 일을 실패한 뒤에 뉘우쳐도 아무 소용
　　　　　　　　　　　　　 이 없음을 이르는 말. (cf. 어휘정리 3 참조)

② 문장연결 능력

1　문장연결 완성
[실전문제 정답 및 해설]

[1] 정답 ☞ ③

　　중국의 역법에서는 1태양년을 동지점을 기준으로 측정한다는 내용이 제시된 후 서양 역법에서는 춘분점을 기준으로 측정한다는 앞의 내용과 일치하지 않는 새로운 사실이 제시된다. 따라서 두 내용을 연결하기에는 '이에 비해'라는 전환 내지 반대 관계를 표시하는 어휘가 적절하다.

[2] 정답 ☞ ④

　　앞에서는 감옥에 갇힌 수인이라도 많은 돈이 있으면 감내할 수 있다는 내용이 제시되고, 뒤에서는 자유인이라도 돈이 없으면 감옥 같은 삶을 살게 된다는 정반대의 내용을 제시하고 있다. 정반대의 내용을 연결하기 위해, 반대관계를 표시하는 '그러나'가 적절하다.

[3] 정답 ☞ ①

　　기독교적 역사관이 기존 사회체제와 질서를 옹호하는 결과를 가져왔다는 것은 중세에 발전이라는 개념이 없었다는 앞의 내용을 보충해 주는 역할을 한다. 따라서 '게다가'가 적절하다.

[4] 정답 ☞ ③

　　산업시대에는 관료조직이 필요했다는 내용 뒤에 산업시대의 관료조직은 정보시대의 환경에 적응하기 힘들기 때문에 체질전환이 필요하다는 내용이 이어진다. 따라서 상반된 내용을 이어주는 '그러나'가 적절하다.

[5] 정답 ☞ ②

　　중국의 상황을 설명하고 이와 유사한 몽고, 인도네시아 등의 상황을 이어서 설명하고 있다. 따라서 '거기에다 더'라는 뜻의 '또한'이 적절하다.

[6] 정답 ☞ ①

　　연극의 줄거리가 개연성을 가지지 못하면 관람객의 심정적 작용을 일으키지 못한다는 앞의 내용을 근거로 예술적 표현방식에서 대상을 개연성 있게 표현하는 것이 중요하다고 말하고 있다. 그러므로 앞에서 말한 일이 뒤에서 말할 일의 이유나 근거가 됨을 나타내는 '따라서'가 들어가는 것이 적절하다.

[7] 정답 ☞ ②

　　성공한 기업은 고객의 입장에서 조직구조를 재조정했다는 내용 뒤에 어느 병원이 환자의 입장에서 경영을 혁신했다는 내용이 이어진다. 여기서 병원은 앞 내용의 예시로 제시되었다는 것을 알 수 있다. 따라서 '예를 들자면'의 뜻을 가진 '예컨대'가 적절하다.

[8] 정답 ☞ ②

　　각 기업들이 자신의 행위가 '은행체제', '기업체제', '국가체제'에 미칠 영향을 간과하여 경제 위기가 왔다는 내용이다. 따라서 '은행체제', '기업체제', '국가체제'를 대등하게 연결해주는 '그리고'가 적절하다.

2 문장배열
[실전문제 정답 및 해설]

[1] 정답 ☞ ③

　　의미를 구성해보면, A. 광고의 지능적 전략이 – C. 사지 않으면 마음이 상하게 만든다. – B. 광고가 자극하는 욕망(마음)은 주로 향락성 욕망이다 – D. 그래서 향락성 욕망을 충족하는 데 돈을 쓰게된다.

[2] 정답 ☞ ②

　　의미를 구성해보면, C. 자본주의는 경쟁을 조장한다. – B. 경쟁은 소비활동에도 적용된다. – D. 충동구매 등이 그 예이다. – A. 따라서 경쟁심을 자제할 줄 알아야 합리적 소비를 할 수 있다.

[3] 정답 ☞ ①

　　의미를 구성해보면, (라) 사람들은 역사 이래로 싸워왔다. – (가) 싸움만 하다 공멸할지 모른다는 걱정을 하게 되었다. – (다) 이를 해결하기 위해 나타난 현상이 정치다 – (나) 즉 어떤 가치를 어떻게 나눌지를 결정하는 것이 정치다.

[4] 정답 ☞ ②

　　의미를 구성해 보면, B. 낮은 출산율은 소득요인에 의한 것이다 – D. 외환위기 이후 소득, 고용의 불안정성이 높아져서 그렇게 되었다. – C. 외국의 상황도 이와 유사하다 – A. 문제 해결을 위해 정확한 진단에 근거한 처방이 필요하다.

[5] 정답 ☞ ③

　　(다)의 예시는 (나)에서 설명하는 유가에서 어진 마음을 베푸는 순서를 설명하고 있다. 따라서 (다)는 (나)의 뒤에 이어져야 한다. 반면 (가)와 (라)는 불씨의 자비설에 대한 설명이다. 그런데 (마)는 불씨의 자비설이 앞의 내용과 상반된다는 내용이다. 따라서 유가에 대한 설명 → (마) →불씨의 자비설에 대한 설명 순으로 이어져야한다. 따라서 (나)와 (다) 이후에 (마) – (가) – (라)가 연결되는 것이 적절하다.

[6] 정답 ☞ ③

　　(라)에서 전통을 문화적 유산이라는 개념으로 정의하고 있고, 문화적 개념의 범위에 대해 (나)에서 설명하고 있으므로 (라)의 뒤에 (나)가 이어져야 한다. (가)는 전통의 범위에 대한 추가설명이므로 (라),(나)의 뒤에 이어져야 한다. 그리고 (다)는 앞의 논의를 이어받아서 전통이 될 수 있는 가능성에 대해 설명하고 (마)는 이를 비판하고 있으므로 (다) – (마)의 순으로 이어져야 한다.

[7] 정답 ☞ ④

　　'인간은 만물의 영장이라고 한다' (나)로 글이 시작되었으므로 이에 대한 설명인 (라)가 이어져야 한다. 그리고 '인간은 창의적으로 문제를 해결해 가는 존재다' 라는 (라)의 내용 뒤에는 이런 점을 근거로 언어의 발생을 설명하는 (바) – (다)가 이어져야 한다. 그리고 인간이 언어를 창조적으로 만들었다는 (다)의 내용이 바로 마티의 주장이므로 (가)와(마)는 그 뒤에 이어져야 한다.

[8] 정답 ☞ ②

　　가장 먼저 나오는(나)가 국어사의 시대구분에 관한 내용이므로 이에 관한 설명인(라)가 (나)의 뒤에 와야 한다. (가)의 내용은 언어사실을 바탕으로 구분이 이루어져야 한다는(라)의 내용을 정리하여 다시 설명하는 것이므로 (라)의 뒤에 와야 한다. (다)는 시대구분이 언어 사실들에 의해 귀납된 언어체계에 의해 이루어져야한다는(가)의 근거이므로 (가)의 뒤에 와야 한다. (마)의 '이러한 태도'는(라), (가), (다)에서 설명된 '언어체계에 의해 국어를 구분하는 것'을 말하므로 맨 뒤에 놓여야 한다.

③ 독해능력

1 실전독해 1
[실전문제 정답 및 해설]

[1] 정답 ☞ ①
위 글은 언어의 개방성, 분절성, 추상성 등에 대해 설명하고 있으므로 제목으로는 '언어의 특성'이 적절하다.

[2] 정답 ☞ ④
(라)단락을 보면, '무궁화'라는 단어도 추상화된 개념에 해당된다. 마찬가지로 자동차도 추상화된 개념에 해당된다.

[3] 정답 ☞ ④
우리는 언어를 통해 보거나 들은 것, 존재하는 것을 이야기하고 더 나아가 현실에 존재하지 않는 상상의 산물이나 관념적이고 추상적인 개념까지 표현한다. '행복', '도전', '우정'은 추상적인 개념에 속하는 어휘이고, '의자'는 실재 존재하는 대상을 표현하는 어휘이다.

[4] 정답 ☞ ②
(라)의 내용에 비추어 볼 때, 하위어보다는 상위어가 추상화의 과정을 더 거친 것이다. 제시된 단어 가운데 '생물'이 최상위어에 해당하므로 가장 많은 추상화 과정을 거친 셈이다.

[5] 정답 ☞ ①
추상(抽象) : 여러 가지 사물이나 개념에서 공통되는 특성이나 속성 따위를 추출하여 파악하는 작용.
추상(追賞) : 상(賞)을 추구함/ 추상(秋霜) : 가을의 찬 서리/ 추상(推尙) : 받들어 높임.

2 실전독해 2
[실전문제 정답 및 해설]

[1] 정답 ☞ ①
이 글에서 환경호르몬의 구체적 작동 원리가 소개되지만, 이는 환경 호르몬의 특성과 그 폐해의 심각성을 소개하기 위한 과정이다. 따라서 이 글의 주제는 '환경 호르몬의 특성과 그 폐해' 라고 보는 것이 타당하다

[2] 정답 ☞ ②
(라)를 보면, 환경호르몬은 먹이사슬을 거슬러 올라갈 때마다 대폭적으로 증가됨을 알 수 있다. 따라서 뱀보다 개구리에게 더 위협적이라는 진술은 올바르지 않다.

[3] 정답 ☞ ③
(다)에서 '환경호르몬'과 '수용체'의 관계를 열쇠와 자물쇠에 비유하고 있다.

[4] 정답 ☞ ②

앞 문장에서 제시된 '환경호르몬의 화학적 안정성이 높다'는 내용과 뒤 문장에서 제시된 '다른 물질로 분해되지 않는다'는 내용은 원인과 결과의 관계에 있다고 볼 수 있다. 따라서 적절한 어휘는 인과관계를 나타내는 '그래서'이다.

[5] 정답 ☞ ②

환경 호르몬을 쌓아간다는 의미이다. 따라서 '축적'이 가장 적합한 어휘이다.

축적(蓄積): 지식, 경험, 자금 따위를 모아서 쌓음. 또는 모아서 쌓은 것.

저축(貯蓄): 1. 절약하여 모아 둠. 2. 〈경제〉 소득 중에서 소비로 지출되지 않는 부분.

3 실전독해 3
[실전문제 정답 및 해설]

[1] 정답 ☞ ①

(가),(나),(다)에서 '콩코드의 오류' 개념과 발생원인 등을 설명한 후 (라)에서 합리적 의사결정이 이루어지기 힘든 우리 사회의 풍토를 지적하고 있다.

[2] 정답 ☞ ①

〈보기〉는 콩코드의 오류에 해당하는 역사적 사실에 해당한다. 따라서 콩코드의 오류의 기원과 개념을 설명하는 (가)단락 뒤에 놓여 '예시' 단락으로 사용됨이 문맥상 자연스럽다.

[3] 정답 ☞ ②

뒤에 이어지는 문장을 살펴보면, 어떤 사업을 통해 이득을 보는 사람들이 생겨나고 이들이 정치적 힘을 발휘한다는 내용이 제시된다. 따라서 여기서 '정치적 논리'는 '이해타산을 따지는 것'이라고 해석함이 타당하다.

[4] 정답 ☞ ③

중도(中途): 일이 진행되어 가는 동안.

중도(衆徒): 한 절의 주지 이외의 승려들.

중도(中稻): 올벼도 늦벼도 아닌 벼.

중도(中道): 어느 한쪽으로 치우치지 아니하는 바른 길.

[5] 정답 ☞ ①

앞 단락 (다)에서는 콩코드의 오류가 만들어지는 원리를 현상하고 있다. 이후 (라)에서는 앞의 내용에서 언급되지 않았던 우리 사회의 풍토를 제시하고 있다. 따라서 '전환관계'를 나타내는 어휘인 '그런데'가 가장 적합하다.

실전독해 4
[실전문제 정답 및 해설]

[1]정답 ☞ ④
위 글에서는 내면연기를 통해서도 감정노동의 문제를 완전히 해결할 수 없다고 설명할 뿐, 감정노동의 해결책을 제시하고 있지 않다. 따라서 고객요구에 부흥하려는 마음을 가지면 감정노동의 문제를 해결할 수 있다는 내용은 위 글에 대한 이해로 적절하지 않다.

[2]정답 ☞ ②
내면 연기도 진정한 자기감정으로부터 ( )되는 현상을 감수해야 하기 때문에 바람직하지만은 않다고 설명하고 있다. 따라서 진정한 자기감정과 동일하지 않다는 의미가 들어가야 적절하다.
유리(遊離): 따로 떨어짐.
유별(類別): 종류에 따라 나누어 구별함
전환(轉換): 다른 방향이나 상태로 바뀌거나 바꿈.
전달(傳達): 지시, 명령, 물품 따위를 다른 사람이나 기관에 전하여 이르게 함.

[3]정답 ☞ ④
간호사가 환자의 입장에서 생각해 본다는 내용이므로 처지를 바꾸어 생각해 본다는 '역지사지'가 가장 적절하다.
역지사지(易地思之): 처지를 바꾸어서 생각하여 봄.
오월동주(吳越同舟): 서로 적의를 품은 사람들이 한자리에 있게 된 경우나 서로 협력하여야 하는 상황을 비유적으로 이르는 말.
주마가편(走馬加鞭): 달리는 말에 채찍질한다는 뜻으로, 잘하는 사람을 더욱 장려함을 이르는 말.
반계곡경(盤溪曲徑): 서려 있는 계곡과 구불구불한 길이라는 뜻으로, 일을 순서대로 정당하게 하지 아니하고 그릇된 수단을 써서 억지로 함을 이르는 말.

 실전독해 5
[실전문제 정답 및 해설]

[1]정답 ☞ ②
위 글은 우리나라 정보보안 수준이 낮다는 점을 지적한 뒤 이를 해결하기 위해 보안에 대한정부의 투자와 관리가 필요하다는 점을 강조하고 있다. 따라서 '우리나라의 정보 보안수준을 높이기 위해서는 정부가 직접 보호활동에 나서야 한다'가 핵심 내용으로 가장 적절하다.

[2]정답 ☞ ②
'㉠을 위해 쓰는 돈과 노력'은 '안전을 위한 비용'과 유사한 의미가 들어가야 한다. 따라서 ㉠에는 '예방'이 들어가는 것이 적절하다. 선진국은 안전비용을 필수적인 것으로 보고 있지만 우리나라는 이와 다르다는 내용으로 볼 때, ㉡에는 '비용'과 상반되는 '낭비'가 들어가는 것이 적절하다.

[3]정답 ☞ ③
〈보기〉는 자동차 보험도 앞 문단의 내용과 마찬가지로 사람들이 아깝다는 생각을 가지지만, 이는 필수적으

언어 수리 추리 직무상식

로 지불해야 하는 안전비용이라는 내용이다. 따라서 〈보기〉의 앞 문단에서는 사람들이 아까워하는 어떤 안전비용에 대한 내용이 설명되어야한다. 이러한 내용을 설명하고 있는 문단은 (라)이다. 따라서 〈보기〉는 (라) 단락의 뒤에 들어가야 한다.

[4] 정답 ☞ ④

민간기업도 43%가 정보보호를 위한 별도의 전담조직을 두지 않고 44%는 특별한 관리를 하지 않으므로 위험하다고 설명하고 있다. 따라서 민간기업은 정보보안이 철저하다고 믿는 것은 위 글을 읽은 후의 적절한 반응이 아니다.

6 실전독해 6
[실전문제 정답 및 해설]

[1] 정답 ☞ ③

첫 문단에서는 역사적 의의의 추구란 시대적·사회적 관련 속에서 과거의 사실들이 지니는 위치를 밝히는 것이라고 설명하고 있다. 그리고 두 번째 문단에서는 이러한 첫 문단의 내용을 받아들인 후 시대적·사회적 관련을 찾는 방법에 관해 논의를 전개하고 있다. 따라서 앞의 내용을 받아들일 때 쓰는 '그러면'이 들어가는 것이 적절하다.

[2] 정답 ☞ ①

'진정한 이유', '보편적인 법칙', '일반적인 현상'은 모두 사실과 사실 사이의 관련성을 설명가능하게 만드는 역할을 한다. 그러나 '대신의 말'은 표면에 내세운 말로서, 이러한 관련성을 설명하는 데 도움이 되지 않는다.

[3] 정답 ☞ ③

모든 민족이 동일한 역사의 과정을 겪는다고 판단하기 위해서는 오직 단 하나의 법칙에 따라 역사가 진행된다고 보아야 한다. 그러나 위 글에서는 특정사건을 예로 들어 이에 한정된 법칙만을 설명하고 있다. 따라서 단 하나의 법칙만이 존재한다는 사실은 위 글로부터 이끌어낼 수 없으므로, 모든 민족은 동일한 역사를 겪는다고 말할 수 없다.

7 실전독해 7
[실전문제 정답 및 해설]

[1] 정답 ☞ ④

위 글에 따르면 대중매체는 수용자 사이의 어떤 중계기능을 한다. 그런데 그 다음 내용을 보면, 인간의 활동범위가 크게 확장된 현대사회에서는 전통사회와 달리 정부를 비롯해 거의 모든 정치적·사회적 주체들이 대중매체를 통해 소통한다고 되어 있다. 이를 연결해 보면, 대중매체는 활동범위가 확장된 사회에서 주체들 간의 소통을 원활히 하는 중계기능을 한다고 볼 수 있다. 따라서 활동범위가 넓은 주체들 간의 소통을 돕는 기능을 한다는 점을 볼 때 공간적·사회적 거리를 단축시켜 준다는 내용이 빈 칸에 가장 적절하다.

언
어

수
리

추
리

직무상식

[2] 정답 ☞ ④

위 글에서는 대중매체가 권력을 가지고 있다고 보고, 대중매체 숫자가 아무리 늘어도 수용자 수준으로 다
원화되거나 수용자의 여러 측면을 온전히 담아내기에는 많은 한계가 있다고보고 있다. 따라서 대중매
체에 자신의 의견을 반영시키는 경우가 늘고 있다는 사실은 위 글의 내용과 부합하지 않는다.

[3] 정답 ☞ ③

수용자들 간의 연결 관계가 약하다는 의미이므로 유대(紐帶)가 적절하다.

유대(紐帶): 둘 이상을 서로 연결하거나 결합하게 하는 것. 또는 그런 관계.

유대(有待): 의식(衣食) 따위에 기대어야 살 수 있는, 덧없는 인간의 몸.

유비(有備): 방비나 준비가 되어 있음.

유비(類比): 맞대어 비교함.

학 | 습 | 목 | 표

　기업직무적성시험에서 수리영역은 모든 기업이 채택하고 있으며 배점도 꽤 높은 편입니다. 대학에서 전공자가 아닌 대부분의 취업준비생들은 고등학교까지 배운 수학적 지식을 공부할 기회가 거의 없었을 것입니다. 따라서 적성시험에서의 수리는 기초적인 수리지식을 요구하는 문제가 주를 이룰 수밖에 없으므로 취업준비에 고난위도의 수리지식까지 공부할 것을 요구하지는 않습니다.

　오히려 기초 수리지식을 습득하고 활용하는 연습을 하다보면 고득점 전략과목으로 손색이 없습니다. 시험에서는 계산기를 쓸 수 없고 한 문항 당 1분 정도의 시간밖에 주어지지 않으므로 복잡한 계산 문제보다는 단순한 식의 수립만으로 풀 수 있는 문제가 대부분입니다.

　수리영역은 크게 두 Part로 구성되어 있으며 출제비중도 절반씩이라 보시면 됩니다. Part Ⅰ은 기초 수리지식을 묻는 것으로 ① 대소판별문제, ② 응용계산문제 등으로 구성되는데 대개의 경우 ①이 9문제, ②가 6문제 정도로 해서 총 15문제 내외로 출제됩니다. Part Ⅱ는 자료의 해석과 이해에 해당하는 부분으로 총 15문제 정도가 출제되며 하나의 자료에서 2~3문제씩, 자료 5~6개에서 15문항이 출제된다고 보면 됩니다.

　본 교재는 위와 같은 시험 경향을 반영하여 두 Part로 구분하였으며 문제풀이 위주의 기존 학습서와는 달리 기초 지식을 습득한 후에 기본문제로 이해할 수 있도록 구성하였습니다. 방대한 수학적 지식을 총망라하여 혼란을 주기보다는 시험에 출제되는 부분 위주로 구성하였으며 학습해야 할 내용도 최소화하여 분량에 대한 부담을 최소화하였습니다.

　본서를 가장 잘 활용하는 방법은 문제풀이에 앞서 반드시 한두 페이지로 정리된 "이것만은 알고 가자" 부분에 대한 학습을 철저히 하라는 것입니다. 여기에서 소개하는 내용의 대부분은 최근 적성시험에 자주 출제되는 부분만을 엄선하여 핵심만을 정리한 것입니다. 그 다음으로 기본문제를 통해 앞에서 학습한 내용을 정리하시면 무난히 고득점하시리라 생각합니다.

　본 교재로 공부하시는 모든 분들께 취업이라는 행운이 함께 하시길 간절히 바랍니다.

Part

02

수리영역

1

Part I 기초 수리
수와 연산

이것만은 알고 가자

1. 수의 체계

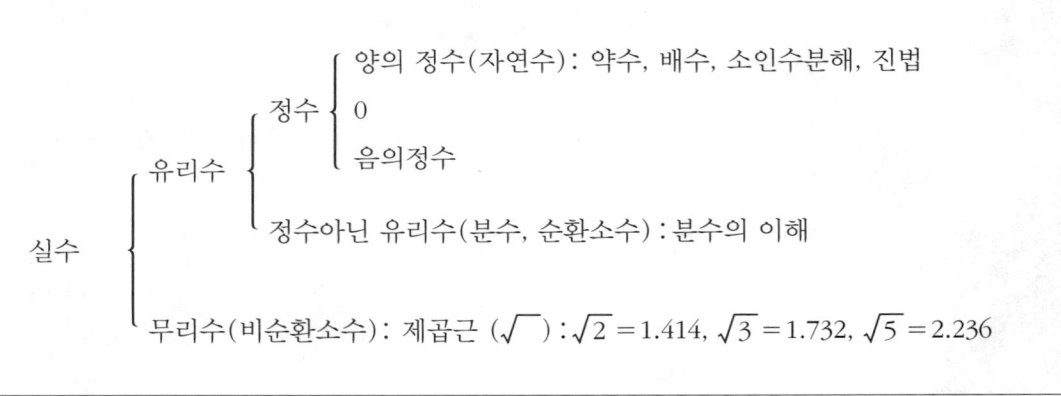

* 위 3가지는 반드시 외울 것.

2. 약수, 배수, 최대공약수, 최소공배수

약수 − 나누어 떨어지는 수, 배수 − 곱해서 나오는 수

Key point − 약수의 개수, 최대공약수, 최소공배수의 응용

❶ 약수의 개수 : $X = 2^a \times 3^b \times 5^c$(X를 소인수 분해했을 때)에서

X의 약수는 $(a+1)(b+1)(c+1)$ 개

❷ 최대공약수, 최소공배수 : 둘 이상의 수를 더 이상 나누어지지 않을 때까지 공통의 소수로

나눈 후

공통으로 나누어진 소수만의 곱 : 최대공약수, 나머지까지의 곱 : 최소공배수

예 $X = 2^2 \times 3^2 \times 5$, $Y = 2 \times 3^2 \times 7$ 에서

공통부분인 2×3^2이 최대공약수, $2 \times 3^2 \times 2 \times 5 \times 7$이 최소공배수

❸ 최소공배수(처음으로 만난다…), 최대공약수(똑같이 나누어 준다…) 응용

3. 소인수분해와 진법 – 수를 표현하는 방법의 일종

❶ 소인수분해 : 어떤 수를 소수의 곱의 형태로 표현한 것 ex) $24 = 2^3 \times 3$

진법 : 어떤 수를 거듭제곱의 지수에 따라 자리수를 정해 표현한 것

예 $1234 = 1 \times 10^3 + 2 \times 10^2 + 3 \times 10^1 + 4 \times 10^0$

$2121_{(3)} = 2 \times 3^3 + 1 \times 3^2 + 2 \times 3^1 + 1 \times 3^0 = 70$

소인수분해

```
2 ) 70
  5 ) 35
      7
```

진법

```
3 ) 70
  3 ) 23   ....1
    3 ) 7  ....2
        2  ....1
```

최대공약수, 최소공배수

```
2 )  24    32
  2 )  12    16
    2 )   6     8       최대공약수 : 2 × 2 × 2
          3     4       최소공배수 : 2 × 2 × 2 × 3 × 4
```

$2121_{(3)}$

4. 유리수와 무리수($\sqrt{}$), 지수법칙

유리수 : 정수와 소수 중 순환소수(유한소수), 따라서 분수로 나타낼 수 있는 수

무리수 : 소수 중 순환하지 않는 무한소수, 따라서 분수로 표현 불가 – 제곱근($\sqrt{}$)

예 $\sqrt{2^3} = 2^{\frac{3}{2}} = 2 \times 2^{\frac{1}{2}} = 2\sqrt{2}$, $\sqrt[3]{24} = \sqrt[3]{2^3 \times 3} = 2\sqrt[3]{3}$

$\sqrt{300} = \sqrt{10^2 \times 3} = 10\sqrt{3} = 10 \times 1.732 = 17.32$

지수법칙 : $a^m a^n = a^{m+n}$, $(a^m)^n = a^{mn}$, $a^m \div a^n = a^{m-n}$

$(ab)^n = a^n b^n$, $\left(\dfrac{a}{b}\right)^n = \dfrac{a^n}{b^n}$

예 $\sqrt[3]{\sqrt{64}} = \sqrt[6]{64} = \sqrt[6]{2^6} = 2$ $\sqrt[3]{\sqrt{(2^3)^2}} = \sqrt[3]{2^3} = 2$

언어 / 수리 / 추리 / 직무상식

중요 Point **1** 제곱근을 지수로 표현하기

$$\sqrt[m]{A^n} = A^{\frac{n}{m}}, \quad \frac{\sqrt[m]{A^n}}{\sqrt[p]{A^s}} = A^{\frac{n}{m}-\frac{s}{p}}, \quad \sqrt[m]{\sqrt[n]{A}} = A^{\frac{1}{mn}} \ \ 등$$

중요 Point **2** $\sqrt{A^2} = |A|$, $0 < A$일 때 A, $0 > A$일 때 $-A$

$\sqrt{}$ 안이 양수인지 음수인지 범위를 나누어 풀어야 함

Tip 순환소수를 분수로 표현하기 : $0.\overset{..}{3}\overset{.}{2} = \frac{32}{99}$, $1.2\overset{.}{3}\overset{.}{2} = \frac{1232 - 12}{990}$, $= \frac{1220}{990}$

5. 삼각비와 log

삼각비 : $\sin 30°$, $45°$, $60° = \frac{1}{2}$, $\frac{\sqrt{2}}{2}$, $\frac{\sqrt{3}}{2}$ // $\cos 30°$, $45°$, $60° = \frac{\sqrt{3}}{2}$, $\frac{\sqrt{2}}{2}$, $\frac{1}{2}$

$\tan 30°$, $45°$, $60° = \frac{1}{\sqrt{3}}$, 1, $\sqrt{3}$ 기업적성에서는 이 수치만 알아도 됨

cf) 삼각함수 : $\sin^2\theta + \cos^2\theta = 1$, $\tan\theta = \frac{\sin\theta}{\cos\theta}$ 이 공식 정도만 기억할 것.

log : $a^x = b$일 때, $\log_a b = x$, $\log_a b^m = m\log_a b$, $\log_a xy = \log_a x + \log_a y$

[밑변환공식] $\log_a b = \frac{\log_c b}{\log_c a}$, $\log_a b = \frac{1}{\log_b a}$, $\log_{a^m} b^n = \frac{n}{m}\log_a b$

$\log_a b \times \log_b a = 1$, $a^{\log_a b} = b$, $a^{\log_c b} = b^{\log_c a}$, $\log_a b \cdot \log_b c \cdot \log_c a = 1$

6. 사칙연산과 특수 연산

- 사칙연산 : $+$, $-$, $\times$, $\div$를 의미함. 계산의 규칙을 묻는 문제 출제 가능

  예 거리에 일정 간격으로 나무심기 ($\div$ 문제)

- 특수연산 : 약속된 연산 규칙에 따라 풀어야 하는 문제로 규칙 준수가 중요($\bigstar$, $*$, $\diamondsuit$)

1 문제에서 주어진 두 수 또는 두 식 A, B의 크기를 비교하시오.

A	180의 약수의 개수

B	$\sqrt{300}$

① A   ② B   ③ A＝B   ④ 알 수 없다.

정답 ①

180＝$2^2×3^2×5$, 약수의 개수 : (2＋1)(2＋1)(1＋1)＝18개

$\sqrt{300}$＝$10\sqrt{3}$＝10×1.732＝17.32 따라서, A가 크다.

2 문제에서 주어진 두 수 또는 두 식 A, B의 크기를 비교하시오. (SSAT기출유형)

A	24의 약수 전체의 합

B	32의 약수 전체의 합

① A   ② B   ③ A＝B   ④ 알 수 없다.

정답 ②

24의 약수:1,2,3,4,6,8,12,24(합:60), 32의 약수:1,2,4,8,16,32(합:63)

③ 문제에서 주어진 두 수 또는 두 식 A, B의 크기를 비교하시오. (SSAT기출유형)

A	4와 6의 최소공배수

B	4와 8의 최소공배수

① A   ② B   ③ A＝B   ④ 알 수 없다.

> **정답** ①
>
> 4,6의 최소공배수:12, 4,8의 최소공배수: 8

④ 어떤 수로 24와 30을 나누면 나누어 떨어진다. 어떤 수 중 가장 큰 수는?

① 3   ② 4   ③ 5   ④ 6

> **정답** ④
>
> 나누어 떨어지는 수: 공약수, 가장 큰 수: 최대공약수, 24와 30의 최대공약수:6

⑤ X로 15와 33을 나눌 때 나머지가 각각 3이라 할 때, X는?

① 5   ② 6   ③ 7   ④ 8

> **정답** ②
>
> 나머지를 뺀 수의 공약수 중 나머지 3보다 큰 수(나누는 수는 나머지보다 커야)
> 12와 30의 공약수 중 3보다 큰 수는 6뿐임.

⑥ 사과 45개와 배 60개를 가능한 많은 사람에게 남김없이 똑같이 나누어 주려할 때 몇 명에게 나누어 줄 수 있나?

① 12   ② 13   ③ 14   ④ 15

> **정답**
>
> 똑같이 나눈다 : 공약수, ~가능한 많은 사람에게: 최대, 따라서 45와 60의 최대공약수

7 서울역에서 광주행 KTX는 20분, 부산행 KTX는 15분마다 출발한다.
오전 6시에 동시에 출발하였다면 그 후 낮 12시까지 몇 번이나 동시에 출발하나?

① 4번 　　　　　② 5번 　　　　　③ 6번 　　　　　④ 7번

> **정답** ③
> 15와 20의 최소공배수 60이므로 1시간마다 동시에 출발함. 따라서 6번

8 문제에서 주어진 두 수 또는 두 식 A, B의 크기를 비교하시오. (SSAT기출유형)

| A | n이 자연수 일 때, $-1^n + (-1)^{n+1}$ | B | 0 |

① A 　　　　　② B 　　　　　③ A＝B 　　　　　④ 알 수 없다.

> **정답** ④
> n이 짝수이면 -2이고, n이 홀수이면 0

9 문제에서 주어진 두 수 또는 두 식 A, B의 크기를 비교하시오.

| A | $0 < a < 1$일 때, $\sqrt{(a-1)^2} - \sqrt{(a+1)^2}$ | B | $2a$ |

① A 　　　　　② B 　　　　　③ A＝B 　　　　　④ 알 수 없다.

> **정답** ②
> $|a-1| - |a+1|$에서 조건에 의하면, $0 > a-1$, $0 < a+1$ 이어서 정리하면
> $-(a-1) - (a+1) = -2a$ 따라서 a가 양수이므로 $-2a < 2a$

10 문제에서 주어진 두 수 또는 두 식 A, B의 크기를 비교하시오.

| A | $3 < \sqrt{x} < 4$를 만족하는 자연수 x의 개수 | B | 정사면체의 모서리 수 |

① A 　　　　　② B 　　　　　③ A＝B 　　　　　④ 알 수 없다.

정답 ③

$3 < \sqrt{x} < 4$에서 $9 < x < 16 (10, 11, 12, 13, 14, 15)$ 6개, 정사면체의 모서리 6개

(11) $\sqrt{28x}$ 가 자연수가 되게 하는 가장 작은 자연수는?

① 4   ② 5   ③ 6   ④ 7

정답 ④

$\sqrt{28x} = \sqrt{2^2 \times 7 \times x}$ 에서 $\sqrt{\ }$ 안이 완전제곱꼴이 되어야 자연수가 되므로 x는 7

(12) 문제에서 주어진 두 수 또는 두 식 A, B의 크기를 비교하시오

A	$1121_{(3)} + 2102_{(3)}$

B	정오각형의 한 내각의 크기

① A   ② B   ③ A = B   ④ 알 수 없다.

정답 ③

$1121_{(3)} = 1 \times 3^3 + 1 \times 3^2 + 2 \times 3 + 1 = 43.2$ $102_{(3)} = 65$, $43 + 65 = 108$, 정오각형 108도

(13) 문제에서 주어진 두 수 또는 두 식 A, B의 크기를 비교하시오

A	$10101.101_{(2)}$

B	$19 + \dfrac{21}{8}$

① A   ② B   ③ A = B   ④ 알 수 없다.

정답 ③

$10101.101_{(2)} = (1 \times 2^4 + 1 \times 2^2 + 1) + (1 \times 2^{-1} + 1 \times 2^{-3}) = 21 + \dfrac{1}{2} + \dfrac{1}{8} = 21 + \dfrac{5}{8}$

(14) 문제에서 주어진 두 수 또는 두 식 A, B의 크기를 비교하시오

| A | $\sqrt[3]{\dfrac{2\sqrt{3}}{\sqrt{7}}}$ | B | $\sqrt[6]{2}$ |

① A ② B ③ A = B ④ 알 수 없다.

정답 ②

$$\sqrt[3]{\frac{2\sqrt{3}}{\sqrt{7}}} = \sqrt[3]{\frac{\sqrt{3 \times 2^2}}{\sqrt{7}}} = \sqrt[3]{\sqrt{\frac{12}{7}}} = \sqrt[6]{\frac{12}{7}} < \sqrt[6]{2}$$

(15) 문제에서 주어진 두 수 또는 두 식 A, B의 크기를 비교하시오

| A | $\sqrt{0.\dot{4}}$ | B | 둘이서 가위, 바위, 보를 할 때 승부가 날 확률 |

① A ② B ③ A = B ④ 알 수 없다.

정답 ③

$$\sqrt{0.\dot{4}} = \sqrt{\frac{4}{9}} = \sqrt{\frac{2^2}{3^2}} = \frac{2}{3} \text{ , 승부날 확률} = 1 - \text{비길 확률} = 1 - \frac{3}{9} = \frac{6}{9} = \frac{2}{3}$$

(16) 문제에서 주어진 두 수 또는 두 식 A, B의 크기를 비교하시오

| A | 12의 약수의 개수 | B | $2\log_3 5 + 3\log_3 2$ |

① A ② B ③ A = B ④ 알 수 없다.

정답 ①

$12 = 2^2 \times 3$ 따라서 약수의 개수는 $(2+1)(1+1) = 6$개

$2\log_3 5 + 3\log_3 2 = \log_3 5^2 + \log_3 2^3 = \log_3 5^2 \times 2^3 = \log_3 200$와 $6 = \log_3 3^6 = \log_3 729$

17 a 2 b 이 연산에서 a+b+c+d+e+f+g+h+i는 얼마인가?

$$
\begin{array}{r}
a\ 2\ b \\
\times\ \ c\ 4 \\
\hline
1\ 3\ d\ 2 \\
1\ e\ f\ 0\ \ \\
\hline
1\ g\ h\ i\ 2
\end{array}
$$

① 35　　　　　　② 39　　　　　　③ 40　　　　　　④ 42

 ④

328×54의 연산과정임.

18 A지점에서 B지점까지의 거리가 60m인 도로 양쪽에 가로수를 A,B지점을 포함하여 5m 간격으로 심으려 할 때 모두 몇 그루가 필요한가?

① 12　　　　　　② 13　　　　　　③ 24　　　　　　④ 26

 ④

60÷5＝12에서 양 끝에 각각 심어야 하므로 한쪽에 13그루씩 필요, 따라서 26그루.

19 ★은 두 수의 최대공약수, ◇은 두 수의 최소공배수를 나타낼 때 (42★18)◇15의 결과값은?

① 16　　　　　　② 24　　　　　　③ 30　　　　　　④ 36

 ③

42와 18의 최대공약수는 6, 6과 15의 최소공배수는 30임.

20 $\dfrac{1}{2-\sqrt{3}}+\dfrac{1}{2+\sqrt{3}}$ 의 값은?

① -2　　　　　② 2　　　　　③ $\sqrt{2}$　　　　　④ 4

정답 ④

$$
\frac{2+\sqrt{3}}{(2-\sqrt{3})(2+\sqrt{3})}+\frac{2-\sqrt{3}}{(2+\sqrt{3})(2-\sqrt{3})}=4
$$

Part I 기초 수리
식

이것만은 알고 가자

1. 식의 수립과 해결

식 수립의 원칙(순서) :

㉮ 구하고자 하는 것을 "미지수"로,

㉯ 알려진 식(사실)을 활용하여 식 수립,

㉰ 미지수의 개수보다 식의 수가 같거나 많아야,

㉱ 식의 수가 부족할 때 숨겨진 "조건" 등에서 식을 구한다.

㉲ 조건을 충족하는 것만을 "해(근)"로

* 알려진 식의 예 : 속도, 농도, 일의 능률, 이윤율, 이혼율, 조사망률... 등

2. 연립방정식과 그 활용

미지수가 2개인 일차방정식 두 개를 한 쌍으로 묶어 나타낸 것

－두 식을 동시에 만족하는 x,y의 값.   풀이방법 : 가감법, 대입법

* 연립방정식의 활용 예 : 속도, 농도, 일의 능률, 이윤율 등 (－5.응용계산 편 참고)

3. 식의 전개와 곱셈공식, 인수분해

곱셈공식: 인수의 곱의 형태를 다항식으로 전개한 것,

인수분해: 다항식을 인수의 곱으로

식의 전개의 원칙: $(ax+b)(cx+d) = acx^2 + (ad+bc)x + bd$ 인수분해는 그 역.

곱셈공식 : $(a \pm b)^2 = a^2 \pm 2ab + b^2$, $(a+b)(a-b) = a^2 - b^2$, $(x+a)(x+b) = x^2 + (a+b)x + ab$

$$a^2 + \frac{1}{a^2} = (a + \frac{1}{a})^2 - 2 = (a - \frac{1}{a})^2 + 2$$

인수분해 : 곱셈공식의 역으로 다항식의 합,차를 인수의 곱의 형태로 표현한 것.

4. 이차방정식과 근의 공식

이차방정식 : 최고차항의 미지수가 이차인 방정식($...=0$) ex) $ax^2+bx+c=0$

이차방정식의 풀이 : ㉮인수분해, ㉯근의 공식

근의 공식 : $ax^2+bx+c=0$에서

$$x=\frac{-b\pm\sqrt{b^2-4ac}}{2a} \quad (중근 조건 : b^2-4ac=0)$$

5. 응용계산

식수립 순서에 따라 식을 세우고 연립방정식을 푼다.

❶ 농도$=\dfrac{해당물질(소금)의 양}{총량(소금물의 양)}\times100$, 소금의 양$=\dfrac{소금물의 농도}{100}\times$소금물의 양

  * 농도문제의 해결 : 섞기 전 두 소금물의 양의 합=섞은 후 양의 합 ·················· (식1)

    섞기 전 두 소금물의 소금의 양=섞은 후 소금의 양 ·············· (식2)

❷ 속력$=\dfrac{거리}{시간}$, 거리=속력×시간, 시간$=\dfrac{거리}{속력}$

  * 속력문제의 해결 : 처음 거리+나중 거리=총 거리 ······························· (식1)

    처음 시간+나중 시간=총 시간 ································· (식2)

❸ 일과 시간(일의 능률)

  * 작업능률 문제의 해결 : 전체 일의 양=1, 하루에 할 수 있는 작업능률: x,y ············(1)

    주어진 내용에 따른 각자의 "작업일수×작업능률"의 합=1 ········ (식1,2)

❹ 기타(나이, 합금, 이윤율, 입장료, 증가율 등등) – 심화문제의 예 참조

  * 식의 수립과 해결의 기본원칙에 따라 연립방정식을 만들어 풀면 된다.

6. 대소비교(부등식)

미지수를 포함한 두 식 혹은 하나의 식과 수 간의 크기 비교에 유용

- 식 A, B의 크기 비교 : A−B를 하여 A−B≥0이면 A가 B보다 크거나 같다.
- 하나의 식과 미지수가 조건식일 때, 조건을 충족하는 값 구하기

예 $|x-1|+2>0$ (단, $1\geq x$)이면, $-(x-1)+2>0$ 따라서 $x<3$

예 $ab<0$, $a=4$(단, b가 정수)일 때, ab와 $a+b$의 크기비교는?

→ $ab-(a+b)=ab-(a+b)+1-1=(a-1)(b-1)-1=3(b-1)-1<0$ (b가 음수 이므로) 따라서 $ab<a+b$ 이다.

7. 번분수식

분수식 중 분모나 분자에 다시 분수식으로 표현되는 분수식.

기본 : $\dfrac{\frac{a}{b}}{\frac{c}{d}}=\dfrac{a\times d}{b\times c}$, (가까운 것끼리, 먼 것끼리 서로 곱한다)

확장 : $\dfrac{256}{212}=1+\dfrac{44}{212}=1+\dfrac{1}{\frac{212}{44}}=1+\dfrac{1}{4+\frac{36}{44}}=1+\dfrac{1}{4+\frac{1}{\frac{44}{36}}}=1+\dfrac{1}{4+\frac{1}{1+\frac{8}{36}}}$

$=1+\dfrac{1}{4+\frac{1}{1+\frac{1}{\frac{36}{8}}}}=1+\dfrac{1}{4+\frac{1}{1+\frac{1}{4+\frac{4}{8}}}}=1+\dfrac{1}{4+\frac{1}{1+\frac{1}{4+\frac{1}{2}}}}$

예 $\dfrac{256}{212}=a+\dfrac{1}{b+\dfrac{1}{c+\dfrac{1}{d+\frac{1}{e}}}}$ 에서 $a+b+c+d+e$의 값은?

8. 부분집합의 개수

$A=\{a_1,\ a_2,\ a_3,\ \cdots,\ a_n\}$일 때, 2^n개

→ 원소 $a_1,\ a_2,\ \cdots,\ a_r$을 포함하거나 포함하지 않는 부분집합의 개수: 2^{n-r}개

2 식
기본문제

① 미지수 x, y의 값이 5이하 자연수일 때, $2x - y = 5$의 해 중에서 $x + y$의 값 중 큰 수는?

① 4 　　　　② 7 　　　　③ 8 　　　　④ 10

> **정답** ④
>
> $2x - y = 5$와 $1 \leq x, y(자연수) \leq 5$를 만족하는 는 (x, y)는 $(3,1)$, $(4,3)$, $(5,5)$

② $x - 2y = a$, $2x + y = 5 - a$를 만족하는 x, y의 비가 $1 : 2$ 일 때, $x + y$의 값은?

① 7 　　　　② 12 　　　　③ 15 　　　　④ 20

> **정답** ③
>
> $x : y = 1 : 2$ 따라서 $y = 2x$를 주어진 식에 대입하여 풀면 $x = 5$, $y = 10$

③ $x^2 - 4x + 1 = 0$ 일 때, $x^2 + \dfrac{1}{x^2}$ 의 값은?

① 14 　　　　② 16 　　　　③ 18 　　　　④ 20

> **정답** ①
>
> $x^2 - 4x + 1 = 0$의 양변을 x로 나누면, $x + \dfrac{1}{x} = 4$ 이고 $x^2 + \dfrac{1}{x^2} = (x + \dfrac{1}{x})^2 - 2 = 4^2 - 2 = 14$

④ $x : y = 2 : 1$일 때, $\dfrac{(x + y)^2}{x^2 - y^2}$ 의 값은?

① 2 　　　　② 3 　　　　③ 4 　　　　④ 5

> **정답** ①
>
> $x = 2y$이므로 $\dfrac{(x + y)^2}{x^2 - y^2}$ 에 대입하면, $\dfrac{9y^2}{3y^2} = 3$

5 $\sqrt{n^2+99}=m,(n, m$은 자연수)를 만족하는 n, m의 조합 중 n에 들어갈 수의 합은?

① 58　　　　　　② 63　　　　　　③ 65　　　　　　④ 68

> **정답** ③
>
> $n^2+99=m^2$에서 $m^2-n^2=99$에서 $(m+n)(m-n)=99$이고 곱해서 99가 나오는 경우는 $(99, 1)$, $(33, 3)$, $(11, 9)$ 이므로 두 수의 합이 99이고 차가 1인 경우는 $(50, 49)$
>
> 합이 33, 차가 3 → $(18, 15)$, 합이 11, 차가 9 → $(10, 1)$이다. $n=1, 15, 49$, 즉 합은 65

6 두 자연수의 차가 4이고 곱이 96일 때, 두 수의 합은?

① 16　　　　　　② 20　　　　　　③ 24　　　　　　④ 28

> **정답** ②
>
> 두 수를 n, $n+4$ 라 하면 $n(n+4)=96$이므로
>
> $n^2-4n-96=(n-8)(n+12)=0$, $n=8$ 두 수는 8, 12

7 유리네 집에는 돼지, 소, 닭이 총 33마리 있다. 다리 수가 84개이고 돼지가 소의 2배일 때 돼지는 몇 마리인가?

① 4　　　　　　② 6　　　　　　③ 8　　　　　　④ 10

> **정답** ②
>
> 소: x, 돼지: $2x$, 닭: y마리라 하면, $x+2x+y=33$, $3x\times4+2y=84$
>
> 두 식을 풀면, $x=3$, $y=24$이므로 돼지는 6마리

8 어떤 정사각형의 가로를 3cm, 세로를 2cm 씩 늘렸더니 처음 면적의 2배가 되었다. 처음 정사각형의 한변의 길이는?

① 4　　　　　　② 5　　　　　　③ 6　　　　　　④ 7

> **정답** ③
>
> 정사각형의 한 변을 x라 하면, 면적은 x^2, 조건에 따르면 $(x+3)(x+2)=2x^2$
>
> $x^2-5x-6=0(0<x)$에서 $x=6$

9 10% 소금물과 5% 소금물을 섞어 8% 소금물 100g을 만들었다면, 5% 소금물에 포함된 소금의 양은 얼마인가?

① 2   ② 3   ③ 4   ④ 5

> **정답** ①
>
> $x+y=100$, $\dfrac{10x}{100}+\dfrac{5y}{100}=8$의 연립방정식을 풀면, 5% 소금물 40g, 8% 소금물 60g, 따라서
> 5% 소금물에 든 소금의 양 $=\dfrac{5\times 40}{100}=2\text{g}$

10 A지점에서 B지점까지의 거리는 총 7km이며 A,B 사이에 P지점이 있다.
A에서 P까지는 시속 2km, P에서 B까지는 시속 3km로 걸어서 총 3시간이 걸렸다면,
A에서 P까지의 거리는?

① 2km   ② 3km   ③ 4km   ④ 5km

> **정답** ③
>
> A~P:x, P~B:y 라 하면 $x+y=7$, $\dfrac{x}{2}+\dfrac{y}{3}=3$을 풀면, $x=4$, $y=3$이 나온다.

11 재용씨는 퇴근하던 중 과일가게를 들렀다. 지갑을 보니 사과 11개를 사면 1,500원이 남고 16개를 사면 2,000원이 모자랐다. 재용씨의 지갑에 들어 있는 돈은 얼마인가?   (SSAT 기출유형)

① 8,000원   ② 9,000원   ③ 10,000원   ④ 11,000원

> **정답** ②
>
> 사과 1개 가격을 x, 지갑에 있던 금액을 y라 하면, $11x+1,500=y$, $16x-2,000=y$
> $x=700$, $y=9,000$

12 A와 B가 함께 일하면 15일 걸리는 일이 있는데, A가 18일 일하고 나머지 일을 B가 10일 동안 일하여 끝냈다면, 만약 B 혼자서 일하면 얼마나 걸릴까?

① 20   ② 24   ③ 30   ④ 40

> **정답** ④
>
> 일의 능률을 x, y라 하면 $15x+15y=1$, $18x+10y=1$를 풀면 $x=\dfrac{1}{24}$, $y=\dfrac{1}{40}$
> 따라서 B 혼자 한다면 40일 소요.

13 A 대학 경영학과에는 작년에 정원이 300명이었다. 올해는 작년에 비하여 남학생은 3%, 여학생은 4% 늘어 정원이 310명이 되었다면, 현재 남학생수는?

① 103   ② 152   ③ 206   ④ 212

정답 ③

작년 남학생수 : x, 여학생수 : y 라 하면 $x+y=300$, $0.03x+0.04y=10$을 풀면
$x=200$, $y=100$ 따라서 현재 남학생수 $=200+200\times0.03=206$명

14 KTX 산천이 터널구간을 통과하려 한다. 터널의 총 길이가 2.5㎞일 때 시속 300km/h로 달리는 KTX 산천이 터널을 완전히 빠져 나가는 데 36초가 걸렸다면, KTX 산천의 총길이는?

① 300m   ② 400m   ③ 500m   ④ 600m

정답 ③

KTX 산천의 길이를 x라 하면 완전히 빠져 나가기 위해서는 터널길이＋기차길이를 36초에 지나야 한다.
즉, $\dfrac{2.5+x}{36/3600(\text{시간환산})}=300$을 풀면 $x=0.5$km임

15 지용이의 몸무게가 대성이보다 4kg 더 나가고 두 사람의 평균 몸무게가 70kg이라면, 대성이의 몸무게는 몇 kg인가?

① 68   ② 69   ③ 71   ④ 72

정답 ①

대성의 몸무게 : x라 하면, 지용은 $x+4$이고, $\dfrac{x+x+4}{2}=70$이므로 $x=68$

16 2년 전에 이십대인 아들의 나이에 2배 였던 아버지가 있다. 현재 아버지와 아들의 나이의 합이 10의 배수라면 아들의 나이는?

① 24   ② 25   ③ 26   ④ 27

정답 ①

현재 아들의 나이 : x, 아버지의 나이 : y 라 하면 $2(x-2)=y-2$이어서 $y=2x-2$
아들이 20대이므로 $20\leq x\leq29$를 대입하여 구한 y값과의 합이 10의 배수인
경우는 $(x, y)=(24, 46)$뿐임. 따라서 아들의 나이는 24세.

⑰ 강 상류에서 하류까지의 거리가 100km라 할 때, 배를 타고 상류에서 하류를 갈 때에는 5시간이 걸리고 하류에서 상류로 갈 때에는 2배의 시간이 걸린다고 한다. 이 강의 유속은 얼마인가?

① 4km/h   ② 5km/h   ③ 6km/h   ④ 7km/h

> **정답** ②
>
> 내려갈 때의 속력은 $100/5=20$, 올라갈 때의 속력은 $100/10=10$km/h이다
>
> 배의 속력 : x, 유속 : y라 하면 $x+y=20$, $x-y=10$이므로 $x=15$, $y=5$km/h이다.

⑱ 어떤 달의 첫날은 월요일이고 마지막 날이 일요일이라 한다. 그 다음달의 마지막 날은 무슨 요일인가?   (SSAT 기출유형)

① 월요일   ② 화요일   ③ 수요일   ④ 목요일

> **정답** ③
>
> 첫 날이 월요일이면 7일이 일요일이고 7의 배수인 28일이 일요일이다. 마지막 날이 일요일이므로 2월을 의미한다. 따라서 3월 마지막 날은 수요일이다.

⑲ 백화점에서 20% Sale하는 상품이 있다. Sale 기간 중 판매가가 원가의 20% 수익이 되려면 Sale 전 판매가격은 원가의 얼마로 책정하여야 하는가?

① 40%   ② 50%   ③ 55%   ④ 60%

> **정답** ②
>
> 원가 : x, 이윤율 : y라 하면, Sale전 판매가 $=x(1+\frac{y}{100})$, Sale가 $=x(1+\frac{y}{100})(1-0.2)$
>
> "Sale가 = 원가의 20% 마진가"이어야 하므로 $x(1+\frac{y}{100})(1-0.2)=x(1+0.2)$
>
> 이를 풀면 $y=50$ 따라서 50%

⑳ $\dfrac{256}{212}=a+\dfrac{1}{b+\dfrac{1}{c+\dfrac{1}{d+\dfrac{1}{e}}}}$ 에서 $a+b+c+d+e$의 값은?

① 8   ② 9   ③ 10   ④ 12

> **정답** ④ 요점 정리 번분수식 부분 참조.

3 Part I 기초 수리
도형

이것만은 알고 가자

1. 각

❶ 맞꼭지각, 엇각, 동위각 : 선분 L//M 일 때

> Tip 동위각 = 엇각 = 맞꼭지각

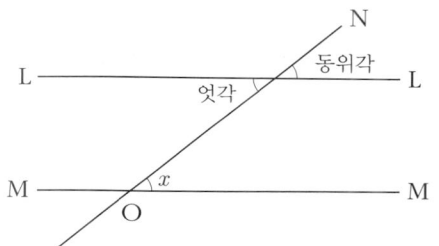

❷ 내각과 외각

- 외각은 두 내각의 합
- n각형의 외각의 합 : 360° 항상 성립

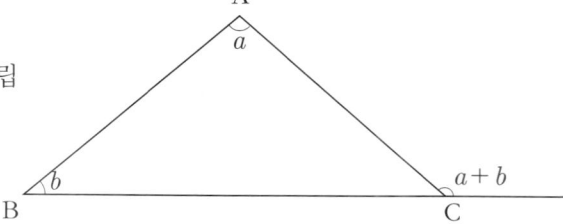

❸ 삼각형의 외심과 내심

- 외심 : 외접원의 중심, 세 변의 수직이등분선이 만나는 점
  각 꼭지점에 이르는 거리 같다. 직각삼각형의 경우 빗변의 중점이 외심
- 내심 : 내접원의 중심, 세 내각의 이등분선이 만나는 점
  각 변에 이르는 거리가 같다.

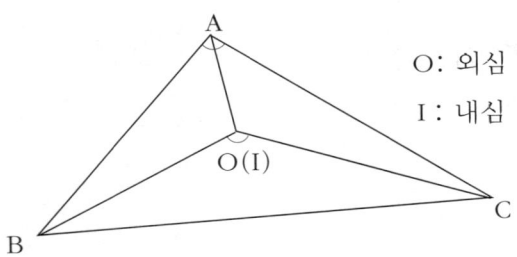

- 외심(O) : 각 A의 2배, 즉 $2a$
- 내심(I) : $90 + \dfrac{a}{2}$

> **Tip** 삼각형이 되는 조건 : 두 변의 길이의 합이 가장 긴 변의 길이보다는 크다.

❹ 원주각

- 원주 위의 두 점 A,B에서 원주 위의 또 다른 한 점에 연결한 선분이 이루는 각.
- 이때 두 점 A,B의 길이가 같다면, 원주 위의 어떤 점과 연결한 각은 모두 같다.
- AB 원주각의 크기×2＝AB 중심각의 크기(중심각은 원주각의 2배)
- 선분 AB가 원의 중심을 지날 때, 원주각의 크기는 90도(직각)

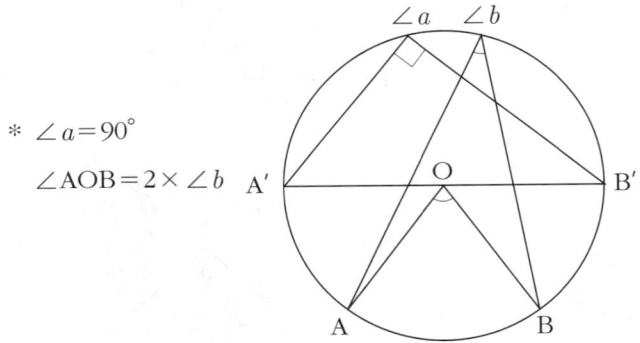

$$* \ \angle a = 90°$$
$$\angle \text{AOB} = 2 \times \angle b$$

❺ 기타 삼각형

- 이등변삼각형 : 두변의 길이가 같은 삼각형, 두 밑각의 크기가 같다.
  내심과 외심은 꼭지각에서 그 대응변을 수직이등분한 선상에 위치
- 정삼각형 : 세변의 길이가 같은 삼각형, 한 내각의 크기＝60도
  내심, 외심 – 일치
- 직각삼각형 : 한 내각의 크기가 직각인 삼각형
  직각삼각형의 외심 – 빗변의 중점

⑥ n각형의 내각의 합 $= 180(n-2)$, 정n각형의 한 내각의 크기 $= \dfrac{180 \times (n-2)}{n}$

n각형의 대각선의 수 $= \dfrac{n(n-3)}{2}$

⑦ 시계의 시침과 분침이 이루는 각의 크기

큰 눈금 : 12개, 따라서 큰 눈금 사이의 각 $= \dfrac{360}{12} = 30°$

작은 눈금 : 60개, 작은 눈금 사이의 각 $= \dfrac{360}{60} = 6°$

[예제] 2시 30분이 이루는 작은 각의 크기는?

큰 눈금 : 3개, 작은 눈금 : 3개, 따라서, $30 \times 3 + 6 \times 3 = 180°$

2. 면적(면)

① 삼각형

(1) 밑변과 높이가 주어질 때 $= \dfrac{1}{2} \times$ 밑변 $\times$ 높이

(2) 세변과 내접원의 반지름이 주어질 때 $= \dfrac{1}{2}r \times (a+b+c)$

(3) 세변만 주어질 때 : 헤론의 공식 $= \sqrt{A(A-a)(A-b)(A-c)}$, 단 $A = \dfrac{a+b+c}{2}$

(4) 두변과 사잇각이 주어질 때 $= \dfrac{1}{2}ac \times \sin B$(예각), $= \dfrac{1}{2}ac \times \sin(180° - B)$(둔각)

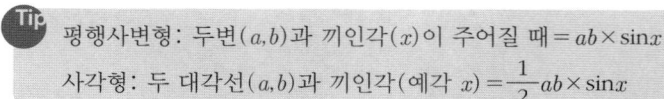

> **Tip** 평행사변형 : 두변(a,b)과 끼인각(x)이 주어질 때 $= ab \times \sin x$
>
> 사각형 : 두 대각선(a,b)과 끼인각(예각 x) $= \dfrac{1}{2}ab \times \sin x$

② 사각형

(1) 정사각형, 직사각형 $=$ 가로 $\times$ 세로

(2) 평행사변형 $=$ 밑변 $\times$ 높이

(3) 마름모 $=$ (한 대각선) $\times$ (다른 대각선) $\times \dfrac{1}{2}$

(4) 사다리꼴 $= \dfrac{1}{2} \times$ (윗변 $+$ 아랫변) $\times$ 높이

③ 원, 부채꼴

(1) 원 : 넓이 $= r^2 \times \pi$(r:반지름, $\pi = 3.14$) , 둘레 $= 2r \times \pi$

(2) 부채꼴 : $\dfrac{\theta}{360°} \times r^2 \pi$, 둘레 $= \dfrac{\theta}{360°} \times 2r\pi$

❹ 닮음비를 활용한 면적, 부피 구하기

닮음비가 $a : b$ 일 때, 면적은 $a^2 : b^2$, 부피는 $a^3 : b^3$

cf) 정다면체(오직 5개 뿐임)의 면, 꼭지점, 모서리의 개수

> **Tip** 면의 개수는 알기 쉬워서 문제되지 않고, "정육면체 : 정팔면체 , 정십이면체 : 정이십면체"는 면의 수와 꼭지점의 수가 서로 바뀌어 있고, 모서리의 수는 서로 같다는 점을 기억하면서 암기할 것.

> **Tip** 오일러의 정리 : $V - E + F = 2$
> (면과 꼭지점의 수를 합한 값에서 모서리의 수를 빼면 "2")
>
> | | 정사면체 | 정육면체 | 정팔면체 | 정십이면체 | 정이십면체 |
> |---|---|---|---|---|---|
> | 면(F) | 4 | 6 | 8 | 12 | 20 |
> | 꼭지점(V) | 4 | 8 | 6 | 20 | 12 |
> | 모서리(E) | 6 | 12 | 12 | 30 | 30 |

3. 부피

❶ 직육면제(정육면체) = 가로 × 세로 × 높이 = 밑면적 × 높이

❷ 원기둥 = $r^2 \pi \times h$(높이) = 원의 넓이 × 높이

❸ 원뿔 = $\dfrac{1}{3} \times \pi r^2 h$

❹ 구 = $\dfrac{4}{3} \times \pi r^3$

> **Tip** 겉넓이(표면적) : 원기둥 = $2\pi r^2 + 2\pi rh$, 원뿔 = $\pi r^2 + \pi rl$(l: 모선의 길이)
> 구 = $4\pi r^2$

4. 선(피타고라스정리, 원의 비례관계)

❶ 원, 호의 길이(둘레) : 원 $= 2r \times \pi$, 호 $= \dfrac{\theta}{360°} \times 2r\pi$

❷ 원의 비례관계

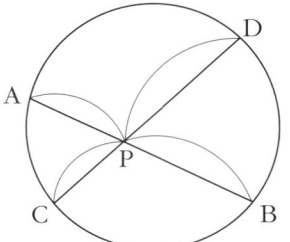 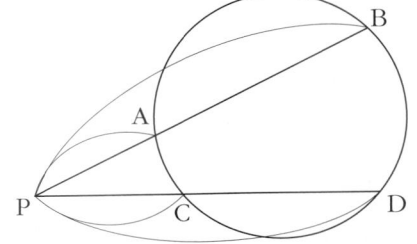

$$\overline{PA} \times \overline{PB} = \overline{PC} \times \overline{PD} \qquad \overline{PA} \times \overline{PB} = \overline{PC} \times \overline{PD}$$

❸ 피타고라스의 정리(직각삼각형 ABC에서)

$c^2 = a^2 + b^2$

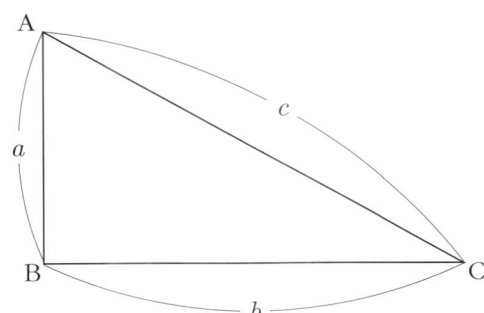

❹ 대각선의 길이

- 직사각형 : $\sqrt{a^2 + b^2}$, 정사각형 : $a\sqrt{2}$
- 직육면체 : $\sqrt{a^2 + b^2 + c^2}$, 정육면체 : $a\sqrt{3}$

3 도형
기본문제

1 끈의 길이가 각각 1, 2, 3, 4, 5, 6cm인 끈 하나가 삼각형의 한변이 된다고 할 때, 만들 수 있는 삼각형의 개수는?

① 4 ② 5 ③ 6 ④ 7

> **정답** ④
>
> 가장 긴 변이 6 → (2, 5), (3, 4), (3, 5), (4, 5) 5 → (2, 4), (3, 4), 4 → (2, 3) 총7개

2 승리의 집에서 도서관까지의 거리는 5km이다. 승리가 점심을 먹고 오후 1시에 집에서 나와 시속 2km의 속력으로 도서관까지 걸어서 간다고 한다. 승리가 도서관에 도착한 시간의 시침과 분침이 이루는 각의 크기?

① 55° ② 65° ③ 75° ④ 85°

> **정답** ③
>
> 5km를 시속 2km/h로 걸으면 2시간 30분 걸리므로 도서관에 도착한 시간은 3시 30분. 따라서 큰 눈금 2개, 30분에 해당하는 큰 눈금은 1/2 즉 60 + 15 혹은 시각:x, 분:y라 하면
>
> 각도는 $\left| 30x - \dfrac{11}{2}y \right| = \left| 30 \times 4 - \dfrac{11}{2} \times 30 \right| = 75°$

3 정12각형의 한 내각의 크기와 대각선의 수는?

① 144°와 54개 ② 150°와 36개 ③ 144°와 36개 ④ 150°와 54개

> **정답** ④
>
> 한 내각 $= \dfrac{(n-2) \times 180}{n} = \dfrac{10 \times 180}{12} = 150$, 대각선수 $= \dfrac{n(n-3)}{2} = \dfrac{12 \times 9}{2} = 54$

④ 원기둥의 반지름의 길이가 1cm(A), 3cm(B)인 두 원기둥 A, B는 서로 닮아 있다.
원기둥 A의 높이가 3cm라면 원기둥 B의 높이는?

① 6cm   ② 7cm   ③ 8cm   ④ 9cm

> **정답** ④
>
> 두 도형의 닮음비가 $a : b$이면, 면적은 $a^2 : b^2$이고 부피는 $a^3 : b^3$
> 원기둥 A의 부피 $= 1 \times 1 \times \pi \times 3 = 3\pi$ 따라서 원기둥A, B의 부피비는 $1^3 : 3^3 = 3\pi : x$에서 $x = 81\pi$
> 즉 원기둥 B의 부피 $= 81\pi = 3^2 \times \pi \times h$에서 $h = 9$

⑤ 두 대각선의 길이가 각각 $2\sqrt{3}$, 4cm 사이 각이 60° 일 때, 사각형의 넓이는?

① 4cm²   ② 5cm²   ③ 6cm²   ④ 7cm²

> **정답** ③
>
> 대각선과 끼인각(예각)이 주어진
> 사각형의 넓이 $= \dfrac{1}{2} \times ab \times \sin\theta = \dfrac{1}{2} \times 2\sqrt{3} \times 4 \times \sin 60° = \sqrt{3} \times 4 \times \dfrac{\sqrt{3}}{2} = 6$

6~12 다음 대소를 비교하시오. (SSAT 기출문제 유형)

⑥

| A | 한변의 길이가 5cm인 정육면체의 겉넓이 | B | 반지름이 5cm인 원의 넓이 |

① A > B   ② A < B   ③ A = B   ④ 알 수 없다.

> **정답** ① $5 \times 5 \times 5 > 5^2 \times \pi (\pi = 3.14)$

⑦

| A | 변의 길이가 3cm, 4cm, 5cm인 삼각형의 면적 | B | $2^{\log_2 32}$ |

① A > B   ② A < B   ③ A = B   ④ 알 수 없다.

> **정답** ①   헤론의 공식 $\sqrt{6(6-3)(6-4)(6-5)} = 6 > 2^{\log_2 32} = 5$

8

| A | 정팔면체의 모서리 개수 |
| B | 정이십면체의 꼭지점의 개수 |

① A > B   ② A < B   ③ A = B   ④ 알 수 없다.

정답 ③   모두 12개로 같음.

9

| A | 오각형의 내각의 합
 +사각형의 내각의 합 |
| B | 팔각형의 내각의 합 |

① A > B   ② A < B   ③ A = B   ④ 알 수 없다.

정답 ② $540 + 360 = 900 < 1080$

10

| A | 가로 3cm, 세로 4cm, 높이 5cm
 인 직육면체의 대각선의 길이 |
| B | 7cm |

① A > B   ② A < B   ③ A = B   ④ 알 수 없다.

정답 ①

$$\sqrt{3^2 + 4^2 + 5^2} = \sqrt{50} = 5\sqrt{2} = 7.07 \ (\sqrt{2} = 1.414이므로)$$

11 빗변의 길이가 1cm인 직각삼각형에서 ∠A = 30° 일 때

| A | $2\sin A$ |
| B | $\cos A$ |

① A > B   ② A < B   ③ A = B   ④ 알 수 없다.

정답 ①

$$\frac{1}{2} \times 2 = 1 > \frac{\sqrt{3}}{2} \ (\sqrt{3} = 1.732이므로)$$

12

A	점 I는 삼각형의 세 내각을 이등분한 선이 만나는 점이다. ∠A=60°일 때 ∠BIC의 크기	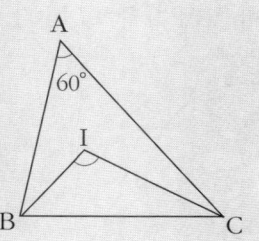	B	정오각형의 한 내각의 크기

① A > B   ② A < B   ③ A = B   ④ 알 수 없다.

 ①

내각을 이등분한 선이 만나는 점 : 내심 − 중심각 $= 90° + \dfrac{A}{2} = 90° + 30° = 120°$

13 반지름의 길이가 3cm, 높이가 5cm인 원뿔과 닮은 반지름이 4cm인 원뿔의 부피는?

① $\dfrac{280}{9}\pi$ ② $\dfrac{300}{9}\pi$ ③ $\dfrac{320}{9}\pi$ ④ $\dfrac{340}{9}\pi$

정답 ③

두 도형의 닮음비 3:4 따라서 부피비 $= 3^3 : 4^3 = \dfrac{1}{3} \times 3^2 \times 5 \times \pi : X$를 풀면, $X = \dfrac{320}{9}\pi$

6~12 다음 도형을 보고 물음에 답하시오

14 두 선분 A, B가 서로 평행일 때(A//B), ∠x + ∠y의 크기는?

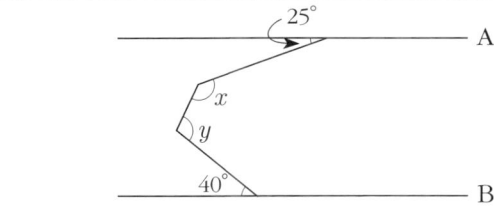

① 205°

② 215°

③ 235°

④ 245°

정답 ④

선분 A에서 선분 B에 수선을 내리면 오각형 : 540 − (65 + 140 + 90) = 245

15 선분 AB가 선분 CD를 이등분하고 AP가 9cm, BP가 4cm일 때 CP의 길이는?

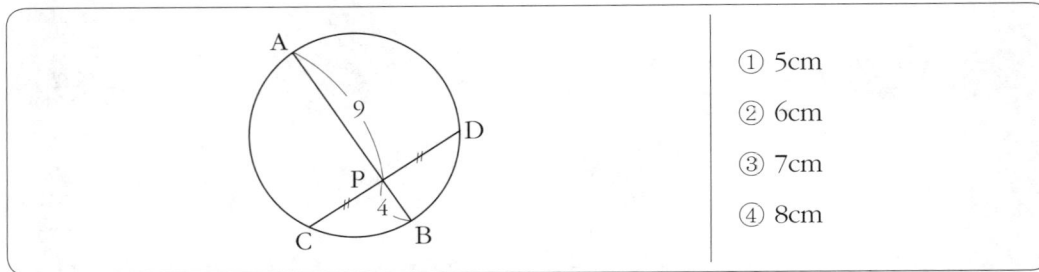

① 5cm

② 6cm

③ 7cm

④ 8cm

정답 ②

AP×BP=CP×PD 따라서 9×4=x×x, 즉 x=6

16 삼각형 ABC에서 ∠A를 이등분한 선이 변 BC에서 만나는 점을 D라 할 때, AB의 길이는?

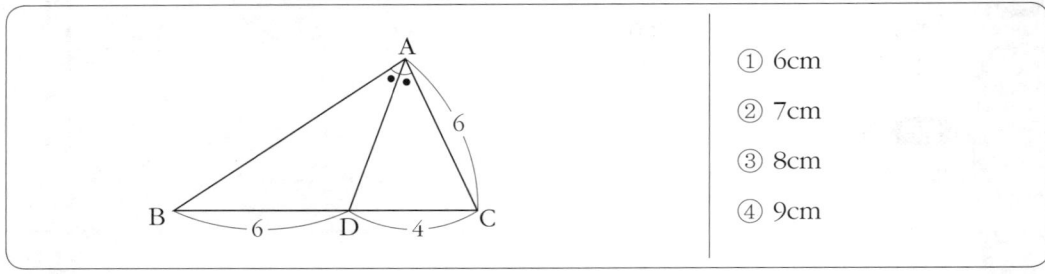

① 6cm

② 7cm

③ 8cm

④ 9cm

정답 ④

내각의 이등분선은 AB:AC=BD×CD이므로 x:6=6 :4에서 x=9

17

우측 도형의 꼭지각의 합

∠a+∠b+∠c+∠d+∠e+∠f

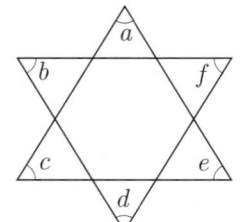

① 180°

② 270°

③ 360°

④ 450°

정답 ③

삼각형의 내각의 합 180×2

18 우측의 별 내부의 오각형이
정오각형일 때
한 꼭지각의 크기는?

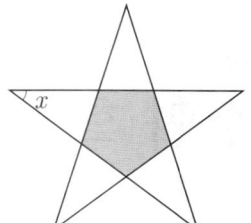

① 32°

② 36°

③ 38°

④ 34°

정답 ②

꼭지가 다섯 개인 별의 꼭지각의 합은 $180°$ 이므로 $180/5 = 36$

19 우측 도형의 날개 부분의
각의 합
$\angle a + \angle b + \angle c + \angle d +$
$\angle e + \angle f + \angle g + \angle h$

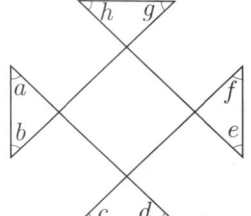

① 180°

② 270°

③ 360°

④ 450°

정답 ③

삼각형의 두 내각의 합은 나머지각의 외각이자 사각형의 외각
모든 다각형의 외각의 합은 $360°$

20 맞꼭지각을 제외한
여섯 개의 내각의 합
$\angle a + \angle b + \angle c + \angle d +$
$\angle e + \angle f$

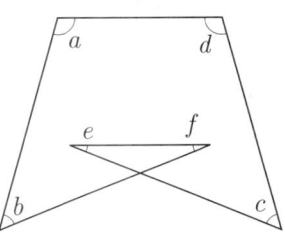

① 180°

② 270°

③ 360°

④ 450°

정답 ③

Part I 기초 수리

4 경우의 수와 확률

이것만은 알고 가자

1. 경우의 수

❶ 경우의 수 : 어떤 사건이 일어난 가지 수

cf) 사건 : 실험이나 관찰에 의해 일어난 결과

- 합의 법칙 : 사건 A 또는 B가 일어나는 경우의 수(A, B가 동시에 일어나지 않을 때)

  $(a + b)$ 가지 − 예 두 주사위를 던져 눈의 합이 3 또는 5가 되는 경우

- 곱의 법칙 : 사건A와 사건B가 동시에 일어나는 경우의 수 − $(a \times b)$가지

  예 A,B,C 상의 3개와 a, b, c, d 하의 4개를 조합하여 옷을 입는 경우

❷ 동전, 주사위, 가위바위보 등(하나로 여러 번 = 여러 개로 한번)

- 동전 : 1회에 2가지(앞, 뒤), n번 (혹은 n개) = 2^n가지

- 주사위 : 1회에 6가지, n번 (혹은 n개) = 6^n가지

- 가위바위보 : 1회에 3가지, n명 = 3^n가지

  예 동전 3개와 주사위 2개를 던질 때 = $2^3 \times 6^2$가지

❸ □□□□□칸 채우기

　　　　　　　　　　　　　　　　　　　　　　n개

(1) n명을 한줄로 세우기 : □□□□ ⋯⋯ □□ n개

  $n \times (n-1) \times (n-2) \times \cdots\cdots \times 2 \times 1$가지

(2) n명 중 2명을 뽑아 세우기 : □□　　$n \times (n-1)$가지

(3) n명 중 r명을 뽑아 세우기 : □□□ ⋯⋯ □

  $n(n-1)(n-2)\cdots\cdots \times (n-r+1)$가지

　＊ 첫 번째 □□칸은 n명 모두 올 수 있고 다음 칸은 앞에서 뽑힌 자를 제외한 숫자

(4) 이웃하여 서는 경우 : 이웃하는 사람을 묶어 한 사람 취급하여 위 기준으로 배열하고
    이웃한 사람끼리 바꾸는 경우를 곱한다.

(5) 정수만들기 : 두자리 정수이면 : ☐☐ , 세자리 정수이면 3칸 채우기
    * 주의 : 정수 만들기에서는 맨 앞칸에 "0"이 올 수 없음을 잊지 말 것

(6) 대표뽑기 : **뽑힌 대표의 성격이 다르면** (3)의 방식과 같으나 대표의 성격이 같으면 **뽑**
    힌 사람들 끼리 배열하는 경우의 수로 나누어 주어야 한다.

> 📗 7명으로 구성된 동호회에서 ― 회장, 부회장을 뽑는 경우 : $7 \times 6 = 42$가지
>
> ― 총무 2명을 뽑는 경우 : $\dfrac{7 \times 6}{2 \times 1} = 21$가지

    * 주의 : 뽑힌 순서가 중요한 의미를 가지는지 여부가 중요

cf) 순열과 조합(n개 중 r개를 뽑아 나열하는 경우)

- 순열(P) : 순서에 따라 나열하는 경우로 순서가 중요(즉 $AB \neq BA$)
- 조합(C) : 순서는 중요치 않고 뽑기만 하면 되는 경우(즉 $AB = BA$)

$$
{}_n P_r = n(n-1)(n-2) \times \cdots \times (n-r+1)
$$

$$
{}_n C_r = \frac{n(n-1)(n-2) \times \cdots \times (n-r+1)}{r(r-1)(r-2) \times \cdots 2 \times 1}
$$

2. 확률

① 확률$(p) = \dfrac{\text{부분}}{\text{전체}} = \dfrac{\text{해당사건의 경우의 수}}{\text{모든 경우의 수}} = \dfrac{a}{n} (0 \leq p \leq 1)$

  * 백분율 = 확률$\times 100$, 따라서 모든 비율은 확률이라 할 수 있음.

② 여사건의 확률(q) : 사건A가 일어날 확률이 p일 때, $q = 1 - p$

③ 확률의 계산

- 확률의 덧셈 : 사건 A 또는 사건 B가 일어날 확률 → $P_A + P_B$
                  (사건 A와 사건 B가 동시에 일어나지 않을 때)
- 확률의 곱셈 : 사건 A와 사건 B가 동시에 일어날 확률 → $P_A \times P_B$
                  (사건 A와 사건 B가 동시에 일어나지만 서로 영향을 끼치지 않을 때)

④ 연속하여 뽑는 경우의 확률

- 처음 꺼낸 것을 다시 집어 넣을 때 : 나중에 뽑는 확률은 처음의 결과에 영향이 없다
- 처음 꺼낸 것을 집어 넣지 않을 때 : 나중에 뽑는 확률에 영향을 미친다.

4 경우의 수와 확률
기본문제

1 A, B, C, D, E 다섯 권의 책을 책꽂이에 꽂을 때, A옆에 E를 꽂는 경우의 수는?

① 12　　　　　② 24　　　　　③ 36　　　　　④ 48

> **정답** ④
>
> $4! \times 2 = 4 \times 3 \times 2 \times 1 \times 2 = 48$가지 A, E를 묶어 하나로 취급하여 배열 후 AE, EA

2 자녀 3명을 둔 부부가 가족사진을 찍을 때 아빠는 맨 왼쪽, 엄마는 맨 오른쪽에 서서 찍는 경우의 수는?

① 6　　　　　② 12　　　　　③ 24　　　　　④ 36

> **정답** ①
>
> 아빠, 엄마는 고정되므로, 자녀끼리만 나열 3! = 6가지

3 0, 1, 2, 3, 4의 숫자가 적힌 다섯 장의 카드 2장을 뽑아 만들 수 있는 두 자리 정수 중 짝수의 개수는?

① 8　　　　　② 10　　　　　③ 12　　　　　④ 14

> **정답** ②
>
> 짝수는 일의 자리가 짝수나 "0" – "0"일 때, (1, 2, 3, 4) 4가지
> – "2, 4"일 때 각 "0"을 제외한 3가지 따라서 4 + 3 + 3 = 10

④ 윷가락을 던져 개가 나오는 경우의 수는?

① 4　　　　　　② 5　　　　　　③ 6　　　　　　④ 8

> **정답** ③
>
> $_4C_2 = \dfrac{4 \times 3}{2 \times 1} = 6$ 가지

⑤ 어느 기업의 사내동아리인 청목산악회에는 회원 7명 있습니다. 회장1명, 부회장 1명, 총무2명을 뽑는 경우의 수는?

① 144　　　　　② 210　　　　　③ 420　　　　　④ 840

> **정답** ③
>
> $_7P_2 \times _5C_2 = 7 \times 6 \times \dfrac{5 \times 4}{2 \times 1} = 420$

⑥ 비가 온 다음 날 비올 확률이 $\dfrac{1}{3}$이고 비가 안 온 다음날 비가 올 확률이 $\dfrac{1}{5}$이라 할 때, 오늘 비가 왔다면 모레 비가 안 올 확률은?

① $\dfrac{2}{3}$　　　　　② $\dfrac{7}{9}$　　　　　③ $\dfrac{16}{27}$　　　　　④ $\dfrac{34}{45}$

> **정답** ④
>
> ○○ : $\dfrac{1}{3}$, ○× : $1 - \dfrac{1}{3} = \dfrac{2}{3}$, ×○ : $\dfrac{1}{5}$, ×× : $1 - \dfrac{1}{5} = \dfrac{4}{5}$
>
> 문제에서 묻는 바는 ○(○ 또는 ×)×이므로 $\dfrac{1}{3} \times \dfrac{2}{3} + \dfrac{2}{3} \times \dfrac{4}{5} = \dfrac{34}{45}$

⑦ A는 기업적성시험 수리능력문제를 풀다가 3문제를 풀지 못하여 무작위로 찍기로 하였다. 문제가 4지선다형이라면 적어도 하나는 맞을 확률은?

① $\dfrac{27}{64}$　　　　② $\dfrac{37}{64}$　　　　③ $\dfrac{9}{64}$　　　　④ $\dfrac{55}{64}$

> **정답** ②
>
> 적어도 하나는 여사건의 확률로 푸는 것이 쉽다. (1 - 모두 틀리는 경우)
>
> $1 - \dfrac{3}{4} \times \dfrac{3}{4} \times \dfrac{3}{4} = \dfrac{37}{64}$

언어

수리

추리

직무상식

⑧ 동전 1개와 주사위 1개를 동시에 던질 때, 동전은 뒷면, 주사위는 6의 약수가 나올 확률은?

① $\dfrac{1}{3}$ ② $\dfrac{5}{12}$ ③ $\dfrac{2}{3}$ ④ $\dfrac{7}{12}$

> **정답** ①
>
> 동전 뒷면이 나올 확률:, 주사위 눈이 6의 약수(1, 2, 3, 6)일 확률 : $\dfrac{2}{3}$
>
> 두 사건은 서로 영향을 미치지 아니 하므로 곱사건 $\dfrac{1}{2} \times \dfrac{2}{3} = \dfrac{1}{3}$

⑨ 두 개의 주사위를 던져 나온 눈의 수의 합이 4 또는 5일 확률은?

① $\dfrac{1}{6}$ ② $\dfrac{7}{36}$ ③ $\dfrac{2}{9}$ ④ $\dfrac{5}{18}$

> **정답** ②
>
> 두 눈의 합이 4인 경우 : 3가지{(1, 3)(2, 2)(3, 1)}, 5인 경우: 4가지{(1, 4)(2, 3)(3, 2)(4, 1)}
>
> 두 사건은 동시에 일어나는 경우가 없으므로 합사건. 따라서 $\dfrac{3}{36} + \dfrac{4}{36} = \dfrac{7}{36}$

⑩ 주머니 속에 흰 구슬 2개, 빨간 구슬 3개가 들어 있다. 연속하여 구슬을 꺼낼 때, 두 번 모두 빨간 구슬일 확률은?(단, 처음 꺼낸 구슬은 다시 넣지 않음)

① $\dfrac{1}{5}$ ② $\dfrac{9}{25}$ ③ $\dfrac{1}{4}$ ④ $\dfrac{3}{10}$

> **정답** ④
>
> 처음 빨간 공을 꺼낼 확률: $\dfrac{3}{5}$, 두 번 째도 빨간 공일 확률: $\dfrac{2}{4}$(처음 공을 넣지 않음)
>
> 따라서 $\dfrac{3}{5} \times \dfrac{2}{4} = \dfrac{3}{10}$

⑪ 세 사람이 가위 바위 보를 하여 한 사람이 이기고 나머지 두 사람이 질 확률은?

① $\dfrac{1}{3}$ ② $\dfrac{1}{9}$ ③ $\dfrac{2}{9}$ ④ $\dfrac{5}{27}$

> **정답** ①
>
> 모든 경우의 수는 $3 \times 3 \times 3 = 27$가지 , 한 사람이 이기는 경우는 가위, 바위, 보
>
> 각 3가지 총 9가지, 따라서 $\dfrac{9}{27} = \dfrac{1}{3}$

12~13 다음과 같은 도로가 있다. 물음에 답하시오

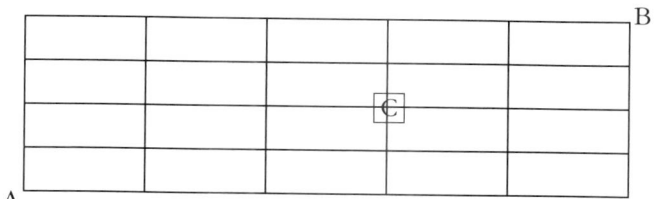

12 A에서 B까지 최단거리로 가는 방법은 몇 가지인가?

① 114가지   ② 126가지   ③ 228가지   ④ 252가지

> **정답** ②
>
> 총 9개의 길 중에서 가로 5, 세로 4를 가는 경우를 나누어 주면 됨
>
> 즉, $\dfrac{9!}{5! \times 4!} = \dfrac{9 \times 8 \times 7 \cdots \times 1}{5 \times 4 \times \cdots \times 1 \times 4 \times 3 \cdots \times 1} = 126$가지

13 A에서 B에 가는 최단거리 중에서 C지점을 거쳐갈 확률은?

① $\dfrac{10}{21}$ ② $\dfrac{1}{2}$ ③ $\dfrac{7}{12}$ ④ $\dfrac{5}{12}$

> **정답** ①
>
> 확률$= \dfrac{\text{당해사건의 경우의 수}}{\text{모든경 우의 수}}$이므로 $\dfrac{A\text{에서 } C + C\text{에서 } B}{126} = \dfrac{\dfrac{5!}{3! \times 2!} + \dfrac{4!}{2! \times 2!}}{126} = \dfrac{10}{21}$

14~16 다음의 대소를 비교하시오

14 주사위 두 개를 동시에 던질 때

| A | 두 눈이 같을 확률 |
| B | 두 눈의 합이 4 이하일 확률 |

① A > B   ② A < B   ③ A = B   ④ 알 수 없다.

> **정답** ③   A : $\dfrac{1}{6}$, B : $\dfrac{1}{6}$ (1, 1)(1, 2)(1, 3)(2, 1)(2, 2)(3, 1) 6개

15 주사위 두 번 던져

A	나온 눈의 합이 5 또는 6일 확률

B	나온 눈의 합이 6의 약수일 확률

① A > B   ② A < B   ③ A = B   ④ 알 수 없다.

> **정답** ①
>
> A : $\dfrac{4\text{개(합이 5)} + 5\text{(합이 6)}}{36} = \dfrac{1}{4}$, B : 6의 약수는 1, 2, 3, 6이므로 합이 2, 3, 6인 경우
>
> 따라서 (1, 1)(1, 2)(2, 1)(1, 5)(2, 4)(3, 3)(4, 2)(5, 1) 8개, 즉 $\dfrac{2}{9}$

16 6장의 카드에 0,1,2,3,4,5의 숫자가 적혀 있다.

A	두 장의 카드를 꺼내 만들 수 있는 두자리 정수 중 짝수의 개수

B	세 장의 카드를 꺼내 만들 수 있는 세 자리 수 중 200 이하 정수의 개수

① A > B   ② A < B   ③ A = B   ④ 알 수 없다.

> **정답** ②
>
> 두 자리 정수 중 짝수: 일의 자리가 "0" → 5가지, "2,4" → 각 4가지 총 13가지
> 세 자리 정수 중 200이하: 백의 자리가 : "1" → 5×4 = 20가지, 그리고 200, 즉 21가지

17 다음 표에 빨강, 주황, 노랑, 파랑 4가지 색으로 칠하려 한다. 서로 이웃하는 곳에는 다른 색으로 칠하여 경계를 구분하려고 할 때 칠할 수 있는 모든 경우의 수는?

A		E
B	D	
C		F

① 96가지   ② 126가지   ③ 144가지   ④ 252가지

> **정답** ③
>
> A, B, C, D, E, F에 순차적으로 색을 칠한다면, 각각 4×3×3×1×2×2 = 144

18 아이돌 체육대회에서 400m 이어 달리기를 한다. 주자가 승리, 대성, 태양, 지용이고 달리는 순서를 정할 때, 대성이 다음에 승리가 뛸 확률은?

① $\dfrac{1}{3}$ ② $\dfrac{1}{2}$ ③ $\dfrac{1}{4}$ ④ $\dfrac{1}{6}$

> **정답** ③
>
> 대성−승리를 묶어 한 사람 취급하여 순서를 정하면 됨. 즉 $\dfrac{3!}{4!} = \dfrac{1}{4}$

19 A, B 주사위를 던져 A에서 나온 눈의 수를 x, B에서 나온 눈의 수를 y라 할 때 $2x - y > 8$일 확률은?

① $\dfrac{1}{9}$ ② $\dfrac{1}{12}$ ③ $\dfrac{1}{18}$ ④ $\dfrac{1}{6}$

> **정답** ①
>
> $1 \leq x,\ y \leq 6$이므로 위 부등식을 만족하는 순서쌍은 $(5, 1)(6, 1)(6, 2)(6, 3)$ 4개 뿐임

20 집합 A = {a는 10 이하 자연수}일 때, 집합 A의 원소 하나를 뽑아 분수 $\dfrac{1}{a}$로 나타낸다고 한다. 이 분수를 소수로 나타낼 때 순환소수일 확률은?

① $\dfrac{1}{4}$ ② $\dfrac{1}{3}$ ③ $\dfrac{1}{2}$ ④ $\dfrac{2}{5}$

> **정답** ④
>
> 분수가 유한소수가 되기 위한 조건은 분모를 소인수분해했을 때 2, 5만 있어야 함.
>
> 따라서 2, 5 이외의 것이 있으면 (무한소수 중) 순환소수가 됨, 즉 3, 6, 7, 9 뿐 $\dfrac{4}{10} = \dfrac{2}{5}$

PART I

기초 수리

실전문제

1 대소비교문제

다음 문제에서 주어진 두 수 또는 두 식
의 대소를 비교하시오.

1.

A A기업 소유의 공장부지 100ha의 면적

B B농업법인이 소유한 한변의 길이가 1km인
정사각형 모양의 농장 면적

① A > B   ② A < B
③ A = B   ④ 알 수 없다.

2.

A 끈의 길이가 각각 3, 4, 5, 6, 7Cm인 5개의
끈으로 만들 수 있는 모든 삼각형의 갯수

B 오각뿔에서 면이 삼각형인 것의 수

① A > B   ② A < B
③ A = B   ④ 알 수 없다.

3.

A 점 O는 삼각형 ABC의 각 변에 이르는 거
리가 같은 점이다. 각 A의 이등분이 25° 일
때 각 BOC의 크기

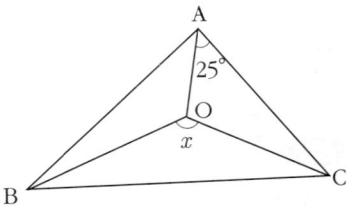

B 정육각형의 한 내각의 크기

① A > B   ② A < B
③ A = B   ④ 알 수 없다.

4.

A $X = 2^3 \times 3^3 \times 5 \times 7$, $Y = 2^3 \times 3^3 \times 7$에서
두수 X, Y의 공약수의 개수

B $\sqrt{300}$

① A > B   ② A < B
③ A = B   ④ 알 수 없다.

5.

A 십진수 17을 이진수로 나타낼 때
"0"의 개수

B $\sqrt{\sqrt{162}}$

① A > B   ② A < B
③ A = B   ④ 알 수 없다.

6.

A 0,1,2,3,4,5가 적힌 6장의 카드 중 2장을 순차적으로 뽑아 만들 수 있는 2자리 정수 중에서 짝수의 개수

B 정팔각형의 대각선의 수

① A > B ② A < B
③ A = B ④ 알 수 없다.

7.

A A비가 온 다음날 비가 올 확률이 $\frac{1}{3}$이고, 비가 안온 다음날 비가 올 확률이 $\frac{1}{4}$일 때, 오늘 비가 왔다면 모레 비가 올 확률

B $\frac{1}{3}$

① A > B ② A < B
③ A = B ④ 알 수 없다.

8.

A 세 자녀를 둔 부부가 가족 사진을 찍으려 할 때 부부가 양 끝에 서서 찍는 경우의 수

B 60의 약수의 개수

① A > B ② A < B
③ A = B ④ 알 수 없다.

9.

A $11000_{(2)} + 110_{(2)}$

B $1212_{(3)}$

① A > B ② A < B
③ A = B ④ 알 수 없다.

10.

A $\sqrt{(x^4 - 2x^2 + 1)} + x + 1 = 30$
(x는 자연수)

B $2\log_3 5 + 3\log_3 2$

① A > B ② A < B
③ A = B ④ 알 수 없다.

11.

A 여자 3명, 남자 5명으로 구성된 산악동호회에서 회장과 총무 각1명을 뽑는다고 할 때, 모두 남자가 뽑힐 확률

B $\frac{3}{7}$

① A > B ② A < B
③ A = B ④ 알 수 없다.

12.

A 대각선의 길이가 4cm, 5cm인 마름모의 넓이

B 삼각형의 세변이 3cm, 4cm, 5cm이고 내접원의 반지름이 2cm인 삼각형의 넓이

① A > B ② A < B
③ A = B ④ 알 수 없다.

13.

A 반지름이 3cm인 구의 부피

B B반지름이 3cm이고 높이가 9cm인 원뿔의 부피

① A > B ② A < B
③ A = B ④ 알 수 없다.

14.

> **A** 정십이면체의 모서리 수

> **B** 정이십면체의 모서리 수

① A > B   ② A < B
③ A = B   ④ 알 수 없다.

15.

> **A** 정이십면체의 한 꼭지점에 접한 삼각형의 수

> **B** 지름의 길이가 1인 원의 둘레

① A > B   ② A < B
③ A = B   ④ 알 수 없다.

16.

> **A** $A = \{a, b, c, d, e, f, g\}$에서 원소 a, b, c를 포함하는 부분집합의 개수

> **B** 정십이면체의 꼭지점 수

① A > B   ② A < B
③ A = B   ④ 알 수 없다.

17.

> **A** $\dfrac{323}{114} = a + \dfrac{1}{b + \dfrac{1}{c}}$ 에서 $a + b + c$

> **B** $3^{\log_3 8} = x$에서 x값

① A > B   ② A < B
③ A = B   ④ 알 수 없다.

18. $x + \dfrac{1}{x} = 1$일 때

> **A** $x^2 + \dfrac{1}{x^2}$

> **B** $x^3 + \dfrac{1}{x^3}$

① A > B   ② A < B
③ A = B   ④ 알 수 없다.

19.

> **A** 0, 1, 2, 3, 4, 5, 6이 적힌 7장의 카드에서 3장을 뽑아 만들 수 있는 3자리 정수 중 짝수의 가지 수

> **B** 동전 2개, 주사위 2개를 던져 나올 수 있는 모든 경우의 수

① A > B   ② A < B
③ A = B   ④ 알 수 없다.

20.

> **A** 세변의 길이가 3, 4, 5cm인 삼각형의 면적

> **B** 대각선의 길이가 각 3, 4cm인 마름모의 면적

① A > B   ② A < B
③ A = B   ④ 알 수 없다.

21. 주머니에 파란 공 3개와 흰 공 5개가 있다. 이 중 2개를 꺼낸다고 한다.

> **A** 꺼낸 공을 다시 집어 넣지 않을 때 연속으로 흰 공을 꺼낼 확률

> **B** 꺼낸 공을 다시 집어 넣을 때 처음에는 흰 공 다음에 파란 공을 꺼낼 확률

① A > B   ② A < B
③ A = B   ④ 알 수 없다.

22.

A 한 변의 길이가 6cm인 정육면체의 겉넓이

B 반지름이 3cm이고 높이가 6cm인 원기둥의 겉넓이

① A > B   ② A < B
③ A = B   ④ 알 수 없다.

23.

A 18의 약수의 합

B 22의 약수의 합

① A > B   ② A < B
③ A = B   ④ 알 수 없다.

24.

A 두 수 $110_{(2)}$와 $1010_{(2)}$ 사이에 있는 모든 자연수의 합

B 집합 { a, b, c, d, e }에서 원소 c를 포함하는 부분집합의 개수

① A > B   ② A < B
③ A = B   ④ 알 수 없다.

25.

A $(2x^a)^b = 32x^{15}$일 때 $a+b$

B 정팔면체의 꼭지점 개수

① A > B   ② A < B
③ A = B   ④ 알 수 없다.

26.

A $\angle A = 80°$, $\angle B = 30°$, $\angle C = 40°$ 일 때 $\angle D$의 크기

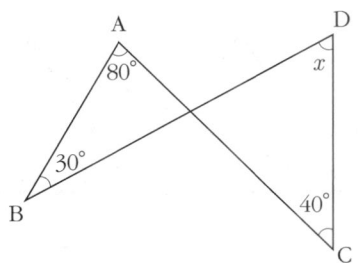

B 삼각형의 외심으로 이루어진 중심각의 크기가 118° 일 때, 꼭지각의 크기

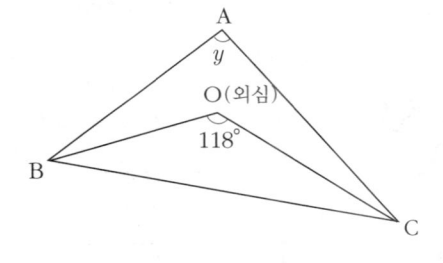

① A > B   ② A < B
③ A = B   ④ 알 수 없다.

27.

A $\angle a + \angle b + \angle c + \angle d + \angle e + \angle f$의 크기

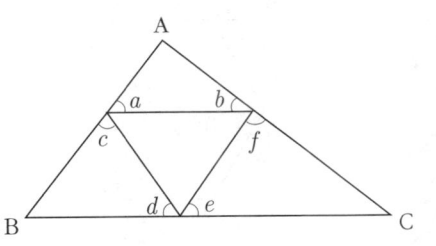

B 정육각형의 세 내각의 합

① A > B   ② A < B
③ A = B   ④ 알 수 없다.

28.

A ∠A=60° ∠B와 ∠ACE를 이등분한 선이 D에서 만난다고 할 때, ∠BDC의 크기

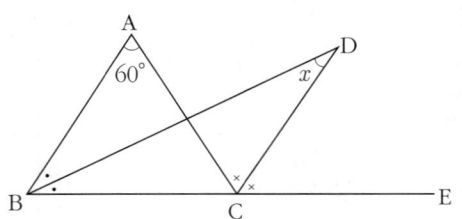

B 정각 11시에 시침과 분침이 이루는 작은 각의 크기

① A > B   ② A < B
③ A = B   ④ 알 수 없다.

29.

A $\angle a + \angle b + \angle c + \angle d + \angle e + \angle f$

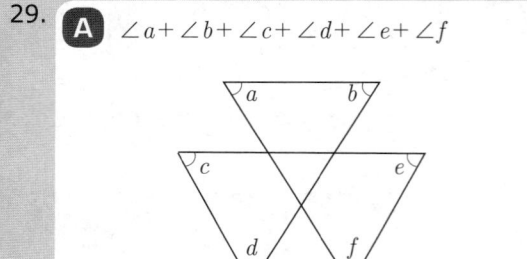

B $\angle a + \angle b + \angle c + \angle d + \angle e + \angle f$

① A > B   ② A < B
③ A = B   ④ 알 수 없다.

30.

A 그림과 같이 직사각형을 접었을 때, 선분 $bc = 5$, $ab = 4$일 때 $ac = ?$

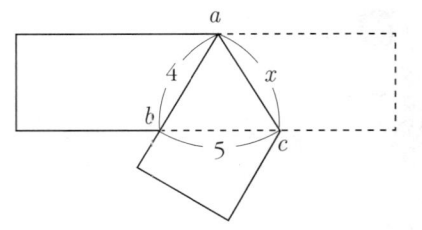

B 집합 B = {a, b, c}에서 b가 포함된 부분집합의 개수

① A > B   ② A < B
③ A = B   ④ 알 수 없다.

2　응용계산문제

1. 오늘 비가 왔다. 철수네 반에서 등굣길에 우산을 쓴 학생이 40명, 비옷을 입은 학생이 15명, 우산을 쓰거나 비옷을 입은 학생이 43명일 때, 우산도 쓰고 비옷도 입은 학생은 몇 명인가?

① 10명　　② 12명　　③ 15명　　④ 16명

2. 사과 36개, 배 45개, 귤 54개가 있다. 가능한 한 많은 학생에게 남김없이 똑같이 나누어 주려고 할 때 몇 명에게 나누어 줄 수 있는가?

① 6명　　② 7명　　③ 8명　　④ 9명

3. 가로 12cm, 세로 15cm, 높이 8cm인 벽돌을 가지고 정육면체 모양으로 쌓는다고 할 때, 가장 작은 정육면체의 한 모서리의 길이는?

① 96　　② 105　　③ 120　　④ 132

4. 어떤 자연수로 62를 나누면 2가 남고 88을 나누면 4가 남는다. 이 자연수 중 가장 큰 수는?

① 8　　② 9　　③ 12　　④ 14

5. S사의 영업사원은 매달 제품 1개를 판매할 때마다 제품 판매액의 10%를 수당으로 받는다. 그런데 이번 달에는 제품이 20% 할인되어 판매되었다. 기본급이 150만원이고 할인 전 제품의 가격이 1개당 20만원이라고 할 때 이번 달에는 최소 몇 개를 판매해야 수당을 포함한 월급이 550만원이 되는가?

① 200개　　② 250개　　③ 300개　　④ 350개

6. 가로 30cm, 세로 20cm인 직사각형이 있다. 1초 간격으로 가로는 1cm 줄고, 세로는 2cm 늘어난다고 한다. 처음 넓이보다 200㎠ 더 커지려면 얼마나 걸리는가? (SSAT 기출유형)

① 7초　　② 8초　　③ 9초　　④ 10초

7. A는 시속 3km로 한 바퀴가 200m인 운동장 걷고 있다. A가 걷기 시작한지 7분후 A가 걷기 시작했던 지점에서 A가 걷는 방향으로 시속 4.2km 속도로 B가 걷기 시작했다면 A와 B가 처음 만나는 것은 B가 걷기 시작한 후 몇 분 뒤인가?

① 2분 30초　②5분　③7분 30초　④10분

8. A에서 B를 같은 길로 왕복하는 데 7시간이 걸렸다. 갈 때는 80km/h, 올 때는 60km/h로 이동했다면 총 이동한 거리는 얼마인가?

① 240km　② 360km　③ 480km　④ 560km

9. 소금물의 농도가 12%이고 포함된 소금이 18g인 소금물과 소금물의 농도가 14%이고 포함된 소금이 49g인 소금물을 섞어서 만든 소금물의 양은 얼마인가?

① 350g　　② 400g　　③ 450g　　④ 500g

10. A지점에서 B지점까지의 거리가 520Km이다. 시속 100Km/h로 달리다가 340Km 지점에 도착했을 때 약속시간이 1시간 30분밖에 남지 않았음을 알게 되었다. 약속시간에 늦지 않고 도착하려면 남은 거리는 얼마의 속도로 달려야 하는가?

① 110km/h　　　② 120km/h
③ 130km/h　　　④ 140km/h

11. A에서 B를 거쳐 C로 가는데 5시간이 걸렸다. A에서 B까지 3km/h, B에서 C까지 4km/h로 이동하였고, A에서 C까지의 거리는 A에서 B까지 이동하는 거리에 3배였다. 이때 A에서 C까지의 평균 시속은 얼마인가?

① 4.5km/h   ② 4.2km/h
③ 3.6km/h   ④ 3km/h

12. 농도 15%의 식염수 2.4kg에 농도 8%의 식염수를 넣어 농도가 12%인 식염수를 만들었다. 농도 8%의 식염수에 들어있던 소금은 몇g 인가?

① 122g   ② 144g   ③ 172g   ④ 204g

13. 가로 3km. 세로 2km의 직사각형 모양의 주택재건축 예정부지가 있다. 시에서는 단지 내에 왕복 4차선 도로(폭 10m)를 십자형으로 교차하여 단지를 4분하도록 건설할 것과 이의 기부체납을 조건으로 재건축을 승인하였다. 시공사가 시에 도로 건설로 기부체납할 면적은 얼마인가?

① 49,900m²   ② 50,000m²
③ 50,100m²   ④ 39,800m²

14. 약속시간은 앞으로 3시간 20분 후이다. 지금이 2시 55분이라면 약속시간에 시침과 분침이 이루는 각도는 몇° 인가?

① 90°   ② 92.5°   ③ 95°   ④ 97.5°

15. A 혼자서 작업을 하면 총 8일이 소요되고, B 혼자서 작업을 하게 되면 20일이 소요되는 작업이 있다. 처음 3일간은 A와 B가 함께 작업을 하고 4일째부터는 B가 혼자 작업을 하여 모든 작업이 끝났다. 이 작업을 모두 끝마치는데 소요된 기간은 최소 며칠이겠는가?

① 13일   ②14일   ③15일   ④16일

16. 한 의자에 4명씩 앉으면 15명의 학생이 앉지 못하고, 한 의자에 5명씩 앉으면 2명이 앉은 의자 1개와 빈 의자 1개가 남는다. 의자는 모두 몇 개인가?

① 18   ② 23   ③ 25   ④ 28

17. 승기는 자전거를 타고 시속 6km/h로 달리고 호동은 오토바이를 타고 시속 15km/h로 달린다. 30분 후 두 사람 사이의 간격은 얼마인가?

(SSAT 기출유형)

① 4km   ② 4.5km   ③ 5km   ④ 5.5km

18. A 놀이공원의 입장료는 성인이 10,000원, 청소년이 7,000원인데, 어느 날 팔린 입장권이 500장이고, 입장료 수입이 총 4,310,000원이라면, 청소년은 몇 명이 입장하였나?

① 180   ② 200   ③ 230   ④ 270

19. 신입사원 A는 입사 후 첫 월급의 20%, 두 번째 월급의 45%, 세 번째 월급의 35%를 생활비로 쓰고, 그 외 남는 돈은 모두 저축하였다. 그 결과 5,000,000원을 모았다면 신입사원 A의 월급은 얼마인가? (단, 그 사이 월급 인상은 없었다.)

(SSAT 기출유형)

① 2,000,000원   ② 2,200,000원
③ 2,500,000원   ④ 2,700,000원

20. 원가 40만원 카메라에 이윤율을 50%하여 정가판매 하다가 오랫동안 팔리지 않자 정가의 20%를 Sale 판매하였다. Sale가는 원가에 대한 이윤율이 얼마인가?

① 15%   ② 20%   ③ 25%   ④ 30%

21. 수영은 집에서 월드컵 공원까지 자전거를 타고 갔다. 집에서 공원까지는 시속 4km/h로 갔고, 공원에서 집으로 바로 가는 거리의 2배인 한강 난지지구를 돌아 6km/h의 속도로 집에 왔다. 총 달린 시간이 3시간 30분이었다면 수영의 집에서 공원까지의 거리는?

① 6km　　② 7km　　③ 8km　　④ 9km

22. $\frac{2}{7}$를 소수로 나타냈을 때, 소수 100번째 자리의 수는?

① 1　　② 2　　③ 5　　④ 7

23. 둘레가 5km인 호수를 영희와 철수가 A지점에서 동시에 출발하여 같은 방향으로 돌면 2시간 30분 후에 만나고, 반대방향으로 돌면 30분 후에 처음으로 만난다고 한다. 철수가 영희보다 빠르게 걷는다고 할 때, 영희가 걷는 속도는?

① 3km/h　② 4km/h　③ 5km/h　④ 6km/h

24. A는 댐 하류(아래)에서 유람선을 운영하고 있다. 평상시 유람선의 시속이 20km/h인데, 어느 날 댐을 방류하여 유속이 4km/h가 되었을 때 물의 흐름을 거슬러 1시간 30분 동안 운항을 했다면 운항 거리는 얼마인가? (단, 평상시 유속은 없으며 유람선은 항상 같은 속도로 운항한다고 함.)

① 20km　② 24km　③ 28km　④ 30km

25. A 중학교 1학년 학생은 540명이다. 남학생이 여학생보다 50명 많다고 할 때, 여학생은 몇 명인가?
(SSAT 기출유형)

① 235　　② 240　　③ 245　　④ 250

26. 현재 아버지와 아들의 연령 비는 5:2이다. 10년 후 연령 비는 2:1이 된다고 할 때, 지금 현재 아들의 나이는?

① 15세　　② 20세　　③ 25세　　④ 30세

27. 승리, 대성, 태양은 올 해 대입 수시에 지원하였다. 합격할 확률이 순차적으로 $\frac{1}{2}$, $\frac{2}{3}$, $\frac{1}{4}$이라 할 때, 2명 이상이 합격할 확률은?

① $\frac{1}{2}$　　② $\frac{3}{8}$　　③ $\frac{3}{12}$　　④ $\frac{11}{24}$

28. 두 자리 자연수가 있다. 십의 자리 수와 일의 자리 수의 합은 5이고 자리를 바꾼 수는 처음 수보다 9 작다고 한다. 처음 수의 약수의 개수는?

① 2　　② 4　　③ 6　　④ 8

29. 병만이는 학급 대항 농구 경기에서 2점슛과 3점슛을 합하여 11골을 넣어 25득점을 하였다. 병만이가 넣은 3점슛은 몇 개인가?

① 3　　② 4　　③ 5　　④ 6

30. 보트가 10km 강을 거슬러 올라가는 데 1시간이 걸리고 내려오는 데 40분이 걸렸다면 강물의 유속은 얼마인가?

① 2km/h　　　　② 2.5km/h
③ 3km/h　　　　④ 3.5km/h

PART I 기초 수리 실전문제
정답 및 해설

1 대소비교 문제

[1] 정답 ☞ ③

　1ha = 100a, 1km^2 = 100ha

[2] 정답 ☞ ③

　삼각형의 조건 : 가장 긴 변 < 나머지 두변의 합, 7 → (3,5)(3,6), 6 → (3,4)(3,5)

　5 → (3,4) 등 5개. 오각뿔은 밑면이 오각형이고 한 꼭지점에 삼각형 5개가 접함.

[3] 정답 ☞ ①

　각 변에 이르는 거리가 같은 점은 내심이므로 중심각 = $90° + \dfrac{A}{2}$ 즉, $90 + 25 = 115$

　정오각형의 한 내각의 크기는 $\dfrac{540}{5} = 108°$

[4] 정답 ☞ ①

　공약수는 최대공약수의 약수이므로 최대공약수 = 에서 약수의 개수는

　$(2+1)(2+1)(1+1) = 18$개, $\sqrt{300} = 10\sqrt{3}$이고 $\sqrt{3} = 1.732$이므로 $\sqrt{300} = 17.3$

[5] 정답 ☞ ②

　$17 = 10001_{(2)}$이고 $\sqrt{\sqrt{162}} = \sqrt{9\sqrt{2}} = 3\sqrt{\sqrt{2}}$에서 $\sqrt{2} = 1.414$이므로 $\sqrt{\sqrt{2}} > 1$ 따라서 $A = 3 < B = 3.56...$ 이다.

[6] 정답 ☞ ②

　일의 자리가 0 → 5가지, 2,4 → 각 4가지 따라서 짝수는 $5 + 8 = 13$가지

　정다각형의 대각선수 $= \dfrac{n(n-3)}{2}$, 따라서, 정팔각형 $= \dfrac{8(8-3)}{2}$

[7] 정답 ☞ ②

　○○ : $\dfrac{1}{3}$, ○× : $1 - \dfrac{1}{3} = \dfrac{2}{3}$, ×○ : $\dfrac{1}{4}$, ×× : $\dfrac{3}{4}$ 이므로 문제는 ○ (○ or ×) ○를

　구하는 것이므로 $\dfrac{1}{3} \times \dfrac{1}{3} + \dfrac{2}{3} \times \dfrac{1}{4} = \dfrac{5}{18}$

[8] 정답 ☞ ③

부모를 양 끝에 고정하고 가운데로 자녀 나열 후 부모끼리 자리 바꿈하는 경우

즉 $3! \times 2 = 12$가지, $60 = 2^2 \times 3 \times 5$이므로 약수의 개수는 $3 \times 2 \times 2 = 12$개

[9] 정답 ☞ ②

$11000_{(2)} = 1 \times 2^4 + 1 \times 2^3 = 24$이고 $110_{(2)} = 6$ 따라서 합은 30

$1212_{(2)} = 1 \times 3^3 + 2 \times 3^2 + 1 \times 3 + 2 = 50$

[10] 정답 ☞ ①

$\sqrt{x^4 - 2x^2 + 1} + x + 1 = \sqrt{(x^2-1)^2} + 1 = x^2 - 1 + x + 1 = 30$ 이므로

$x^2 + x - 30 = 0$에서 $x = 5$ (x가 자연수이므로 $x^2 - 1 \geq 0$임)

$5 + \log_3 3^5 = \log_3 243$이다. $2\log_3 5 + 3\log_3 2 = \log_3 5^2 \times 2^3 = \log_3 200$

[11] 정답 ☞ ②

$\dfrac{{}_5P_2}{{}_8P_2} = \dfrac{5 \times 4}{8 \times 7} = \dfrac{5}{14}$

[12] 정답 ☞ ②

마름모의 면적 $= \dfrac{1}{2} \times$ 대각선1 $\times$ 대각선2 $= \dfrac{1}{2} \times 4 \times 5 = 10$

내심의 반지름 : r일 때, 삼각형의 면적 $= \dfrac{1}{2} \times r(a+b+c) = \dfrac{1}{2} \times 2 \times (3+4+5) = 12$

[13] 정답 ☞ ①

구의 부피 $= \dfrac{4}{3}\pi r^3 = \dfrac{4}{3}\pi \times 3^3 = 36\pi$, 원뿔의 부피 $= \dfrac{1}{3}\pi r^2 h = \dfrac{1}{3}\pi \times 3^2 \times 9 = 27\pi$

[14] 정답 ☞ ③

정십이면체와 정이십면체는 면과 꼭지점의 수는 서로 반대, 모서리 수는 30개

[15] 정답 ☞ ①

정이십면체는 한 꼭지점에 삼각형 5개가 접한다. 원의 둘레 $=$ 지름 $\times 3.14$

[16] 정답 ☞ ②

부분집합의 개수 $= 2^{(n-r)}$개 이므로 $2^{(7-3)} = 16$개, 정십이면체 : 꼭지점 20개

[17] 정답 ☞

$\dfrac{323}{114} = 2 + \dfrac{1}{1 + \dfrac{1}{5}}$ 이므로 $a + b + c = 8$, $3^{\log_3 8} = 8$

[18] 정답 ☞ ①

$(x + \dfrac{1}{x})^2 = x^2 + \dfrac{1}{x^2} + 2 = 1$ 따라서 $x^2 + \dfrac{1}{x^2} = -1$

$(x^2 + \dfrac{1}{x^2})(x + \dfrac{1}{x}) = x^3 + \dfrac{1}{x^3} + x + \dfrac{1}{x} = (-1) \times 1 = x^3 + \dfrac{1}{x^3} + 1$

따라서 $x^3 + \dfrac{1}{x^3} = -2$

[19] 정답 ☞ ②

일의 자리가 "0" → 6×5, "2,4,6" → 각 5×5 따라서 $30 + 25 \times 3 = 105$개

동전 2, 주사위 2개 : $2^2 \times 6^2 = 144$가지

[20] 정답 ☞ ③

헤론의 공식 $= \sqrt{h(h-a)(h-b)(h-c)}$ (단, $h = \frac{a+b+c}{2}$) 따라서 $\sqrt{6(6-3)(6-4)(6-5)} = \sqrt{6^2} = 6$

마름모의 면적 $= \frac{1}{2} \times 3 \times 4 = 6$

[21] 정답 ☞ ①

$A : \frac{5}{8} \times \frac{4}{7} = \frac{5}{14}$, $B : \frac{5}{8} \times \frac{3}{8} = \frac{15}{64}$

[22] 정답 ☞ ①

$A : 6 \times 6 \times 6 = 216$, $B : 3^2\pi \times 2 + 6\pi \times 6 = 54\pi = 54 \times 3.14 = 169.56$

[23] 정답 ☞ ①

18의 약수의 합 : $1 + 2 + 3 + 6 + 9 + 18 = 39$, 22의 약수의 합 : $1 + 2 + 11 + 22 = 36$

[24] 정답 ☞ ①

$110_{(2)} = 1010_{(2)} = 10$이므로 그 사이 자연수의 합 : $7 + 8 + 9 = 24$

부분집합의 개수 $= 2^n$인데 반드시 포함하거나 포함하지 않을 때는 2^{n-m}

즉, c를 반드시 포함하는 부분집합의 개수는 $2^{(5-1)} = 16$개

[25] 정답 ☞ ①

$(2x^a)^b = 2^b x^{ab} = 32x^{15}$이므로 $a = 3$, $b = 5$ 따라서 $a + b = 8$

정팔면체의 꼭지점의 개수는 6개임.

[26] 정답 ☞ ①

[27] 정답 ☞ ③

[28] 정답 ☞ ③

[29] 정답 ☞ ③

[30] 정답 ☞ ①

2 응용계산 문제

[1] 정답 ☞ ②

$n(A \cup B) = n(A) + n(B) - n(A \cap B)$, 즉 $43 = 40 + 15 - n(A \cap B)$에서 $n(A \cap B) = 12$

[2] 정답 ☞ ④

36, 45, 54의 최대공약수를 구하면 됨. 따라서 9명

[3] 정답 ☞ ③

12, 15, 8의 최소공배수를 구하는 문제이므로 120

[4] 정답 ☞ ③

나머지를 뺀 수의 최대공약수를 구하면 됨. 즉 60, 84의 최대공약수는 12

[5] 정답 ☞ ②

이번 달 제품 1개당 가격 $= 200,000$원 $- (200,000 \times 0.2) = 160,000$원

제품 1개 판매 시 영업사원의 수당 $= 160,000 \times 0.1 = 16,000$원

수당과 기본급을 합한 월급이 550만원이 되기 위한 판매량(x)

: $5,500,000$원 $= 1,500,000$원 $+ 16,000$원 $\times x$, $x = 250$개

[6] 정답 ☞ ④

걸린 시간을 x라 하면, 식은 $(30 - x)(20 + 2x) = 600 + 200$를 풀면 $x = 10$초

[7] 정답 ☞ ③

A : 시속 3km/h이므로 $3000/60 = 50$m/분, B : 시속 4.2km/h이므로 70m/분

7분이면 A는 350m를 걸었고 운동장 한 바퀴 150m를 걸었을 때 B가 출발하므로

식 : $70 \times x = 150 + 50 \times x$ 따라서 $x = 7.5$

[8] 정답 ☞ ③

A~B를 x, B~A를 y라 하면, $\frac{x}{80} + \frac{y}{80} = 7$, $x = y$에서 $3x + 4y = 1680$, 즉 $7x = 1680$

$x = y = 240$이므로 총 이동거리는 480km/h

[9] 정답 ☞ ④

농도 $= \dfrac{\text{소금}}{\text{소금물}} \times 100$에서 소금물 $= \dfrac{\text{소금}}{\text{농도}} \times 100$

$\dfrac{18}{12} \times 100 + \dfrac{49}{14} \times 100 = 500$g

[10] 정답 ☞ ②

남은 거리 : $520 - 340 = 180$km, 따라서 $\dfrac{180}{\frac{3}{2}} = 120$km/h

[11] 정답 ☞ ③

A~B의 거리 : x라 하면, B~C의 거리 : $2x$에서 $\dfrac{x}{3} + \dfrac{2x}{4} = 5$에서 $10x = 60$, $x = 6$

따라서 A~C까지의 거리는 18km 즉 평균시속은 $\dfrac{18}{5} = 3.6$km/h

[12] 정답 ☞ ②

$\dfrac{A}{2400} \times 100 = 15\%$에서 $A = 360g$이고 8% 식염수의 양 : x, 소금의 양 : y라 하면

$\dfrac{y}{x} \times 100 = 8$이고 $\dfrac{360+y}{2400+x} \times 100 = 12$를 풀면 $x = 1800$, $y = 144g$

[13] 정답 ☞ ①

$10 \times 3,000 + 10 \times 2,000 - 10 + 10 = 49,900$

[14] 정답 ☞ ④

약속시간은 6시 15분이므로 큰 눈금 : $3 \times 30°$ 15분은 $\dfrac{1}{4} \times 30° = 7.5°$

혹은 시간 : x, 분 : y라 하면 $30x - \dfrac{11}{2} \times y = 30 \times 6 - \dfrac{11}{2} \times 15 = 97.5°$

[15] 정답 ☞ ①

전체 일의 양을 1이라 하면 A의 작업능률 : $\dfrac{1}{8}$, B의 작업능률 : $\dfrac{1}{20}$

$\dfrac{1}{8} \times 3 + \dfrac{1}{20} \times 3 + \dfrac{1}{20} \times x = 1$를 풀면 $x = 9.5$ 따라서 $3 + 9.5 = 12.5$, 즉 13일

[16] 정답 ☞ ②

의자수 : x, 학생수 : y라 하면, $y = 4x + 15 = 5(x-2) + 2$를 풀면 x : 23, y : 107

[17] 정답 ☞ ②

30분 후에 승기는 3km, 호동은 7.5km를 갔으므로 둘 간의 차이는 4.5km

[18] 정답 ☞ ③

성인 : x, 청소년 : y라 하면, $x + y = 500$, $10,000 \times x + 7,000 \times y = 4,310,000$를 풀면 x : 270, y : 230

[19] 정답 ☞ ③

$0.8x + 0.55x + 0.65x = 5,000,000$에서 $x = 2,500,000$

[20] 정답 ☞ ②

세일 전 정가는 60만원이고 세일가는 $600,000 \times (1 - 0.2) = 480,000$원

원가에 대한 이윤율은 $80,000 / 400,000 = 0.2$, 즉 20%

[21] 정답 ☞ ①

집에서 공원까지의 거리 : x라 하면, 공원～난지지구～집 : $2x$

$\dfrac{x}{4} + \dfrac{2x}{6} = \dfrac{7}{2}$를 풀면 $x = 6$

[22] 정답 ☞ ④

$\dfrac{2}{7} = 0.285714285714...$이므로 6자리 마다 반복되는 순환소수, 즉 100번째는

$100 \div 6 = 16...4$이므로 4번째 수, 즉 "7"

[23] 정답 ☞ ②

만나는 지점은 같은 방향으로 돌 때는 이동거리의 차가 호수 둘레이고 반대방향으로 돌 때는 그 합이 호수의 둘레가 되므로, 철수의 속도 : x, 영희의 속도 : y라 하면,

식은 $\dfrac{5}{2} \times x - \dfrac{5}{2} \times y = 5$, $\dfrac{1}{2} \times x + \dfrac{1}{2} \times y = 5$를 풀면 $x = 6$, $y = 4$

[24] 정답 ☞ ②

유속이 없을 때 유람선의 시속은 20km/h이므로 유속 4km/h에서의 유람선이 평시 시속으로 움직여도 거슬러 올라갈 때는 $(20-4)$km/h로 이동함. 따라서 16km/h $\times \dfrac{3}{2} = 24$km/h

[25] 정답 ☞ ③

여학생 수 : x라 하면, 남학생은 $x+50$, 즉 $x+x+50=540$이므로 $x=245$명

[26] 정답 ☞ ②

현재 아들의 나이 : x라 하면, 아버지의 나이는 $\frac{5}{2}x$이다. 10년 후 연령비는

$2:1=(\frac{5}{2}x+10):(x+10)$를 풀면 $x=20$, $y=50$

[27] 정답 ☞ ④

세 명 모두 합격하는 경우 : $\frac{1}{2}\times\frac{2}{3}\times\frac{1}{4}=\frac{2}{24}$

두 명이 합격하는 경우 : 즉 $\frac{1}{2}\times\frac{2}{3}\times\frac{1}{4}+\frac{1}{2}\times\frac{1}{3}\times\frac{1}{4}+\frac{1}{2}\times\frac{2}{3}\times\frac{3}{4}=\frac{9}{24}$, 즉 $\frac{2+9}{24}$

[28] 정답 ☞ ③

처음 수의 십의 자리 : a, 일의 자리 : b라 하면 $a+b=5$, $10a+b-9=10b+a$이므로

$a=3$, $b=2$, 즉 32의 약수의 개수를 구하는 문제, (1, 2, 4, 8, 16, 32) 6개

[29] 정답 ☞ ①

2점슛 : x, 3점슛 : y라 하면, $x+y=11$, $2x+3y=25$를 풀면 $x=8$, $y=3$

[30] 정답 ☞ ②

배의 속력 : x, 물의 유속 : y라 하면, 식은 $(x-y)\times1=10$, $(x+y)\times\frac{2}{3}=10$

식을 풀면, $x=12.5$, $y=2.5$

언어

수리

추리

직무상식

Part II 자료해석
자료해석의 기초

1. 통계의 기초 개념

❶ 대표값 : (산술, 기하, 가중)평균, 중위수, 최빈수

자료를 대표하는 특정 값으로 평균, 중위수, 최빈수 등이 쓰임.

- 중위수 : 자료를 크기 순으로 나열했을 때 중간값
- 최빈수 : 자료 중에서 빈도수가 가장 높은 자료값

- 평균 : 산술평균 − 모든 자료를 합산하여 전체 자료 수로 나눈 것.
    기하평균 − 변화하는 비율의 평균 $\sqrt[n]{a_1 a_2 \cdots a_3}$
    가중평균 − 자료값이 가지는 중요성이 다를 때 $\dfrac{x_1 w_1 + x_2 w_2 + \cdots + x_n w_n}{w_1 + \cdots + w_n}$

❷ 산포도 : 편차, 분산, 표준편차, 변이계수

대푯값을 중심으로 자료들이 흩어져 있는 정도. 수치가 작을수록 밀집

- 편차 : 평균과 특정 자료값의 차이
- 분산 : 각각의 편차를 제곱하여 산술평균한 것
- 표준편차 : 분산에 제곱근($\sqrt{}$)을 씌워 구한 값
- 변이계수 : 표준편차를 평균으로 나눈 값 − 여러 집단 간 산포도 비교

❸ 비, 비율, 율

- 비 : 분모와 분자가 서로 독립적인 관계로 서로 다른 범주일 때 −인구밀도
- 비율 : 분모에 분자가 포함되는 경우 − 미혼자 중 남자 미혼자의 비율
- 율 : 특정 기간 동안 발생한 건수를 해당 사건의 위험에 노출된 총건수로 나눈 것 −
    예 조이혼율

❹ %와 %포인트

- % : 백분비. 전체를 100으로 했을 때 해당 수량이 몇이 되는지 나타냄
- % 포인트 : % 간의 차이. 백분비의 변화를 나타낼 때 사용

　　　　　예 실업률이 3%에서 6%로 상승시 − 100% 상승 혹은 3% 포인트 상승

❺ 변동율 : 전년동월비, 전월비

어떤 수치의 기준시점에 대한 비교시점에서의 증감률

- 전년동월(기)비 : 전년도 같은 시점과 수준을 비교한 증감률 측정
  　　　　　　　1년 동안의 변화를 나타내는 비율로 현재의 평균변화속도
- 전월비 : 바로 전월을 기준으로 금월의 변화정도를 비교하기 위한 비율.

$$전년동월(기)비 = \frac{금년동월(기) - 전년동월(기)}{전년동월(기)} \times 100, \ 전월비 = \frac{금월 - 전월}{금월} \times 100$$

❻ 기여율, 기여도

구성항목이 여러 개인 경우 특정 항목이 전체 변동에 미친 영향 파악시 사용
- 기여율 : 통계치를 구성하는 각 요소의 전체 증가분에 대한 백분비
- 기여도 : 통계치를 구성하는 각 요소가 전체 증감률에 기여하는 정도

❼ 표본조사

- 전체 모집단의 일부(표본)를 선택하여 그 대상만을 대상으로 조사 실시
- *cf*) 전수조사 : 관심의 대상이 되는 집단을 이루는 모든 개체를 조사하는 것.

❽ 오차 : 표본오차, 비표본오차

- 오차 : 참값과 추정값의 차이
- 표본오차 : 자료 전체가 아닌 표본을 뽑아 조사함에 따라 발생하는 오차
- 비표본오차 : 면접방법, 질문지구성방법, 조사원의 자질 등 조사과정 전체에서 발생하는
  　　　　　오차로 표본의 크기에 비례하여 증가

❾ 신뢰도

표본에 의한 조사 결과의 확실성 정도를 표현 한 것 − 신뢰수준

❿ 지수 : 기준시점, 가중치, 지수식

지수 : 구체적인 숫자의 크기보다 시간의 흐름에 따른 해당 수치의 변화 파악

- 기준시점 : 지수를 작성하기 위한 기준이 되는 시점
- 가중치 : 구성항목의 전체에 대한 중요도
- 지수식 : 라스파이레스(기준시점 가중치), 파쉐(비교시점 가중치), 피셔 지수

cf) 통계청에서 작성하는 대부분의 지수는 라스파이레스 지수임.

⑪ 계절조정

조사결과를 집계하여 최초 작성한 통계에서 계절적인 변동성분을 제거하는 것

cf) 전월비를 파악할 때는 계절조정을 해야 하지만 전년동월(기)비는 불필요

⑫ 경상과 불변, 명목과 실질

경상, 명목 : 물가상승분이 포함된 것

불변, 실질 : 물가상승분을 제외한 것

2. 자료의 종류(구분)

❶ 실수자료

- 실수의 형태로 제시되는 자료로 측정 대상의 절대적인 크기를 나타냄.

〈출제유형〉

(1) 단순계산을 통한 추세파악 문제

(2) 항목별 수치 이외에 전체 수치를 주고 전체에서 차지하는 해당 항목의 상대적 크기(비율)를 묻는 문제

(3) 주어진 실수를 가공하여 비율, 증가율 등을 구하는 문제

❷ 비율자료

- 비율의 형태로 제시된 자료로 구성비, 변화율 등 상대적인 크기를 나타냄

〈출제유형〉

(1) 비율 수치를 통해 실제 수치의 절대적인 크기를 묻는 문제

(2) 항목에 따라 상대적 크기가 비교될 수 있는지를 묻는 문제

(3) 변화율과 변화폭의 개념을 이해하고 있는지 묻는 문제

(4) %와 %P의 차이를 묻는 문제

❸ 지수자료

- 비율자료처럼 자료의 상대적인 크기를, 특정 시점/항목을 기준으로 표현

〈출제유형〉

(1) 지수의 상대적인 크기를 비교하는 문제(포인트, P로 표현)

(2) 준거집단의 크기를 통해 지수 항목의 실제 크기를 구하는 문제

(3) 준거집단의 크기를 통해 지수 간 실제 크기 비교 문제

3. 선행학습으로 필요한 사항

- 전제 : 시험에 계산기가 주어지지 않음. 한정된 시간
  정밀한 계산에 의한 수치보다는 자료 간의 변화나 추이를 느낄 정도의 계산.
  크기를 비교할 수 있을 정도를 묻는 것임.
- 정밀한 수학적 지식을 공부하기보다는 기본적인 연산(사칙연산), 식의 수립과 해결, 비율에 대한 비교가 주를 이루므로 확률에 대한 기초적 이해가 중요.
- 특히 비율의 구조는 분수의 형태를 띠므로 분수의 구조에 대한 이해와 암산만으로도 크기 비교가 가능할 정도이면 충분함.
- 비율, 백분율은 기본적으로 확률을 전제로 하므로 확률에 대한 기초적인 이해(부분/전체)와 그 의미를 분석하는 능력이 중요함.
- 모든 자료는 기본적으로 전체 집단보다는 표본집단을 전제로 수집되는 경우가 대부분이므로 통계에 사용되는 기본 개념과 의미를 철저히 이해해야 함.

〈선행학습 Point〉

- 수학적 지식 : 사칙연산에 대한 암산 요령, 분수 상호 간의 크기 비교, 식의 수립과 도출, 확률의 기초 개념, 백분율의 활용 등
- 통계적 지식 : 모집단과 표본집단, 평균, 분산 및 표준편차에 대한 이해 / 응용, 통계에 사용하는 기본 개념(전월비, 전분기비, 전년비, 전년동기비, 계절조정치) 실수(치)와 비율, ～대비의 개념, 기준시점과 비교시점, 비중 등

4. 자료해석 문제풀이 Point(요령)

- 맞는 것을 찾는 것인지 틀린 것을 찾는 것인지 명확히 표시할 것
- 자료가 실수자료인지 비율자료인지 Check
- 표본 집단 이외에 모집단(전체집단)의 크기가 주어져 있거나 유추할 수 있는지 Check할 것.

- 지문 중에서 비율자료인데 실수를 사용하거나 모집단의 크기를 유추할 수 없는데 안다는 전제로 설명하는 지문 제거

- 변화(율)를 묻는지 단순한 현재 상황을 묻는지 Check
- 자료보다 지문을 먼저 읽고 해당 내용이 제시된 자료에서 맞는지 Check
- 자료에 직접 제시되지 않은 항목이 지문에 등장할 때는 주석을 참조하여 쉽게 찾을 수 있는 사항이므로 당황하지 말고 차분히 볼 것.

- 계산은 정확한 수치보다는 비교대상과의 크기 비교를 위주로 볼 것
- ~ 대비, ~의 비중 등의 문제는 분모/분자에 들어갈 수치(기준점/비교점)가 무엇인지 명확히 할 것.
- "지속적으로, 계속적으로" 증감을 물을 때 모든 시점에서 맞아야 하므로 한 곳에서라도 지문과 다르다면 무조건 틀린 지문임.(오답으로 구성하는 경우가 많음)
- %와 %P(변화율, 즉 비율 간의 차이)의 차이를 혼돈하여 사용하는 지문이 많음으로 반드시 Check
- 비교자료에서 기준이 되는 시점에 대한 오해가 없는지 반드시 Check할 것. 특히 전년동월비, 전년동기비, 전월비 등이 제시될 때 주의할 것.
- 묻는 바를 정확히 이해하기(주어가 무엇인지 파악)

" 계산은 최대한 단순하게 결과값 이해는 최대한 신중하게 "

Part Ⅱ 자료해석

자료해석의 문제유형

(1). 자료읽기 – 계산과정이 없이 단순히 자료를 해석문제

    ㉠ 보고서나 신문기사에 인용된 자료 찾기

    ㉡ 자료의 항목을 공란으로하고 보기 내용에 맞게 항목찾기(Psat출제빈도 높음)

    ㉢ 제시된 규칙을 적용하여 순서정하기

    ㉣ 단순히 자료에 제시된 수치를 대입하기(기업적성시험에 주로 출제)

      → ㉠㉡의 출제가 기업적성시험에서도 증가할 것으로 예상됨.

[예문] 다음 도표들은 도시주택 매매 및 전세지수의 추이를 나타낸 표이다.

      보기 중 옳은 것으로만 묶인 것은?(참고 : 1998년은 불황기)

〈거래형태별 주택거래(매매 및 전세) 가격지수 변화〉

	단독매매	단독전세	아파트매매	아파트전세	연립매매	연립전세
1996	99.5	104	104.2	109.7	100.6	106.6
1997	99	102.4	109.6	108	101.9	107.2
1998	87.6	80.1	93.6	83.8	86.8	80.3
1999	88.1	88.7	105.3	111	86.4	96.1

지수(95년기준)	1996	1997	1998	1999
매매가격지수	101.5	103.5	89.8	94.8
전세가격지수	106.6	105.4	81.5	99.6

가. 매매가격지수가 전세가격지수에 비해 경기에 더욱 민감하다.
나. 경기변화에 가장 민감한 거래형태는 아파트 전세이다.
다. 경기에 가장 둔감한 것은 단독매매이다.

  ① 가   ② 가 , 나   ③ 가 , 나 , 다   ④ 나 , 다

정답 ④

경기변화에 대한 민감도는 변화율이 클수록 크므로 매매가격보다는 잔세가격의 변동폭이 크다. 따라서 전세가격지수가 경기에 더 민감하다.

---

(2). 단순계산문제 – 사칙연산 정도의 단순한 계산만으로 자료해석이 가능한 문제

ㄱ 실수자료만 주어지는 경우

ㄴ 비율자료만 주어지는 경우

ㄷ 실수자료와 비율자료가 동시에 주어지는 경우

ㄹ 자료의 일부가 공란으로 주어지는 경우(공무원시험에서 출제비중이 증가되는 추세임)

➔ ㄱㄴ위주로 기업적성시험에 출제되었으나 ㄹ방식의 출제도 가능할 것으로 보임.

[예문] 다음은 2000년 사회지표 중 고령취업자에 관한 통계자료이다. 다음의 자료에 대한 해석으로 옳지 않은 것을 고르시오.

〈고령취업자수 및 고령 취업자 비율 : 1985~1999〉   (단위 : 천명, %)

연도	고령취업자수	고령취업자 비율				
		계	남	여	농가	비농가
1985	1,688	11.3	10.8	12	24.3	6.8
1990	2,455	13.6	13.1	14.3	35.9	8.3
1995	3,069	15	14.4	16	46.5	10.1
1996	3,229	15.5	15	16.2	48.2	10.7
1997	3,465	16.3	15.9	17.1	50.2	11.6
1998	3,273	16.4	15.9	17	52	10.9
1999	3,351	16.5	15.8	17.5	53	11.4
전년대비(99/98)	2.4	0.1P	−0.1P	0.5P	1P	0.5P

주) 고령자취업비율 = (고령취업자수/전체취업자수) × 100

① 99년 농가에서의 고령취업자의 비율은 53%로, 취업자 두 사람 중 한 명은 고령자이다.

② 99년 고령취업률은 비농가보다 농가에서 훨씬 높다.

③ 85년 이후 고령취업률의 남녀비교를 살펴보면, 여성이 남성보다 높았다.

④ 99년 고령취업자 중 농가취업자의 수가 전체의 약 82%를 차지한다.

정답 ④

단순계산으로는 82%(53/(53+11.4) =82%)라 생각하기 쉽지만, 이러한 계산은 농가 전체의 취업자 수와 비농가 전체의 취업자 수가 같다는 전제 하에서만 성립하는 것이다.

(3). 응용계산문제 – 주석이나 문제에서 주어진 식이나 공식을 응용하여 새로운 식을 도출하여
　　　자료를 해석하는 문제

　　㉠ 자료 항목 중 일부가 숨겨지는 경우 – 주석에 주어진 식을 활용, 결과도출 후 해석
　　㉡ 문제에서 제시한 규칙에 따라 계산할 것을 요구하는 문제 – 수당, 점수, 인사고과 등
　　㉢ 꺾은선 그래프를 제시하고 비율, 비중, 차이, 증감율 등을 구해야 하는 문제
　　㉣ 익숙하지 않은 그림이 제시되는 경우 – 흐름도, 좌표도, 분산/표준편차 분포도 등
　　　➔ 기업적성시험에서 난이도가 높아 출제빈도 낮으나 문제에서 제시한 흐름에 따라
　　　　차분히 해결하면 의외로 간단한 문제임.

[예문] 다음은 우리 나라의 보건수준을 가늠케 하는 신생아 사망률에 관한 자료(1996년)이다. 이에
　　　대한 설명으로 옳은 것은?

〈생후 1주일 이내 성별, 생존기간별 신생아 사망률〉

생존기간	남		여	
	N(명)	%	N(명)	%
1시간 이내	31	2.7	35	3.8
1~11시간	308	26.5	249	27.4
12~23시간	97	8.3	78	8.6
24~47시간	135	11.6	102	11.2
48~71시간	166	14.3	114	12.5
72~167시간	272	23.4	219	24.1
미상	153	13.2	113	12.4
전체	1,162	100	910	100

〈산모연령별 신생아 사망률〉

산모연령	출생아수	신생아 사망률(%)
19세 미만	6,356	8.8
20~24	124,956	6.3
25~29	379,209	6.8
30~34	149,760	9.4
35~39	32,560	13.5
40세 이상	3,977	21.9
전체	696,818	7.7

① 생후 1주일 내 신생아 사망수가 가장 많은 산모 연령대는 40세 이상이다.

② 생후 1주일 내에서 첫날의 신생아 사망률은 약45%이다.

③ 생후 1주일 내 신생아 사망 중 셋째 날 신생아의 사망률은 약13.5%이다.

④ 산모의 연령이 20~24세인 경우보다 35~39세인 경우가 생후 1주일 내 신생아 사망수가 많다.

정답 ③

40대 산모의 영아사망률이 높으나 출생아수는 가장 적으므로 신생아 사망자수는 적다. 20~24세 산모의 신생아 사망자수는 7,872명이고 35~39세 산모의 경우는 4,396명이므로 전자가 더 많다.

---

(4). 자료이해문제 - 자료를 단순(사칙연산)계산하거나 응용(식수립)계산을 하여 그 결과를 해석하는 문제

㉠ 제시된 자료를 보고 해석 가능한 사실/ 도출할 수 없는 것 찾기

㉡ 자료가 가지는 의미 찾기

㉢ 일차방정식 수준의 식을 수립하여 결과값을 찾고 해석하기

㉣ 계산방식을 제시하고 해당 값을 대입하여 결과를 도출하기

　　 - 입찰, 순이익, 성과급 등

[예문] 다음은 우리 나라 사람들의 평일 인터넷 이용 현황에 따른 TV시청 시간을 파악하기 위하여, 35,000여명의 샘플을 대상으로 설문 조사한 결과이다. 다음의 조사결과에 대한 설명으로 옳지 않은 것은?

〈인터넷 이용 여부에 따른 TV 시청시간 비교〉

여가행동		인터넷이용 여부	샘플수(명)	평균TV시청시간(분)
전체집단		이용	1,215	81
		비이용	33,186	116
성별	남	이용	805	79
	남	비이용	20,563	118
	여	이용	410	84
	여	비이용	13,223	114
연령별	10대	이용	376	76
	10대	비이용	6,214	81
	20대	이용	474	82
	20대	비이용	5,366	100
	30대	이용	247	77
	30대	비이용	6,871	104
	40대 이상	이용	118	97
	40대 이상	비이용	15,335	142
학력별	고졸 이하	이용	500	89
	고졸 이하	비이용	27,763	129
학력별	대졸 이상	이용	447	75
학력별	대졸 이상	비이용	4,665	94

① 평일 인터넷 이용자의 TV 시청 시간량은 비이용자의 TV 시청 시간량의 69.8% 정도이다.

② 평일 연령이 증가할수록 TV에 대한 의존도가 높다.

③ 평일 인터넷 이용자와 비용자 간의 TV시청 시간량 차이는 학력에 따라 다르게 나타난다.

④ 평일 인터넷 이용자 비율은 남성이 여성에 비해 2배 정도 많다.

> **정답** ④
>
> 이 자료의 표본크기는 남자($n = 21.368$)가 여자($n = 13,633$)의 1.57배 이므로 실제 평일 인터넷 이용자 비율은 남성이 여성의 1.23배 정도에 불과하다. 표본의 크기가 다른 경우 주의를 요한다.

(5). 자료추리문제 – 자료를 단순계산하거나 응용계산을 통해 새로운 사실이나 미래의 상황을 추론하는 문제

    ㉠ 과거 자료를 통한 미래 예측 문제

    ㉡ 자료의 추이나 변화의 일관성 판단을 바탕으로 한 추론

    ㉢ 소실된 자료복구, 일부 자료만으로 전체를 판단하는 문제

       → 통계작성의 의미가 과거를 통한 미래 예측/전망임을 고려할 때 중요 파트로 부상

[예문] 다음은 1000명을 대상으로 미래의 에너지원(원자력, 석탄, 석유) 각각의 수요예측에 대한 여론조사 자료이다. 이 자료를 통해 볼 때, 미래의 에너지 수요에 대한 여론을 옳게 설명한 것은?

〈미래의 에너지 수요에 대한 여론조사 결과〉 (단위 : %)

수요예상 정도	미래의 에너지원		
	원자력	석탄	석유
많이	50	43	27
적게	42	49	68
잘모름	8	8	5

① 앞으로 석유를 많이 사용해야 한다.

② 앞으로 석탄을 많이 사용해야 한다.

③ 앞으로 원자력을 많이 사용해야 한다.

④ 앞으로 원자력, 석유, 석탄을 모두 많이 사용해야 한다.

> **정답** ③
>
> 석유, 석탄의 경우 적게 사용해야 한다는 의견이 많고 원자력의 경우는 많이 사용해야 한다는 의견이 많다.

자료해석
실전문제

1~2 다음의 자료는 지난 20년간의 총부양비와 노령화지수를 나타낸 도표이다.

〈총부양비 및 노령화지수〉

	1980	1985	1990	1995	2000	2001
노령화 지수	11.2	14.2	20.0	25.2	32.9	34.5
총부양비(%)	60.7	52.5	44.3	41.3	40.4	40.8

*노령화지수 = (노년층인구/유소년층인구) × 100
총부양비(%) = [(노년층인구 + 유소년층인구)/청장년층인구] × 100

1. 이 자료를 통해 볼 때, 1980년부터 2001년 사이에 노년부양비(노년층인구/청장년층인구)는 얼마나 증가하였는가?

① 4.4%p   ② 7.8%p   ③ 10.5%p   ④ 19.9%p

2. 2000년 유소년층의 인구가 총인구의 40%라면 노년층 인구의 비율은?

① 8.6%   ② 10.5%   ③ 13.2%   ④ 16.7%

3~4 다음은 92년말 우리 나라와 강대국(미국, 일본, 독일), 고소득 소국(싱가포르, 홍콩)간의 선진도를 비교하기 위한 1인당주식시가(달러)와 우대금리(%)에 관한 자료이다.

〈강대국과 고소득국 간의 선진도 비교〉

	미국	일본	독일	싱가포르	홍콩	한국
1인당 주식시가($)	8,827	13,667	3,554	15,735	11,351	2,246
우대금리(%)	8.5	7.6	9.6	7.6	9.5	10

3. 이 자료에 대한 설명으로 옳은 것만 묶여져 있는 것은?

가. 우대금리가 높은 나라일수록 인당 주식시가는 대체로 낮다.
나. 강대국은 한국보다 우대금리가 대체로 높다.
다. 고소득 소국의 우대금리 평균은 강대국들의 우대금리 평균보다 높다.

① 가   ② 나   ③ 가, 다   ④ 나, 다

4. 우대금리의 수준과 인당 주식시가의 상관관계가 가장 다른 나라는?

① 한국　　　　② 독일　　　　③ 홍콩　　　　④ 일본

5~7 다음의 자료는 모 대학 입학시험에서 제2외국어(불어, 독일어, 일어, 중국어, 서반아어, 한문)의 난이도에 대한 학생들의 반응 중 '어려웠다'는 비율과 채점 후 학교측이 발표한 과목평균과 표준편차이다.

〈제2외국어의 난이도에 대한 의견과 채점결과〉

	어려웠다 반응(%)	평균	표준편차
불어 (N=125)	4.0	87.5	11.4
독어 (N=231)	8.9	75.1	16.5
일어 (N=320)	21.0	65.0	11.9
중어 (N=170)	26.9	64.4	11.2
서어 (N=54)	38.9	77.3	8.6
한문 (N=129)	47.1	57.7	12.6

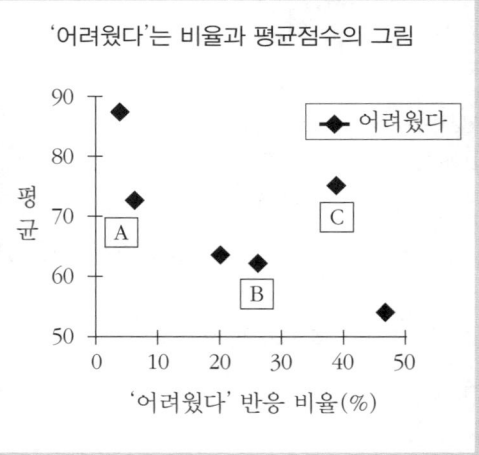

'어려웠다'는 비율과 평균점수의 그림

5. 위 표에 대한 아래의 설명 중 바른 것만 묶어둔 것은?

> 가. 어려웠다고 느끼는 학생들의 비율이 작을수록 과목평균점수가 올라가는 경향이 있다.
> 나. 표준편차가 제일 작은 서어(서반아어)는 이 과목에 대한 학업능력이 비슷한 학생들이 상대적으로 적었음을 의미한다.
> 다. 일어와 중어(중국어)의 난이도는 평균과 표준편차를 볼 때 유사하다고 볼 수 있다.

① 가　　　　② 가, 나　　　　③ 다　　　　④ 가, 다

6. 위 그림에 대한 설명으로 옳은 것은?

① 그림에서 표준편차의 의미를 알 수 있다.

② 서반아어는 실제평균과 '어려웠다'는 의견사이에 나타나고 있는 경향에서 벗어난 과목이다.

③ 중국어는 제일 어렵다고 한학생들의 비율과 실제 평균점수가 모두 높았다.

④ 불어는 가장 어려운 과목이었다.

7. A, B, C에 들어갈 과목의 순서가 옳은 것은?

	A	B	C
①	불어	일어	중어
②	독어	서어	한문
③	서어	중어	불어
④	독어	중어	서어

8~9 다음은 주요 항만별 선박 입항 현황에 대한 자료이다.

〈주요 항만별 선박 입항 현황〉

구분	1998	1999	2000	2000년 1월~9월			2001년 1월~9월		
				합계	외항	내항	합계	외항	내항
합계	139,080	151,109	163,451	119,423	43,928	75,495	126,521	45,395	81,126
부산	32,803	34,654	37,571	27,681	16,248	11,433	28,730	17,127	11,603
울산	20,828	22,742	24,241	17,977	7,233	10,744	17,676	7,434	10,242
인천	19,383	20,337	22,475	16,436	5,044	11,392	17,751	4,854	12,897
광양	15,759	17,810	19,476	14,165	5,581	8,584	14,372	5,548	8,824
목포	6,116	7,358	7,418	6,261	273	5,988	8,496	274	8,222
포항	6,508	6,935	7,077	5,242	1,950	3,292	5,950	1,906	4,044

8. 다음 설명 중 옳지 않은 것은?

① 1998년에서 2001년 사이에 부산항은 제1의 항구의 위치를 지속적으로 고수하고 있다.

② 2001년 9월 현재 전년 대비 가장 높은 성장률을 보이고 있는 항구는 목포항이다.

③ 1998년에서 2001년 사이에 내, 외항 간 입항 선박 규모의 불균형이 가장 큰 항구는 인천항이다.

④ 내항에 가장 의존적인 항구의 4/4분기 입항규모는 분기 평균 입항규모에 비해 떨어진다.

9. 2001년 입항 선박 규모가 전년 대비 감소할 것으로 예상되는 항구는?

① 광양   ② 울산   ③ 목포   ④ 포항

10~11 다음 표는 각 주류의 1991년에서 1995년 사이의 출고량 및 매출성장률을 나타내고 있다.

〈주종별 출고 추이〉 (단위 : 1000KL, %)

구분	1991		1992		1993		`1994		1995	
	출고량	성장률	출고량	성장률	출고량	성장률	출고량	성장률	출고량	성장률
맥주	1,571	21.8	1,574	0.2	1,529	−2.9	1,711	11.9	1,769	5.2
소주	684	−3.5	717	4.8	741	3.3	781	5.4	770	5.0
탁주	481		414		317		295	−6.9	265	
청주	44	22.2	50	13.6	48	−4.0	49	2.1	47	−8.5
위스키	10	11.1	11	10.0	12	9.1	16	33.3	17	45
기타	32	0.0	29	−9.4	22		19		19	
계	2,822	5.3	2,795	−1.0	2,669	−4.5	2,871	7.56	2,887	3.44

10. 다음 중 옳지 않은 것은?

① 91년도 맥주의 출고량은 맥주이외의 모든 주류를 합친 것보다 많다.

② 연간 매출성장률의 변동이 가장 심한 것은 위스키이다.

③ 93년도에 소주와 위스키의 시장점유율은 증가했다.

④ 전체 주류시장의 움직임은 맥주시장의 성장률에 의해서 가장 크게 영향을 받는다.

11. 1991년 이후 감소세가 가장 두드러진 것은?

① 탁주   ② 소주   ③ 청주   ④ 위스키

12~13 다섯 가지 커피에 대한 소비자 선호도 조사를 정리한 자료이다. 조사는 541명의 동일한 소비자를 대상으로 1차와 2차 구매를 통해 이루어졌다.

〈커피에 대한 소비자 선호도 조사〉

1차 구매	2차 구매					총계
	A	B	C	D	E	
A	93	17	44	7	10	171
B	9	46	11	0	9	75
C	17	11	155	9	12	204
D	6	4	9	15	2	36
E	10	4	12	2	27	55
총계	135	82	231	33	60	541

12. 이 자료의 설명으로 옳은 것으로만 묶인 것은?

> 가. 대부분의 소비자들이 그들의 취향에 맞는 커피를 꾸준히 선택하고 있다.
> 나. 1차에서 A를 구매한 소비자가 2차 구매에서 C를 구입하는 경우가 그 반대의 경우 보다 더 적다.
> 다. 전체적으로 C를 구입하는 소비자가 제일 많다.

① 가   ② 나, 다   ③ 가, 나   ④ 가, 다

13. 1차 구매에 대한 충성도가 상대적으로 가장 높은 커피는?

① B   ② C   ③ D   ④ E

[14~15] 고등학생인 재현이가 어느 날 밤 독서실에서 귀가 하던 중 A택시회사 소속 뺑소니 택시을 목격하였다. 다음 표는 재현이가 야간에 초록색과 파란색을 구분하는 능력에 관한 실험 결과를 나타낸 것이라 한다. (단, A택시는 초록색 300, 파란색 200대 뿐임)

〈표〉 재현이의 야간 색깔 구분 능력 실험 결과 (단위: 회)

재현의 판정 실제 택시 색깔	초록색	파란색	합
초록색	45	15	60
파란색	10	30	40
계	55	45	100

14. 재현이가 현장에서 목격한 뺑소니 택시가 파란색일 확률은?

① 33.3% ② 45% ③ 55% ④ 66.6%

15. A택시 회사의 모든 차량을 실험하였다면 재현이가 잘못 구분한 차량은 몇 대인가?

① 75 대 ② 100대 ③ 125대 ④ 150대

[16~17] A국은 가구주만 소득이 있는 경우는 〈표 1〉과 같은 단일누진세율, 가구주와 배우자 모두 소득이 있는 경우에는 〈표 2〉와 같은 한계소득세율방식을 적용하여 과세한다.

〈표 1〉 단일 누진세율 체계 (단위 : $,%)

소득수준	세율	납세액
0~15,000이하	10	소득액0.1
15,000초과~60,000	15	소득액0.15
60,000초과 ~	25	소득액0.25

〈표 2〉 한계 소득세율 체계 (단위 : $,%)

소득구간	과세대상소득	세율
0~15,000이하	15,000	10
15,000초과~60,000	45,000	15
60,000초과 ~	60,000초과분	25

16. A국에서 맞벌이 부부의 합산소득이 150,000$일 때 납부해야 할 세금은?

① 18,250$ ② 22,750$ ③ 27,250$ ④ 30,750$

17. A국에서 가구주 혼자버는 경우와 맞벌이 부부의 경우 소득이 모두 100,000$라면 납부할 세금의 차액은 얼마인가?

① 4,750$ ② 6,750$ ③ 7,750$ ④ 8,750$

18~20 다음 표는 어느 그룹의 2007년 신입사원 모집에 관한 자료이다.

⟨ 표 1 ⟩ 최근 5년간 그룹 내 개별기업별 합격자 배치 현황 (단위 : 명)

	2003	2004	2005	2006	2007
그룹 전체	223(71)	198(76)	216(95)	233(104)	251(123)
A 기업	114(40)	90(33)	112(53)	125(59)	144(79)
B 기업	5(1)	10(1)	7(2)	6(1)	4(1)
C 기업	72(18)	65(21)	65(27)	70(25)	70(22)
D 기업	32(12)	33(21)	32(13)	32(19)	33(21)

* 괄호 안의 수는 여성 합격자 수임.

⟨ 표 2 ⟩ 2007년 합격자 전공별 현황 (단위 : 명)

합	인문	법	상경	사회	자연	공학	의학	농학	예체능	기타
251	41	66	74	30	10	13	0	1	1	15

⟨ 표 3⟩ 최근 5년간 여성 응시자 합격률 (단위 : 명)

	응시자		합격자		여성응시자
	전체	여성(A)	전체	여성(B)	
2003	47,397	8,194	223	71	0.87
2004	45,469	11,102	198	76	가
2005	45,812	12,054	216	95	나
2006	53,766	17,424	233	104	다
2007	60,991	21,533	251	123	라

* 여성응시자 합격률 $= \dfrac{B}{A} \times 100$.

18. 이 자료에 대한 해석 중 잘못된 것은?

① 2007년 법, 상경 계열의 합격자 수가 전체의 절반 이상을 차지한다.

② 최근 5년간 여성합격자의 수 및 비율이 꾸준히 증가하였다.

③ 남성합격자수는 매년 130명을 넘지 못했다.

④ 최근 5년간 여성 응시자수가 꾸준히 증가하였다.

19. 표3의 빈칸에 들어갈 숫자 중 가장 작은 것은?

① 가   ② 나   ③ 다   ④ 라

20. 다음 중 옳은 것은

① 전년도에 비해 2007년에 여성합격자의 비율이 약4.4% 증가하였다.

② 전년도에 비해 2007년에 여성합격자의 비율이 약 4.4%P 증가하였다.

③ 전년도에 비해 2007년에 여성합격자의 비율이 약5.4% 증가하였다.

④ 전년도에 비해 2007년에 여성합격자의 비율이 약 5.4%P 증가하였다.

21~22 다음은 IT 관련 국가별 자료이다. 다음 〈표〉를 보고 답하시오.

〈 표 1 〉 2005년 IT 이용현황   (단위 : %, 천명, 천대)

	인터넷이용율	인터넷 이용자수	PC 보급대수
호주	70.40	14,190	13,720
대한민국	68.35	33,010	26,201
미국	63.00	191,000	223,810
아이슬란드	87.76	258	142
일본	50.20	64,160	69,200
영국	62.88	37,600	35,890
네덜란드	61.63	10,000	11,110
프랑스	43.23	26,154	35,000

* 인터넷 이용률(%) = $\dfrac{\text{인터넷 이용자수}}{\text{총 인구수}} \times 100$.

〈 표 2 〉 연도별 백명당 초고속인터넷 가입자수 추이   (단위 : 명)

	2001	2002	2003	2004	2005
호주	0.9	1.8	3.5	7.7	13.8
대한민국	17.2	21.8	24.2	24.8	25.4
미국	4.5	6.9	9.7	12.9	16.8
아이슬란드	3.7	8.4	14.3	18.2	26.7
일본	2.2	6.1	10.7	15.0	17.6
영국	0.6	2.3	5.4	10.5	15.9
네덜란드	3.8	7.0	11.8	19.0	25.4
프랑스	1.0	2.8	5.9	10.5	15.2

21. 2001년 대비 2002년의 인구 백명당 초고속인터넷 가입자 증가율이 가장 높은 나라는?

① 호주   ② 영국   ③ 프랑스   ④ 아이슬란드

22. 2005년 네덜란드의 총 인구수는?

① 약 16,225,000명   ② 약 17,345,000명   ③ 약 18,225,000명   ④ 약 19,345,000명

23~24 다음 표는 A회사의 연도별 회계자료이다. 다음 물음에 답하시오.

(단위 : 백만원, %)

연도	기초자기자본	순이익	기말자기자본	자기자본이익률 (ROE)	전년 대비 순이익증가율
1995	100	35	135	29.8	
1996	135	30	165	20.0	−14.3
1997	165	58	223	29.9	93.3
1998	223	50	273	20.2	−13.8
1999	273	29	302	10.1	−42.0
2000	302	67	369	20.0	131.0
2001	369	39	408	10.0	−41.8
2002	408	43	451	10.0	10.3
2003					132.6
2004	551	90	641	15.1	−10.0
2005	641	142	783	19.9	19.9

＊ 1) 당해연도 기초자기자본은 전년도 기말자기자본과 같음.

2) 기말자기자본＝기초자기자본＋순이익

3) $ROE = \dfrac{순이익}{\frac{1}{2} \times (기초자기자본 + 기말자기자본)} \times 100$

23. 자료에 대한 해석이 잘못된 것은?

① 전년도에 비해 순이익이 감소한 연도에는 ROE 값도 전년보다 감소한다.

② 순이익이 가장 큰 연도에는 ROE 값도 가장 크다.

③ 2003년도 순이익은 1998년도 순이익의 2배이다.

④ 2005년도 기말자기자본은 1994년도 기말자기자본의 7배 이상이다.

24. 2003년도의 ROE 값은?

① 10.5   ② 15.2   ③ 20.0   ④ 25.5

25~26 다음은 A국의 대외교역현황표이다. 다음 표를 보고 물음에 답하시오.

〈 표 1 〉 대외교역 추이   (단위 : 백만불)

	수입	수출	무역수지
1998	9,432	7,779	−1,653
1999	10,184	8,459	−1,725
2000	10,729	9,202	−1,527
2001	10,340	9,250	−1,090

〈 표 2 〉 대 한국 교역 추이   (단위 : 백만불)

	수입	수출	무역수지
1998	75	172	97
1999	105	169	64
2000	131	202	71
2001	160	177	17

25. 자료에 대한 해석 중 옳은 것은?

① 한국은 A국과의 교역을 통해 무역수지 흑자가 확대되고 있다.

② A국의 수입은 꾸준히 증가하고 있다.

③ A국의 교역규모가 꾸준히 증가하고 있어 무역적자를 해결할 기미가 보인다.

④ 대외교역에서 A국은 매년 적자를 보고 있다.

26. 한국이 A국과의 교역에서 구준히 증가하고 있는 항목은?

① 수출   ② 수입   ③ 무역수지적자   ④ 무역수지흑자

27~28 다음은 우리나라의 특허권, 실용신안권, 의장권, 상표권의 출원건수와 전년대비 증감률을 나타낸 것이다.

〈표〉 1996~2000년간 권리별 출원현황 (단위 : 건, %)

	1996	1997	1998	1999	2000
A	68,822(15.0)	45,809 (△33.4)	28,896 (△36.9)	30,650 (6.1)	37,163 (21.2)
B	90,326(15.1)	92,734(2.7)	75,188(△18.9)	80,642(7.3)	102,010(26.5)
C	85,062(18.4)	87,065(2.4)	57,393(△34.1)	87,332(52.2)	110,073(26.0)
D	29,859(△0.43)	28,491(△4.6)	23,732(△16.9)	32,404(36.5)	33,841(4.4)
계	274,069(14.1)	254,099(△7.3)	185,209(△27.1)	231,028(24.7)	283,087(22.5)

* ( )안의 수치는 전년대비 증감률을 나타냄.

27. 2000년에는 특허의 출원 증가가 가장 컸으며 의장권은 특허건수의 수준이라 할 때, 의장권에 해당하는 것은?

① A   ② B   ③ C   ④ D

28. 1998년 출원건수가 감소하였던 상표권은 1999년에는 50%이상 대폭 증가하였다. 상표권에 해당하는 것은?

① A   ② B   ③ C   ④ D

29~30 다음 자료는 실업자, 실업률 및 그 증감을 나타낸 자료이다. 다음 물음에 답하시오.

〈 표 〉 실업자, 실업률 및 증감 (단위 : 천명, %P, 전년동월비)

	2001.8	2002.3	2002.4	2002.5	2002.6	2002.7	2002.8
실업자수(천명)	752	769	707	661	611	626	658
실업률(%)	3.4	3.4	3.1	2.9	2.7	2.7	2.9
실업자증감(%p)	-66	-266	-141	-119	-134	-134	-94
실업률증감(%p)	-0.3	-1.4	-0.7	-0.6	-0.6	-0.7	-0.5

29. 2001년 3월의 실업자수는?

① 503,000명   ② 769,000명   ③ 818,000명   ④ 1,035,000명

30. 2001년 8월의 실업률은 전월에 비하여 얼마나 증감하였나?

① 0.2%p   ② - 0.2%p   ③ 0.2%   ④ 변화없다.

31~33 다음은 도시근로자 가구와 농가의 가계수지 추이를 표로 정리한 것이다.

〈 표 〉 도시근로자 가구 및 농가의 가계수지 추이   (단위 : 천원, %)

	도시근로자 가구				농가			
	월평균		소비지출	흑자율	월평균		소비지출	흑자율
	소득	가처분소득			소득	가처분소득		
1980	234.1	224.5	174.0	22.5	224.4	214.9	178.2	17.1
1990	943.3	870.2	650.0	25.3	918.8	913.8	685.7	
1995	1,911.1	1,732.5	1,230.6	29.0	1,816.9	1,802.4	1,231.8	31.7
1999	2,224.7	1,967.7	1,473.5	25.1	1,860.2	1,842.0	1,426.9	22.5
2000	2,386.9	2,113.5	1,614.8	23.6	1,922.7	1,903.2	1,500.3	21.2

* 평균소비성향 = $\dfrac{\text{소비지출}}{\text{가처분소득}} \times 100$, 흑자율 = $\dfrac{\text{흑자액}}{\text{가처분소득}} \times 100$, 흑자액 = 가처분소득 − 소비지출.

31. 도시근로자 가구와 농가의 가계수지에 대한 자료 중 추이가 다른 하나는?

① 월평균 소득   ② 가처분소득   ③ 소비지출   ④ 흑자율

32. 1990년 농가의 흑자율은?

① 22.7%   ② 25.0%   ③ 29.2%   ④ 32.5%

33. 2000년 도시근로자 가구의 평균소비성향은 전년에 비해 얼마나 증가하였나?

① 1.5%   ② 1.5%p   ③ 2.5%   ④ 2.5%p

34~35 다음 자료는 인터넷 이용현황을 나타낸 표이다.

〈 표 〉 인터넷 이용현황

(단위 : 명, %)

		1999.12	2000.12	2001.12
인터넷 이용자수		10,860,000	19,040,000	24,380,000
성별 이용률	남성	30	50.9	55.6
	여성	14.8	38.6	41.6
연령별 이용률	7~19세	33.6	74.1	93.3
	20대	41.9	43.6	84.6
	30대	18.5	74.6	61.6
	40대	2.8	22.7	35.6
	50대 이상	2.9	5.7	8.7

* 이용률 $= \dfrac{\text{인터넷이용자수}}{\text{인구수}} \times 100.$

34. 위 자료를 통해 알 수 없는 것은?

① 1999년 여성의 인터넷 이용률은 남성의 이용률의 절반에도 미치지 못한다.

② 1999년 이후 인터넷 이용자가 급격히 증가한 것은 20대 이하 이용자의 증가에 기인한 것으로 추정할 수 있다.

③ 2001년 12월에 여성이 전체 인터넷 이용자의 41.6%에 이르고 있다.

④ 2000년에 전년 대비 인터넷 이용율 증가가 가장 낮은 연령은 20대이다.

35. 위 자료를 통해 2000년 12월 현재 알 수 있는 것은?

① 성별 인구구성비
② 20대 인구수
③ 전년 동기비 40대의 인터넷이용자수 증감률
④ 30대 인터넷 이용자수

36~38 다음은 K사의 통신요금을 나타낸 표이다. 물음에 답하시오.   (SSAT 기출유형)

〈K사 통신요금 상품〉

	A	B	C	D
기본료	11,000	13,000	24,000	34,000
통화료(10초당)	18원	15원	12원	9원
문자이용료	건당 50원			
무료통화	10분	15분	30분	1시간
무료문자	10건	15건	30건	50건
발신번호표시	1,000원	1,000원	무료	무료

36 A상품 이용 고객이 한 달 동안 음성통화 100분과 문자 50건, 발신번호 표시를 사용한 경우, 이 고객의 사용요금은?

① 21,500원   ② 22,400원   ③ 23,720원   ④ 25,720원

37 B상품과 C상품을 사용하는 고객 중 음성 200분, 문자 100건을 사용했다면 두 고객 간의 사용요금의 차이는 얼마인가?

① 4,840원   ② 8,075원   ③ 9,075원   ④ 5,840원

38 다음 중 음성 200분, 문자 100건을 사용했다면 사용요금이 가장 비싼 상품은?

① A   ② B   ③ C   ④ D

39~43 다음 자료에 근거하여 물음에 답하시오.

(SSAT 기출유형)

〈 연령별 경제활동인구와 실업률 〉

(단위 : 천명, %)

연령	경제활동인구수	실업률	
		2011년 3월	2011년 6월
15~19세	239	11.4	12.4
20~29세	3,950	9.3	7.3
30~39세	6,030	4.1	3.4
40~49세	6,738	2.6	2.1
50~59세	5,100	2.8	1.9
60세 이상	2,861	3.9	2.2
계 (전체)	24,918	4.3	3.3

* 3월과 6월의 경제활동 인구수는 동일한 것으로 가정함.

* 실업률 = $\dfrac{\text{실업자수}}{\text{경제활동인구수}} \times 100.$

39 2011년 3월에 비해 6월의 실업률 상승한 연령대는?

① 15 ~ 19세　　② 20 ~ 29세　　③ 30 ~ 39세　　④ 40 ~ 49세

40 2011년 6월의 실업자 수가 가장 많은 연령대는?

① 15 ~ 19세　　② 20 ~ 29세　　③ 30 ~ 39세　　④ 40 ~ 49세

41 2011년 3월에 비해 6월의 실업자 수가 가장 많이 감소한 연령대는?

① 15 ~ 19세　　② 20 ~ 29세　　③ 30 ~ 39세　　④ 40 ~ 49세

42 위 자료에 대한 해석으로 옳지 않은 것은?

① 3~40대의 경제활동인구수가 전체 경제활동인구의 절반 이상을 차지한다.

② 실업률이 가장 높은 10대가 실업자 수도 가장 많다고 볼 수는 없다.

③ 2011년 6월은 전년동기비 실업률이 감소하였다.

④ 2011년은 1분기에 비해 2분기의 고용창출 효과가 컸다고 해석할 수 있다.

43 2011년 3월 현재 고용지표를 근거로 한 다음 해석 중 옳지 않은 것은?

① 실업률은 15세 이상 인구에 대한 실업자의 비율로 4.3%에 달한다.

② 20대의 실업률이 9.3%로 전체 실업률의 2배가 넘어 청년실업이 심각함을 알 수 있다.

③ 60세 이상의 고용율이 낮음에도 불구하고 실업률이 낮은 이유는 정년퇴직 등 경제활동인구에서 제외되기 때문이다.

④ 경제활동인구 중 30~50대가 70% 이상을 차지한다.

44~46 다음 물음에 답하시오.

〈 연도별 사망원인 증감(기준년 : 2006년) 〉 (단위 : 10명, %)

사망 원인별	2006	2007		2008		2009	
	사망자수	사망자수	증감률	사망자수	증감률	사망자수	증감률
감염성 질환	2,079	2,017	−3.0	1,906	−8.3	1,852	−10.9
신생물 (암)	25,530	25,208	−1.3	24,965	−2.2	25,100	−1.7
혈액 관련 질환	171	164	−4.1	( )	−15.8	150	−12.3
내분비 대사 질환	3,232	2,966	−8.2	2,652	−17.9	2,452	−24.1
정신 및 행동장애	1,061	932	−12.2	913	−13.9	762	−28.2
신경계통의 질환	1,109	1,164	5.0	1,128	1.7	1,063	−4.1
순환기계통의 질환	11,902	11,245	−5.5	10,595	−11.0	10,336	−13.2
호흡기계통의 질환	1,656	1,528	−7.7	1,627	−1.8	1,592	−3.9
소화기계통의 질환	5,954	5,724	−3.9	5,571	−6.4	5,317	−10.7
근육골격계통 질환	301	309	2.7	287	−4.7	279	−7.3
비뇨생식계통 질환	853	950	11.4	1,012	18.6	987	15.7
선천기형, 염색체 이상	106	112	5.7	113	6.6	96	−9.4

44 기준연도 대비 자료의 추이가 다른 사망원인은?

① 감염성 질환 ② 순환기계통 질환 ③ 정신 및 행동장애 ④ 호흡기계통 질환

45 이 자료를 근거로 한 다음 해석 중 옳지 않은 것은?

① 비뇨생식기 질환의 경우 2007년에 비해 2008년은 7.2%포인트 증가하였다. .

② 기준년도에 비해 매년 증가한 원인은 비뇨생식기 질환 하나 뿐이다.

③ 사망원인 중 가장 큰 비중을 차지하는 것은 신생물이다.

④ 기준년도 대비 2007년 사망자수가 가장 많이 감소한 원인은 순환기계통 질환이다.

46 2008년 혈액관련 질환으로 사망한 사람은 약 몇 명인가?

① 1440명 ② 1381명 ③ 1573명 ④ 1453명

47~50 다음 자료를 보고 물음에 답하시오.

〈2010년 시도별 식량작물 생산면적〉 (단위 : ha)

	합계	미곡류	맥류	잡곡류	두류	서류
계	1,095,041	892,074	51,081	24,644	83,129	44,113
서울특별시	315	267	0	13	15	20
부산광역시	3,857	3,644	11	51	62	89
대구광역시	4,430	3,218	513	110	357	232
인천광역시	14,014	12,590	25	95	396	908
광주광역시	7,523	6,223	883	35	250	132
대전광역시	2,040	1,628	0	39	224	149
울산광역시	6,887	6,365	6	140	223	153
경기도	109,507	95,970	163	1,638	6,873	4,863
강원도	60,769	38,863	194	7,277	8,376	6,059
충청북도	65,986	46,826	88	4,457	11,490	3,125
충청남도	169,673	156,589	166	662	6,891	5,365
전라북도	160,032	134,355	14,216	1,339	5,223	4,899
전라남도	231,178	183,804	22,414	2,868	15,429	6,663
경상북도	139,092	116,596	1,125	2,173	14,118	5,080
경상남도	103,724	84,017	8,879	1,075	6,269	3,484
제주도	16,014	1,119	2,398	2,672	6,933	2,892

47 위 자료에 대한 설명 중 틀린 것은?

① 서울특별시에도 미곡을 생산하는 농지가 있다.

② 전국적으로 보았을 때 맥류의 생산면적이 콩류 생산면적보다 좁다.

③ 맥류를 생산하는 농지가 전혀 없는 곳도 있으나 미곡은 모든 지역에서 생산농지를 가지고 있다.

④ 전체 농지 중 미곡류 생산농지가 상대적으로 가장 적은 곳은 강원도이다.

48 충청북도의 경우 전체농지 중 미곡생산 면적의 비율이 두류생산면적의 비율보다 얼마나 많은가?

① 53.5 %　② 53.5 %p　③ 24.5 %　④ 24.5 %p

49 전체 생산면적 대비 두류 생산 면적이 가장 넓은 곳은 어디인가?

① 강원도　② 충청북도　③ 제주도　④ 전라남도

50 미곡류를 제외한 잡곡류의 재배면적 크기 순서가 다른 하나는?

① 경기도　② 충청북도　③ 충청남도　④ 대전광역시

51~53 다음 물음에 답하시오.

〈 인구 동향표 〉

기본항목	2005	2006	2007
출생아수(명)	435,031	448,153	493,189
사망자수 (명)	243,883	242,266	244,874
조출생률(천명당)	8.9	9.2	10.0
조사망률(천명당)	5.0	5.0	5.0
합계출산율 (명)	1.076	1.123	1.250
출생성비 (명)	107.8	107.5	106.2
혼인건수 (건)	314,304	330,634	343,559
조혼인율 (천명당)	6.5	6.8	7.0
이혼건수 (건)	128,468	125,032	124,590
조이혼율(천명당)	2.6	2.6	2.5
전체 기대수명(세)	78.63	79.18	79.56
기대수명 – 남 (세)	75.14	75.74	76.13
기대수명 – 여 (세)	81.89	82.36	82.73

※ 기대수명 : 출생시 기대 여명.
   출생성비 : 출생성비는 여아 100명당 남아 수.
   합계출산율 : 합계출산율은 여자 1명이 가임기간 동안 갖게 될 평균 출생아수.
   조   율: 인구 천 명당 당해 건수를 의미함.

51 이 자료에 근거했을 때 2005년 현재 인구는 몇 명인가?

① 45,776,600 명   ② 46,776,600 명   ③ 47,776,600 명   ④ 48,776,600 명

52 다음 중 설명이 잘못된 것은?

① 매년 여아의 출생비율이 증가하고 있다.

② 정부의 적극적인 출산장려정책으로 출산율이 꾸준히 증가하고 있다.

③ 기대수명이 남녀 공히 증가하고 있다.

④ 여아가 남아보다 많이 태어난다.

53 위 자료에 근거해서 판단할 때 다음 항목 중 추이가 다른 하나는?

① 사망자 수   ② 출생아 수   ③ 혼인건수   ④ 기대수명

54~56 다음 물음에 답하시오.

〈 2005년 서비스산업 구성비 〉 (단위 : %)

산업별	사업체수	종사자수	매출액	영업비용	영업이익
도매 및 소매업	36.20	26.03	40.76	41.01	38.69
숙박 및 음식점업	25.12	17.44	4.37	3.61	10.74
통신업	0.39	1.49	4.13	4.01	5.12
금융 및 보험업	1.48	6.47	28.48	29.88	16.75
부동산 및 임대업	4.62	4.24	2.87	2.76	3.83
사업서비스업	3.68	11.57	6.70	6.72	6.55
교육 서비스업	5.28	13.09	4.62	4.59	4.81
보건/사회복지사업	3.24	7.03	2.96	2.67	5.44
오락 관련 서비스업	5.13	4.07	2.54	2.43	3.46
기타	14.85	8.57	2.55	2.31	4.62

54 다음 설명 중 잘못된 것은?

① 매출액 대비 영업이익, 즉 영업이익률이 가장 높은 것은 숙박 및 음식점업이다 .

② 1인당 매출액이 가장 큰 것은 금융 및 보험업이다.

③ 사업체당 매출액이 가장 큰 것은 도매 및 소매업이다.

④ 매출액 대비 영업비용이 가장 적게 드는 것은 숙박 및 음식점업이다.

55 다음 중 자료를 통해 알 수 있는 사실은?

① 교육서비스업의 종사자 수

② 숙박 및 음식점업을 영위하는 사업체 수

③ 금융 및 보험업이 서비스업에서 차지하는 매출 비중

④ 도매 및 소매업의 영업비용

56 매출 대비 영업이익률이 가장 큰 것은?

① 교육서비스업   ② 금융 및 보험업   ③ 도매 및 소매업   ④ 숙박 및 음식점업

57~58 다음 자료를 보고 물음에 답하시오.

〈 연도별 소비자 물가 등락률(전년비) 〉

지수종류	2007	2008	2009	2010
총지수	2.5	4.7	2.8	2.9
생활물가지수	3.1	5.4	2.1	3.3
신선식품지수	4.5	−5.8	7.5	21.3
농산물 및 석유류제외지수	2.4	4.2	3.6	1.8

57 자료에 대한 설명이 잘못된 것은?

① 생활물가지수는 소비자들이 자주 구입하는 기본생필품 등으로 구성되어 있어서 비교적 안정적인 추세를 보인다.

② 신선식품지수는 생선, 채소, 과실류 등 기상조건이나 계절에 따라 가격변동이 큰 품목들로 구성되어 일시적 물가불안요인으로 작용하기도 한다.

③ 농산물 및 석유류제외지수는 계절적 요인, 외부적 요인 등을 제거하므로 단기추세 파악에 유리하다.

④ 2010년 신선식품가격이 급등하였음에도 불구하고 총지수가 안정적인 이유는 기타 공산품, 공공요금 등의 가격상승이 억제되었기 때문으로 풀이된다.

58 다음 중 근원 인플레이션 지수라 할 수 있는 것은?

① 총 지수   ② 생활물가지수   ③ 신선식품지수   ④ 농산물 및 석유류 제외 지수

59~60 다음 자료를 보고 물음에 답하시오.

〈 경기종합지수(기준년 : 2005) 〉

지수별	2010. 06	2010. 09	2010. 12	2011. 03
선행종합지수	127.7	128.8	129.3	129.4
선행종합지수 전월비(%)	0.3	0.0	0.5	−0.3
동행종합지수	131.4	132.2	133.1	135.9
동행종합지수 전월비(%)	0.7	−0.3	0.8	0.4
후행종합지수	134.0	136.5	138.1	139.4
후행종합지수 전월비(%)	0.8	0.2	0.7	0.4

59 다음 중 잘못된 내용은?

① 2010년 12월의 경기선행지수는 9월에 비해 0.5포인트 상승하였다.

② 2010년 12월의 경기동행지수는 전월에 비해 0.8포인트 상승하였다.

③ 위 표에서 알 수 있듯이 경기종합지수는 매월마다 작성한다.

④ 경기선행지수는 향후 경기를 예측할 수 있는 지표로 건축허가면적, 기계수주액, 수출신용장(L/C)내도액 등을 근거로 작성한다.

60 2010년 11월의 경기 선행 종합지수는? (단, 소수 둘째 자리에서 반올림)

① 128.8   ② 125.2   ③ 123.1   ④ 121.7

PART **II** 자료해석 실전문제
정답 및 해설

[1] 정답 ☞ ③

$$60.7 = \frac{(\text{노년층인구} + \frac{\text{노년층인구}}{11.2} \times 100)}{\text{청장년층인구}} \times 100 = (1 + \frac{100}{11.2}) \times \text{노년부양} \times 100$$

노년부양비 $= 60.7 \times \frac{100}{11.2} \times \frac{1}{100} = 0.061$ 같은 과정으로 하면, 2011년은 0.105

[1] 정답 ☞ ①

$32.9 = \frac{\text{노년층인구비율} \times N}{0.4 \times N} \times 100$, 따라서 노년층인구비율 $= \frac{32.9 \times 0.4}{100} = 0.132$

[2] 정답 ☞ ③

총인구 : N이라면,

[3] 정답 ☞ ①

우대금리와 인당 주식시가는 대체로 역의 상관관계를 보인다.

[4] 정답 ☞ ③

우대금리가 상대적으로 높음에도 불구하고 인당 주식시가가 상당히 높다.

[5] 정답 ☞ ④

표준편차가 작다는 의미는 학생들간의 점수차가 상대적으로 작다는 의미이다.

[6] 정답 ☞ ②

"어려웠다"는 반응과 평균의 상관관계에서 벗어난 과목이 서어이므로 맞다.

[7] 정답 ☞ ④

[8] 정답 ☞ ③

내, 외항 불균형이 가장 심한 항구는 목포항이다

[9] 정답 ☞ ②

2001년 9월까지의 입항규모가 전년 같은 기간에 비해 줄어든 항구는 울산항 뿐임.

[10] 정답 ☞ ②

연간 매출변동율은 위스키보다 맥주가 더 크다.

[11] 정답 ☞ ①

탁주는 5년간 45%의 감소세를 보임으로써 가장 높은 감소세를 나타냈다.

[12] 정답 ☞ ④

나 — 많다.

[13] 정답 ☞ ②

1차 구매한 제품을 2차에도 재구매하는 비율이 가장 높은 것은 C이다.

[14] 정답 ☞ ④

재현이의 판정능력은 $\dfrac{30}{45} = \dfrac{2}{3}$

[15] 정답 ☞ ③

실제 초록을 파랑으로 $\dfrac{15}{60} = \dfrac{1}{4}$, 따라서 $300 \times \dfrac{1}{4} = 75$

실제 파랑을 초록으로 $\dfrac{10}{40} = \dfrac{1}{4}$, 따라서 $200 \times \dfrac{1}{4} = 50$

[16] 정답 ☞ ④

$1,500 + 6,750 + 90,000 \times 0.25 = 30,750\$$

[17] 정답 ☞ ②

$25,000 - 18,250 = 6,750\$$

[18] 정답 ☞ ④

2004년에는 2003년에 비헤 감소

[19] 정답 ☞ ④

0.57 {㉮ 0.68 ㉯ 0.79 ㉰ 0.60}

[20] 정답 ☞ ②

비율의 변화는 %P가 맞다. {2006 — 44.6%, 2007 — 49.0%}

[21] 정답 ☞ ③

영국만 3배를 넘는다.

[22] 정답 ☞ ①

$\dfrac{10,000,000}{61.3} \times 100 = 16,225,864$

[23] 정답 ☞ ②

순이익이 가장 큰 2005년의 ROE는 19.9, (1997년 ROE는 29.9)

[24] 정답 ☞ ③

2003년 ROE $= \dfrac{\text{순이익}}{\dfrac{1}{2} \times (451+551)} \times 100 = 20.0$

[25] 정답 ☞ ④

[26] 정답 ☞ ①

〈표 2〉는 A국 기준이므로 한국 입장에서 보면 표의 수입이 수출임

[27] 정답 ☞ ④

[28] 정답 ☞ ③

[29] 정답 ☞ ④

769,000 + 266,000 = 1,035,000명 ,

[30] 정답 ☞ ④

2001년 7월 실업률 : 2.7 + 0.7 = 3.4 , 8월 실업률 : 2.9 + 0.5 = 3.4)

[31] 정답 ☞ ①

지속적으로 도시근로자 가구가 많다.

[32] 정답 ☞ ②

$$\frac{(913.8 - 685.7)}{913.8} \times 100 = 25.0$$

[33] 정답 ☞ ②

$\frac{1614.8}{2113.5} \times 100 = 76.4\%$, $\frac{1473.5}{1967.7} \times 100 = 74.9\%$ 비율 간의 차이는 %p임

[34] 정답 ☞ ③

전체인터넷 이용자의 41.6%가 아니라 여성 중 41.6%가 이용하는 것임

[35] 정답 ☞ ③

총인구 및 연령별 인구가 주어지지 않아서 ③이외에는 알 수 없음.

[36] 정답 ☞ ③

11,000 + (18 × 6 × 90) + (40 × 50) + 1,000 = 23,720

[37] 정답 ☞ ①

B : 34,900 , C : 39,740, 즉 C가 B보다 4,840원 많음

[38] 정답 ☞ ④

A : 37,020   D : 44,060

[39] 정답 ☞ ①

[40] 정답 ☞ ②

실업자수 = 경제활동인구수 × 실업률 × $\frac{1}{100}$

[41] 정답 ☞ ②

[42] 정답 ☞ ③

전년동기비가 아니라 전기비이다.

[43] 정답 ☞ ①

실업률이란 경제활동인구에 대한 실업자의 비율을 의미한다.

[44] 정답 ☞ ④

1, 2, 3은 기준연도 대비 감소율이 매년 증가하고 있지만, 4번은 감소는 하고 있지만 감소율이 불규칙적임

[45] 정답 ☞ ①

(1012 − 950)/950한 것에서 100을 곱하여 변화율을 구해야.. 약 6.5% 증가하였다

[46] 정답 ☞ ①

증감률은 2006년 대비이므로 1,710 × (1 − 0.158) = 1,440명

[47] 정답 ☞ ④

제주도

[48] 정답 ☞ ②

비율자료 간 차이는 %포인트라 하는 것이 맞다.

[49] 정답 ☞ ③

전체 면적에 대한 두류 생산면적의 비율이므로 제주도가 가장 넓다.

[50] 정답 ☞ ②

맥류 재배면적이 서류보다 많다. 나머지는 서류가 맥류보다 많음.

[51] 정답 ☞ ④

조사망률은 인구 천명당 수치이므로 총인구수는 $243,883/0.005 = 48,776,600$

[52] 정답 ☞ ④

여전히 남아의 비율이 높다.

[53] 정답 ☞ ①

일관성 없음. 나머지는 지속적으로 증가하고 있음.

[54] 정답 ☞ ③

금융 및 보험업이다.

[55] 정답 ☞ ③

비율자료이므로 실수를 알 수 없고 오직 비중만 알 수 있을 뿐임.

[56] 정답 ☞ ④

매출규모에 비해 영업이익의 크기가 가장 큰 것이 숙박 및 음식점업이다.

[57] 정답 ☞ ③

장기적인 추세 파악에 유리한 근원 인플레이션 지수라 할 수 있다.

[58] 정답 ☞ ④

계절적으로 영향받는 농산물과 외부적 요인에 크게 영향받은 석유류 등 53개 품목을 제거하고 나머지 436개 품목을 별도로 집계한 지수

[59] 정답 ☞ ②

전월비는 단위가 포인트가 아니라 % 이다. 전월비라는 표현에서 경기종합지수는 매월 작성하는 지수이며, 문제에서는 축약한 표임을 명시하고 있으므로 주의를 요한다. 지수 간의 크기는 %포인트가 아니라 그냥 포인트라 하므로 1번은 맞는 표현이다.

[60] 정답 ☞ ③

$129.3 = x + x \times 0.05 = x \times 1.05$를 풀면, $x = 123.1$

학 | 습 | 목 | 표

추리영역은 크게 수추리, 도형추리 그리고 언어추리 영역으로 구분된다. 수추리와 도형추리는 처음 접하게 되면 시간이 많이 걸릴 수 있으나 전형적인 문제유형이 있어 반복학습에 의해서 시간을 단축할 수 있으며 정답률도 높일 수 있다. 따라서 본 교재를 반복 학습할 경우 고득점을 획득할 수 있다. 추리영역에서 가장 문제되는 부분은 언어추리 부분이다. 언어추리의 경우 추리영역의 50%이상을 차지하는 부분으로 추리영역의 고득점과 직결되는 부분이다. 또한 매년 문제의 유형이 변형되고 지문의 길이가 길어지는 추세로 시간이 많이 소요되는 부분이다. 따라서 전형적인 문제유형을 파악하고 새로운 문제유형을 해결하기 위해서 많은 문제를 풀어볼 것이 요구된다. 본 교재는 최근의 기출문제 유형을 포함하고 있으므로 반복학습에 의해서 실전문제를 푸는 것과 같은 효과를 나타낼 수 있을 것이다.

Part I
추리영역 분석

이것만은 알고 가자

SSAT의 추리능력 영역에서는 크게 3가지 유형의 문제들로 추리능력을 평가하고 있다.

나열된 숫자나 문자의 규칙을 찾는 문제, 도형을 변화시킨 이후의 도형을 찾는 문제 그리고 주어진 조건을 가지고 경우의 수를 따져보는 언어추리 문제들이 바로 추리 능력에서 전형적으로 출제되는 유형들이다. 표로 정리하면 아래와 같다.

1. 출제 영역

수추리	수열	나열된 숫자의 변화 규칙을 파악하여 괄호 안에 들어갈 숫자를 추리하는 문제
	문자수열	문자를 이용하여 규칙성을 파악하는 수열 문제
도형추리	평면도형의 변화	보기에 주어진 도형의 변화과정을 살펴 규칙성을 발견한 후 이를 통해 다른 도형의 변화를 추리하는 문제
	펀칭	접힌 종이에 구멍을 뚫고 이를 펼쳤을 때 나오는 구멍의 위치를 예측 하는 문제
	전개도	주어진 전개도와 같은 입체도형이 만들어지는 전개도를 찾는 문제
	블록	주어진 블록의 개수를 확인하는 문제
언어추리	자리배정 하기	상황과 조건을 고려하여 대상들의 순서나 자리를 추리하는 문제
	대응관계	상황과 조건을 고려하여 주어진 대상들이 서로 짝이 되는 경우를 추리하는 문제

2. 핵심 내용

수추리	수열	등차수열	각항이 그 앞의 항에 일정한수를 더한 것으로 이루어지는 수열
		등비수열	각항이 그앞의 항과 일정한 비를 가지는 수열
		피보나치수열	어떤 수열의 항이 앞의 두항의 합과 같은 수열
	문자	한글자음	ㄱ, ㄴ, ㄷ, ㄹ, ㅁ, ㅂ, ㅅ, ㅇ, ㅈ, ㅊ, ㅋ, ㅌ, ㅍ, ㅎ
		한글모음	ㅏ, ㅑ, ㅓ, ㅕ, ㅗ, ㅛ, ㅜ, ㅠ, ㅡ, ㅣ
		사전순서자음	ㄱ, ㄲ, ㄴ, ㄷ, ㄸ, ㄹ, ㅁ, ㅂ, ㅃ, ㅅ, ㅆ, ㅇ, ㅈ, ㅉ, ㅊ, ㅋ, ㅌ, ㅍ, ㅎ
		사전순서모음	ㅏ, ㅐ, ㅑ, ㅒ, ㅓ, ㅔ, ㅕ, ㅖ, ㅗ, ㅘ, ㅙ, ㅚ, ㅛ, ㅜ, ㅝ, ㅞ, ㅟ, ㅠ, ㅡ, ㅢ, ㅣ
		알파벳	A, B, C, D, E, F, G, H, I, J, K, L, M, N, O, P, Q, R, S, T, U, V, W, X, Y, Z
도형추리	평면도형	좌우대칭	도형 중앙을 중심으로 좌우를 대칭적으로 바꿈
		색반전	색이 칠해진 부분은 색을 없애고, 칠해지지 않은 부분은 색을 칠한다.
		상하대칭	도형 중앙을 중심으로 위아래를 대칭적으로 바꿈
		회전	시계방향 또는 시계반대방향으로 90도 회전
	펀칭		점선을 기준으로 종이를 접은 후 펀칭후의 그림을 찾는 문제
	전개도		전개도를 통해 만들어지는 입체와 같은 전개도를 찾는 문제
	블록		주어진 조건에 따른 블록의 개수를 추리하는 문제
언어추리	순서정하기		크기, 무게, 빠르기 등 비교가능한 대안들의 순서를 정하는 문제
	이행성 판별하기		조건을 기호화하여 해결하는 문제. 역, 이, 대우 명제와 논리합.
	참거짓 판별하기		어떤 가정에 대한 진위를 판별하는 문제
	대응관계		어떤 대상에 어떤 속성을 대응시키는 것이 옳은가를 파악하는 문제

Part Ⅱ 핵심이론과 기본문제

수추리

이것만은 알고 가자

1. 수열 : 나열된 숫자의 변화 규칙을 파악하여 괄호 안에 들어갈 숫자를 추리하는 문제

❶ 기본수열

a_1, a_2, a_3, $\cdots$ a_n

① 등차수열 : $a_n - a_{n-1} = d$ (일정 : 공차)
② 등비수열 : $a_n \div a_{n-1} = r$ (일정 : 공비)
③ 계차수열 : $b_n = a_n - a_{n-1}$, b_n이 등차, 등비수열을 이루는 수열
④ 군수열 : a_1, (a_2, a_3), $(a_4, a_5, a_6) \cdots\cdots a_n$
⑤ 조화수열 : 역수가 등차수열을 이루는 수열

❷ 교대수열

a_1, b_1, a_2, b_2, a_3, $b_3 \cdots\cdots a_n$, b_n

❸ 묶음수열

a_1, a_2, a_3, b_1, b_2, b_3, c_1, c_2, $c_3 \cdots\cdots$

❹ 계차수열

계차 b_n이 등차, 등비수열은 아니지만 규칙성을 쉽게 알 수 있는 형

a_1, a_2, a_3, a_4, $a_5, \cdots\cdots a_n$
$\quad b_1$, b_1, $b_1 \cdots\cdots$

❺ 피보나치수열

어떤 수열의 항이 앞의 두 항의 합과 같은 수열

2. 문자 수열

　　규칙성을 파악한다는 점에서 수열 문제와 같지만 문자를 이용한다는 점에서 수열문제와 다르다. 규칙성을 띠고 배열되어 있는 숫자가 아닌 문자를 보고 공란에 들어갈 문자를 추리하는 문제이다. 숫자를 이용한 수열과 마찬가지로 문자열이 변화하는 규칙성을 찾는 것이 문제 해결의 관건이 된다. 문제에는 기본적으로 영어 알파벳과 한글 자·모음이 이용된다. 따라서 영어 알파벳 순서와 한글 자·모음의 순서의 숙지는 문제해결의 전제가 된다.

　　주목할 점은 한글 자·모음의 경우 최근에 복자음과 복모음이 문자열의 변화규칙에 포함되어 출제되었다는 것이다. 이 역시 시험을 치는 지원자들이 복자음·모음의 순서를 기본적으로 숙지하고 있다는 전제하에 출제되었다. 따라서 이 절을 통해 SSAT에서 출제되는 문제들의 형태를 파악하는 것도 중요하지만 이와 더불어 문제 해설에서 제공되는 복자음 및 복모음의 순서를 숙지하는 것 역시 중요하다.

한글자음	ㄱ, ㄴ, ㄷ, ㄹ, ㅁ, ㅂ, ㅅ, ㅇ, ㅈ, ㅊ, ㅋ, ㅌ, ㅍ, ㅎ
한글모음	ㅏ, ㅑ, ㅓ, ㅕ, ㅗ, ㅛ, ㅜ, ㅠ, ㅡ, ㅣ
사전순서자음	ㄱ, ㄲ, ㄴ, ㄷ, ㄸ, ㄹ, ㅁ, ㅂ, ㅃ, ㅅ, ㅆ, ㅇ, ㅈ, ㅉ, ㅊ, ㅋ, ㅌ, ㅍ, ㅎ
알파벳	A, B, C, D, E, F, G, H, I, J, K, L, M, N, O, P, Q, R, S, T, U, V, W, X, Y, Z

수추리

기본문제

1 다음 (   )에 들어갈 적절한 숫자를 고르시오.

| 보기 |

$$1 \quad 16 \quad 81 \quad 256 \quad 625 \quad (\quad)$$

① 836　　　　　　② 1026　　　　　③ 1250　　　　　④ 1296

정답 ④

$1^4, 2^4, 3^4, 4^4, 5^4, 6^4$

2 다음 (   )에 들어갈 적절한 숫자를 고르시오.　　　　　　　　　　　　　　　　(기출유형)

| 보기 |

$$1 \quad \frac{3}{2} \quad \frac{8}{5} \quad \frac{21}{13} \quad \frac{55}{34} \quad (\quad)$$

① $\frac{68}{56}$　　　　　② $\frac{89}{68}$　　　　　③ $\frac{95}{77}$　　　　　④ $\frac{144}{89}$

정답 ④

$\frac{3}{2}$은 $\frac{1}{1}$에서 분모는 $1+1=2$이고 분자는 $1+2=3$이다. 이후 동일한 방법이 적용된다.

따라서 $34+55=89$이고, $55+89=134$이다. $\frac{144}{89}$

3 다음 (   )에 들어갈 적절한 숫자를 고르시오.

| 보기 |

$$5 \quad -4 \quad 1 \quad -3 \quad -2 \quad (\quad)$$

① 2　　　　　　　② -3　　　　　③ 4　　　　　④ -5

> **정답** ④
>
> $5+(-4)=1$, $-4+1=-3$으로 두수의 합으로 이루어진 피보나치수열이므로
> $-3+(-2)=-5$이다.

④ 다음 ( )에 들어갈 적절한 숫자 혹은 문자를 고르시오.

102	( )	$\downarrow$ -1
17		0
12	3	0

① 2   ② 51   ③ 109   ④ 110

> **정답** ③
>
> $-1 \rightarrow 0 \rightarrow 0 \rightarrow 3 \rightarrow 12 \rightarrow 17 \rightarrow 102 \rightarrow ?$
> $\quad +1 \quad \times 2 \quad +3 \quad \times 4 \quad +5 \quad \times 6 \quad +7$

⑤ 다음 ( )에 들어갈 적절한 숫자 혹은 문자를 고르시오.

> | 보기 |
>
> $1 \quad \dfrac{2}{3} \quad \dfrac{5}{7} \quad \dfrac{12}{17} \quad (\ ) \quad \dfrac{70}{99}$

① $\dfrac{8}{9}$ ② $\dfrac{16}{25}$ ③ $\dfrac{25}{36}$ ④ $\dfrac{29}{41}$

> **정답** ④
>
> 분자 : 앞의 수의 분자와 분모를 더하면 뒤의 수의 분자가 된다.
>
> $1 \quad \rightarrow \quad 2 \quad \rightarrow \quad 5 \quad \rightarrow \quad 12 \quad \rightarrow \quad 29 \quad \rightarrow \quad 70$
> $\qquad 1+1 \qquad 2+3 \qquad 5+7 \qquad 12+17 \qquad 29+41$
>
> 분모 : 앞의 수의 분자와 뒤의 수의 분자를 더하면 뒤의 수의 분모가 된다.
>
> $1 \quad \rightarrow \quad 3 \quad \rightarrow \quad 7 \quad \rightarrow \quad 17 \quad \rightarrow \quad 41 \quad \rightarrow \quad 99$
> $\qquad 1+2 \qquad 2+5 \qquad 5+12 \qquad 12+29 \qquad 29+70$

⑥ 다음 (   )에 들어갈 적절한 문자를 고르시오.   (기출유형)

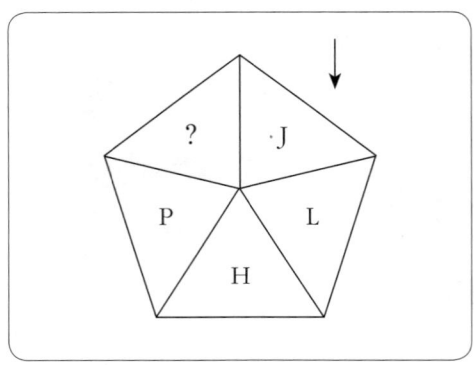

① Z   ② Q   ③ T   ④ A

> **정답** ①
>
> 알파벳순서는 다음과 같다.
> A, B, C, D, E, F, G, H, I, J, K, L, M, N, O, P, Q, R, S, T, U, V, W, X, Y, Z
> J → L : 우측으로 2칸 이동, L → H : 좌측으로 4칸 이동, H → P는 우측으로 8칸 이동했으므로
> P → ? 는 좌측으로 16칸이동하므로 Z이다.

⑦ 다음 (   )에 들어갈 적절한 문자를 고르시오.

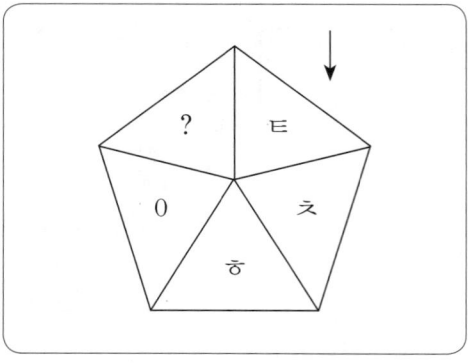

① ㄱ   ② ㄴ   ③ ㄷ   ④ ㄹ

> **정답** ②
>
> 한글자음순서는 다음과 같다.
> ㄱ, ㄴ, ㄷ, ㄹ, ㅁ, ㅂ, ㅅ, ㅇ, ㅈ, ㅊ, ㅋ, ㅌ, ㅍ, ㅎ
> ㅌ → ㅊ : 좌측으로 2칸이동, ㅊ → ㅎ : 우측으로 4칸이동, ㅎ → ㅂ는 좌측으로 6칸 이동했으므로
> ㅂ → ? 는 우측으로 8칸 이동하므로 ㄴ이다.

8 공통된 규칙을 찾아 '?' 에 알맞은 답을 찾으시오.　　　　　　　　　(기출유형)

| 보기 |

I　　O　　A　　Y　　(?)

① E　　　　　　② M　　　　　　③ W　　　　　　④ U

정답 ④

I를 기준으로 순서대로 이동하면 규칙을 찾을 수 있다.

1 2 3 4 5 6 7 8 9 10 11 12 13 14 15 16 17 18 19 20 21 22 23 24 25 26

I J K L M N O P Q R S T U V W X Y Z A B C D E F G H

$I \quad \rightarrow \quad O \quad \rightarrow \quad A \quad \rightarrow \quad Y \quad \rightarrow \quad U$

$3+2^1 \qquad 3+2^2 \qquad 3+2^3 \qquad 3+2^4$

9 다음의 ? 에 들어갈 적당한 자음을 보기에서 고르시오.

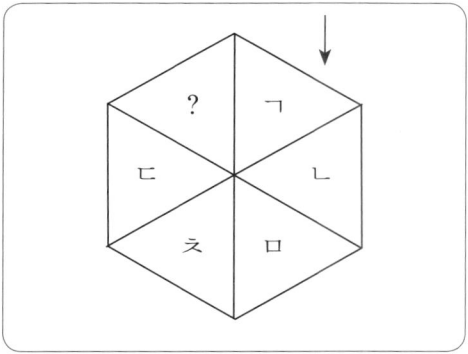

① ㄹ　　　　　　② ㅅ　　　　　　③ ㅌ　　　　　　④ ㅍ

정답 ③

　　　+1칸　　　+3칸　　　+5칸　　　+7칸　　　+9칸

ㄱ ⟶ ㄴ ⟶ ㅁ ⟶ ㅊ ⟶ ㄷ ⟶ (?)

자음: ㄱ, ㄴ, ㄷ, ㄹ, ㅁ, ㅂ, ㅅ, ㅇ, ㅈ, ㅊ, ㅋ, ㅌ, ㅍ, ㅎ

10 다음의 ? 에 들어갈 적절한 문자를 고르시오.

| 보기 |

H   K   E   N   (?)

① A   ② B   ③ K   ④ Q

정답 ②

$$H \xrightarrow{+3} K \xrightarrow{-6} E \xrightarrow{+9} N \xrightarrow{-12} B$$

1

수추리
실전문제

1. 다음 ( )에 들어갈 적절한 숫자 혹은 문자를 고르시오.

| −1 1 4 9 16 27 ( ) |

① 32　　　② 40　　　③ 49　　　④ 64

2. 다음 (?)에 들어갈 적절한 숫자 혹은 문자를 고르시오.

| 2 3 5 7 11 13 ( ) |

① 15　　　② 16　　　③ 17　　　④ 18

3. 다음 (?)에 들어갈 적절한 숫자 혹은 문자를 고르시오. (기출유형)

40	?	−2	↓
25	13	4	

① 55　　　② 58　　　③ 60　　　④ 64

4. 다음 ( )에 들어갈 적절한 숫자 혹은 문자를 고르시오.

| −4　−2　1　2　5　$\frac{5}{2}$　( ) |

① $\frac{1}{2}$　　② 5　　③ $\frac{11}{2}$　　④ 9

5. 다음 ( )에 들어갈 적절한 숫자 혹은 문자를 고르시오.

$$\frac{5}{2}, \frac{8}{5}, \frac{21}{13}, \frac{55}{34}, \frac{144}{89}, ( )$$

① $\frac{244}{219}$　② $\frac{257}{229}$　③ $\frac{377}{233}$　④ $\frac{384}{261}$

6. 다음 (?)에 들어갈 적절한 숫자 혹은 문자를 고르시오.

↓

?	3	2
−6	?	4
−1	4	1

① −55　　② −28　　③ −13　　④ −7

7. 다음 (?)에 들어갈 적절한 숫자 혹은 문자를 고르시오.

128	?	2	↓
16	4	2	

① 256　　② 1,024　　③ 1,280　　④ 2,048

8. 다음 ( )에 들어갈 적절한 숫자 혹은 문자를 고르시오.

| −1　0　2　5　( ) |

① 8　　　② 9　　　③ 10　　　④ 11

9. 다음 ( )에 들어갈 적절한 숫자 혹은 문자를 고르시오.

| 2　2　4　12　16　( ) |

① 55　　　② 67　　　③ 80　　　④ 92

10. 다음 ( )에 들어갈 적절한 숫자 혹은 문자를 고르시오.

| 2　4　8　6　12　14　( ) |

① 18　　　② 20　　　③ 22　　　④ 28

11. 다음 (?)에 들어갈 적절한 숫자 혹은 문자를 고르시오.(기출유형)

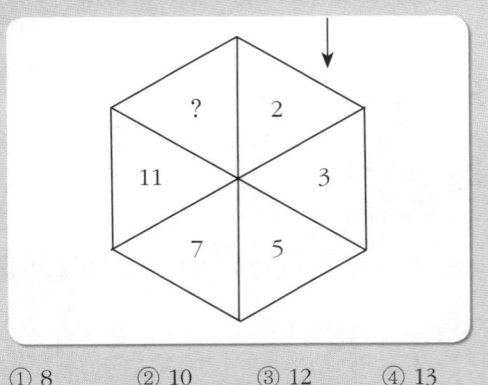

① 8　　　② 10　　　③ 12　　　④ 13

12. 다음 (?)에 들어갈 적절한 숫자 혹은 문자를 고르시오.

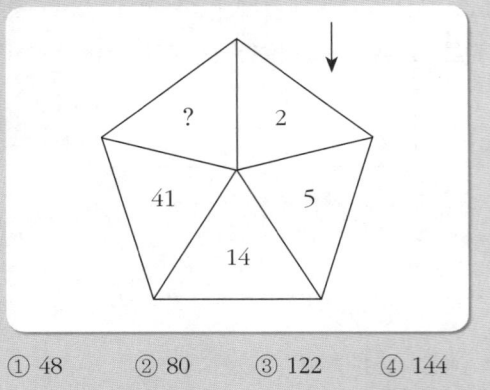

① 48　　　② 80　　　③ 122　　　④ 144

13. 다음 (　　)에 들어갈 적절한 숫자 혹은 문자를 고르시오.

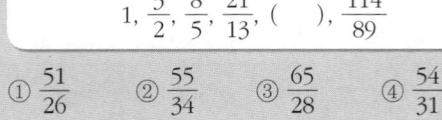

$1, \dfrac{3}{2}, \dfrac{8}{5}, \dfrac{21}{13}, (\quad), \dfrac{114}{89}$

① $\dfrac{51}{26}$　　② $\dfrac{55}{34}$　　③ $\dfrac{65}{28}$　　④ $\dfrac{54}{31}$

14. 다음 (?)에 들어갈 적절한 숫자 혹은 문자를 고르시오.

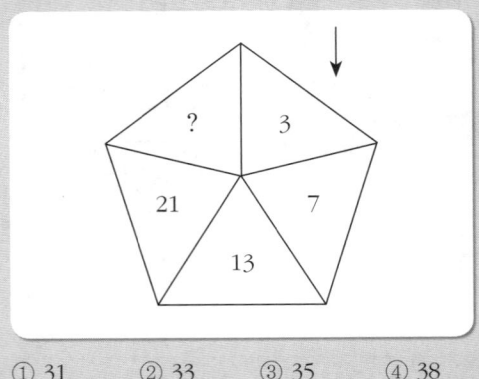

① 31　　　② 33　　　③ 35　　　④ 38

15. 다음 (?)에 들어갈 적절한 숫자 혹은 문자를 고르시오.

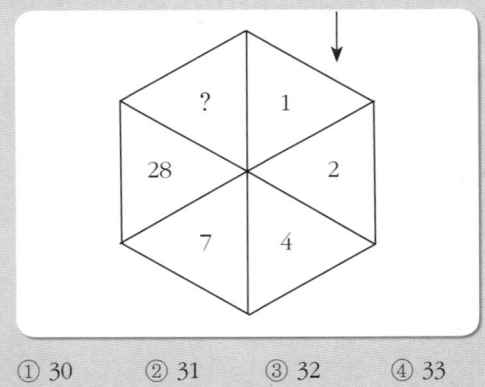

① 30　　　② 31　　　③ 32　　　④ 33

16. 다음 (?)에 들어갈 적절한 숫자 혹은 문자를 고르시오.

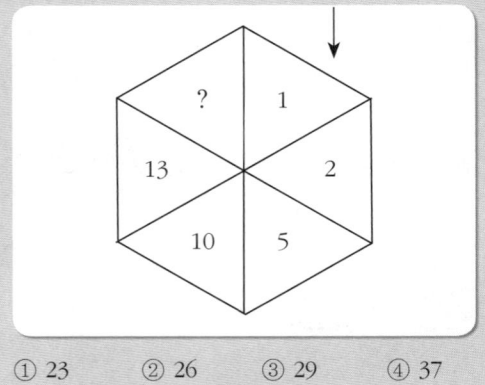

① 23　　　② 26　　　③ 29　　　④ 37

17. 다음 (?)에 들어갈 적절한 숫자 혹은 문자를 고르시오.(기출유형)

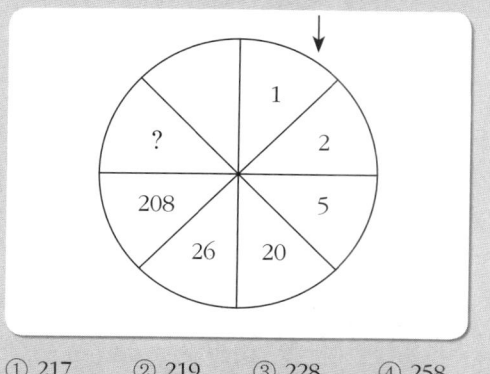

① 217   ② 219   ③ 228   ④ 258

18. 다음 (?)에 들어갈 적절한 숫자 혹은 문자를 고르시오.

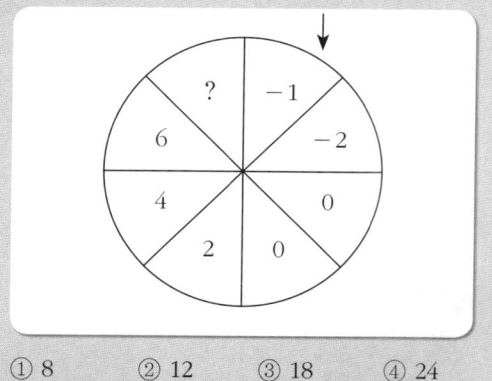

① 8   ② 12   ③ 18   ④ 24

19. 다음 (?)에 들어갈 적절한 숫자 혹은 문자를 고르시오.

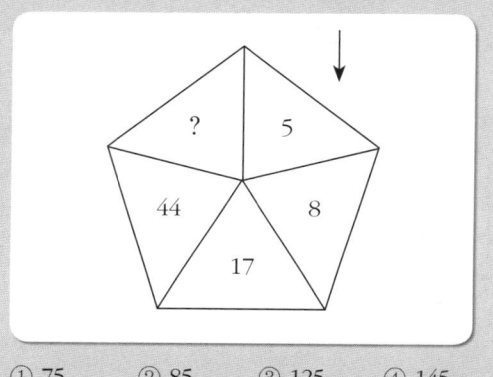

① 75   ② 85   ③ 125   ④ 145

20. 다음 (?)에 들어갈 적절한 숫자 혹은 문자를 고르시오.

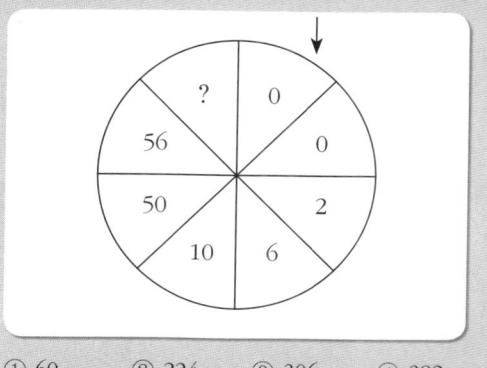

① 60   ② 224   ③ 306   ④ 392

21. 다음 (?)에 들어갈 적절한 숫자 혹은 문자를 고르시오.

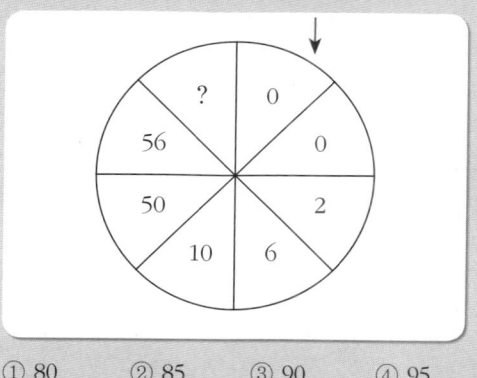

① 80   ② 85   ③ 90   ④ 95

22. 다음 (?)에 들어갈 적절한 숫자 혹은 문자를 고르시오.

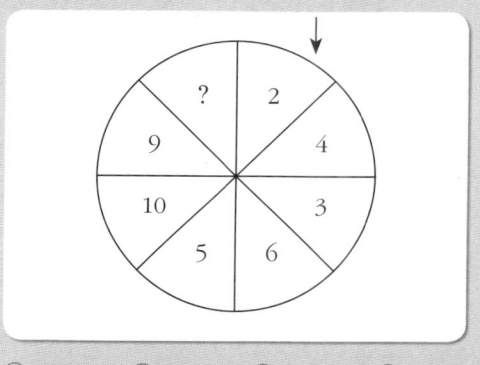

① 18   ② 20   ③ 22   ④ 24

23. 다음 (?)에 들어갈 적절한 숫자 혹은 문자를 고르시오.

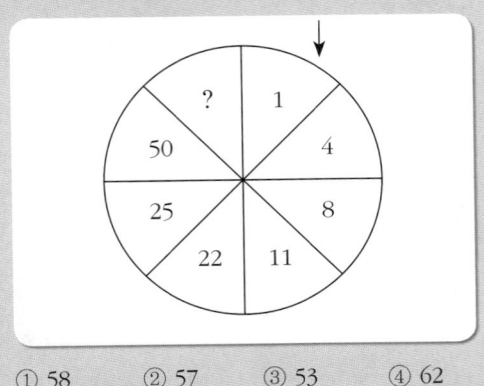

① 58　　　② 57　　　③ 53　　　④ 62

24. 다음 ( )에 들어갈 적절한 숫자 혹은 문자를 고르시오.(기출유형)

5	5	7
( )		4
3	6	4

① 2　　　② 3　　　③ 3　　　④ 5

25. 다음 (?)에 들어갈 적절한 숫자 혹은 문자를 고르시오.

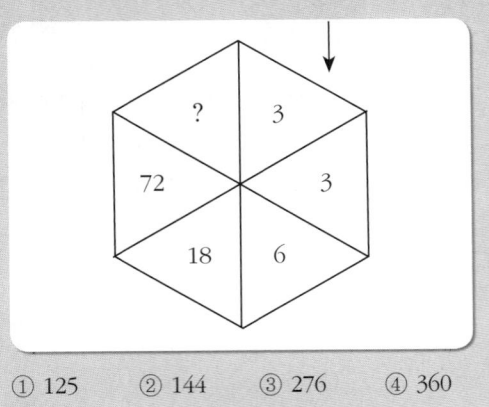

① 125　　　② 144　　　③ 276　　　④ 360

26. 다음 ( )에 들어갈 적절한 숫자 혹은 문자를 고르시오.

( )		1
36		4
25	16	9

① 38　　　② 49　　　③ 55　　　④ 63

27. 다음 (?)에 들어갈 적절한 숫자 혹은 문자를 고르시오.

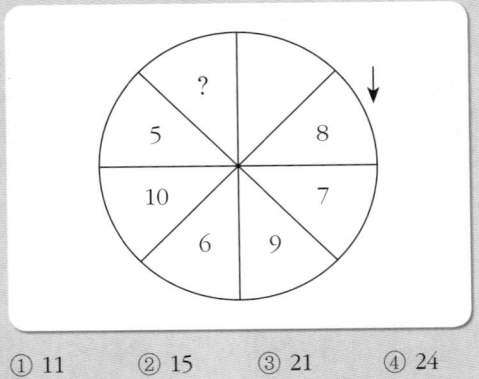

① 11　　　② 15　　　③ 21　　　④ 24

28. 다음 ( )에 들어갈 적절한 숫자 혹은 문자를 고르시오.

3	2	1	5	4	1	( )

① 6　　　② 7　　　③ 8　　　④ 9

29. 다음 ( )에 들어갈 적절한 숫자 혹은 문자를 고르시오.

2	3	5
( )		8
7	5	4

① 9　　　② 8　　　③ 10　　　④ 13

30. 다음 ( )에 들어갈 적절한 숫자 혹은 문자를 고르시오.

6	7	5
		8
( )	9	4

① 8   ② 7   ③ 6   ④ 3

31. 다음 (?)에 들어갈 적절한 숫자 혹은 문자를 고르시오.

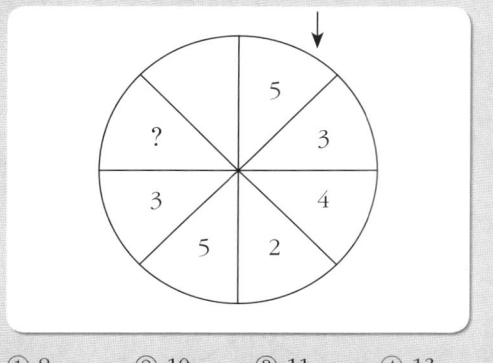

① 8   ② 10   ③ 11   ④ 13

32. 다음 ( )에 들어갈 적절한 숫자 혹은 문자를 고르시오.

23	( )	2
22		4
11	10	5

① 46   ② 52   ③ 55   ④ 61

33. 다음 ( )에 들어갈 적절한 숫자 혹은 문자를 고르시오.

2 3 6 3 4 8 5 6 ( )

① 6   ② 12   ③ 13   ④ 15

34. 다음 ( )에 들어갈 적절한 숫자 혹은 문자를 고르시오.

10	( )	1
7		2
8	4	1

① 18   ② 20   ③ 22   ④ 24

35. 다음 (?)에 들어갈 적절한 숫자 혹은 문자를 고르시오.(기출유형)

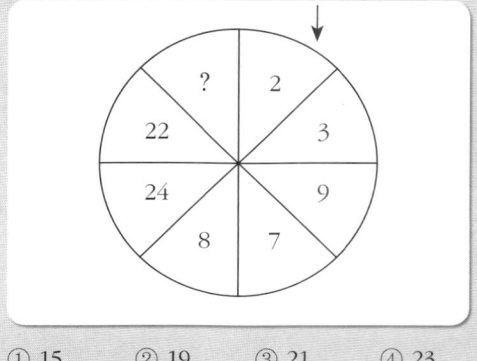

① 15   ② 19   ③ 21   ④ 23

36. 다음 ( )에 들어갈 적절한 문자를 고르시오.

G   I   F   J   ( )

① A   ② C   ③ E   ④ F

37. 다음 ( )에 들어갈 적절한 문자를 고르시오.

J   L   I   K   ( )

① Z   ② B   ③ E   ④ H

38. 다음 (?)에 들어갈 적절한 숫자 혹은 문자를 고르시오.

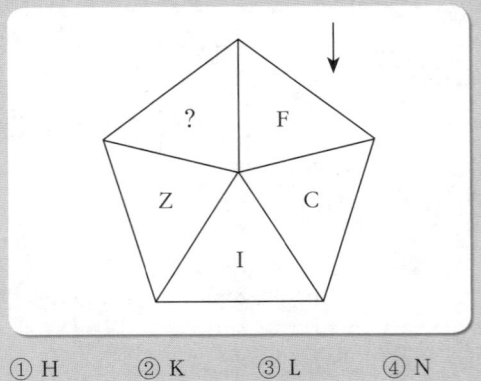

① H   ② K   ③ L   ④ N

39. 다음 (?)에 들어갈 적절한 숫자 혹은 문자를 고르시오.

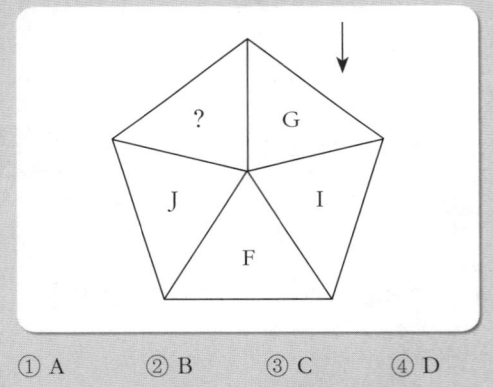

① A   ② B   ③ C   ④ D

40. 다음 ( )에 들어갈 적절한 숫자 혹은 문자를 고르시오.

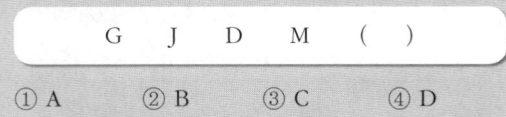

G   J   D   M   ( )

① A   ② B   ③ C   ④ D

41. 다음 (?)에 들어갈 적절한 숫자 혹은 문자를 고르시오.

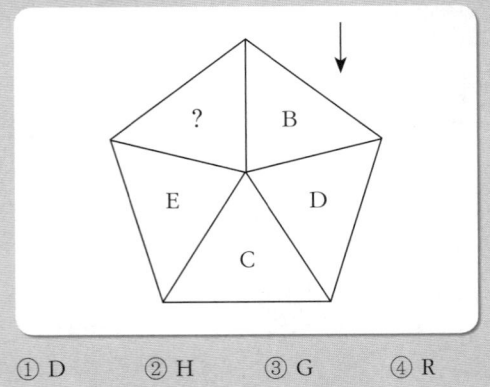

① D   ② H   ③ G   ④ R

42. 다음 (?)에 들어갈 적절한 숫자 혹은 문자를 고르시오.

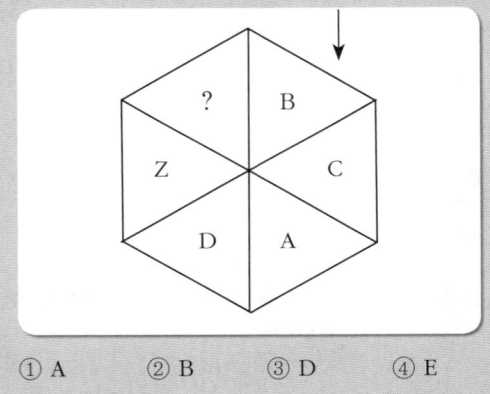

① A   ② B   ③ D   ④ E

43. 다음 (?)에 들어갈 적절한 숫자 혹은 문자를 고르시오.

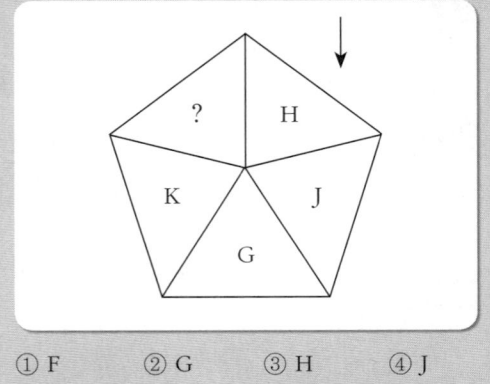

① F   ② G   ③ H   ④ J

44. 다음 ( )에 들어갈 적절한 숫자 혹은 문자를 고르시오.(기출유형)

| ㅍ | ㄱ | ㅋ | ㄷ | ( ) |

① ㅂ   ② ㅈ   ③ ㅊ   ④ ㅋ

45. 다음 (?)에 들어갈 적절한 숫자 혹은 문자를 고르시오.

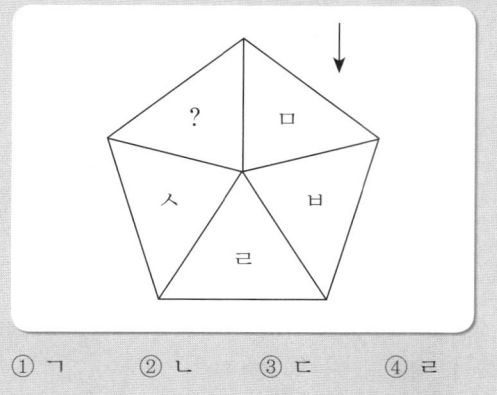

① ㄱ   ② ㄴ   ③ ㄷ   ④ ㄹ

46. 다음 (?)에 들어갈 적절한 숫자 혹은 문자를 고르시오.

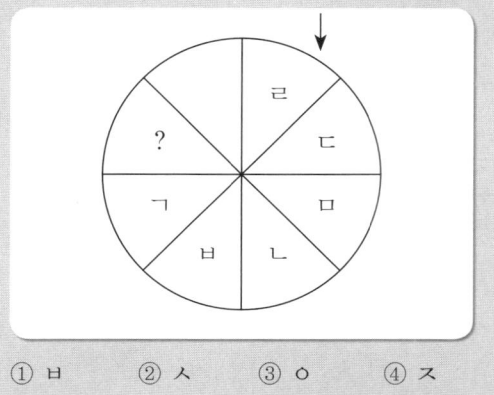

① ㅂ   ② ㅅ   ③ ㅇ   ④ ㅈ

47. 다음 ( )에 들어갈 적절한 숫자 혹은 문자를 고르시오.

| ㅑ | ? | ㅑ | ↓ |
| ㅕ | ㅠ | ㅕ | |

① ㅏ   ② ㅑ   ③ ㅓ   ④ ㅕ

48. 다음 ( )에 들어갈 적절한 문자를 고르시오.(기출유형)

| 돈 | ? | 콥 | ↓ |
| 즌 | 달 | 펌 | |

① 춈   ② 속   ③ 픽   ④ 붕

49. 다음 (?)에 들어갈 적절한 문자를 고르시오.

ㅅ	?	ㄱ	↓
ㅍ		ㄹ	
ㄹ	ㅇ	ㄴ	

① ㄹ   ② ㅁ   ③ ㅍ   ④ ㅎ

50. 다음의 (?)에 들어갈 적절한 문자를 고르시오.

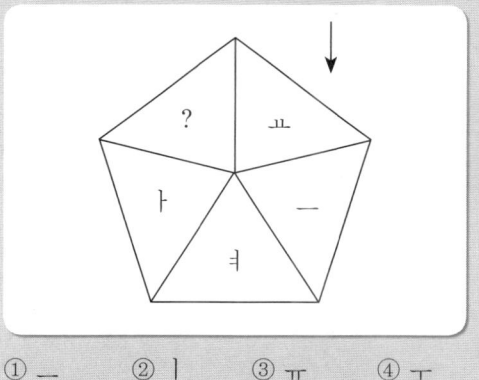

① ㅡ   ② ㅣ   ③ ㅠ   ④ ㅜ

수추리 실전문제
정답 및 해설

[1] 정답 ☞ ②

$$-1 \;\to\; 1 \;\to\; 4 \;\to\; 9 \;\to\; 16 \;\to\; 27 \;\to\; ?$$
$$\quad +2 \qquad +3 \qquad +5 \qquad +7 \qquad +11$$

이므로 더해지는 수는 가장 작은 소수부터 한 단계씩 큰 소수로 변화하고 있다.

따라서 27에 더해지는 수는 11다음으로 큰 13이다.

[2] 정답 ☞ ③

가장 작은 소수부터 한 단계 큰 소수로 변화하고 있으므로 13 다음의 소수는 17이다.

[3] 정답 ☞ ②

$$-2 \;\to\; 4 \;\to\; 13 \;\to\; 25 \;\to\; 40 \;\to\; ?$$
$$\quad +6 \qquad +9 \qquad +12 \qquad +15 \qquad +18$$

이므로 3의 배수만 큼 더해짐을 알 수 있다.

따라서 40+18은 58이다.

[4] 정답 ☞ ③

$$-4 \;\to\; -2 \;\to\; 1 \;\to\; 2 \;\to\; 5 \;\to\; \frac{5}{2} \;\to\; ?$$
$$\quad \div 2 \qquad +3 \qquad \times 2 \qquad +3 \qquad \div 2$$

이므로 ÷2 +3 ×2 +3의 규칙을 따르는 것으로 볼 수 있다.

따라서 $\frac{5}{2}$에 3을 더하면 $\frac{11}{2}$이다.

[5] 정답 ☞ ③

$$\frac{3}{2} \;\to\; \frac{8}{5} \;\to\; \frac{21}{13} \;\to\; \frac{55}{34} \;\to\; \frac{144}{89} \;\to\; (\quad)$$

분모   2+3   5+8   13+21   34+55

분자   3+5   8+13   21+34   55+89

분모는 89+144=233, 분자는 144+233=377

[6] 정답 ☞ ③

$$3 \;\to\; 2 \;\to\; 4 \;\to\; 1 \;\to\; 4 \;\to\; -1 \;\to\; -6$$
$$\;\;\;-1 \quad\;\; \times 2 \quad\;\; -3 \quad\;\; \times 4 \quad\;\; -5 \quad\;\; \times 6$$

이므로 $-6-7=-13$이다.

[7] 정답 ☞ ④

$$2 \;\to\; 2 \;\to\; 4 \;\to\; 16 \;\to\; 128 \;\to\; \;?$$
$$\;\;\times 1 \quad\;\; \times 2 \quad\;\; 4 \quad\;\; 8 \quad\;\; 16$$

이므로 $128 \times 16 = 2,048$이다.

[8] 정답 ☞ ②

$$-1 \;\to\; 0 \;\to\; 2 \;\to\; 5 \;\to\; \;?$$
$$\;\;\;+1 \quad\;\; +2 \quad\;\; +3 \quad\;\; +4$$

[9] 정답 ☞ ③

$$2 \;\to\; 2 \;\to\; 4 \;\to\; 12 \;\to\; 16 \;\to\; \;?$$
$$\;\;\times 1 \quad\;\; +2 \quad\;\; \times 3 \quad\;\; +4 \quad\;\; \times 5$$

[10] 정답 ☞ ④

$$2 \;\to\; 4 \;\to\; 8 \;\to\; 6 \;\to\; 12 \;\to\; 14 \;\to\; \;?$$
$$\;\;+2 \quad\;\; \times 2 \quad\;\; -2 \quad\;\; \times 2 \quad\;\; +2 \quad\;\; \times 2$$

[11] 정답 ☞ ④

소수의 나열

[12] 정답 ☞ ③

$+3 \to +3 \to +3 \to +3$

[13] 정답 ☞ ②

분모	$1+1$	$2+3$	$5+8$	$21+13$
분자	$1+2$	$3+5$	$8+13$	$21+34$

분모는 $13+21=34$, 분자는 $21+34=55$

[14] 정답 ☞ ①

$+4 \to +6 \to +8 \to +10$

[15] 정답 ☞ ④

$+1 \to \times 2 \to +3 \to \times 4 \to +5$

[16] 정답 ☞ ②

$\times 2 \to +3 \to \times 2 \to +3$

[17] 정답 ☞ ①

$\times 2 \to +3 \to \times 4 \to +6 \to \times 8 \to +9$

[18] 정답 ☞ ②

$\times 2 \to +2 \to \times 2 \to +2 \to \times 2 \to +2$

[19] 정답 ☞ ③

$$5 \quad \rightarrow \quad 8 \quad \rightarrow \quad 17 \quad \rightarrow \quad 44 \quad \rightarrow \quad (\quad)$$
$$+3 \quad \rightarrow \quad +9 \quad \rightarrow \quad +27 \quad \rightarrow \quad +81$$
$$\times 3 \qquad \times 3 \qquad \times 3$$

[20] 정답 ☞ ④

홀수는 ×, 짝수는 +

[21] 정답 ☞ ①

$\times 4 \rightarrow +4 \rightarrow \times 3 \rightarrow +3 \rightarrow \times 2 \rightarrow +2 \rightarrow \times 1$

[22] 정답 ☞ ①

$\times 2 \rightarrow -1 \rightarrow \times 2 \rightarrow -1 \rightarrow \times 2 \rightarrow -1 \rightarrow \times 2$

[23] 정답 ☞ ③

$+3 \rightarrow \times 2 \rightarrow +3 \rightarrow \times 2 \rightarrow +3 \rightarrow \times 2 \rightarrow +3$

[24] 정답 ☞ ③

$\times 1 \rightarrow +2 \rightarrow -3 \rightarrow \times 1 \rightarrow +2 \rightarrow -3 \rightarrow \times 1$

[25] 정답 ☞ ④

$\times 1 \rightarrow \times 2 \rightarrow \times 3 \rightarrow \times 4 \rightarrow \times 5$

[26] 정답 ☞ ②

$+3 \rightarrow +5 \rightarrow +7 \rightarrow +9 \rightarrow +11 \rightarrow +13$

[27] 정답 ☞ ①

홀수번째 숫자 혹은 문자는 -1, 짝수번째 숫자 혹은 문자는 $+1$

[28] 정답 ☞ ②

1, 4 항은 3, 5로 홀수의 나열이고 2, 5항은 2, 4로 짝수 혹은 2의 배수의 나열 그리고 3, 6항은 1인 규칙이 있다.

[29] 정답 ☞ ③

$+1 \rightarrow +2 \rightarrow +3 \rightarrow +1 \rightarrow +2 \rightarrow +3 \rightarrow +1$

[30] 정답 ☞ ④

$+1 \rightarrow -2 \rightarrow +3 \rightarrow -4 \rightarrow +5 \rightarrow -6$

[31] 정답 ☞ ①

$-2 \rightarrow +1 \rightarrow -2 \rightarrow +3 \rightarrow -2 \rightarrow +5$

[32] 정답 ☞ ①

$\times 2 \rightarrow +1 \rightarrow \times 2 \rightarrow +1 \rightarrow \times 2 \rightarrow +1 \rightarrow \times 2$

[33] 정답 ☞ ②

. $+1 \rightarrow \times 2 \rightarrow -3 \rightarrow +1 \rightarrow \times 2 \rightarrow -3 \rightarrow +1 \rightarrow \times 2$

[34] 정답 ☞ ②

$\times 2 \rightarrow -1 \rightarrow +3 \rightarrow +1 \rightarrow \times 2 \rightarrow -1 \rightarrow +3 \rightarrow +1 \rightarrow \times 2$

[35] 정답 ☞ ④

$+1 \rightarrow \times 3 \rightarrow -2 \rightarrow +1 \rightarrow \times 3 \rightarrow -2 \rightarrow +1$

[36] 정답 ☞ ③

$+2 \rightarrow -3 \rightarrow +4 \rightarrow -5$

[37] 정답 ☞ ④

$+2 \rightarrow -3 \rightarrow +2 \rightarrow -3$

[38] 정답 ☞ ③

$-3 \rightarrow +6 \rightarrow -9 \rightarrow +12$

[39] 정답 ☞ ④

$+2 \rightarrow -3 \rightarrow +4 \rightarrow -6$

[40] 정답 ☞ ①

$+3 \rightarrow -6 \rightarrow +9 \rightarrow -12$

G → J : 우측으로 3칸 이동, J → D : 좌측으로 6칸 이동, D → M는 우측으로 9칸 이동
했으므로 M → ? 는 좌측으로 12칸 이동하므로 A이다.

[41] 정답 ☞ ①

$+2 \rightarrow -1 \rightarrow +2 \rightarrow -1$

[42] 정답 ☞ ④

$+1 \rightarrow -2 \rightarrow +3 \rightarrow -4 \rightarrow +5$

[43] 정답 ☞ ①

$+2 \rightarrow -3 \rightarrow +4 \rightarrow -5$

[44] 정답 ☞ ②

$+2 \rightarrow -4 \rightarrow +6 \rightarrow -8$

[45] 정답 ☞ ③

$+1 \rightarrow -2 \rightarrow +3 \rightarrow -4$

[46] 정답 ☞ ②

$-1 \rightarrow +2 \rightarrow -3 \rightarrow +4 \rightarrow -5 \rightarrow +6$

[47] 정답 ☞ ②

한글모음순서는 다음과 같다.

ㅏ,ㅑ,ㅓ,ㅕ,ㅗ,ㅛ,ㅜ,ㅠ,ㅡ,ㅣ

$+2 \rightarrow +4 \rightarrow +6 \rightarrow +8 \rightarrow +10$

ㅑ → ㅕ : 우측으로 2칸 이동, ㅕ → ㅠ : 우측으로 4칸 이동, ㅠ → ㅕ 는 우측으로 6칸 이동
ㅕ → ㅑ 는 우측으로 8칸 이동했으므로 ㅕ → ㅑ 는 우측으로 10칸 이동하므로 ㅑ 이다.

[48] 정답 ☞ ③

한글자음변화

$+2 \rightarrow +4 \rightarrow +6 \rightarrow +8 \rightarrow +10$

ㅋ → ㅍ : 우측으로 2칸 이동, ㅍ → ㄷ : 우측으로 4칸 이동
ㄷ → ㅈ : 우측으로 6칸 이동, ㅈ → ㄷ : 우측으로 8칸 이동하므로
ㄷ은 우측으로 10칸 이동하므로 ㅍ이다.

한글모음변화

$-1 → -2 → -3 → -4 → -5$

ㅗ → ㅕ : 좌측으로 1칸 이동, ㅕ → ㅑ : 좌측으로 2칸 이동

ㅑ → ㅡ : 좌측으로 3칸 이동, ㅡ → ㅗ : 좌측으로4칸 이동하므로

ㅗ는 좌측으로 5칸 이동하므로 ㅣ 이다.

한글받침변화

$-1 → -1 → -1 → -1 → -1$

ㅂ → ㅁ : 좌측으로 1칸 이동, ㅁ → ㄹ : 좌측으로 1칸 이동

ㄹ → ㄷ : 좌측으로 1칸 이동, ㄷ → ㄴ : 좌측으로 1칸 이동하므로

ㄴ도 좌측으로 1칸 이동하므로 ㄱ이다.

[49] 정답 ☞ ②

$+3 → -2 → +6 → -4 → +9 → -6 → +12$

ㄱ → ㄹ : 우측으로 3칸 이동, ㄹ → ㄴ : 좌측으로 2칸 이동, ㄴ → ㅇ는 우측으로 6칸 이동

ㅇ → ㄹ : 좌측으로 4칸 이동 했으므로 ㅅ → ? 는 우측으로 12칸 이동하므로 ㅁ 이다.

[50] 정답 ☞ ②

모음의 변화 : $-7 → -5 → -3 → -1$ 왼쪽으로 7에서 2씩 감소하는 만큼 이동

[주의] 7부터 점차 줄어드는 소수라고 생각하여 -2라고 판단할 수 있다.

그러나 주어진 변화는 7부터 점차 2씩 줄어드는 모습만을 규칙으로 보여주고 있다.

따라서 3에서 2가 줄어든 1칸을 이동하는 것이 주어진 조건을 통한 적절한 추론이 된다.

실제 기출에서 이와 같이 출제되었다.

단모음 순서 : ㅏ, ㅑ, ㅓ, ㅕ, ㅗ, ㅛ, ㅜ, ㅠ, ㅡ, ㅣ

Part Ⅱ 핵심이론과 기본문제
2 도형추리

이것만은 알고 가자

1. 평면도형의 변환

보기로 주어진 도형의 변화된 모양을 통해 변화의 규칙성을 추리하고, 알아낸 규칙성을 해결 과제로 주어진 도형에 적용하여 변화된 도형의 모습을 추리하는 문제이다. 보기로 주어진 도형을 통해 도형변화의 규칙성을 파악할 수 있어야 문제해결이 가능하다. 일반적으로 아래의 7가지 유형 중에서 출제되므로 아래의 유형에 익숙해져야 한다.

1. 좌우대칭 (Y축대칭)
2. 상하대칭 (X축대칭)
3. 시계방향 90° 회전
4. 시계방향 180° 회전

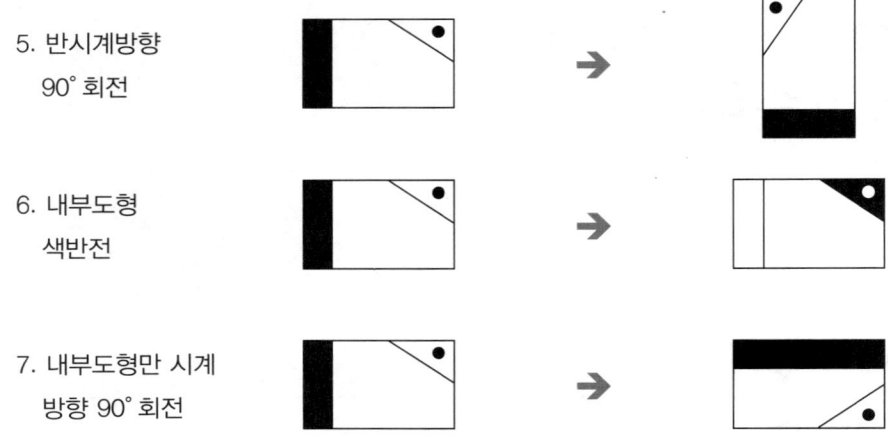

5. 반시계방향
   90° 회전

6. 내부도형
   색반전

7. 내부도형만 시계
   방향 90° 회전

2. 펀칭 / 전개도 / 블록

　　펀칭문제의 경우 도형변환보다는 한 단계 높은 공간지각능력이 요구된다. 펀칭을 뚫어 놓은 종이가 펼쳐졌을 때 펀칭의 위치와 더불어 그 개수까지 판단해야 하기 때문이다. 나아가 전개도와 블록의 경우에는 펀칭보다 한 단계 입체적인 공간감적 능력이 요구된다. 주어지는 전개도 및 블록은 입체도형을 이용하여 출제된 것이기 때문이다. 그러나 도형추리와 마찬가지로 펀칭·전개도 및 블록세기에서 측정하고 하는 것이 누가 더 우수한 공간지각능력을 가졌느냐가 아니라 기본적인 공간지각능력을 갖추었느냐에 초점이 맞추어져 있다.

펀　칭	점선을 기준으로 종이를 접은 후 펀칭후의 그림을 찾는 문제
전개도	전개도를 통해 만들어지는 입체와 같은 전개도를 찾는 문제
블　록	주어진 조건에 따른 블록의 개수를 추리하는 문제

2 도형추리
기본문제

1 다음 보기의 ? 에 들어갈 적당한 도형을 고르시오.

| 보기 |

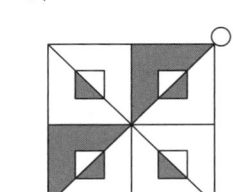 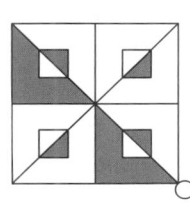 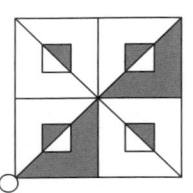 

① 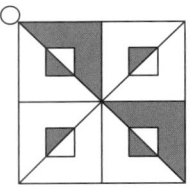　② 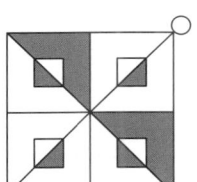　③ 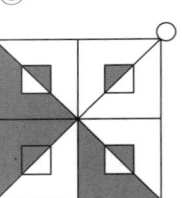　④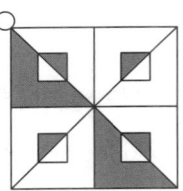

정답 ①

사각형 꼭지점에 붙은 작은 원은 시계방향으로 색칠한 부분은 반 시계방향으로 이동하면서 작은 네모 안에 있는 색깔을 바꾼다.

2 다음 보기의 ? 에 들어갈 적절한 도형를 고르시오.

| 보기 |

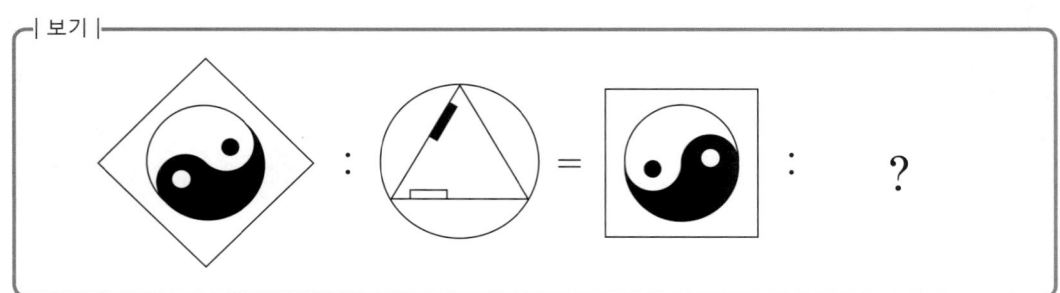

①　　　　②　　　　③　　　　④

정답 ③

주어진 도형은 우선 시계방향으로 45° 회전했으며, 도형안의 모양이 좌우대칭하였다. 따라서 시계방향 45° 회전과 좌우대칭을 규칙으로 하여 문제의 도형을 변형한 도형을 찾는다.

3 다음 보기의 ? 에 들어갈 적당한 도형을 고르시오.

| 보기 |

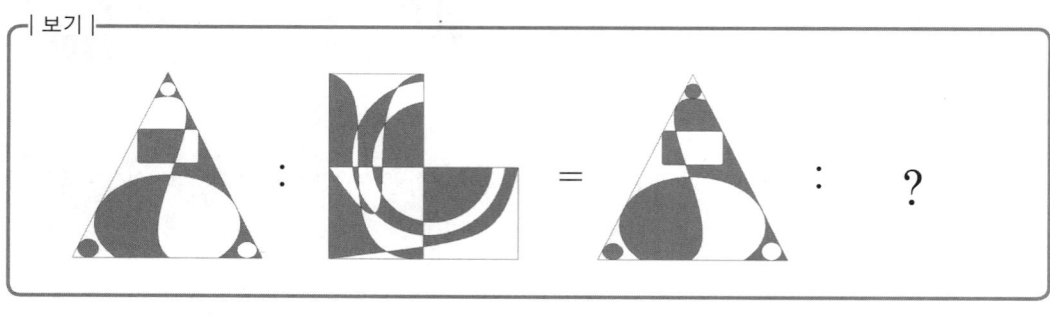

①　　　　②　　　　③　　　　④

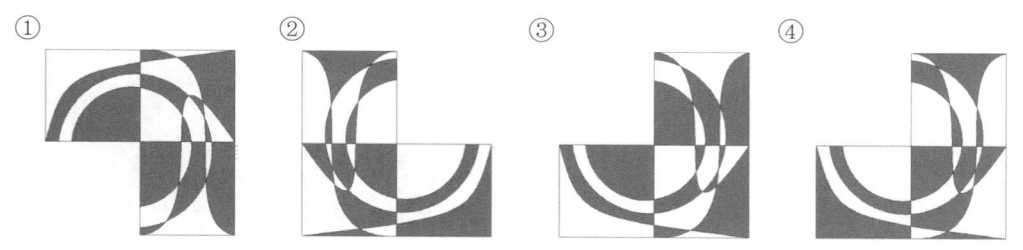

정답 ④

색반전과 좌우대칭이 이루어진 도형이다.

4~6 다음 각 기호들은 아래 그림과 같은 규칙으로 변화 시킨다고 한다. 다음 각 질문에 답하시오. (기출유형)

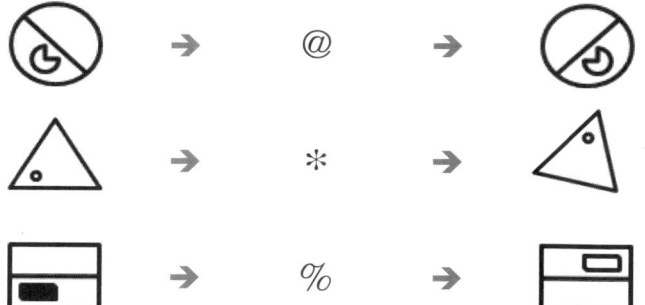

4 다음의 ? 안에 들어갈 적당한 도형을 고르시오.

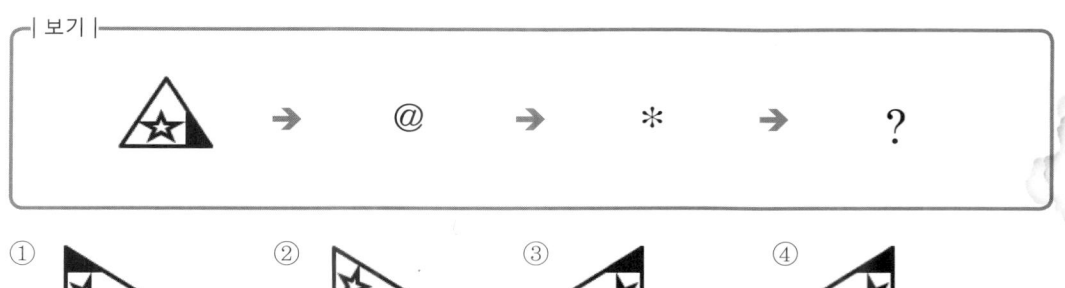

5 다음의 ? 안에 들어갈 적당한 도형을 고르시오.

6 다음의 ? 안에 들어갈 적당한 도형을 고르시오.

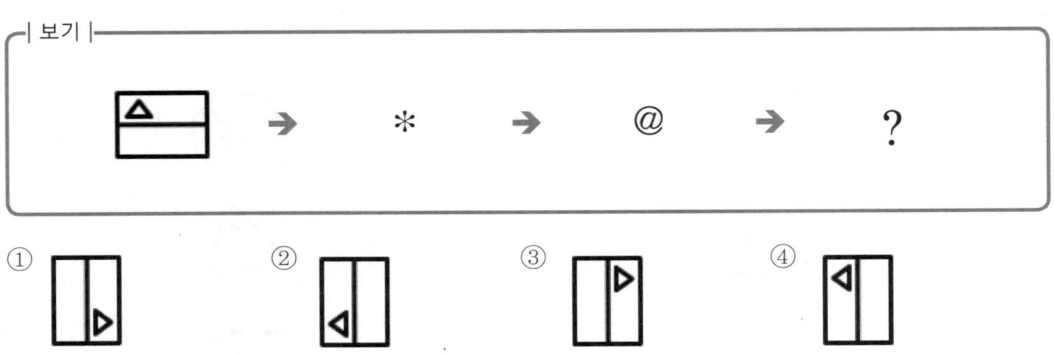

① ② ③ ④

@   좌우대칭(y축대칭)

%   상하대칭(x축대칭)후 내부색반전

＊   시계방향으로 90° 회전

4. ①   @ → ＊이므로 좌우대칭(y축대칭) 후 시계방향으로 90° 회전한 도형이다.

5. ③   ＊ → %이므로 시계방향으로 90° 회전 후 상하대칭(x축대칭)후 내부색반전한 도형이다.

6. ④   ＊ → @이므로 시계방향으로 90° 회전 후 좌우대칭(y축대칭)한 도형이다.

7~10 다음 각 기호들은 각각 한 개의 규칙을 가지고 있고 아래 그림과 같이 보기의 도형들을 그 규칙으로 변화 시킨다고 한다. 다음 각 질문에 답하시오.(단, 각 기호들은 한 가지의 규칙을 가진다.)

(기출유형)

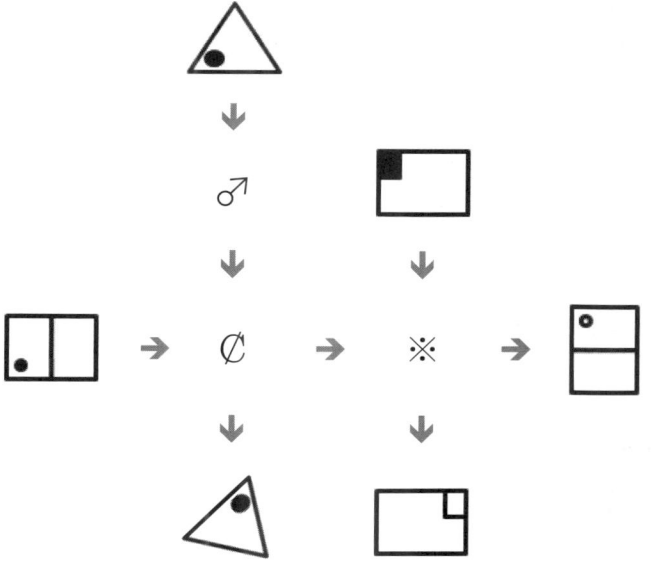

⑦ 다음의 ? 안에 들어갈 적당한 도형을 고르시오.

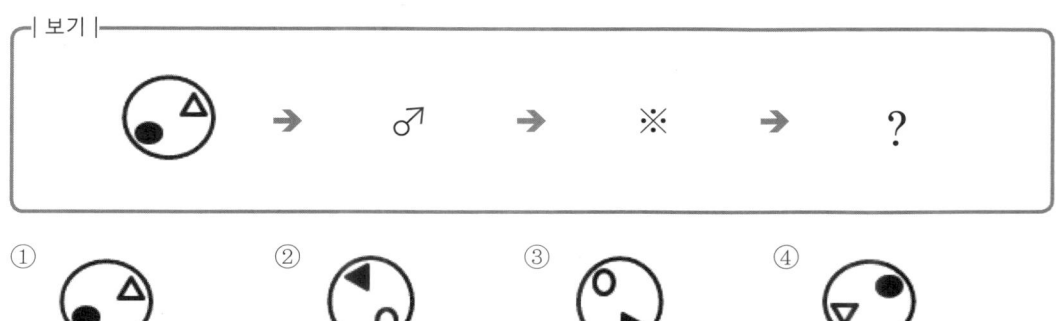

8 다음의 ? 안에 들어갈 적당한 도형을 고르시오.

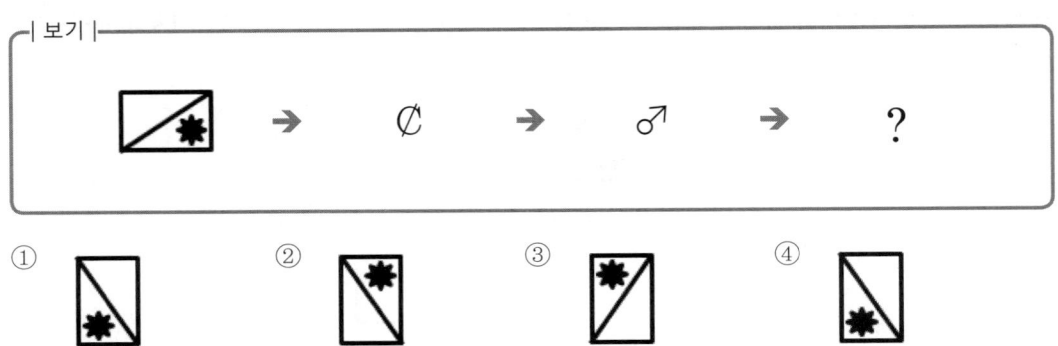

① ② ③ ④

9 다음의 ? 안에 들어갈 적당한 도형을 고르시오.

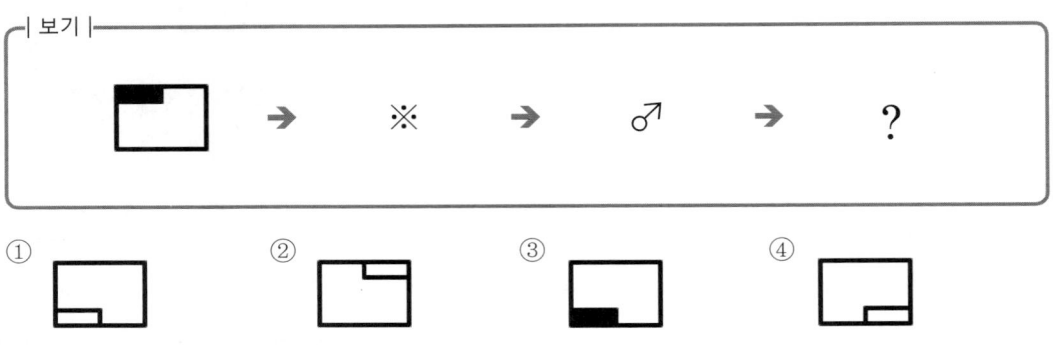

① ② ③ ④

10 다음의 ? 안에 들어갈 적당한 도형을 고르시오.

① 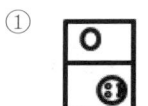 ② 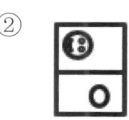 ③ 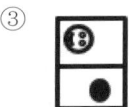 ④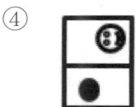

7~10 정답 ①, ③, ④, ②

♂ 상하대칭

₵ 시계방향 90° 회전

※ 좌우대칭 후 내부색반전

7. ① ♂ → ※ 이므로 상하대칭 후 좌우대칭 후 내부색반전한 도형이다.

8. ③ ₵ → ♂ 이므로 시계방향으로 90° 회전 후 상하대칭한 도형이다.

9. ④ ※ → ♂ 이므로 좌우대칭 후 내부색반전 후 상하대칭한 도형이다.

10. ② ※ → ₵ 이므로 좌우대칭 후 내부색반전 후 시계방향으로 90° 회전한 도형이다.

2 도형추리 실전문제

1. 다음 ? 안에 들어갈 적당한 도형을 고르시오. (기출유형)

① ② ③ ④

3~5 다음 각 기호들은 각각 한 개의 규칙을 가지고 있고 아래 그림과 같이 보기의 도형들을 그 규칙으로 변화 시킨다고 한다. (단, 각 기호들은 한 가지의 규칙을 가진다.) 다음 각 질문에 답하시오.

(기출유형)

2. 다음 ? 안에 들어갈 적당한 도형을 고르시오.

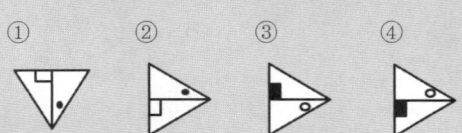

① ② ③ ④

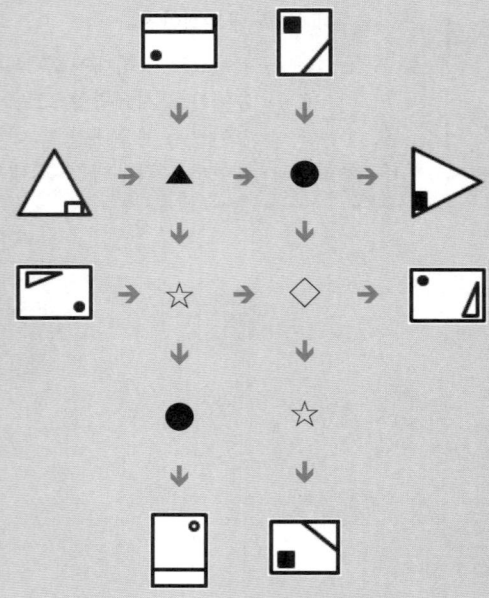

3. 다음의 ? 안에 들어갈 적당한 도형을 고르시오.

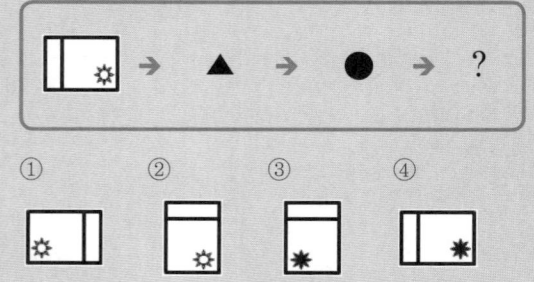

① ② ③ ④

4. 다음의 ? 안에 들어갈 적당한 도형을 고르시오.

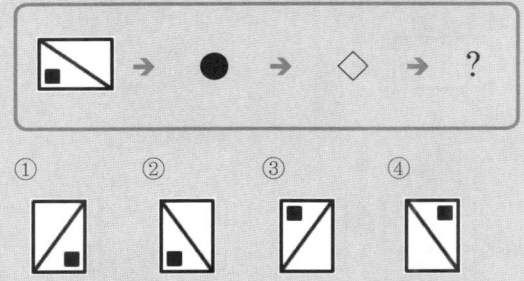

① ② ③ ④

5. 다음의 ? 안에 들어갈 적당한 도형을 고르시오.

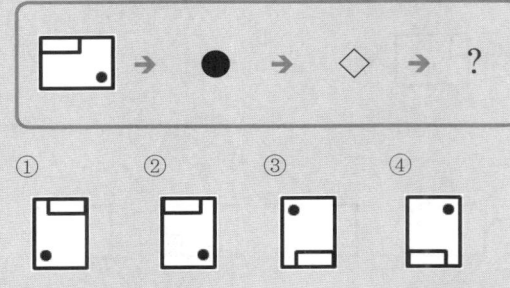

① ② ③ ④

6~8 다음 각 기호들은 각각 한 개의 규칙을 가지고 있고 아래 그림과 같이 보기의 도형들을 그 규칙으로 변화시킨다고 한다. 다음 각 질문에 답하시오.(단, 각 기호들은 한 가지의 규칙을 가진다).

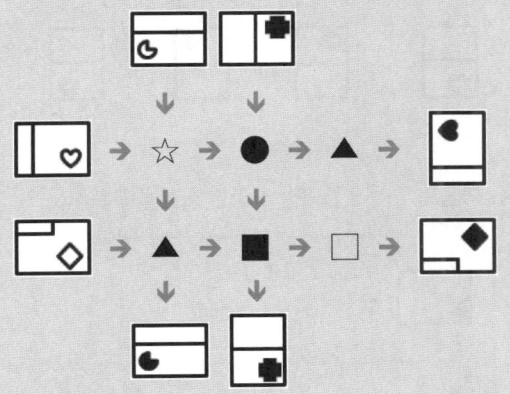

6. 다음의 ? 안에 들어갈 적당한 도형을 고르시오.

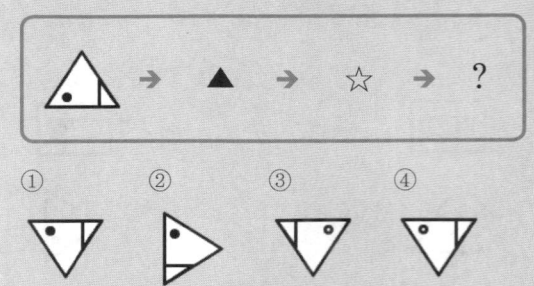

① ② ③ ④

7. 다음의 ? 안에 들어갈 적당한 도형을 고르시오.

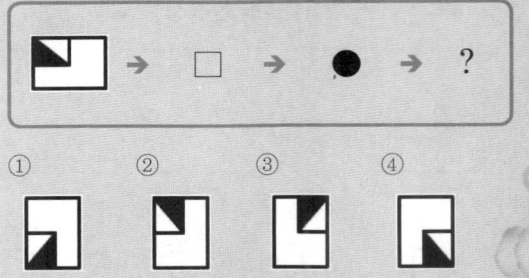

① ② ③ ④

8. 다음의 ? 안에 들어갈 적당한 도형을 고르시오.

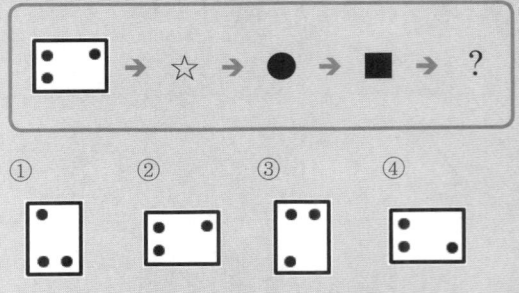

① ② ③ ④

9~14 다음 각 기호들은 아래 그림과 같은 규칙으로 변화 시킨다고 한다. 다음 각 질문에 답하시오.

(기출유형)

9. 다음의 ? 안에 들어갈 적당한 도형을 고르시오.

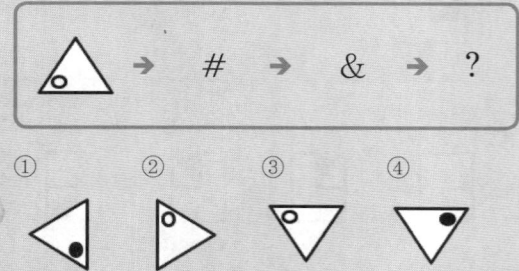

10. 다음의 ? 안에 들어갈 적당한 도형을 고르시오.

→ → * → ?

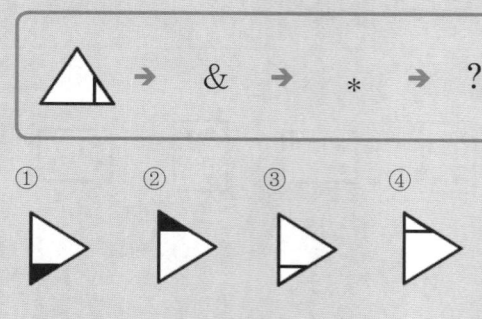

11. 다음의 ? 안에 들어갈 적당한 도형을 고르시오.

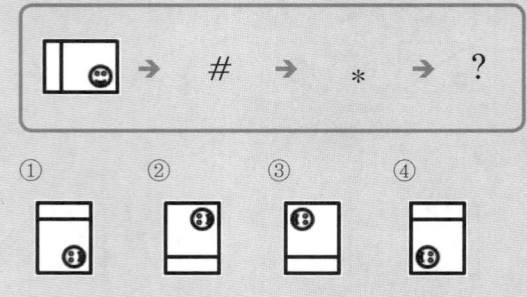

12. 다음의 ? 안에 들어갈 적당한 도형을 고르시오.

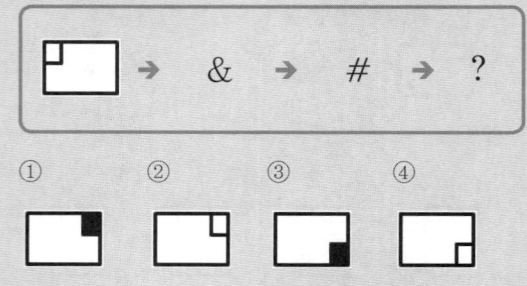

13. 다음의 ? 안에 들어갈 적당한 도형을 고르시오.

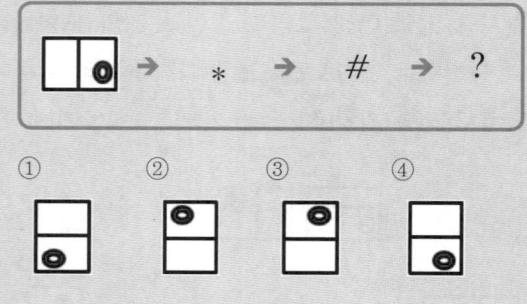

14. 다음의 ? 안에 들어갈 적당한 도형을 고르시오.

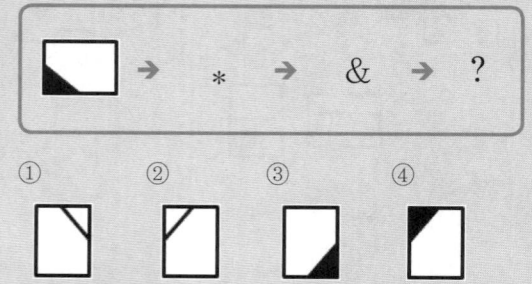

15~20 다음 각 기호들은 각각 한 개의 규칙을 가지고 있고 아래 그림과 같이 보기의 도형들을 그 규칙으로 변화 시킨다고 한다. 다음 각 질문에 답하시오.(단, 각 기호들은 한 가지의 규칙을 가진다.)

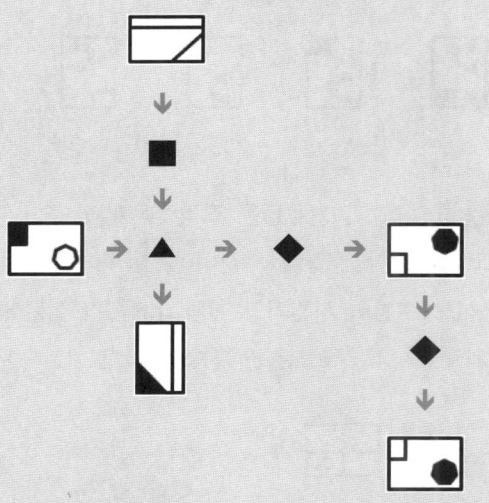

15. 다음의 ? 안에 들어갈 적당한 도형을 고르시오.

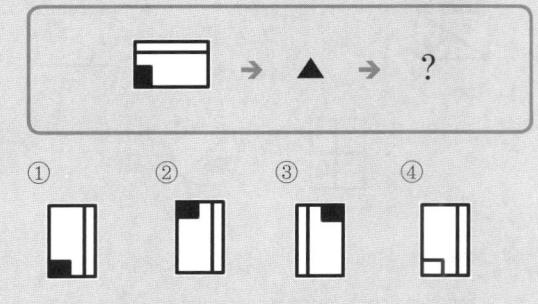

16. 다음의 ? 안에 들어갈 적당한 도형을 고르시오.

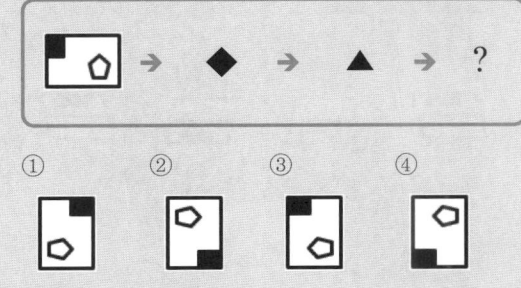

17. 다음의 ? 안에 들어갈 적당한 도형을 고르시오.

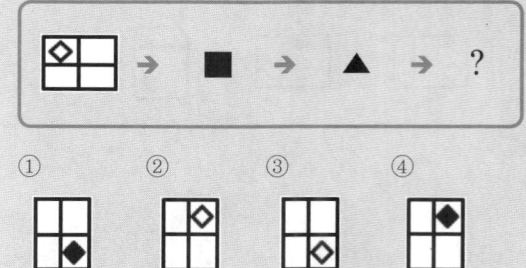

18. 다음의 ? 안에 들어갈 적당한 도형을 고르시오.

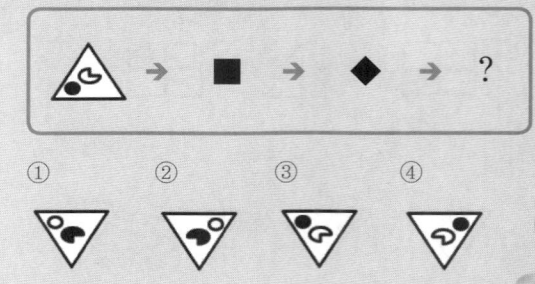

19. 다음의 ? 안에 들어갈 적당한 도형을 고르시오.

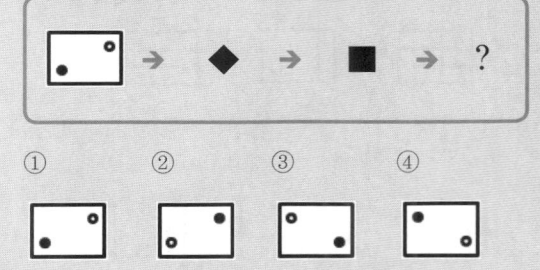

20. 다음의 ? 안에 들어갈 적당한 도형을 고르시오.

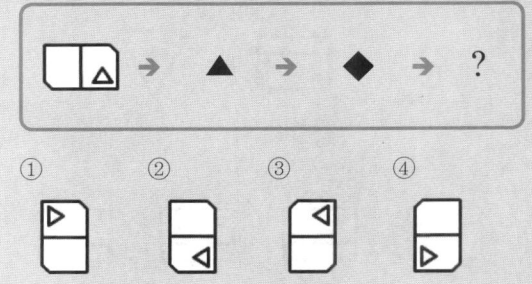

21. 다음의 ? 안에 들어갈 적당한 도형을 고르시오.

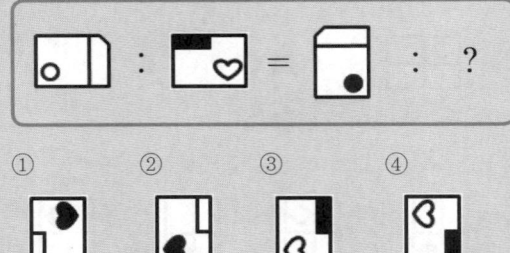

25 다음의 ? 안에 들어갈 적당한 도형을 고르시오.

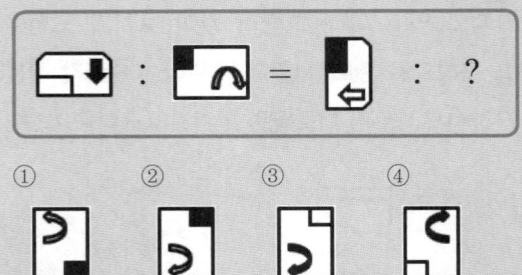

22. 다음의 ? 안에 들어갈 적당한 도형을 고르시오.

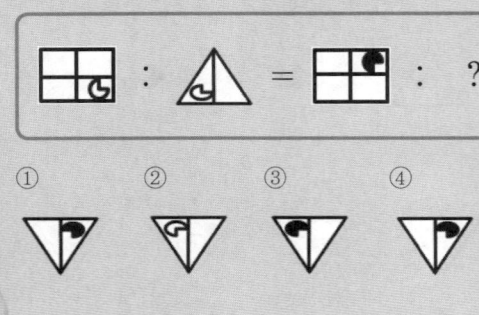

26~28 다음 각 기호들은 각각 한 개의 규칙을 가지고 있고 아래 그림과 같이 보기의 도형들을 그 규칙으로 변화 시킨다고 한다. 다음 각 질문에 답하시오.(단, 각 기호들은 한 가지의 규칙을 가진다.)

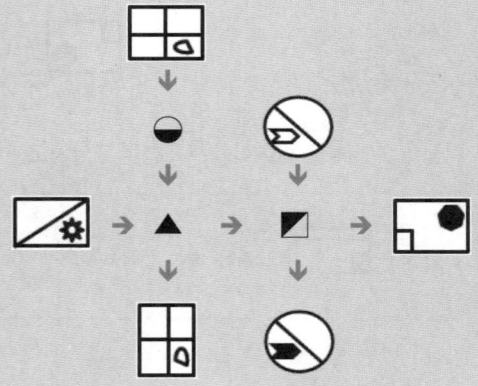

23. 다음의 ? 안에 들어갈 적당한 도형을 고르시오.

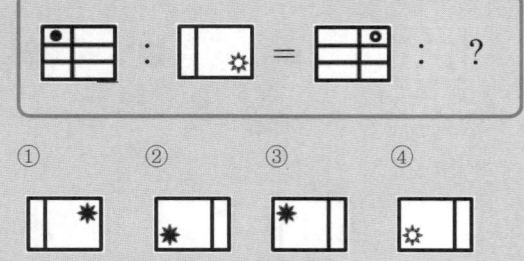

26. 다음의 ? 안에 들어갈 적당한 도형을 고르시오.

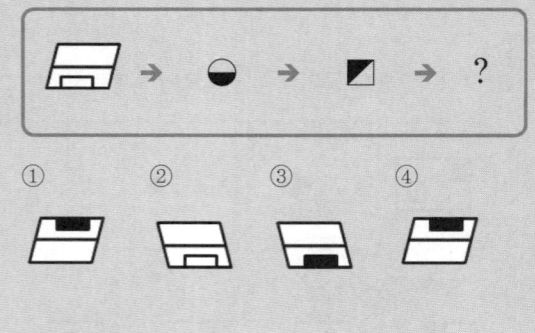

24 다음의 ? 안에 들어갈 적당한 도형을 고르시오.

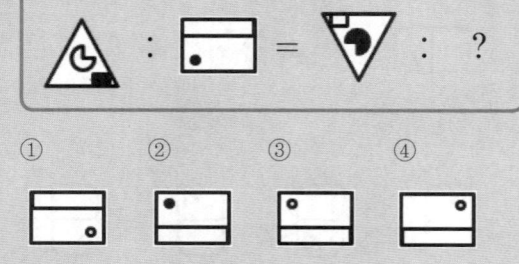

27. 다음의 ? 안에 들어갈 적당한 도형을 고르시오.

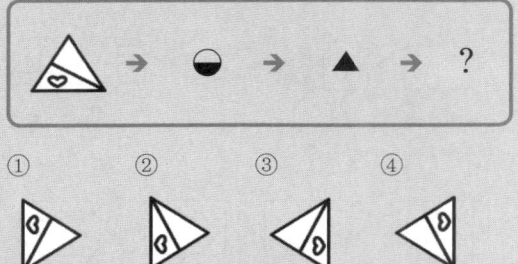

28. 다음의 ? 안에 들어갈 적당한 도형을 고르시오.

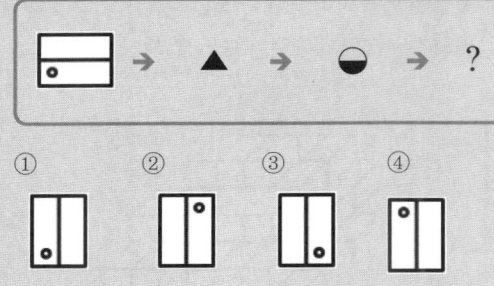

29. 다음의 ? 안에 들어갈 적당한 도형을 고르시오.

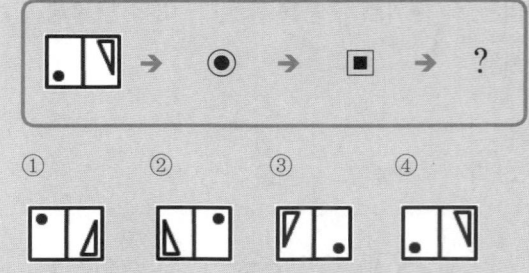

30. 다음의 ? 안에 들어갈 적당한 도형을 고르시오.

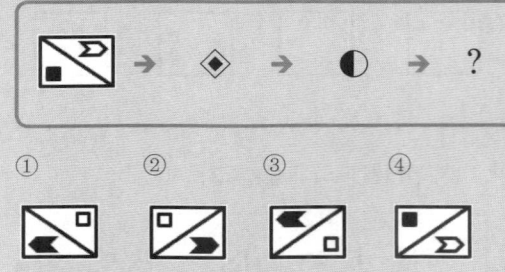

29~32 다음 각 기호들은 각각 한 개의 규칙을 가지고 있고 아래 그림과 같이 보기의 도형들을 그 규칙으로 변화 시킨다고 한다. 다음 각 질문에 답하시오.(단, 각 기호들은 한 가지의 규칙을 가진다.)

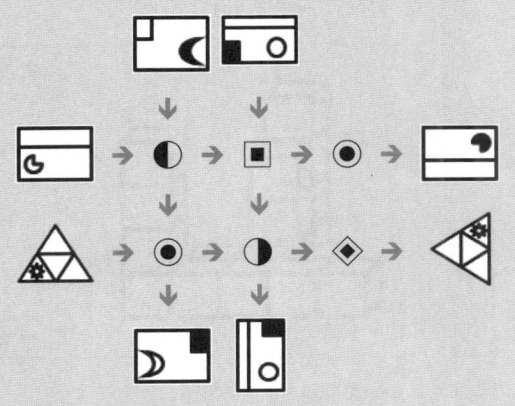

31. 다음의 ? 안에 들어갈 적당한 도형을 고르시오.

32. 다음의 ? 안에 들어갈 적당한 도형을 고르시오.

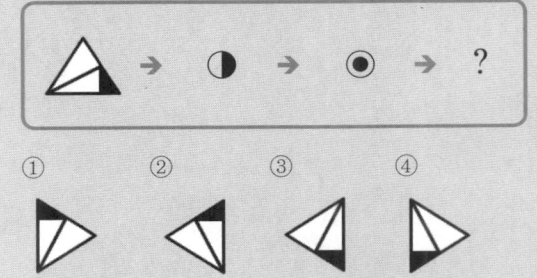

33~36 다음과 같이 점선을 기준으로 종이를 접은 후 펀치로 구멍을 뚫는다. 다음 물음에 답하시오. (기출유형)

33. 다시 펼쳤을 때의 그림을 고르시오.

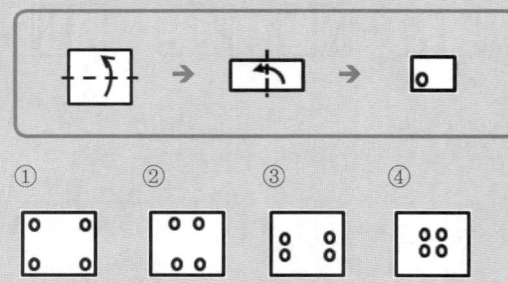

① ② ③ ④

34. 다시 펼쳤을 때의 그림을 고르시오.

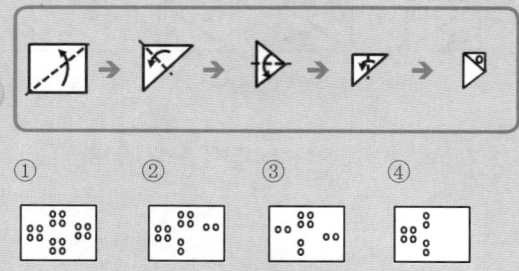

① ② ③ ④

35. 다시 펼쳤을 때의 그림을 고르시오.

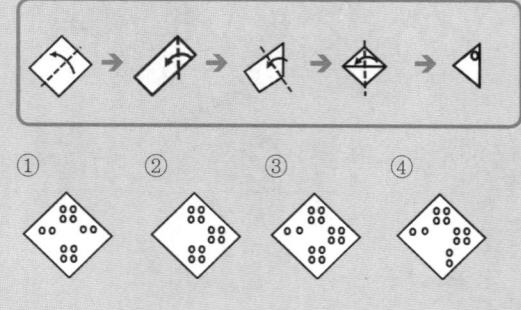

① ② ③ ④

36. 다시 펼쳤을 때의 그림을 고르시오.

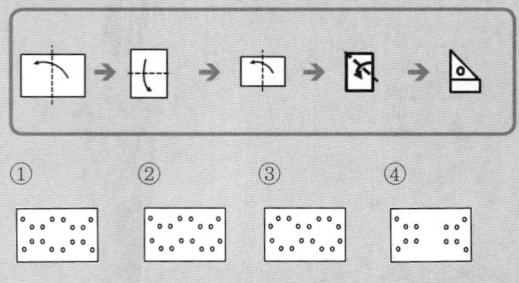

① ② ③ ④

37. 다음은 정육면체를 쌓아올린 것이다. 이 입체에 페인트를 칠했을 때(바닥면을 포함) 페인트가 2면 이하로 칠해지는 블록의 개수는 모두 몇 개인가?

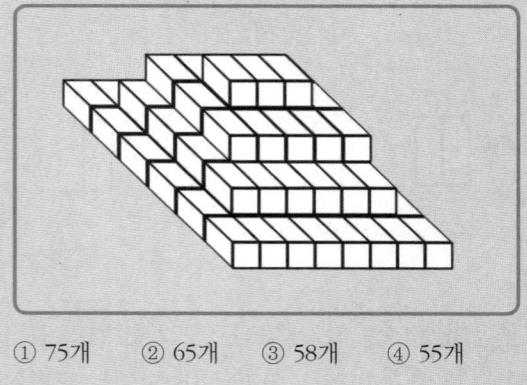

① 75개   ② 65개   ③ 58개   ④ 55개

38. 다음은 정육면체를 쌓아올린 것이다. 이 입체에 페인트를 칠했을 때(바닥면을 포함) 페인트가 3면 이하로 칠해지는 블록의 개수는 모두 몇 개인가?

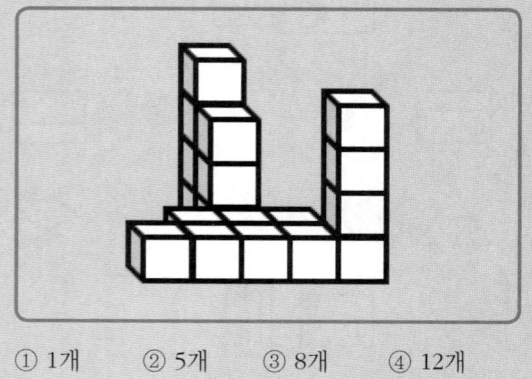

① 1개   ② 5개   ③ 8개   ④ 12개

39~40 다음과 같은 도형이 주어진 경우 각 질문에 답하시오.

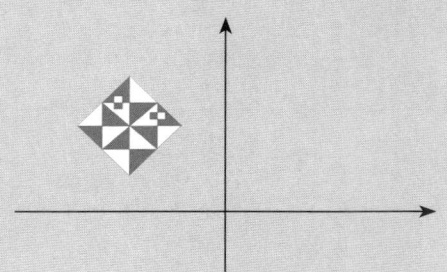

39. 축 대칭한 후 원점 대칭한 것을 고르시오.

① ② ③ ④

40. 원점 대칭한 후 색반전한 것을 고르시오.

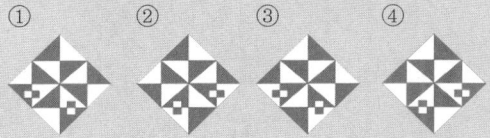

① ② ③ ④

2

도형추리 실전문제
정답 및 해설

[1] 정답 ☞ ④

시계방향으로 90° 회전 후 내부 색반전한 도형이다.

[2] 정답 ☞ ②

시계반대방향으로 90° 회전 후 내부 색반전한 도형이다.

[3~5] 정답 ☞ 정답 ③, ②, ①

숨겨진 규칙을 구하면 다음과 같다.

▲   내부 도형의 색반전

●   시계방향으로 90° 회전

☆   내부도형 시계방향으로 90° 회전

◇   상하대칭(x축 대칭)

3. ③ 내부 도형의 색반전 후 시계방향으로 90° 회전한 도형이다.

4. ② 시계방향으로 90° 회전 후 상하대칭(x축 대칭)한 도형이다.

5. ① 시계방향으로 90° 회전 후 내부도형 시계방향으로 90° 회전하고 상하대칭(x축 대칭)한 도형이다.

[6~8] 정답 ☞ ④, ②, ③

☆   상하대칭

▲   내부색반전

■   180° 대칭

□   좌우대칭

●   반시계방향 90° 회전

6. ④ 내부색반전 후 상하대칭(x축 대칭)한 도형이다.

7. ② 좌우대칭 후 반시계방향 90° 회전한 도형이다.

8. ③ 상하대칭 후 반시계방향으로 90° 회전 후 180° 대칭한 도형이다.

[9~14] 정답 ☞ ④, ②, ①, ③, ②, ①

좌우대칭(y축대칭)

&   상하대칭(x축대칭)후 내부색반전

*   반시계방향으로 90° 회전

9. ④ 좌우대칭 후 상하대칭(x축대칭)후 내부색반전한 도형이다.

10. ② 상하대칭(x축대칭)후 내부색반전 후 반시계방향 90° 회전한 도형이다.

11. ① 좌우대칭후 반시계방향으로 90° 회전한 도형이다.

12. ③ 상하대칭(x축대칭) 후 내부색반전 후 반시계방향으로 90° 회전한 도형이다.

13. ② 반시계방향으로 90° 회전 후 좌우대칭(y축대칭)한 도형이다.

14. ① 반시계방향으로 90° 회전 후 상하대칭(x축대칭) 후 내부색반전한 도형이다.

[15～20] ②, ③, ④, ①, ③, ①

◆　　상하대칭

▲　　시계방향 90° 회전

■　　내부색반전

15. ② 시계방향 90° 회전한 도형이다.

16. ③ 상하대칭(x축대칭) 후 시계방향 90° 회전한 도형이다.

17. ④ 내부색반전 후 시계방향으로 90° 회전한 도형이다.

18. ① 내부색반전 후 상하대칭한 도형이다.

19. ③ 상하대칭 후 내부색반전한 도형이다.

20. ① 시계방향으로 90° 회전 후 내부색반전한 도형이다.

[21] 정답 ☞ ①

반시계방향으로 90° 회전, 내부색반전

[22] 정답 ☞ ③

상하대칭(x축대칭), 내부색반전

[23] 정답 ☞ ②

좌우대칭(y축대칭), 내부색반전

[24] 정답 ☞ ④

180° 회전, 내부색반전

[25] 정답 ☞ ③

시계방향 90° 회전, 내부색반전

[26～28] 정답 ☞ 정답 ③, ④, ①

◖　　좌우대칭

▲　　반시계방향 90° 회전

◪　　내부색반전

26. ③ 좌우대칭(y축대칭) 후 내부색반전한 도형이다.

27. ④ 좌우대칭(y축대칭) 후 반시계방향 90° 회전한 도형이다.

28. ① 반시계방향 90° 회전 후 좌우대칭한 도형이다.

[29～32] 정답 ☞ ②, ①, ④, ③

▣　　상하대칭

◑　　내부색반전

◈　　180° 대칭

◉　　좌우대칭

◐　　시계방향 90° 회전

29. ② 좌우대칭(y축대칭)후 상하대칭한 도형이다.

30. ① 180° 대칭후 내부색반전한 도형이다.

31. ④ 상하대칭후 180° 대칭한 도형이다.

32. ③ 시계방향 90° 회전 후 좌우대칭한 도형이다.

[33] 정답 ☞ ③

접힌 종이를 접힌 순서와 반대로 펴가면서 각 단계마다 뚫린 구멍의 위치를 표시하면 ③과 같은 그림을 확인할 수 있다.

[34] 정답 ☞ ①

접힌 종이를 접힌 순서와 반대로 펴가면서 각 단계마다 뚫린 구멍의 위치를 표시하면 ①과 같은 그림을 확인할 수 있다.

[35] 정답 ☞ ④

접힌 종이를 접힌 순서와 반대로 펴가면서 각 단계마다 뚫린 구멍의 위치를 표시하면 ④과 같은 그림을 확인할 수 있다.

[36] 정답 ☞ ①

접힌 종이를 접힌 순서와 반대로 펴가면서 각 단계마다 뚫린 구멍의 위치를 표시하면 ①과 같은 그림을 확인할 수 있다.

[37] 정답 ☞ ④

[준비물]

ⓐ 블록의 개수 = (n층의 가로 블록의 수 세로블록의 수) + ($n-1$측의 가로블록의 수×세로 블록의 수) + ⋯
따라서 주어진 블록의 개수 = $(8×6) + (6×4) + (5×3) + (3×1) = 90$개

ⓑ 2면 이하로 칠해지는 블록의 개수 = 총 블록의 개수 − 3면 이상 칠해지는 블록의 개수

ⓒ n층의 3면 이상 칠해지는 블록의 개수 = n층의 블록의 개수 − 3면 이상이 칠해지는 블록의 개수 따라서 1층에서 2면 이하로 칠해지는 블록의 개수 = $(8×6) − 24$ (주의 : 바닥면을 포함하여 칠해진다)

　　2층에서 2면 이하로 칠해지는 블록의 개수 = $(6×4) − 4$

　　3층에서 2면 이하로 칠해지는 블록의 개수 = $(5×3) − 4$

　　4층에서 2면 이하로 칠해지는 블록의 개수 = $3 − 3$

　　따라서 90개의 블록 가운데 2면 이하로 칠해지는 블록의 개수는 = $90 − 24 − 4 − 4 − 3 = 55$개

[38] 정답 ☞ ③

바닥면을 포함하여 3면 이하로 칠해지는 블록은 3면, 2면, 1면이 칠해지는 블록의 개수의 합이다. 제일 앞쪽에 보이는 8개의 블록 중에서 바닥면을 포함하여 3면이 칠해지는 블록의 개수의 3이다. 그 다음 줄의 3개의 블록 중에서는 가운데 1개, 그 다음 3개중에서는 아래쪽 2개, 그리고 제일 뒤쪽에 있는 4개 중에서는 가운데 2개가 3면이 칠해진다는 것을 시각적으로 확인할 수 있다. 따라서 주어진 블록가운데 바닥면을 포함하여 3면 이하로 칠해지는 블록은 $3+1+2+2=8$, 총 8개이다.

[39] 정답 ☞ ③

축 대칭한 후 원점 대칭이면 축 대칭과 동일하다.

[40] 정답 ☞ ③

원점 대칭은 x축 대칭 후 y축 대칭한 것이다. 따라서 축대칭한 후 축 대칭하고 색반전한 도형을 찾으면 된다.

 **Part Ⅱ** 핵심이론과 기본문제
언어추리

이것만은 알고 가자

언어로 표현된 논리적 조건들을 바탕으로 대상들의 위치, 순서, 조건맞추기, 조편성 등을 추리하는 문제이다. 언어추리는 추리분야의 전체문제중 약 50~65% 가량 출제되므로 집중할 필요가 있다.

❶ 자리배정하기(위치, 순서 추리)
상황과 조건을 고려하여 대상들의 순서나 자리를 추리하는 문제

❷ 기타 논리퀴즈
순서정하기/ 이행성 판별하기/ 참·거짓 판별하기/대응관계

순서정하기	크기, 무게, 빠르기 등 비교 가능한 대안들의 순서를 정하는 문제
이행성 판별하기	조건을 기호화하여 해결하는 문제. 역, 이, 대우 명제와 논리합.
참거짓 판별하기	어떤 가정에 대한 진위를 판별하는 문제
대응관계	어떤 대상에 어떤 속성을 대응시키는 것이 옳은가를 파악하는 문제

3 언어추리
기본문제

① 다음 문장을 읽고 그 내용에 가장 부합하는 것을 고르시오.

> A는 B보다 머리가 길다.
> C는 A보다 머리가 짧고 B보다 머리가 길다.
> A는 D보다 머리가 짧다.
> 따라서, _____.

① A는 D보다 머리가 길다.　　　　② B가 머리가 가장 길다.

③ C는 D보다 머리가 길다.　　　　④ D가 머리가 가장 길다.

 ④

D > A > C > B 순으로 머리가 길다.

② 다음 주어진 명제가 참이라면 보기 중 옳은 것은?

> 소믈리에는 와인 맛을 잘 감별한다.

① 와인 맛을 감별하는 사람은 소믈리에다.

② 소믈리에는 맥주 맛을 감별하지 못한다.

③ 맥주 맛을 잘 감별하는 사람은 소믈리에가 아니다

④ 와인 맛을 잘 감별하지 못하면 소믈리에가 아니다.

정답 ②

갑은 노래와 그림, 을은 그림과 춤, 병은 춤과 노래를 잘하므로 춤을 잘 추는 사람은 을과 병이다.

3 다음 중 문맥상 알맞은 것을 고르시오.

A. 가랑비		A. 신발
B. 소나기	에	B. 옷 젖는 줄 모른다.
C. 태풍		C. 머리

① A－B ② B－B ③ C－A ④ B－C

> **정답** ①
> 가랑비에 옷 젖는 줄 모른다.

4~5 S빌딩의 1층에서 3층까지는 사무실이 2개까지 있을 수 있다. 그 빌딩에 A, B, C, D, E, F 까지 총 6개의 사무실이 있다고 한다. 아래와 같은 사실이 알려져 있을 때 각 질문에 답하시오.

(기출유형)

> B는 가장 높은 층이다.
> C는 A보다 높은 층에 있고, E보다 낮은 층에 있다.
> D는 F보다 높은 층에 있다.

4 같은 층에 위치하는 사무실끼리 짝지은 것은 무엇인가?

① A, B ② B, E ③ C, E ④ E, F

> **정답** ②
>
> | 3층 | B | E |
> | --- | --- | --- |
> | 2층 | D | C |
> | 1층 | A | F |
>
> 우선 B를 가장 높은 층에 배치하고, E>C>A를 고려하여 E를 B와 같은 층으로 배치한다. 그리고 D는 F보다 높은 층이므로 D는 2층에 위치하고 마지막으로 비어있는 1층에 A를 배치한다.

5 1층에 있을 수 있는 사무실을 고르시오.

① F   ② D   ③ C   ④ E

> **정답** ①
> 1층에 있을 수 있는 사무실은 A 또는 F이다.

6~7 S사업부의 A~H 8명의 영업실적이 아래와 같을 경우, 다음 각 질문에 답하시오.

> D의 성적은 8명 중 4등 이다.
> D의 성적은 F의 성적보다 나쁘고, E의 성적보다는 성적이 좋다.
> B, C의 성적은 붙어 있다.

6 F의 성적이 2등일 경우 다음 중 옳은 것은 무엇인가?

① E의 성적은 5등 이다.   ② B의 성적은 D의 성적보다 좋다.
③ C의 성적은 D의 성적보다 나쁘다.   ④ A의 성적 보다 D의 성적이 나쁘다.

7 E의 성적이 5등일 경우, 다음 중 참인 설명은 무엇인가?

① B의 성적은 E의 성적보다 좋다.

② A의 성적은 E의 성적 보다 나쁘다.

③ C의 성적이 3번째일 경우, H의 성적은 첫 번째일 것이다.

④ H의 성적이 가장 나쁘다.

6~7 정답 ③, ③

일단 자리가 정해진 D를 먼저 배치 후, B, C를 묶어서 배치하면 아래와 같이 5개의 CASE로 구분되고 F와 E를 조건에 맞게 배치하게 되면 아래와 같은 결과를 얻게 된다.

1	2	3	4	5	6	7	8
B	C	F	D	E			
					E		
						E	
							E
F	B	C	D	E			
					E		
						E	
							E
F			D	B	C	E	
	F						E
		F					
F			D	E	B	C	
	F						E
		F					
F			D	E		B	C
	F				E		
		F					

단, B, C의 위치는 서로 바뀌어도 무방하다.
F의 성적이 2등일 경우 B와 C의 성적은 붙어 있어야 하므로 D의 성적보다 뒤에 있게 된다.

8~9 S회사의 5층 건물에 기획팀, 재무팀, 마케팅팀, 총무팀, 인사팀이 있을 경우 다음 각 질문에 답하시오. (기출유형)

> 기획팀, 재무팀, 마케팅팀, 총무팀, 인사팀 등의 5개 팀이 각 층을 사무실로 사용한다.
> 마케팅팀과 재무팀 간의 층수 차이는 재무팀과 기획팀 간의 층수 차이와 같다.
> 총무팀은 인사팀보다 더 높은 층에 위치한다.
> 기획팀은 가장 꼭대기 층에 위치한다.

8 마케팅팀이 1층에 위치할 경우, 다음 아래의 조건에 따를 때 옳은 것을 고르시오.

① 재무팀과 총무팀은 층이 서로 인접하여 위치한다.

② 기획팀과 재무팀은 층이 서로 인접하여 위치한다.

③ 총무팀은 3층보다 아래층에 위치한다.

④ 인사팀은 3층보다 높은 층에 위치한다.

9 마케팅팀이 1층일 경우 인사팀은 몇 층에 위치하는가?

① 1층   ② 2층   ③ 3층   ④ 4층

6~7 정답   ①, ②

8. ① 주어진 조건에 의하면 다음과 같이 위치한다.

5층	기획팀
4층	총무팀
3층	재무팀
2층	인사팀
1층	마케팅팀

9. ② 문제의 조건에 의해 기획팀은 5층, 총무팀은 4층, 마케팅팀은 1층이므로 인사팀은 총무팀보다 낮은 층에 위치하므로 2층에 위치한다.

10~12 A, B, C, D가 일직선 상에 존재하고 다음과 같은 사실을 알고 있을 때 다음 각 질문에 답하시오.

> A와 D는 50분 거리에 있다.
> B와 C는 10분 거리에 있다.
> C와 D는 5분 거리에 있다.

10 B와 C가 A, D 사이에 있다면 A에서 B까지 걸리는 시간은 얼마인가?

① 35분   ② 40분   ③ 55분   ④ 60분

11 만약 B가 A의 오른쪽으로 45분 거리만큼 떨어져 있고 C가 ,B의 오른쪽에 위치할 때 A에서 C까지 걸리는 시간은 얼마인가?

① 65분   ② 60분   ③ 55분   ④ 20분

12 A, B가 가장 멀리 떨어져 있다고 할 때 걸리는 시간은?

① 70분   ② 65분   ③ 55분   ④ 50분

10. ① A와 D 사이에 B와 C가 위치하므로, C가 B의 오른쪽에 위치하는 경우와 C가 B의 왼쪽에 위치하는 경우 두 가지 경우가 있다. C가 B의 오른쪽에 위치할 경우 A에서 B까지 걸리는 시간은 35분이며, C가 B의 왼쪽에 위치할 경우 A에서 B까지 걸리는 시간은 45분에서 50분 사이이나 정확한 시간을 알 수 없다. 따라서 35분이 답이다.

11. ③ A~D는 일직선 상에 위치하므로 A, B, C 순서로 위치하며 D는 C의 오른쪽 또는 왼쪽에 위치한다. 따라서 45분에 10분을 더하면 55분임을 알 수 있다.

12. ② A와 B가 가장 멀리 떨어져 있는 경우는 A, D, C, B의 순서일 경우이다. 따라서 모든 시간을 더하면 65분임을 알 수 있다.

13~14 A, B, C, D, E 등 5명이 2007년에서 2011년 5년에 걸쳐 해마다 입사하였다. 아래와 같은 내용이 사실일 때 다음 각 질문에 답하시오. (기출유형)

> A는 5명중 세 번째로 입사하였다.
>
> D의 바로 앞에는 B가 입사하였다.
>
> E의 앞에는 2명 이상의 사람이 입사하였고, C보다는 앞에 입사하였다.

13 2008년에 입사한 사람은 누구인가?

① A   ② B   ③ C   ④ D

14 다음 중 옳은 것을 고르면?

① B는 A보다 먼저 입사하였으나 E보다는 나중에 입사하였다.

② C는 2010년에 입사하였다.

③ D는 B보다 나중에 입사하였으나 E보다는 먼저 입사하였다.

④ E는 A보다는 나중에 입사하였으나 D보다는 먼저 입사하였다.

13. ④ 주어진 조건에 의하면 A가 세 번째로 입사하였고, E의 앞에는 2명 이상의 사람이 입사하였고, E가 C보다는 먼저 입사하였고, B가 D보다 먼저 입사하였으므로 입사순서는 B, D, A, E, C 순이다.

14. ③ 주어진 조건에 따른 입사순서에 의할 경우 ③이 옳다.

15~18 다음과 같이 교양분야, 경영분야, 외국어분야에 해당하는 10개의 수업이 있다. 각 분야에서 반드시 1과목 이상은 들어야 하는 총 5과목을 수강해야 한다. 아래와 같은 조건을 만족 시켜야 할 때 다음 각 질문에 답하시오.

교양	통계학, 경제학, 민법
경영	회계, 재무, 마케팅, 생산관리
외국	어영어, 독일어, 스페인어

경영분야는 반드시 2과목 이상 수강해야 하며 외국어분야는 1과목만 수강할 수 있다.

민법을 들으려면 영어와 재무는 필수로 들어야 한다.

스페인어를 신청하게 되면 통계학과 경제학을 수강해야 한다.

마케팅을 들으면 생산관리를 수강해야 한다.

회계를 수강하게 되면 민법은 수강할 수 없다.

재무를 수강하게 되면 경제학과 영어를 수강해야 한다.

15 같이 수강이 가능한 과목들로 짝지어진 것은?

① 회계, 재무, 독일어　　　　　　　　② 회계, 독일어, 민법

③ 재무, 생산관리, 독일어　　　　　　④ 마케팅, 생산관리, 독일어

16 같이 들을 수 없는 과목들로 짝지어진 것은?

① 영어, 통계학　　② 스페인어, 재무　　③ 재무, 생산관리　　④ 독일어, 경제학

17 다음 중 반드시 참인 것은 고르시오.

① 재무, 마케팅, 독일어는 같이 수강할 수 있다.

② 회계와 민법은 같이 수강할 수 있다.

③ 독일어와 재무는 같이 수강할 수 없다.

④ 재무와 통계학은 같이 수강할 수 없다.

18 만약 재무와 통계학을 수강할 경우 수강 신청이 불가능한 과목은?

① 회계　　　　　　② 경제학　　　　　　③ 스페인어　　　　　　④ 생산관리

15~18 정답 ④, ②, ③, ③

15. ④ ①의 경우 회계, 재무, 독일어, 경제학, 영어로 외국어분야는 1과목만 수강할 수 있다는 조건에 위배된다. ②의 경우 회계와 민법은 동시에 수강할 수 없으므로 조건에 위배된다. ③의 경우 재무, 생산관리, 독일어, 경제학, 영어를 수강하므로 외국어분야는 1과목만 수강할 수 있다는 조건에 위배된다. ④의 경우 마케팅, 생산관리, 독일어를 수강할 수 있어 수강가능하다.

16. ② ②의 경우 스페인어를 들을 경우 통계학과 경제학을 필수로 수강해야하며, 재무를 수강할 경우 경제학과 영어를 수강해야 한다. 따라서 스페인어, 재무, 통계학, 경제학, 영어 5과목을 수강하나 경영분야는 반드시 2과목 이상을 수강해야 하므로, 경영분야가 1과목이어서 조건에 부합하지 않게 된다.

17. ③ 재무를 수강할 경우 영어를 같이 수강해야 하므로 독일어와 영어를 동시에 수강하게 되어 외국어분야는 1과목만 수강할 수 있다는 조건에 위배된다.

18. ③ 재무를 수강할 경우 영어를 필수로 수강하게 되어 외국어분야는 1과목만 수강할 수 있다는 조건에 위배된다.

19~22 다음은 S기업 영업팀 A, B, C, D, E, F 6명의 영업실적이다. 아래와 같은 내용이 사실일 때 다음 각 질문에 답하시오.(기출유형)

> A의 영업실적은 6명중 3등 또는 4등이다.
>
> B의 영업실적은 C, E의 영업실적보다 좋다.
>
> C의 영업실적은 E보다 2등 앞선다.

19 만약 A의 영업실적이 6명 중 4등이라면 다음 중 항상 옳은 것은?

① B의 영업실적은 6명 중 1등이다.　　② C의 영업실적은 6명 중 3등이다.

③ D의 영업실적은 6명 중 6등이다.　　④ E의 영업실적은 6명 중 2등이다.

20 C의 영업실적이 6명 중 4등이라면 다음 중 6명 중 영업실적이 6등인 사람은 누구인가?

① B　　　　　② D　　　　　③ E　　　　　④ F

21 다음 중 6명의 영업실적을 좋은 순서대로 나열한 것 중 가능하지 않은 것은 무엇인가?

① D → B → A → C → F → E　　② B → F → A → C → E → D

③ B → C → A → E → D → F　　④ B → D → C → A → E → F

㉒ 다음 중 항상 참인 것은 무엇인가?

① B의 영업실적은 6명 중 1등 또는 2등이다.

② C의 영업실적은 D의 영업실적보다 좋다.

③ E의 영업실적은 6명 중 가장 나쁘다.

④ F의 영업실적은 A의 영업실적보다 좋다.

> **19~22 정답** ②, ③, ②, ①
>
> 19. ② A의 영업실적이 6명 중 4등일 경우 B는 6명 중 1등 또는 2등이고, C의 영업실적은 E의 영업실적 보다 2등 앞서기 때문에 1등 또는 3등이나 B의 영업실적이 C의 영업실적 보다 좋기 때문에 B의 영업실적은 3등이다. D의 영업실적은 주어진 자료로는 알 수 없다.
> 20. ③ C의 영업실적은 E보다 2등 앞서기 때문에 C의 영업실적이 6명 중 4등일 경우, E의 영업실적은 6명 중 6등이다.
> 21. ② C의 영업실적은 E보다 2등 앞서므로 보기②는 불가능하다.
> 22. ① D, E, F의 영업실적은 주어진 자료로 파악이 불가능하고, B의 영업실적은 C, E의 영업실적 보다 좋고, A의 영업실적이 6명 중 4등일 경우, B의 영업실적은 6명 중 1등 또는 2등이다.

23~25 K사의 구내식당에서는 갈비탕, 설렁탕, 된장찌개, 순두부, 볶음밥, 육개장 등의 6종류 점심을 하루에 한 가지씩 6일 동안 배식하려고 한다. 아래와 같이 배식한다고 할 때 다음 각 질문에 답하시오.

> 설렁탕은 항상 화요일 날 배식되어야 한다.
>
> 된장찌개와 순두부는 순서에는 상관없으나 연이어 배식되어야 한다.
>
> 볶음밥은 육개장 또는 된장찌개 전후에만 배식되어야 한다.
>
> 갈비탕과 순두부는 연이어 배식될 수 없다.

㉓ 다음 중 가능한 배식방법은 무엇인가?

	월	화	수	목	금	토
①	갈비탕	설렁탕	된장찌개	볶음밥	순두부	육개장
②	된장찌개	설렁탕	갈비탕	순두부	볶음밥	육개장
③	순두부	설렁탕	된장찌개	육개장	갈비탕	볶음밥
④	갈비탕	설렁탕	볶음밥	된장찌개	순두부	육개장

㉔ 수요일에 된장찌개가 배식된다면 보기 중 참인 것은 무엇인가?

① 한 가지의 배식방법이 있다.　　　　② 월요일에는 갈비탕이 배식된다.

③ 금요일에는 볶음밥이 배식된다.　　　④ 토요일에는 육개장이 배식된다.

㉕ 목요일에 순두부가 배식된다면 보기 중 옳지 않은 것은 무엇인가?

① 된장찌개는 수요일 또는 금요일에 배식된다.

② 갈비탕은 월요일 또는 토요일에 배식된다.

③ 토요일에 육개장이 배식되면 월요일에 갈비탕이 배식된다.

④ 볶음밥은 금요일 또는 토요일에는 배식된다.

23~25 정답 ④, ②, ②

23. ④ 보기 ①과 ②는 된장찌개와 순두부가 연이어 배식되지 않았고, 보기③은 볶음밥이 육개장 또는 된장찌개 전후에 배식되지 않아 조건에 부합하지 않는다.

24. ② 두 가지 방법이 있다.

월	화	수	목	금	토
갈비탕	설렁탕	된장찌개	순두부	볶음밥	육개장
갈비탕	설렁탕	된장찌개	순두부	육개장	볶음밥

25. ② 세 가지 방법이 있다.

월	화	수	목	금	토
갈비탕	설렁탕	된장찌개	순두부	볶음밥	육개장
갈비탕	설렁탕	된장찌개	순두부	육개장	볶음밥
갈비탕	설렁탕	육개장	순두부	된장찌개	볶음밥

26~27 입사지원자 A~E 5명은 S회사 입사를 위한 면접시험을 보려고 한다. 다음 각 질문에 답하시오.

> 입사지원자 A, B, C, D, E 5명이 나란히 5개의 의자에 앉아 있다.
>
> E가 면접관을 바라보고 가장 왼쪽에 앉아 있다.
>
> A가 우측 끝에서 두 번째 의자에 앉았다.
>
> C와 D는 B보다 E의 우측 어딘가에 앉았다.

26 다음 중 반드시 옳은 것을 고르시오.

① D는 항상 A의 우측 어딘가에 앉아 있다.

② B는 C의 우측 어딘가에 앉아 있다.

③ A는 B보다 E에 가까이 앉아 있다.

④ A는 항상 B의 우측 어딘가에 앉아 있다.

27 만일 D가 A의 바로 왼쪽에 앉아 있다면 C는 E를 기준으로 왼쪽에서 몇 번째 의자에 앉아 있겠는지 맞는 것을 고르면?

① 두 번째   ② 세 번째   ③ 네 번째   ④ 다섯 번째

> **26~27 정답** ④, ④
>
> 26. ④ 좌측부터 앉은 순서는 E, B, C(D), A, D(C) 로 두 가지 경우이다.
> 27. ④ 좌측부터 앉은 순서는 E, B, D, A, C 이므로 C는 다섯 번째 자리에 앉는다.

28~30 K개발에서는 연구소에서 신상품 개발에 성공한 7명 중 4명에 대해 휴가를 보내려고 한다. 이들 중 A, B, C는 팀장이고 D, E, F, G는 일반연구원이며, 아래와 같은 조건에 따라 휴가를 떠난다고 할 때 다음 물음에 답하시오.

> D와 F는 동시에 휴가를 갈 수 없다.
>
> A와 E는 동시에 휴가를 갈 수 없다.
>
> 휴가는 팀장 2명, 연구원 2명 등 총 4명이 동시에 가야 한다.

28 휴가를 동시에 갈 수 있는 짝으로 옳은 것은?

① A, B, D, E   ② A, C, D, F   ③ B, D, E, F   ④ B, C, F, G

> **정답** ④
>
> ① A와 E가 동시에 휴가를 갈 수 없다는 조건에 위배된다.
> ② D와 F는 동시에 휴가를 갈 수 없다는 조건에 위배된다.
> ③ 팀장인 B와 연구원인 D, E, G가 함께 휴가를 가는 것은 팀장 2명, 연구원 2명이 가야 한다는 조건에 위배된다. 따라서, ④만 조건에 어긋나지 않는다.

29 다음 설명 중 옳은 것은?

① B가 휴가를 간다면 G는 반드시 휴가를 가게 된다.

② D가 휴가를 가지 않는다면 F는 반드시 휴가를 가게 된다.

③ F가 휴가를 간다면 A는 반드시 휴가를 가게 된다.

④ G가 휴가를 가지 않는다면, E는 반드시 휴가를 가게 된다.

> **정답** ④
>
> 조건에 어긋나지 않는 휴가인원의 조합을 모두 살펴보면 다음과 같다.
> 1) A, B가 휴가를 간다면 D, G나 F, G가 휴가를 간다.
> 2) A, C가 휴가를 간다면 D, G나 F, G가 휴가를 간다.
> 3) B, C가 휴가를 간다면 D, E 또는 D, G 또는 E, F 또는 E, G 또는 F, G가 휴가를 간다.
> 만약 G가 휴가를 가지 않는다면 B, C, D, E 또는 B, C, E, F가 휴가를 가게 되고, 이 외의 경우는 모두 성립하지 않는다. 그런데 이 두 경우 모두 E가 포함되어 있다. 따라서, G가 휴가를 가지 않는다면 E가 반드시 휴가를 가게 된다.

30 A, C가 휴가를 갈 경우, 반드시 휴가를 동시에 가야 하는 사람은?

① B   ② G   ③ E   ④ F

> **정답** ②
>
> A, C가 휴가를 간다면 D, G나 F, G가 휴가를 간다.

3 언어추리 실전문제

1~3 S회사는 글로벌 기업으로 사용 언어가 다른 갑, 을, 병, 정, 무 5명이 기획회의를 하려고 한다. 다음 주어진 조건을 읽고 물음에 답하시오.

> 갑, 을, 병, 정, 무 5명이 각각 2개국어를 구사한다.
>
> 스페인어 2명, 이탈리아어 2명, 프랑스어 1명, 독일어 1명, 영어는 4명이 구사한다.
>
> 영어사용 제한시 병, 정, 무는 대화가 안 된다.
>
> 병과 무는 1개국어는 서로 공통되나, 각각 나머지 1개국어는 유일한 사용자이다.
>
> 갑과 을은 1개국어는 서로 공통되나, 각각 나머지 1개국어는 서로 다른 언어를 사용한다.

1. 영어 사용을 제한할 경우 갑과 을을 통역해 줄 수 있는 사람은 누구인가?

   ① 병   ② 정   ③ 무   ④ 없다.

2. 주어진 조건에 의하면 영어를 사용할 수 없는 사람은 누구인가?

   ① 갑   ② 을   ③ 병   ④ 정

3. 무가 프랑스어를 사용한다면 독일어를 사용하는 사람은 누구인가?

   ① 갑   ② 을   ③ 병   ④ 정

4~6 A~F 6개의 야구팀의 순위가 다음과 같다. 물음에 답하시오.   (기출유형)

> A팀은 C팀에게 이겼다.
>
> B팀은 D팀에게 졌다.
>
> C팀은 D팀에게 이겼지만 E팀에게는 졌다.
>
> E팀은 F팀에게 졌지만 A팀에게는 이겼다.

4. 성적이 가장 좋은 야구팀은 어떤 팀인가?

   ① A   ② B   ③ E   ④ F

5. A팀 보다 성적이 좋은 팀은 어떤 야구팀인가?

   ① C, D   ② B, D   ③ E, F   ④ B, E

6. 성적이 가장 나쁜 야구팀은 어떤 팀인가?

   ① A   ② B   ③ C   ④ D

7~9 K회사 기획팀에는 A~G 7명의 사원이 있다. 아래의 내용이 사실일 경우 각 질문에 답하시오.

7명의 사원 모두 출장을 가야하며 매년 한 번만 갈 수 있다.

7명의 사원은 3월부터 9월까지 매월 한 명이 한 달씩 간다.

A는 D보다 석 달 전에 가야 한다.

B는 C보다 두 달 전에 가야 한다.

F는 G의 다음 달에 가야 한다.

G는 7~9월에 갈 수 있다.

E는 F보다 세 달 전에 갈 수 있다.

7. B가 가장 먼저 출장을 가고 E가 6월에 출장을 갈 경우, A는 몇 월에 출장을 가는가?

① 4월   ② 5월   ③ 7월   ④ 8월

8. 9월에 출장을 갈 수 없는 사람은?

① A   ② F   ③ C   ④ D

9. 다음 중 참인 것은?

① G는 9월에 출장을 갈 수 있다.

② D는 3~5월 사이에 갈 수 있다.

③ C는 5~9월 사이에 갈 수 있다.

④ G는 7월에 가게 되면 C는 8~9월에 갈 수 없다.

10~11 갑, 을, 병의 3팀이 있는데 갑팀은 A, B, C 세 파트로, 을팀은 D, E 두 파트로, 병팀은 F 한 파트로 구성되어 있다. 아래와 같은 조건에 따라 8명으로 구성된 TF팀을 구성하려고 한다.

A파트에서는 반드시 한 사람은 뽑아야 된다.

각 팀당 최대 3명을 뽑을 수 있다.

각 파트당 최대 2명을 뽑을 수 있다.

10. TF 팀을 구성 할 수 없는 파트 구성을 고르시오.

① A,B,D,E,F   ② A,B,C,D,F

③ A,C,D,E,F   ④ A,B,C,D,E,F

11. 각 파트에서 반드시 한 명은 포함되어야 한다면 TF 팀을 구성하는 경우의 수는 몇 가지인가?

① 1가지   ② 2가지   ③ 3가지   ④ 4가지

12~14 A, B, C, D, E, F, 6명의 팀원이 6개의 작업실에서 3종류의 조립작업을 수행하고 있다. 아래와 같은 조건에 따를 경우 물음에 답하시오.

> 모든 팀원을 1시간마다 한 가지 조립작업을 수행한다.
>
> 작업실 1~6에 들어가서 조립작업을 수행하는데, 바로 옆 작업실에서 동일한 작업을 할 수 없으며, 작업실에는 한 번만 들어갈 수 있다.
>
> 첫 번째 시간에 E와 D는 동일한 작업을 수행하고, A와 C는 바로 옆 작업실을 사용한다.
>
> 두 번째 시간에 A와 B는 동일한 작업을 수행하고, B와 D는 바로 옆 작업실을 사용한다.
>
> 세 번째 시간에 C와 F는 동일한 작업을 수행하고, B와 E는 바로 옆 작업실을 사용한다.

12. 첫 번째 시간에 B와 F가 바로 옆 1번과 2번 작업실을 사용한다면, E와 D가 사용할 수 있는 작업실은?

① 3번과 4번 ② 4번과 5번
③ 3번과 6번 ④ 5번과 6번

13. 두 번째 시간에 A가 1번 작업실을 사용하고 바로 옆 작업실을 C가 사용한다면, E와 F가 사용할 수 있는 작업실 조합이 아닌 것은?

① 3번과 4번 ② 4번과 5번
③ 3번과 6번 ④ 5번과 6번

14. 세 번째 시간에 B와 E가 사용할 수 있는 작업실 조합이 아닌 것은?

① 3번과 4번 ② 4번과 5번
③ 3번과 6번 ④ 5번과 6번

15~17 A~G 7개의 축구팀들이 시합에 출전을 했다. 참가 팀들은 다른 팀과 한 번씩 시합을 치러야 했다. 시합에서 이긴 팀은 승점 1점씩을 받는데, 최종 점수에 따라서 우승팀과 순위가 결정된다고 할 때 다음 물음에 답하시오. (단, 같은 성적을 낸 팀은 없다)

> A는 B보다 잘했고 C보다는 못했다.
>
> D와 C의 순위는 홀수이다.
>
> E와 D는 A보다 순위가 아래다.
>
> F는 4번 이겼다.
>
> G의 순위는 E보다 2등 아래다.
>
> B의 순위는 D보다 2등 앞이다.

15. 우승팀은 어떤 팀인가?

① A ② B ③ C ④ F

16. 한 번도 시합에 이기지 못한 팀은 어떤 팀인가?

① A ② D ③ B ④ G

17. 순위가 짝수인 팀만 바르게 짝지은 것은?

① F, G ② E, D ③ A, E ④ B, D

18~21 K회사 영업팀이 스키장으로 워크샵을 갔다. 영업팀은 A~J까지 10명이다. 아래와 같은 내용이 사실일 경우 각 질문에 답하시오. (기출유형)

> 방이 1층에 3개, 2층에 2개가 있는데 1층엔 3가구, 2층엔 2가구가 들어가며, 스키장이 보이는 방이 각 층에 1개씩 있다.
>
> 한 방에 두 명씩 투숙하게 된다.
>
> A와 B는 2층을 사용해야 하고, B와 G는 같은 방을 사용해야 한다.
>
> F와 D가 스키장이 보이는 방을 사용하며, F와 A는 같은 방을 사용한다.
>
> H는 스키장이 보이는 방을 사용한다.

18. E와 I가 같은 방을 사용할 수 없다면, E와 같은 방을 사용할 수 있는 사람은?

① A   ② B   ③ C   ④ D

19. 다음 중 참인 것은?

① A는 스키장이 보이는 방을 사용할 수 없다.
② J는 2층 방을 사용한다.
③ G는 1층 방을 사용한다.
④ 2층방을 사용할 수 없는 사람은 D이다.

20. J와 같은 방을 사용할 수 없는 사람은?

① E   ② F   ③ H   ④ I

21. A~J 10명 중 1층 방을 사용할 수 없는 사람은?

① E   ② G   ③ H   ④ J

22~24 육각형의 테이블에 A~F의 6명이 테이블을 둘러싸고 앉아있다. 앉아있는 규칙이 다음과 같다고 할 때 다음 물음에 답하시오.

> A는 B와 한자리를 비워두고 오른편에 앉아 있다.
> D는 C의 바로 건너편에 있다.
> E는 F와 한자리를 비워두고 왼편에 앉아있다.

22. 만약 C가 F의 옆자리에 앉을 경우, B의 오른쪽 자리에 앉은 사람은 누구인가?

① A   ② B   ③ C   ④ D

23. E가 A의 바로 오른쪽 자리라고 할 때 A의 맞은 편에 앉은 사람은 누구인가?

① B   ② F   ③ C   ④ D

24. 만약 F가 D의 옆자리가 아니라면 A의 왼쪽에 앉은 사람은 누구인가?

① C   ② F   ③ E   ④ D

25~27 K회사 영업팀은 A~G 7명이며 업무의 효율성을 추구하기 위해 2개팀으로 나누려고 한다. 아래와 같은 조건을 만족할 때 각 질문에 답하시오.

> X와 Y 두 팀으로 나누는데, 최소 인원은 한 팀에 3명 이상이어야 한다.
> E는 수가 많은 팀에 들어가야 한다.
> A와 D는 같은 팀에 있을 수 없다.
> C와 F는 반드시 같은 팀에 들어가야 한다.

25. 다음 중 같은 팀으로 가능하지 않은 것은?

① A, E, C, F 　　② D, E, C, F

③ A, E, G, B 　　④ D, E, B, C

26. 만약 X팀이 Y팀 보다 팀원수가 많다고 가정하면, C가 X팀에 들어갈 경우 X팀원으로 가능하지 않은 경우를 고르면?

① A, E 　② D, E 　③ B, G 　④ C, F

27. 다음 중 참인 것을 고르면?

① B와 G는 같은 팀이 될 수 없다.

② B와 C는 같은 팀이 될 수 없다.

③ E가 X팀에 들어가면 C와 F는 반드시 X팀에 들어간다.

④ B와 D는 같은 팀이 될 수 없다.

28~30 K회사 휴게실에는 A~G의 7권의 도서가 비치되어 있다. 아래와 같은 내용이 사실일 경우 각 질문에 답하시오.　　　　(기출유형)

> 7권의 책은 시, 수필, 소설, 시나리오의 4종류이다.
> 책의 사이즈는 21cm, 25cm, 30cm 세 종류이다.
> 제일 작은 크기의 책은 한 권 뿐이다.
> E는 시나리오가 아니다.
> 시는 각기 다른 크기의 책이 한 권씩 있다.
> A, D, G는 같은 크기이고, D와 G는 같은 종류이다.
> 소설과 시나리오는 각각 한 권씩 있다.

28. 다음 중 참인 것은?

① 시나리오가 제일 작은 책은 아니다.

② 수필이 제일 작은 책이다.

③ 소설이 제일 작은 책이다.

④ 수필은 세 권이다.

29. K회사 휴게실에 비치되어 있는 수필은 몇 개인가?

① 1권 　② 2권 　③ 3권 　④ 4권

30. E가 소설일 경우 가장 작은 사이즈의 책이 될 수 없는 것은?

① A 　　② B 　　③ C 　　④ F

31~33 S빌딩의 3층에서 6층까지는 사무실이 2개까지 있을 수 있다. 그 빌딩에 A, B, C, D, E, F, G, H까지 총 8개의 사무실이 있다고 한다. 아래와 같은 사실이 알려져 있을 때 각 질문에 답하시오.

> H는 가장 높은 층이다.
> E는 C보다 높은 층에 있다.
> A, G는 F보다 높은 층에 있다.
> A는 C바로 아래층이고 B보다 낮은 층에 있다.

31. 같은 층에 위치하는 사무실끼리 짝지은 것은 무엇인가?

① A, G   ② B, E   ③ C, D   ④ H, C

32. 다음 중 사실과 다른 것을 고르시오.

① D는 가장 아래 층에 있다.
② E는 G보다 높은 층에 있다.
③ F는 가장 아래 층이다.
④ G는 B보다 높은 층에 있다.

33. 5층에 있을 수 있는 사무실을 고르시오.

① F   ② G   ③ C   ④ E

34~36 6층 건물에 A, B, C, D, E, F 6개의 부서가 각각 한 개의 층을 사용 할 수 있게 배치 하려고 한다. 배치 시 조건은 아래와 같을 때 다음 각 질문에 답하시오. (기출유형)

> B는 A, C과 같은 층 간격을 가진다.(B와 A의 간격이 B와 C사이의 층 간격과 같다.)
> A은 항상 5층을 사용한다.
> F는 D보다 항상 위에 있어야 한다.
> D와 E는 이웃할 수 없다.

34. 4층에 배치할 수 없는 부서는?

① B   ② C   ③ D   ④ E

35. B가 3층 일 때 반드시 옳은 것은?

① C은 항상 1층이다.
② D는 항상 2층이다.
③ E는 항상 4층이다.
④ A은 F보다 항상 위층이다.

36. C가 3층 일 때 반드시 참인 것은?

① E는 항상 C보다 아래층이다.
② F는 항상 6층이다.
③ D는 C보다 아래층이다.
④ B은 C보다 아래다.

37~38 K자동차의 영업사원 A, B, C, D, E, F, G의 영업실적에 대한 정보가 아래 조건과 같다고 할 때 다음 물음에 답하시오.

> E의 영업실적은 C의 3배이고, D의 영업실적과 F의 영업실적은 같다.
>
> B의 영업실적은 C와 E의 영업실적의 합과 같다.
>
> G의 영업실적은 B,F,E의 영업실적을 합한 것과 같다.
>
> D의 영업실적은 B,E의 영업실적을 합한 것과 같다.

37. A의 영업실적이 E의 2배라면 다음 중 영업실적의 대소비교로 옳은 것은?

   ① G>F=D>A=B>E>C
   ② G>A=D=F>E>B>C
   ③ G>F=D>A>B>E>C
   ④ G>F=D〉B>A>E>C

38. A의 영업실적이 C의 3배라면 다음 중 영업실적의 대소비교로 옳은 것은?

   ① G>F=D>A=B>E>C
   ② G>A=D=F>E>B>C
   ③ G>F=D>B>A>E>C
   ④ G>F=D>B>A>E>C

39~41 6층짜리 건물에 A, B, C, D, E, F 등 6개의 팀이 근무를 하고 있다. 한 층에는 한 팀만이 근무한다. 아래와 같은 조건을 만족할 때 다음 각 질문에 답하시오.

> C팀은 2층을 사용한다.
>
> A팀과 B팀은 서로 인접한 층을 사용한다.
>
> C팀과 D팀은 인접한 층을 사용하지 않는다.

39. 4층에서 근무할 수 없는 팀은 어떤 팀인가?

   ① A   ② B   ③ D   ④ E, F

40. 1층에서 근무할 수 있는 팀은 어디인가?

   ① A   ② B   ③ D   ④ E

41. 다음 중 항상 참인 것을 고르시오.

   ① A팀은 7층을 사용한다.
   ② D팀은 A팀보다 위쪽 층에서 근무한다.
   ③ F팀은 5층을 사용하지 않는다.
   ④ D팀은 B팀과 인접한 층을 사용한다.

42~43 K산업은 사무실을 이전하면서 다섯 개의 부서 A, B, C, D, E를 5층 건물의 서로 다른 층에 배치하기로 하였다. 아래와 같이 조건이 주어졌을 때 다음 물음에 답하시오.

> A는 B와 E 사이에 위치해야 한다.
>
> C는 A와 D 사이에 위치해야 한다.
>
> 1층에는 B 또는 E가 위치해야 한다.
>
> D는 맨 위층에 위치할 수 없다.

42. 맨 위층에 배치될 수 있는 부서는 어느 부서인가?

① A   ② B   ③ C   ④ D

43. 4층에 배치될 수 있는 부서는 어느 부서인가?

① B   ② C   ③ D   ④ E

44~46 갑, 을, 병, 정 4개의 공장에서 작년까지는 A~F까지 물건을 생산했다. 올해는 A~D 제품을 생산하려고 하는데 각 공장은 한 가지 종류의 제품만 생산 가능하다고 한다. 아래와 같은 사실이 알려져 있을 때 각 질문에 답하시오. (기출유형)

> 을 공장은 올해 B나 C를 생산해야 한다.
>
> 작년에 E나 F를 생산한 공장은 올해 D를 생산해야 한다.
>
> 작년에 B를 생산한 공장은 올해 B를 생산해야 한다.

44. 작년에 병 공장에서 B를 생산하였고, 정 공장에서 E를 생산하였다면 올해 갑공장은 무엇을 생간하는가?

① A   ② C   ③ D   ④ F

45. 작년에 정 공장에서 B를 생산하였고 갑 공장이 F를 생산하였다면 올해 A는 어디에서 생산되는가?

① 갑   ② 을   ③ 병   ④ 정

46. 갑 공장이 작년에 B를 생산하였고, 병 공장이 E를 생산했을 경우 반드시 참인 것은?

① 올해 을 공장은 B를 생산한다.

② 병 공장은 D를 생산하지 않는다.

③ 작년에 정 공장은 C를 생산하였다.

④ 올해 정 공장은 A를 생산한다.

47~48 K산업은 새로운 공장부지 선정을 위해 A, B, C, D, E, F, G 7개 장소의 입지환경평가를 실시하였다. 그 결과가 아래와 같을 때 다음 물음에 답하시오. (기출유형)

> C의 점수는 E, F, G가 받은 점수의 합보다 높다.
>
> E와 F의 점수의 합은 G가 받은 점수와 같다.
>
> F의 점수는 A와 D의 점수의 합보다 높다.
>
> B는 A보다 낮은 점수를 받았다.
>
> A와 D가 받은 점수는 같다.

47. 다음 설명 중 옳은 것은?

① F의 점수는 E보다 높다.

② E의 점수는 B보다 낮다.

③ C의 점수는 가장 높다.

④ B의 점수가 가장 낮다.

48. G가 받은 점수의 $\frac{1}{2}$에서 B의 점수를 빼면 F의 점수와 같을 때 점수가 높은 순으로 배열한 것은?

① G − C − E − F − A − D − B

② C − G − F − E − A(= D) − B

③ C − G − E − F − A(= D) − B

④ C − G − A(= D) − F − E − B

49~52 A, B, C, D, E, F, G 7명의 사원이 저녁 식사를 하려고 한다. 한식 3개, 양식 2개 그리고 중식 2개를 주문하였다. 다음과 같은 조건으로 식사를 한다고 할 때 각 질문에 답하시오.

> A는 양식을 먹을 수 없다.
> B, E는 같은 종류의 음식을 먹는다.
> D는 양식만 먹는다.
> C, F는 다른 종류의 음식을 먹는다.

49. G가 먹을 수 있는 음식의 종류는 무엇인가?

　① 한식, 양식, 중식　　② 양식, 중식
　③ 한식, 양식　　　　　④ 중식

50. A가 한식을 먹을 때 양식을 먹을 수 없는 사람은 누구인가?

　① C　　　② D　　　③ E　　　④ F

51. A와 E가 같은 음식을 먹는다면 G가 먹을 수 있는 음식은 무엇인가?

　① 한식　　　　　　　② 양식 또는 중식
　③ 중식　　　　　　　④ 한식 또는 중식

52. C가 한식을 먹을 때 E가 먹을 수 있는 메뉴는 무엇인가?

　① 한식　　　　　　　② 중식
　③ 한식 또는 중식　　 ④ 한식 또는 양식

53~54 K그룹은 신입사원들에게 멘토역할을 할 직장선배 한 명씩을 배정하기로 하였다. 원탁테이블에 신입사원을 시계방향으로 가, 나, 다, 라, 마 순서로 둥글게 앉게 하고 그 사이에 멘토 A, B, C, D, E를 앉도록 하였다. 그 결과가 아래와 같을 때 다음 물음에 답하시오.

> B는 나 또는 라의 옆에 앉을 수 없다.
> E는 다 옆에 앉을 수 없다.
> C는 다 옆에 앉으면 D는 가 옆에 앉을 수 없다.

53. A가 가의 옆에 앉는다면 다음 중 옳은 것은 무엇인가?

　① 다 옆에는 C가 앉을 수 없다.
　② 나와 다 사이에는 C가 앉아야 한다.
　③ 다와 라 사이에는 D가 앉아야 한다.
　④ 라와 마 사이에는 E가 앉아야 한다.

54. 다음 중 가능한 자리배치가 아닌 것은?

　① E를 라 옆에 앉힌다.
　② A를 다 옆에 앉힌다.
　③ C를 나 옆에 앉힌다.
　④ D를 가 옆에 앉힌다.

55~58 사원 O, P, Q, R 네 사람이 가, 나, 다, 라의 보고서를 작성하여 임원 A, B, C, D, E에게 보고하여 결제를 받는다고 한다. 임원은 최대 2건의 보고서에 대한 결제를 할 수 있고 보고서는 최소 1회의 결제를 받아야 하며 최대 2회까지 결제를 받을 수 있다. 아래와 같은 조건을 만족한다고 할 때 다음 각 질문에 답하시오.

> 사원 중 한 사람은 2개의 보고서를 쓰고 나머지는 1개의 보고서를 작성하여 보고한다. 2건의 보고서에 대해 결제를 한 임원은 2명이다.
>
> A는 가, 나 보고서를 결제하였다.
>
> E는 라 보고서를 결제했다.
>
> A와 C는 P의 보고서를 결제했다.
>
> O는 B과 C에게 보고서의 결제를 받았다.

55. 2건의 보고서에 결제를 한 임원은 누구인가?

① E   ② B   ③ C   ④ D

56. 결제를 1건도 하지 않은 임원은 누구인가?

① A   ② B   ③ C   ④ D

57. O가 작성한 보고서는 무엇인가?

① 가   ② 나   ③ 다   ④ 라

58. 2건의 보고서를 쓴 사원과 한 건도 쓰지 않은 사원은 누구인가?

① O, Q   ② Q, P   ③ Q, O   ④ Q, R

59 K기업 마케팅 부서에서는 출장에서 예상되는 조사비, 식사비, 교통비, 숙식비, 활동비, 잡비 등 총 6개 항목에 대한 보고서를 제출하였다. 그러나 보고서가 아래와 같은 조건에 따라 다시 작성되어야 한다면 다음 물음에 답하시오.   (기출유형)

> 어떤 항목도 증액이나 감액 없이 그대로 보고되어서는 안 된다.
>
> 활동비와 조사비는 동시에 감액하거나 동시에 증액해야 한다.
>
> 식사비와 숙식비, 두 비용 모두를 감액할 수는 없다.
>
> 교통비와 잡비, 두 비용 모두를 증액할 수는 없다.
>
> 증액은 최대 2개가 가능하다.

59. 증액 가능한 것으로 짝지어진 것 중에 옳은 것은?

① 교통비를 증액하면, 활동비를 증액할 수 있다.

② 잡비를 증액하면 숙식비를 증액할 수 없다.

③ 식사비를 감액하면 교통비를 반드시 감액해야 한다.

④ 어떤 경우에도 조사비를 증액할 수 없다.

60   A, B, C, D, E, F의 여섯 기업이 있다. 이들 기업은 서로 M&A를 체결 하려고 한다. 이때 아래와 같은 조건에 따른다고 할 때 다음 중 옳은 것은?

> B기업과 F기업은 상호 간에 M&A를 체결할 수 없다.
>
> D기업과 E기업은 상호 간에 M&A를 체결할 수 없다.
>
> E기업과 F기업은 상호 간에 M&A를 체결할 수 없다.

① A, B, E는 상호 간에 M&A를 체결할 수 없다.

② B, D, F는 상호 간에 M&A를 체결할 수 있다.

③ C, D, F는 상호 간에 M&A를 체결할 수 없다.

④ A, B, D는 상호 간에 M&A를 체결할 수 있다.

3 언어추리 실전문제
정답 및 해설

[1] 정답 ☞ ②

주어진 조건에 의할 경우, 병과 무가 둘 다 영어를 사용하고 독일어와 프랑스어를 사용하며, 갑과 을이 영어를 사용하고 스페인어나 이탈리아어 중 하나를 각각 사용한다. 따라서 정은 스페인어와 이탈리아어를 사용하며 영어사용을 제한할 경우 정이 스페인어와 이탈리아어를 사용하여 갑과 을의 통역을 할 수 있다

[2] 정답 ☞ ④

갑	을	병	정	무
영어	영어	영어	스페인어	영어
이탈리아어 (스페인어)	스페인어 (이탈리아어)	프랑스어 (독일어)	이탈리아어	독일어 (프랑스어)

[3] 정답 ☞ ③

무가 프랑스어를 사용할 경우 병이 독일어를 사용한다.

[4~6] 정답 ☞ ④, ③, ②

A>C, D>B, F>E>A, E>C>D 따라서 야구팀 성적이 좋은 순서대로 나열해 보면
F>E>A>C>D>B 이다.

[7] 정답 ☞ ①

출장 가는 순서는 아래와 같다.

3월	4월	5월	6월	7월	8월	9월
B	A	C	E	D	G	F

[8] 정답 ☞ ①

A는 D보다 석 달 전에 가야 하므로, D가 어떤 달에 가더라도 A는 9월에 갈 수 없다. C, D, F는 9월에 갈 수 있다. 다만, G는 7~9월에 갈 수 있다고 했으나, G 다음달에 F가 가야 한다는 조건이 있기 때문에 G 역시 9월에 갈 수 없다.

[9] 정답 ☞ ③

F가 G 다음 달에 가야 하므로 9월에 G는 갈 수 없다.
A가 D보다 석 달 전에 가야 하므로 D는 최소 5월 이후 6월부터 갈 수 있다.
B가 C보다 두 달 전에 가야 하므로 C는 3~4월에는 갈 수 없다.
G가 7월에 가게 되면 다음 달인 8월에 F가 가야 하므로 C는 8월에는 갈 수 없다.

[10] 정답 ☞ ②

을 팀에서 적어도 3명을 뽑아야 하는데 E파트에서 한 명도 뽑지 않게 되면 을 팀은 2명만 뽑게 되어 8명이 되지 않기 때문에 TF팀을 구성할 수가 없게 된다.

[11] 정답 ☞ ②

8명이 각각 (A,B,C)(D,D,E)(F,F)/(A,B,C,)(D,E,E,)(F,F)로 구성되는 두 가지 경우가 있다.

[12] 정답 ☞ ③

첫 번째 시간에 E와 D는 동일한 작업을 하므로 서로 떨어진 작업실을 사용해야 한다. 그런데 같은 시간에 B와 F가 1번과 2번을 사용하므로 나머지 3~6번의 작업실 중 서로 떨어진 작업실을 택해야 하는데, A와 C가 바로 옆 작업실을 사용하므로 결국 E와 D는 3번과 6번의 작업실을 사용해야 한다.

[13] 정답 ☞ ②

A가 1번 작업실을 사용하고 2번은 C가 사용하게 되면, 나머지 3~6번 중에서 붙어있는 작업실을 B와 D가 사용해야 한다. 그러므로 B와 D가 바로 옆에 위치할 수 없는 경우인 4번과 5번은 E와 F가 사용할 수 없다.

[14] 정답 ☞ ③

C와 F는 동일한 작업을 하므로 바로 옆 작업실을 사용할 수 없다. 따라서 5번과 6번 작업실은 사용할 수 없다.

[15~17] 정답 ☞ ③, ②, ③

순위	팀	승리한 경기수
1	C	6
2	A	5
3	F	4
4	E	3
5	B	2
6	G	1
7	D	0

[18] 정답 ☞ ③

2층 두 개의 방에는 A와 F, B와 G가 같은 방을 사용하고, 1층에는 D와 H가 한 방을 사용한다. 따라서 1층 나머지 방 2개 방에는 C, E, I, J 가 들어가게 되는데, E와 I가 같은 방을 사용할 수 없으므로 E와 같은 방을 사용할 수 있는 사람은 C와 J가 된다.

[19] 정답 ☞ ④

2층 두 개의 방 중에서 A와 F 하나의 방, 또 하나의 방에는 B아 G가 들어가게 되므로, D는 2층 방을 사용할 수 없다.

[20] 정답 ☞ ③

H는 D와 같은 방을 사용하게 되므로, J와 H는 같은 방을 사용할

[21] 정답 ☞ ②

2층 방 사용자는 (A, F), (B, G)이고 나머지는 1층 방 사용자이다.

[22~24] 정답 ☞ ④, ②, ④

주어진 규칙에 따라 배열해 보면 아래 그림과 같이 앉아 있다.

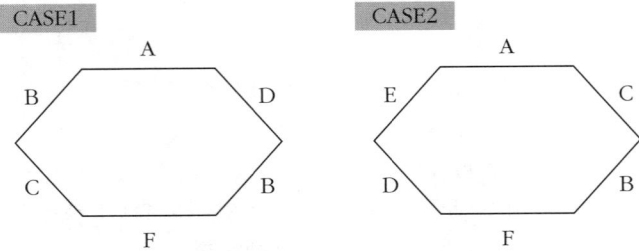

[25] 정답 ☞ ④

팀 조합은 다음과 같다.

	X(Y)	Y(X)
CASE1	A, C, E, F	B, D, G
CASE2	A, B, E, G	C, D, F
CASE3	C, D, E, F	A, B, G
CASE4	B, D, E, G	A, C, F

[26] 정답 ☞ ③

주어진 조건에 의하면 E, C, F는 같은 팀이고, A와 D 중 하나는 X팀에 들어가야 하므로 B와 G는 X팀이 될 수 없다.

[27] 정답 ☞ ②

주어진 조건에 의하면 B와 C는 같은 팀이 될 수 없다.

[28] 정답 ☞ ①

제일 작은 책은 단 한 권인데, 시의 경우 사이즈별로 한 권씩 있으므로, 사이즈가 제일 작은 책은 시이다. 따라서 시나리오가 제일 작은 책은 아니다.

[29] 정답 ☞ ②

7권의 책은 시 3권, 시나리오 1권, 소설 1권, 수필 2권이다.

[30] 정답 ☞ ①

조건에서 A, D, G는 같은 크기의 책이라 했고, 가장 작은 크기의 책은 한 권뿐이라고 했기 때문에 A는 가장 작은 사이즈의 책이 될 수 없다.

[31~33] 정답 ☞ ①, ④, ③

6층	H	E
5층	B	C
4층	G	A
3층		F

우선 H를 가장 높은 층에 배치하고, E를 H보다 한 층 낮게 배치하면 A, G는 F보다 높다라는 조건에 어긋나므로 E를 H와 같은 층으로 배치한다. 그리고 B는 A보다 높은 층이므로 B와 G는 아래와 같이 배치된다. 마지막으로 비어 있는 3층에 D를 배치한다.

[34] 정답 ☞ ②

4층에 배치할 수 있는 부서는 B, D, E, F이다.

6층	F	F	E	E
5층	A	A	A	A
4층	D	E	F	B
3층	B	B	B	C
2층	E	D	D	F
1층	C	C	C	D

[35] 정답 ☞ ①

B가 3층 일 때 C는 항상 1층이다.

[36] 정답 ☞ ③

C가 3층 일 때 D는 C보다 아래층이다.

[37] 정답 ☞ ③

주어진 조건을 순서대로 정리해보면,

$E=3C$, $D=F$, $B=C+E$, $G=B+F+E$, $D=B+E$이므로, 모두 C에 관하여 정리하면

$E=3C$이므로, $B=C+E=4C$이고, $D=B+E$이므로 $D=F=B+E$이고,

E는 3C이므로, $D=7C$가 된다. $G=B+F+E$에서 $B+E=D$이므로 14C가 된다.

따라서 순서는 $G>F=D>A>B>E>C$ 이다.

[38] 정답 ☞ ③

주어진 조건을 순서대로 정리해보면,

$G=14C$, $D=F=7C$, $B=4C$, $E=3C$, $A=3C$ 이므로 따라서, 순서는 $G>F=D>B>A>E>C$ 이다.

[39] 정답 ☞ ④

A, B팀이 사용할 수 있는 층은 5, 6층 또는 4, 5층 또는 3, 4층이다. D팀은 C와 인접한 층을 사용 못하므로 1층과 3층은 사용할 수 없다. 이를 이용해 경우의 수를 구해보면 아래와 같은 테이블을 얻을 수 있다.

6층	A 또는 B	D	D	E 또는 F
5층	A 또는 B	A 또는 B	E 또는 F	D
4층	D	A 또는 B	A 또는 B	A 또는 B
3층	E 또는 F	E 또는 F	A 또는 B	A 또는 B
2층	C	C	C	C
1층	E 또는 F	E 또는 F	E 또는 F	E 또는 F

따라서 1층은 E 또는 F팀이 근무 가능하다.

[40] 정답 ☞ ④

A, B, D팀은 4층에서 근무 가능하다.

[41] 정답 ☞ ③

F팀은 1, 3, 5, 6층 사용가능하다.

[42] 정답 ☞ ②

주어진 조건에 의해 1층은 B 또는 E이므로 가능한 조합은 다음과 같다.

1층	2층	3층	4층	5층
B	A	C	D	E
B	D	C	A	E

1층	2층	3층	4층	5층
E	A	C	D	B
E	D	C	A	B

따라서, 맨 위층에 배치될 수 있는 부서는 B또는 E이다.

[43] 정답 ☞ ③

4층에 배치될 수 있는 부서는 A와 D 이다.

[44] 정답 ☞ ①

보기의 조건을 표로 그리면 다음과 같다.

	갑	을	병	정
작년			B	E
올해	A	C	B	D

[45] 정답 ☞ ③

보기의 조건을 표로 그리면 다음과 같다.

	갑	을	병	정
작년			F	B
올해	D	C	A	B

[46] 정답 ☞ ④

갑 공장은 B, 을 공장은 C, 병 공장은 D를 생산하므로, 정 공장은 A를 생산한다.

[47] 정답 ☞ ③

$C>E+F+G$, $E+F=G$, $F>A+D$, $B<A$, $A=D$이므로 가장 많은 점수를 받은 순서대로 나열하면, $C>G>F>A=D>B$이다. 이때 E의 점수를 알 수 없으므로 B의 점수가 가장 낮다고 할 수 없다.

[48] 정답 ☞ ③

G의 점수를 반으로 나눈 점수에서 B가 받은 점수를 뺀 것이 F와 같다고 했으므로 이를 정리하면 아래와 같다. $G=E+F$, 따라서 $\frac{G}{2}-B=\frac{E+F}{2}-B=F$, $E=F+2B$ 이다. 이 경우 E의 점수가 F보다 2E정도 더 크다. 그리고 $G=E+F$이므로 E는 G와 F사이에 위치한다.

[49~52] 정답 ☞ ①, ③, ③, ③

D는 양식만 먹을 수 있고 양식은 2개밖에 없으므로 B와 E는 양식을 먹을 수 없다. 그러므로 B를 기준으로 정리한 다음 A를 다음 기준으로 설정한다.

1. B가 한식을 먹을 경우

A	B	C	D	E	F	G
			양식			
한식	한식	양식		한식	중식	중식
		중식			양식	중식
중식		한식			양식	중식
		한식			중식	양식
		양식			중식	한식
		양식			한식	중식
		중식			한식	양식
		중식			양식	한식

2. B가 중식을 먹을 경우

A	B	C	D	E	F	G
			양식			
한식	중식	한식		중식	양식	한식
		양식			한식	한식

[53] 정답 ☞ ④

A가 가의 옆에 앉는다고 할 때 A는 가의 오른쪽 또는 왼쪽으로 앉는 2가지 경우를 고려해 볼 수 있다.

1) A가 가의 오른쪽에 앉을 때 조건에 부합하는 자리배치는 아래와 같다.

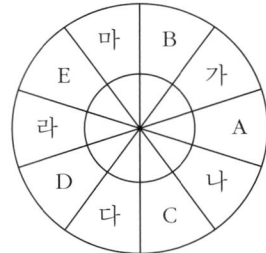 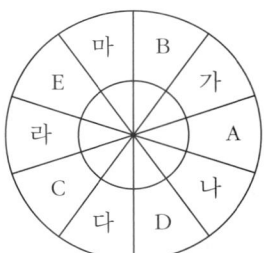

2) A가 가의 왼쪽에 앉을 때 B는 나 또는 라의 옆에 앉을 수 없으므로 조건에 부합하지 않게 된다. 따라서 고려해 볼 수 있는 경우는 A가 가의 오른쪽에 앉는 경우밖에 없다. 따라서 라와 마 사이에는 E가 앉아야 한다.

[54] 정답 ☞ ④

D가 가 옆에 앉는다면 조건(나)에 따라 E는 마와 라 사이에 앉게 되고, A와C는 다 옆에 앉는 2가지 경우가 있을 수 있다. 그러나 이 경우는 조건(다)에 의해 가능한 자리배치가 될 수 없다.

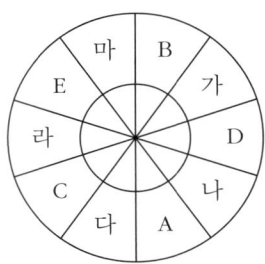 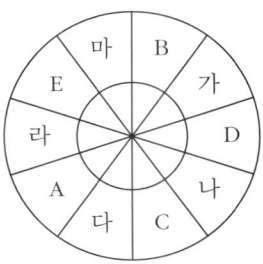

[55] 정답 ☞ ③

문제의 조건에 임원에 대한 정보가 많았으므로 임원을 기준으로 테이블을 구성하여 표기하면 아래와 같은 결과를 얻게 된다.

	A	B	C	D	E
가	○				
나	○				
다					
라					○

	A	B	C	D	E
O		○	○		
P	○		○		
Q					
R					

위에서 명확하게 2건의 보고서에 결제를 한 임원은 A이며 C의 경우에도 O, P의 보고서를 결제 해주었으므로 결국 2건을 처리한 게 된다.

[56] 정답 ☞ ④

위의 테이블을 참고해보면 'D' 만 결제를 하지 않았다.

[57] 정답 ☞ ③

O는 A에게 결제 받은 적이 없으므로 가, 나를 작성하지 않았고 E에게도 결제 받지 않았으므로 라도 작성하지 않았다. O는 다의 보고서를 작성하였다.

[58] 정답 ☞ ④

O는 명확하게 다를 작성하였고 P는 가와 나 중에서 작성하였거나, 두 건 모두 작성했을 수 있으므로 나머지 Q, R 중에서 한 명은 0건의 보고서를 작성하였다.

[59] 정답 ☞ ④

① 활동비를 증액하면 위의 조건에 따라 조사비도 증액해야 한다. 따라서 교통비를 증액하면 활동비를 증액할 수 있다고 한다면 조사비도 증액해야 한다. 이 경우 교통비, 활동비, 조사비가 모두 증액되므로 증액은 최대 2개가 가능하다는 조건에 어긋난다. 그러므로 옳은 진술이 아니다.

② 위 조건에 따르면 식사비와 숙식비 중 하나 이상은 반드시 증액되어야 한다. 그런데 증액은 최대 2개가 가능하므로 잡비를 증액한다고 하면 식사비와 숙식비 둘 중 반드시 하나만 증액되어야 한다. 따라서 잡비를 증액하면 식사비가 증액되거나 숙식비가 증액되어야 한다. 그러므로 잡비를 증액한다면 숙식비를 증액할 수 없다는 진술은 옳지 않다.

③ 식사비를 감액하면 숙식비는 반드시 증액되어야 한다. 그리고 활동비와 조사비는 동시에 증액이나 감액되므로 이 둘 중 하나만 증액되더라도 증액이 세 개 이상이 되어 조건에 어긋난다. 따라서 식사비가 감액되었다면 교통비와 잡비 중 하나가 증액하는 경우와 교통비와 잡비가 모두 감액하는 경우만 가능하다. 즉 식사비가 감액되었어도 교통비가 증액하는 경우가 가능하므로 식사비를 감액하면 교통비를 반드시 감액해야 한다는 진술은 옳지 않다.

④ 조사비를 증액하면 활동비도 증가해야 한다. 그런데 식사비와 숙식비 중 하나 이상은 반드시 증액되어야 한다. 즉, 조사비와 활동비가 증가하고 식사비나 숙식비 중 하나가 증액하게 되므로 3개 이상이 증액하게 된다. 따라서, 조사비를 증액하면, 반드시 주어진 조건에 어긋나게 되므로 조사비를 증액할 수 없다.

[60] 정답 ☞ ④

① A, B, E는 상호 간에 M&A를 체결한다고 해도 주어진 조건에 어긋나지 않는다. 따라서 옳지 않은 진술이다.

② B, D, F는 상호 간에 M&A를 체결한다면 주어진 조건에 어긋난다. 따라서 D, B, F 상호 간에 M&A를 체결할 수 없다.

③ C, D, F는 상호 간에 M&A를 체결한다고 해도 주어진 조건에 어긋나지 않는다. 따라서 옳지 않은 진술이다.

④ A, B, D는 상호 간에 M&A를 체결한다고 해도 주어진 조건에 어긋나지 않는다. 따라서 A, B, D는 상호 간에 M&A를 체결할 수 있다.

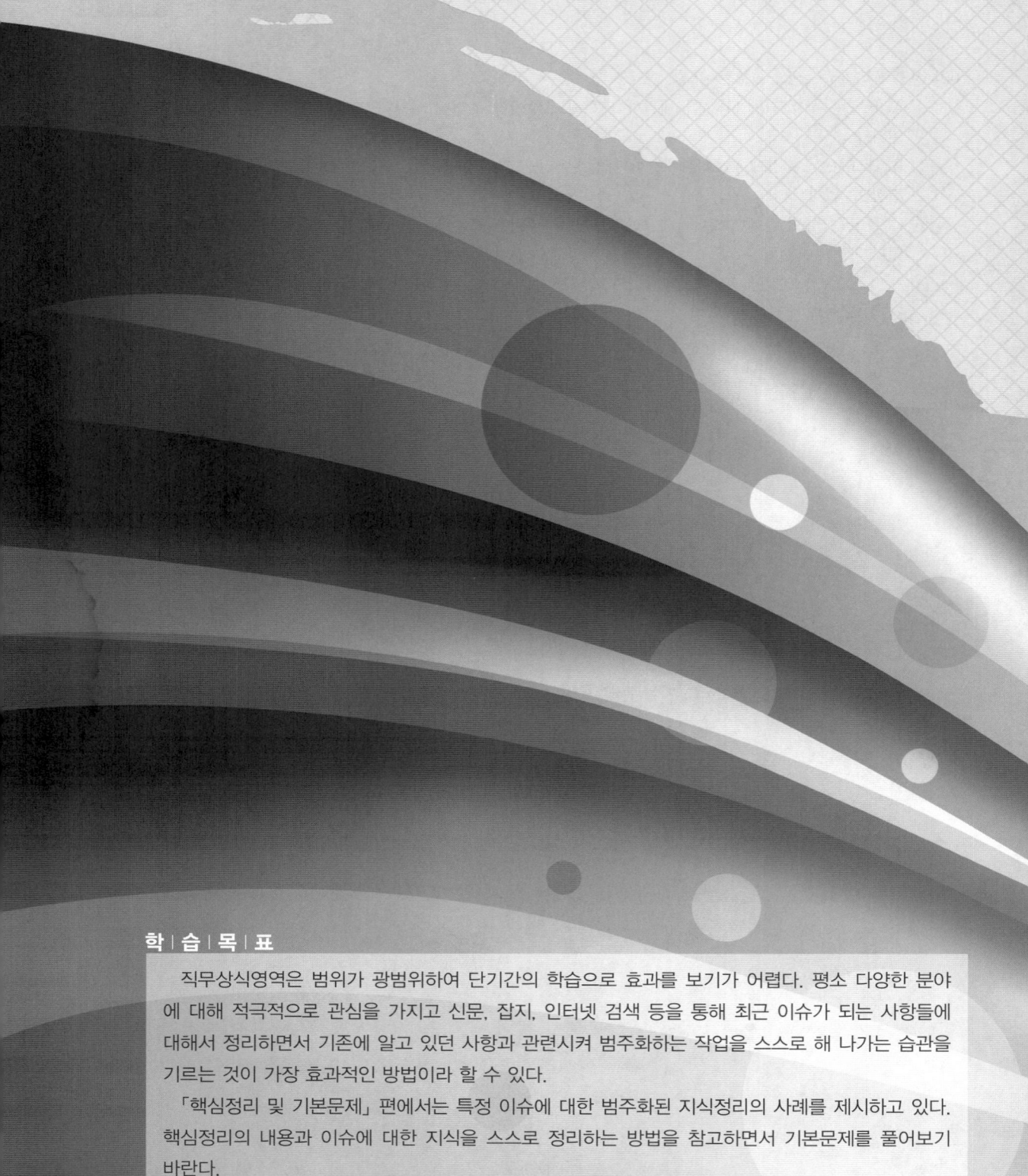

학 | 습 | 목 | 표

　직무상식영역은 범위가 광범위하여 단기간의 학습으로 효과를 보기가 어렵다. 평소 다양한 분야에 대해 적극적으로 관심을 가지고 신문, 잡지, 인터넷 검색 등을 통해 최근 이슈가 되는 사항들에 대해서 정리하면서 기존에 알고 있던 사항과 관련시켜 범주화하는 작업을 스스로 해 나가는 습관을 기르는 것이 가장 효과적인 방법이라 할 수 있다.

　「핵심정리 및 기본문제」 편에서는 특정 이슈에 대한 범주화된 지식정리의 사례를 제시하고 있다. 핵심정리의 내용과 이슈에 대한 지식을 스스로 정리하는 방법을 참고하면서 기본문제를 풀어보기 바란다.

　「실전문제」는 각 분야별로 출제가능성이 있는 지식들을 확인하는 용도로 활용하기 바란다.

Part

04

직무상식

1 경제 · 경영

이것만은 알고 가자

밸리 효과 (Valley effect)	올림픽이나 월드컵 등 대규모 국제행사개최를 위한 과도한 투자로 경기가 과열되다 이후에는 개최국의 경기가 빠르게 침체하는 것을 뜻한다. 밸리 효과는 개최국가가 경제규모가 작을수록, 개최도시의 GDP점유비중이 클수록 높은 경향이 있다.
구축(驅逐) 효과 (Crowding-out effect)	정부지출 증가 때문에 발생하는 민간부분의 소비 및 투자의 감소를 말한다. 세금 증대로 정부지출을 늘리면, 늘어난 세금은 민간 소비를 줄이기 때문이다. ※구(驅) : 몰다, 핍박하다 / 축(逐) : 내쫓다, 물리치다
피셔 효과 (Fisher Effect)	시중의 명목금리는 "실질금리와 예상 인플레이션율의 합계"와 같다는 이론으로 금리와 인플레이션의 관계를 나타내 주는 개념이다. 즉 인플레이션이 높아지면 금리 역시 동일한 크기로 높아진다는 말로 해석할 수 있다는 것이다.
국제피셔 효과	두 나라의 금리 차이는 두 나라의 통화간 예측되는 환율변동과 같다는 이론으로 금리와 환율의 상호관계를 나타내 주는 개념이다. 두 나라 통화 간 현물 환율은 양국 간 금리격차와 반대 방향으로 움직인다고 가정한다.
기저(基底) 효과 (Base effect)	경제지표를 평가하는 과정에서 기준시점과 비교시점의 상대적인 수치에 따라 그 결과에 큰 차이가 날 수 있음을 말한다. 호황기의 경제상황을 기준시점으로 현재의 경제상황을 비교할 경우, 경제지표는 실제 상황보다 위축된 모습을 보인다. 반면, 불황기의 경제상황을 기준시점으로 비교하면, 경제지표가 실제보다 부풀려져 나타날 수 있다. ※기(基) : 터, 기초 / 저(底) : 밑, 바닥

레버리지 효과 (Leverage effect)	타인으로부터 빌린 자본을 지렛대 삼아 자기자본이익률을 높이는 것을 말하며 지렛대효과라고도 한다. 예를 들어, 10억 원의 자기자본으로 1억 원의 순익을 올렸다고 할 때, 투자자본 전부를 자기자본으로 충당했다면 자기자본이익률은 10%가 되고, 자기자본 5억원에 타인자본 5억 원을 끌어들여 1억 원의 순익을 올렸다면 자기자본이익률은 20%가 된다.
립스틱 효과 (Lipstick effect)	경기불황일 때 저가임에도 소비자를 만족시켜 줄 수 있는 상품이 잘 판매되는 현상. 특히 여성 소비자의 어려운 경제여건을 나타내는 것으로, 저렴한 립스틱만으로도 만족을 느끼며 쇼핑을 알뜰하게 하는 데에서 유래된 말이다.
링겔만 효과 (↔시너지 효과)	링겔만 효과란 시너지 효과에 대한 반대말로 구성원이 집단 속에서 함께 일할 때 집단속에 참여하는 개인의 수가 늘어갈수록 성과에 대한 1인당 공헌도가 오히려 떨어지는 현상을 말한다. 링겔만 효과는 100여 년 전 독일 심리학자 링겔만의 줄다리기 실험을 통해 사람의 행태를 연구하면서 얻게 된 결과이다.
맥락 효과 (Contextual effect)	처음에 알게 된 정보에 나중에 알게 된 새로운 정보들의 지침을 만들고 전반적인 맥락을 제공하는 것을 말한다. 즉, 처음에 긍정적인 정보를 얻은 대상이라면 이후에도 긍정적으로 생각하려는 현상을 가리킨다.
메디치 효과 (Medici effect)	르네상스시대에 메디치 가문이 여러 분야의 예술가, 학자를 모아 공동작업을 후원함으로써 문화의 창조적인 역량을 이끌어낸 데서 유래되었다. 이처럼 메디치효과는 서로 관련이 없는 것들의 결합을 통해 뛰어난 작품을 만들어 내거나 아이디어를 창출해 내는 것을 말한다.
세뇨리지 효과 (Seigniorage)	화폐 주조로 얻는 이익을 말한다. 이는 국제통화를 보유한 국가가 누리는 경제적 이익이다. 화폐를 찍어내면 교환가치에서 발행비용을 뺀 만큼의 이익이 생기는데 그 중에서도 기축 통화국, 곧 국제통화를 보유한 나라가 누리는 이익을 통상적으로 세뇨리지 효과라고 일컫는다. 이 말은 과거 중세 때 군주(프랑스어로 '세뇨르')가 재정을 메우려 금화에 불순물을 섞어 유통시킨 데서 온 말이다.
소녀 효과 (Girl effect)	제대로 교육을 받은 소녀가 성장해서 돈을 벌면 90%를 가족에게 투자할 것이므로 소녀들에 대한 교육에 적극적으로 나서면 나중에 큰 효과를 거둘 수 있다는 의미를 담고 있다. 2009년 다보스포럼(세계경제포럼) 공식 어젠더에 빈민국에 사는 소녀들에 대한 교육의 중요성을 처음으로 포함시키면서 나온 용어이다. 다보스포럼에서는 전 세계 대다수 지역에서 이 같은 소녀효과가 무시된 채 여성들이 사회 발전에 제대로 활용되지 못하고 있다는 점을 경고했다.
스파게티볼 효과 (Spaghetti bowl effect)	여러 나라와 동시에 자유무역협정(FTA)을 체결하면 각 나라마다 다른 원산지 규정 적용, 통관절차, 표준 등을 확인하는 데 시간과 인력이 더 들어 거래비용 절감이라는 애초 기대효과가 반감되는 현상. 대상국별 혹은 지역별로 다른 규정이 적용돼 서로 얽히고 설키는 부작용이 발생하게 되는데, 이같은 현상이 마치 스파게티 접시 속 국수가닥과 닮았다는 뜻으로 사용했다.

언어

수리

추리

직무상식

승수(乘數) 효과 (Multiplier effect)	승수효과란 경제 현상에서, 어떤 경제 요인의 변화가 다른 경제 요인의 변화를 유발하여 파급적 효과를 낳고 최종적으로는 처음 몇 배의 증가 또는 감소로 나타나는 총효과를 의미한다. 승수효과는 승수이론에서 나온 용어로, 어떤 경제변량이 다른 경제변량의 변화에 따라 바뀔 때 그 변화가 한 번에 끝나지 않고 연달아 변화를 불러일으켜서 마지막에 가서는 최초의 변화량의 몇 배에 이르는 변화를 하는 경우가 있는데 이러한 변화의 파급관계를 분석하고 최초의 경제변량의 변화에 따라 최종적으로 빚어낸 총효과의 크기가 어떻게 결정되는가를 규명하는 것이 승수이론이다. ※ 승(乘) : 타다, 오르다 / 수(數) : 세다, 계산하다
외부 효과 (External effect)	어떤 경제주체의 행동이 제3자에게 의도하지 않은 손해 또는 이익을 주는 것을 말한다. 따라서 그러한 결과에 대해 어떤 보상이나 대가도 이루어지지 않는다. 다른 사람에게 이익을 준 경우는 외부경제, 손해를 준 경우는 외부불경제라고 한다.
톱니효과 (Ratchet effect)	한번 올라간 소비 수준이 쉽게 후퇴하지 않는 현상을 말하는 것으로, 예를 들면 보리밥을 먹다가 쌀밥을 먹는 데 익숙해지면 소득이 줄어도 보리밥을 먹으려고 하는 것이 아니라 쌀밥을 먹되 그 양을 줄이거나 품질을 낮추게 된다는 말이다. 경기후퇴로 소득이 줄어든다 하더라도 소비가 같은 속도로 줄어들지 않기 때문에, 소비가 경기후퇴를 억제하는 일종의 톱니작용을 하게 된다는 데서 톱니효과라고 한다.
트리클다운 효과 (Trickle down effect)	말 그대로 "넘쳐흐르는 물이 바닥을 적신다"는 뜻으로, 우리말로는 적하정책(滴下政策)으로 번역된다. 즉, 정부가 투자 증대를 통해 대기업과 부유층의 부(富)를 먼저 늘려 주면 중소기업과 소비자에게 혜택이 돌아감은 물론, 이것이 결국 총체적인 국가의 경기를 자극해 경제발전과 국민복지가 향상된다는 이론이다. = 적하(滴下)효과, 낙수(落水)효과
파노플리 효과 (Effect de panoplie)	파노플리는 집합이라는 뜻을 가지고 있으며, 개인이 소유하고 있는 상품을 통해 특정 집단에 속하는 현상을 일컬어 파노플리효과라 한다. 어린 아이가 역할놀이를 통해 마치 그와 같은 인물이 된 듯한 기분을 느끼는 것처럼 파노플리를 이루는 상품을 소비하면 그것을 소비할 것이라고 여겨지는 집단에 속한다는 환상을 준다.
풍선 효과 (Ballon effect)	풍선의 한 곳을 누르면 그곳은 들어가는 반면 다른 곳이 팽창되는 것처럼 문제 하나가 해결되면 또 다른 문제가 생겨나는 현상을 말한다. 특정 지역의 집값을 잡기 위해 규제를 강화하면 수요가 다른 지역으로 몰려 집값이 오르는 현상도 이에 속한다. 정부가 강남 집값을 잡기 위해 재건축 아파트 규제를 강화하자 수요가 일반아파트로 몰려 집값이 오르는 현상을 빗댄 말이다.

백로 효과 (Snob effect)	특정상품에 대한 소비가 증가해 희소성이 떨어지면 그에 대한 수요가 오히려 줄어드는 소비현상을 말한다. 남들이 구입하기 어려운 값비싼 상품을 구매할 때 자신은 남과 다르다는 우월감을 갖는 것을 우아한 백로에 빗댄 것으로, 속물을 뜻하는 영어인 snob을 사용해 snob effect라 한다. ＝속물효과
베블렌 효과 (Veblen effect)	미국 사회학자인 베블렌(Veblen)이 자신의 저서에서 제시한 데서 유래되었다. 베블런 효과는 상류층 소비자들의 소비행태를 가리키는 말로 사회적 지위를 과시하기 위해 가격이 오르는데도 수요가 줄어들지 않고, 오히려 증가하는 현상을 말한다.
밴드웨건 효과 (Band wagon effect)	유행에 따라 상품을 구입하는 소비현상을 뜻하는 경제용어로, 곡예나 퍼레이드의 맨 앞에서 행렬을 선도하는 악대차(樂隊車)가 사람들의 관심을 끄는 효과를 내는 데에서 유래한다. 특정 상품에 대한 어떤 사람의 수요가 다른 사람들의 수요에 의해 영향을 받는 현상으로, 편승효과 또는 밴드웨건(band wagon)효과라고도 한다. ＝악대차(樂隊車)효과, 편승(便乘)효과
전시(展示) 효과 (Demonstration effect)	개인의 소비행동이 사회의 소비 수준의 영향을 받아 타인의 소비행동을 모방하려는 소비성향으로 J. S. 듀젠베리에 의해 처음으로 이 용어가 사용되었다. 개인의 소비지출의 수준은 그 개인의 소득 수준만으로 정해지는 것이 아니며, 주위 사람들이 더 높은 소비생활을 하게 되면 이에 따라서 그 개인의 소비도 영향을 받아 소비성향이 높아진다고 한다. ＝시위(示威)효과, 모방효과
기펜 효과	열등재 중에서 양의 소득효과가 음의 대체효과를 압도하여 가격효과가 양이 되는 예외적인 경우가 있다. 이 때에는 가격의 하락(상승)이 오히려 소비량의 하락(증가)을 가져와 수요의 법칙에 위배된다. 이와 같은 현상을 처음 발견한 사람 Robert Giffen의 이름을 따 기펜의 역설(Giffen's paradox)이라 하고, 기펜의 역설이 나타나는 상품을 기펜재라 한다.
소득 효과	한 상품의 가격하락으로 종전보다 재화를 더 많이 사게 되어 실질소득이 늘어나는 것과 같은 효과로, 한 상품의 가격변동이 소비자의 실질소득을 변동시키는 효과를 말한다.
대체 효과	한 상품의 가격의 하락으로 상대가격이 변하여 상대적으로 싸진 재화를 더 많이 수요하고, 상대적으로 비싸진 재화를 더 적게 소비하는 효과로 소득은 일정하다고 전제하고 있다.

언어

수리

추리

직무상식

1 다음에서 설명하는 이론은?

> 19세기 아일랜드의 기아를 연구한 학자의 이름을 딴 경제학 이론이다. 가령 빵과 같은 기초식품에 속한 재화의 가격이 상승하면 극빈층은 그 재화의 소비를 늘리고 더 비싼 재화의 소비를 줄인다는 것이다. 따라서 가격에 비해 기초식품의 수요탄력성은 양수가 된다. 실제로 기초식품의 가격은 상승하더라도 상대적으로 아주 낮은 편이다.

① 배블렌 효과 ② 기펜 효과 ③ 듀젠베리 효과 ④ 피구 효과

정답 ②

아일랜드의 경제학자 Robert Giffen이 주장한 기펜 효과에 대한 설명이다.

지급준비율	각 금융회사가 고객으로부터 받은 예금 중에서 중앙은행에 의무적으로 예치해야 하는 자금의 비율을 말한다. 고객에게 지급할 돈을 준비해 은행의 지급 불능사태를 방지한다는 고객보호 차원에서 도입되었으나, 통화량을 조절하는 금융정책수단으로 활용되고 있다.
BIS 자기자본비율	자기자본비율은 총자산 중에서 자기자본이 차지하는 비중을 나타내는 지표로 기업 재무구조의 건전성을 가늠하는 지표이다. 자기자본은 직접적인 금융비용을 부담하지 않고 기업이 장기적으로 운용할 수 있는 안정된 자본이므로 이 비율이 높을수록 기업의 재무구조가 건전하다고 할 수 있다. IMF 외환위기를 계기로 일반화된 단어인 은행의 자기자본비율(BIS비율)은 은행의 위험가중 자산에 대한 자기자본의 비율을 말한다.
그레섬의 법칙	16세기 영국의 재무관 그레섬(Thomas Gresham)이 제창한 화폐유통에 관한 법칙이다. "악화는 양화를 구축(驅逐)한다(Bad money drives out good)"라는 말로 표현된다. 어느 한 사회에서 악화(소재가 나쁜 화폐)와 양화(예컨대, 금화)가 동일한 가치를 갖고 함께 유통될 경우, 악화만이 그 명목가치로 유통되고 양화는 소재가치가 있어 오히려 재보(財寶)로 이용되거나 하는 등의 이유로 유통되지 않고 사라진다는 것이다.

무어의 법칙	마이크로칩 기술의 발전 속도에 관한 일종의 법칙으로 마이크로칩에 저장할 수 있는 데이터 분량이 18~24개월 마다 두 배씩 증가한다는 법칙이다. 이는 컴퓨터 성능이 거의 5년마다 10배, 10년마다 100배씩 개선된다는 것을 의미한다. 　1965년 미국 인텔사의 고든 무어(Gordon Moor)는 마이크로칩의 용량이 매년 두 배가 될 것으로 보인다고 예고했었다. 하지만 변화의 속도가 지난 수년간 다소 느려져 18개월마다 두 배씩 증가하자 "고든 무어의 법칙"의 정의를 수정하고 그의 이름을 빌려 "무어의 법칙"이라고 명명하였다. 　인터넷은 적은 노력으로도 커다란 결과를 얻을 수 있다는 메트칼프의 법칙, "조직은 계속적으로 거래비용이 적게 드는 쪽으로 변화한다"는 가치사슬의 법칙과 함께 인터넷 경제의 3원칙으로 불린다.
황의 법칙	반도체 메모리의 용량이 1년마다 2배씩 증가한다는 이론이다. 삼성전자의 황창규 사장이 발표한 '메모리 신성장론'이며 그의 성을 따서 '황의 법칙'이라고 한다. 　'무어의 법칙'에 수정을 가한 것으로 2002년 국제반도체회로학술회의(International SolidSate Circuits Conference; ISSCC)에서 삼성전자 반도체총괄 겸 메모리사업부장의 황창규 사장이 '메모리 신성장론'을 통해 발표하였다.
코즈의 법칙	노벨경제학상 수상자인 로널드 커즈(Ronald Coase)가 주창한 기업의 거래비용을 다룬 경제이론으로 내부처리 비용과 거래비용 분석을 통해 기업의 경쟁력을 이해한다. 　기업의 아웃소싱을 설명할 때 주로 활용되며, 이 이론에 따르면 거래비용을 획기적으로 감소시킨 인터넷의 등장으로 관련 비즈니스가 성장할 수 있었다.
롱테일 법칙 (Long Tail Theory)	롱테일법칙(Long Tail Theory)은 80%의 다수가 20%의 핵심 소수보다 뛰어난 가치를 창출한다는 이론이다. 많이 판매되는 상품들 순으로 그래프를 그리면 적게 팔리는 상품들은 선의 높이는 낮지만 긴 꼬리(Long Tail)처럼 길게 이어진다. 이 긴 꼬리에 해당하는 상품들을 합치면 많이 팔리는 상품들을 압도한다는 뜻에서 지어졌다. 　인터넷 기반 서점 아마존닷컴이 책목록 진열이 무한한 인터넷 상에서 잘 팔리는 책 20%보다 적게 1~2권씩 팔리는 책 80%의 매출이 훨씬 높다는 것에서 착안하여 만든 법칙이다. 　전체 결과의 80%가 전체 원인의 20%에서 일어나는 현상을 가리키는 파레토법칙과는 반대되는 개념이다.
이윤율 저하의 법칙	이윤율이란 투하자본에 대한 이윤의 비율을 말한다. 마르크스는 자본주의를 설명하면서 생산성 증가를 위한 생산 설비 등 불변자본의 증가는 유기적 구성을 고도화시켜 잉여가치를 줄이고 결국, 이윤율을 저하시킨다는 모순을 지적했다. 이를 '이윤율의 경향적 저하법칙'이라고 한다. 이러한 논리에 따라 마르크스는 자본주의가 필연적으로 붕괴될 것으로 보았다. 　하지만, 자본절약적 기술의 발달, 불변자본 요소의 저렴화, 자본회전율의 상승 등으로 이윤율의 경향적 저하를 저지 또는 극복함으로써 자본주의는 지속적으로 유지되고 있다.

한계효용 균등의 법칙	소비자는 주어진 소득으로 최대의 효용을 얻기 위해 합리적인 소비를 하려고 한다. 따라서 몇 종류의 재화나 서비스를 동시에 소비할 때 각 재화나 서비스가 가진 한계효용이 같지 않다면 한계효용이 낮은 재화를 소비하는 대신 한계효용이 높은 다른 재화를 소비하여 전체의 효용을 크게 할 것이다. 이때 각 재화의 1원어치의 한계효용이 모두 같아질 때 소비자가 느끼는 총효용은 극대화된다. 　이와 같이 모든 재화의 1원어치의 한계효용이 균등하게 되어 각 재화를 소비하는 양을 변화시킬 필요가 없는 경우를 '한계효용이 균등하다'라고 표현하고, 이를 '한계효용균등의 법칙'이라고 한다.
한계효용 체감의 법칙	한계효용은 소비하는 재화의 마지막 단위가 가지는 효용을 말한다. 즉, 빵을 하나 먹으면 빵 하나의 효용이 한계효용이고, 빵을 두 개 먹으면 두 번째의 빵이 한계효용이 되는 것이다. 　그런데 소비의 단위가 커지면 재화로부터 얻게 되는 만족이 점점 감소하게 되는데 이것을 가리켜 한계효용체감의 법칙이라 한다. 　예를 들면, 굶주린 상태에서 첫 번째 음식은 엄청난 만족을 가져다 준다. 하지만 두 번째 음식을 받을 때에는 첫 번째 음식보다는 만족도가 훨씬 적게 된다. 세 번째 음식을 먹을 때의 만족감은 첫 번째의 만족에 비할 수 없게 된다. 이러한 한계효용체감의 법칙을 응용한 실생활 예는 뷔페식 레스토랑을 예로 들 수 있다.

② 제품을 무제한 진열할 수 있다는 온라인상의 장점을 통한 제품 판매와 관계가 깊은 것은?

[SSAT 기출문제 유형]

① 파레토 법칙　　　② 왝더독 현상　　　③ 롱테일의 법칙　　　④ 외부효과

정답 ③

롱테일의 법칙은 일반적인 소매점의 경우 재고 및 상품매장 진열공간의 제한문제로 인해 잘 팔리는 물품(일명 「머리」)에만 집중하여 마케팅하고 나머지(일명 「꼬리」)는 재고가 되어 처치 곤란한 경우가 많았다. 그러나 최근에는 인터넷을 기반으로 하는 온라인 비즈니스의 경우 베스트셀러(머리)와 함께 그동안 간과되어 온 비인기 상품(꼬리)에 대한 소비자의 진입장벽을 낮출 수 있게 되었다. 이렇게 개별적으로는 비인기 상품도 전체적으로 모이면 전체 이익면에서 크게 기여하게 되는 것에 착안한 법칙이다.

3 다음 내용과 관련된 것은? [SSAT 기출문제 유형]

전체 결과의 80%는 전체 원인 중 20%에서 비롯됐다는 사고로, 부, 노력, 투입량, 원인의 작은 부분이 대부분의 부, 성과, 산출량, 결과를 이루어 낸다는 것이다. 20%의 소비자가 전체 매출의 80%를 차지하는 경향, 국민의 20%가 전체 부(富)의 80%를 차지하는 경향, 직장에서 20%의 근로자가 80%의 일을 하는 경향 등이 그것이다.

① 롱테일의 법칙　　② 왝더독 현상　　③ 파레토 법칙　　④ 왈라스 법칙

정답 ③

「파레토 법칙(Pareto 法則)」 또는 「80 대 20 법칙」은 '전체 결과의 80%가 전체 원인의 20%에서 일어나는 현상'을 가리킨다.

4 다음의 내용과 관계있는 경제원칙은? [SSAT 기출문제 유형]

귀하고 비싼 음식이라 평소에는 먹지 못하다가 오랜만에 실컷 먹을 수 있는 기회가 생겨 평소에 비해 많은 양을 먹게 되었다. 그런데 처음에는 맛있던 음식이 일정 양을 섭취한 이후부터 맛이 떨어지기 시작하더니 포만감을 전후해서는 아예 맛보다는 고통이었다.

① 수확체감의 법칙　　　　　② 한계효용체감의 법칙
③ 한계효용체증의 법칙　　　　④ 기회비용의 원칙

정답 ②

한계효용체감의 법칙에 의하면 소비의 단위가 커지면 재화로부터 얻게 되는 만족이 점점 감소하게 되어 심지어는 (－)상태(맛보다는 고통으로 느껴지는)까지 이를 수 있다.

※ 한국의 FTA 추진현황

진행단계	상대국	추진현황	의의
발효	칠레	99.12월 협상 개시, 03.2월 서명, 04.4월 발효	최초의 FTA 중남미 시장의 교두보
	싱가포르	04.1월 협상 개시, 05.8월 서명, 06.3월 발효	ASEAN 시장의 교두보
	EFTA (4개국)	05.1월 협상 개시, 05.12월 서명, 06.9월 발효	유럽시장의 교두보
	ASEAN (10개국)	05.2월 협상 개시, 06.8월 상품무역협정 서명, 07.6월 발효, 07.11월 서비스협정 서명, 09.5월 발효 09.6월 투자협정 서명, 09.9월 발효	우리의 제2위 교역대상국 (2010년 기준)
	인도	06.3월 협상 개시, 09.8월 서명, 2010.1월 발효	BRICs국가, 거대시장
	EU	07.5월 협상 출범, 09.7월 협상 실질 타결 09.10.15 가서명, 2010.10.06 서명 2011.7.1 발효	세계 최대경제권 (GDP기준)
	페루	09.3월 협상 개시, 10.8월 협상 타결 2010.11월 가서명, 2011.3.21 서명 2011.8.1 발효	자원부국, 중남미 진출 교두보
체결	미국	06.6월 협상 개시, 07.6월 협정 서명 2010.12월 추가협상 타결 2011.2.10 추가협상 합의문서 서명 2011.10.12 미 의회 비준절차 완료 2011.11.22 우리나라 국회 비준절차 완료	거대 선진경제권

5 다음 중 FTA에 대한 설명으로 옳지 않은 것은? [SSAT 기출문제 유형]

① FTA 체결로 두 당사국의 경쟁력 있는 분야와 없는 분야를 서로 보완을 해주므로 서로에게 이점이 많다.

② FTA 체결에 따른 관세효과로 인해 시장이 확대될 것이다.

③ 상대국에 비교우위에 있는 상품은 교역을 통한 무역전환효과가 발생한다.

④ FTA로 인한 시장 개방이 생산성 저하를 가져올 우려가 있다.

> **정답** ④
> FTA는 시장 개방을 통한 경쟁을 유발하므로 생산성 향상에 기여하게 된다고 한다.

6 다음 중 우리나라가 FTA를 최초로 맺은 나라는?

① 미국   ② 일본   ③ 싱가포르   ④ 칠레

> **정답** ④
>
> 한국은 1998년 11월 대외경제조정위원회에서 FTA 체결을 추진하기 시작했으며, 한국 최초의 한-칠레 FTA는 2004년 4월 1일부터 발효되었다.

※ 환율의 하락과 상승이 미치는 영향

	환율하락(평가절상)	환율상승(평가절하)
국제수지(수출경쟁력)	악화	개선
물가	하락	상승
경제성장률	하락	상승
외채상환부담	감소	증가

7 다음 중 환율과 관련된 설명으로 틀린 것은? [SSAT 기출문제 유형]

① 환율인상은 수출국에 긍정적으로 작용하나 원자재 수입가의 상승이라는 부정적인 면도 있다.

② 환율인하는 수입원자재의 가격 하락을 가져와 물가를 하락시키는 긍정적인 면도 있다.

③ 환율인하는 내수시장을 목표로 하는 기업에게는 오히려 득이 될 수 있으나 해외시장을 목표로 하는 기업에게는 마이너스가 될 수 있다.

④ 환율인상은 국제수지의 개선효과와 함께 외채부담 경감이라는 긍정적인 효과도 있다.

> **정답** ④
>
> 환율이 인상되면 외채부담은 증가된다.

※ 용어정리

CEO	Chief Executive Officer	최고 의사결정권자
CIO	Chief Information Officer	최고 정보관리책임자
CKO	Chief Knowledge Officer	최고 지식경영자
CAO	Chief Administrative Officer	관리담당 임원
CDO	Chief Development Officer	개발담당 임원
CFO	Chief Finance Officer	재무담당 임원
COO	Chief Operating Officer	운영담당 임원
CTO	Chief Technology Officer	기술담당 임원
CCO	Chief Communication Officer	홍보담당 임원
CRO	Chief Risk-management Officer	위험관리담당 임원

8 다음 중 용어와 해설의 연결이 잘못된 것은?

① CEO : 최고의사결정권자　　　　② CKO : 홍보담당 임원

③ CFO : 재무담당 임원　　　　　　④ CTO : 기술담당 임원

정답 ②

CKO(Chief Knowledge Officer)는 최고 지식경영자를 의미한다.

1 경제 · 경영

실전문제

1. 다음 중 금리인상이 영향을 끼치는 것으로 묶인 것은?

[SSAT 기출문제 유형]

┌─────────────────────┐
│ ㉠ 물가안정   │
│ ㉡ 인플레이션 유발   │
│ ㉢ 기업의 투자 촉진 │
│ ㉣ 환율하락   │
└─────────────────────┘

① ㉠, ㉡　　　　　② ㉡, ㉢, ㉣

③ ㉠, ㉣　　　　　④ ㉠, ㉡, ㉢, ㉣

2. 어떤 제품의 수요의 가격탄력성이 0.5일 때 가격을 10% 인하하면 소비는 어떻게 되겠는가?

① 5% 감소　　　　② 5% 증가

③ 10% 감소　　　　④ 10% 증가

3. 다음은 A국과 B국의 컴퓨터와 의류에 대한 1인당 노동생산성을 나타낸 것이다. 옳은 내용을 고르면?

	A국	B국
컴퓨터	100	140
의류	200	560

① A국은 컴퓨터를 B국에 수출해야 한다.

② 두 나라가 무역을 할 경우에는 B국에게만 이득이 생긴다.

③ 의류 1을 생산하기 위해서는 B국은 컴퓨터를 4만큼 포기해야 한다.

④ 두 상품에 대한 절대우위를 갖고 있는 나라를 A국이다.

4. 특정 기업이 다른 기업의 경영권을 인수할 목적으로 상대 기업의 소유지분을 확보하는 제반과정을 M&A(Merger&Acquisition;인수 및 합병)라고 한다. 기업 인수 및 합병은 장점도 있지만 문제점도 갖고 있어 각 나라는 M&A에 대한 규제 장치를 도입하고 있다. 다음 중 국가별 M&A 방어책이 아닌 것은?

① 엑손－플로리오법

② 의무공개매수제

③ 외국인 투자 사전 심사제

④ 공정공시 제도

5. 다음 중 A의 기회비용은 얼마인가?[SSAT 기출문제 유형]

┌──────────────────────────────────────┐
│ A는 패스트푸드점에서 시간당 4,500원을 받 │
│ 고 하루 5시간씩 아르바이트를 하는데, 여자친 │
│ 구의 생일날 하루 쉬면서 같이 시간을 보내기로 │
│ 했다. 생일날 A는 그의 여자친구와 피자를 먹고 │
│ 영화관람을 하면서 40,000원을 지출했다.   │
└──────────────────────────────────────┘

① 17,500원　　　　② 22,500원

③ 35,500원　　　　④ 40,000원

6. 소득금액이 커질수록 높은 세율을 적용하도록 정한 세금을 무엇이라 하는가?

① 정액세　　　　　② 목적세

③ 누진세　　　　　④ 지방세

7. 기업활동의 전 과정에 소비자 등을 참여할 수 있도록 하여 수익이 창출될 경우 참여자와 공유하는 방법은?

[SSAT 기출문제 유형]

① 스핀오프　　　② 아웃소싱
③ 크라우드소싱　④ 인소싱

8. 재산의 대부분인 주택을 금융기관에 담보로 맡기고 연금형태로 대출을 받아 노후생활을 하다가 사망 후에 금융기관에서 주택을 처분하여 그 동안의 대출금 및 이자를 상환받는 방식의 금융상품은?

① 모기지론　　　② 역모기지론
③ 주택담보대출　④ 부동산 신탁

9. 다음 중 소득분배와 관련 없는 지수는?

① 로렌츠 곡선　　② 10분위 분배율
③ 지니계수　　　④ 필립스 곡선

10. 다음 중 환율이 1달러당 1,000원에서 1,200원으로 변동할 경우에 맞는 것은?

① 물가상승　　　② 수출감소
③ 수입증가　　　④ 외채부담 감소

11. 변동환율제도하에서 환율이 1달러당 1,000원에서 1,200원으로 상승하였을 때 경제에 미치는 영향은?

① 재화와 용역의 수출이 감소한다.
② 국제수지가 악화된다.
③ 국내 물가상승을 초래하게 된다.
④ 달러화 외채상환에 있어 원화부담이 감소한다.

12. 신흥 경제권에 대한 호칭 중에서 경제협력개발기구 (OECD) 가맹 여부를 부각시켜 사용되고 있는 것은?

① NDCS　　　② DAES
③ NIES　　　④ DNME

13. 다음 중 일자리 나누기(work sharing)의 일환으로 일정 연령에 이르게 된 근로자의 임금을 삭감하는 대신 정년까지 고용을 보장하는 제도는?

① 임금베이스　　② 가급임금
③ 개수임금　　　④ 임금피크제

14. 다음 중 저급의 재화나 서비스가 거래되는 시장을 의미하는 것은?

[SSAT 기출문제 유형]

① 체리피커　　　② 레몬마켓
③ 피치마켓　　　④ 오렌지마켓

15. 다음 중 인플레이션 발생시 유리한 사람은?

① 채권자　　　　② 정액소득자
③ 부동산 소유자　④ 연금소득자

16. 다음 중 인플레이션의 원인이 아닌 것은?

① 생산비용의 과도한 상승
② 통화량의 과도한 증가
③ 정부의 과도한 흑자예산
④ 과도한 임금인상 및 과소비 행위

17. 통화량의 증가를 유발할 가능성이 가장 큰 정책은?

① 지급준비율 인하
② 재할인율의 인상
③ 재정지출규모의 축소
④ 수입관세율의 완화

18. 다음 중 재정정책의 수단은?

| A. 정부지출정책 | B. 조세정책 |
| C. 공개시장조작정책 | D. 지급준비율정책 |

① A, B　　　　② A, C
③ A, B, C　　　④ A, B, C, D

19. 우루과이라운드가 1994년 4월 마라케시 각료회의에서 타결됨에 따라 1995년 출범하게 된 무역기구는?

① NAFTA   ② WTO
③ EU   ④ OECD

20. 수요의 가격탄력성이 1보다 큰 상품의 경우 가격을 올렸을 때 기업의 총판매수입은?

① 감소한다.
② 증가한다.
③ 일정하지 않다.
④ 증가하다 감소한다.

21. 경기침체에도 불구하고 물가가 오르는 현상을 무엇이라 하는가?

① Disinflation
② Demand—pull Inflation
③ Stagflation
④ Open Inflation

22. 수정자본주의 경제체제에서 경제문제를 해결하는 주요 수단은?

① 전통과 관습
② 정부의 적극적인 개입
③ 생산수단의 국유화
④ 중앙계획기구에 의한 자원배분과 가격결정

23. 가맹국 간에 관세가 철폐됨으로써 자유무역이 실현되지만 비가맹국에 대해서는 공동관세로 대처하지 않고 독자적인 관세정책을 인정하는 경제통합형태는?

① 관세동맹   ② 공동시장
③ 자유무역지역   ④ 경제동맹

24. 다음 중 경기과열의 상황에서 경기를 안정시키기 위한 조치로서 옳은 것은?

A. 정부의 재정지출을 축소한다.
B. 공공사업에 대한 투자를 확대한다.
C. 정부는 세율을 높인다.
D. 이자율을 인하한다.

① A, B   ② A, C
③ A, B, D   ④ A, B, C, D

25. 소득분배에 관련된 설명 중 잘못된 것은?

① 지니계수는 값이 0에 가까울수록 소득분배의 불평등 정도가 높다는 것을 뜻한다.
② 파레토최적은 한사람의 후생의 감소 없이는 다른 사람의 후생의 증가가 불가능한 상태를 말한다.
③ 10분위 배분율은 최하위40% 계층의 소득을 최상위20% 계층의 소득으로 나눈 법율이며 그 값이 클수록 분배가 평등하다.
④ 로렌츠곡선은 소득분배가 완전평등하면 대각선이 된다.

26. 다음 중 경기종합지수에 대한 설명으로 틀린 것은?

① 경기종합지수는 선행지수, 동행지수, 후행지수로 나뉘며, 매년 한국은행이 발표하고 있다.
② 지수의 전월에 대한 증감률이 '+'인 경우에는 경기상승을, '－'인 경우에는 경기하강을 나타낸다.
③ 선행지수는 보통 3~4개월 후의 경기동향을 예측하는 경기변동의 단기예측 지표로서 입이직자비율, 재고순환지표(출하－재고증가율) 등을 바탕으로 산출된다.
④ 동행지수는 현재 경기동향을 보여주는 지표인 반면에, 후행지수는 현재의 경기를 나중에 확인하기 위해서 작성한다.

27. 다음 중 경제지수와 관련된 설명으로 틀린 것은?

① 경기동향지수는 진폭이나 속도는 측정하지 않고 변화방향만을 파악하며, 지수가 50을 상회하면 확장국면, 50미만이면 수축국면임을 나타낸다.

② 경기종합지수는 경기변동의 국면, 전환점과 진폭, 속도를 측정할 수 있도록 고안된 경기지표이다.

③ 기업경기실사지수는 기업가의 주관적이고 심리적인 요소까지 조사가 가능하므로 경제정책을 입안하는 데도 중요한 자료로 활용된다.

④ 경기예고지수는 과거의 경기동향 등을 토대로 주요 경기지표의 움직임을 파악하여 현재의 경기 상황을 분석하여 경제활동상황을 적신호와 청신호로 구분하며, 적신호는 경기침체, 청신호는 경기과열을 예고한다.

28. 다음 중 골디락스 경제를 옳게 설명한 것은?

① 정보통신 분야의 기술혁신을 통해 생산성을 지속적으로 증가시키는 경제를 뜻한다.

② 화석연료인 석유가 고갈되어, 새롭게 등장할 것으로 예상되는 수소가 주요 연료가 되는 미래의 경제를 말한다.

③ 높은 성장을 이루고 있음에도 물가가 상승하지 않는 상태를 말한다.

④ 큰 부를 축적한 기업들이 이익의 일부를 사회에 환원, 빈부격차를 줄이는 데 기여하는 것을 의미한다.

29. 다음 중 GDP와 GNP 교집합에 들어가는 것은?

① 쓰레기처리비용　　② 파출부의 임금

③ 교통사고처리비용　④ 외국인노동자임금

30. 다음 중 엔 캐리 트레이드에 대한 설명으로 틀린 것은?

① 거의 제로금리에 가까운 엔화를 빌려 금리가 상대적으로 높은 국가에 투자하게 된다.

② 엔 캐리 트레이드 과정에서 엔화의 강세와 달러화의 약세가 나타난다.

③ 서브프라임 모기지 사태와 엔 캐리 트레이드도 맞물려 있다.

④ 환율의 민감도가 금리의 민감도보다 커서 엔화가 달러에 대해 강세를 나타낼 경우 그만큼 타국 투자의 매력은 상쇄된다.

31. 통화량을 증가시키고 금리를 하락시켜도 투자와 소비가 증가하지 않는 현상은?

① 유동성함정

② 스태그플레이션

③ 디멘드풀 인플레이션

④ 디플레이션

32. 다음 중 시장공동체와 이에 속한 국가의 연결이 바르지 않은 것은?

① 입사 – 중국

② 친디아 – 인도

③ 브릭스 – 러시아

④ 메르코수르 – 아르헨티나

33. 다음 중 블록 경제기구가 아닌 것은?

① NAFTA　　　　② EU

③ ASEM　　　　④ ASEAN

34. 다음 중 베세토 벨트(BESTO belt)와 관련이 없는 도시는?

① 싱가포르　　　② 서울

③ 도쿄　　　　　④ 베이징

35. '동태적 아시아 경제' 혹은 '역동적인 아시아 경제'라는 의미로 한국을 비롯한 대만, 싱가포르, 홍콩 등 4개국을 지칭하는 용어는?

① NIES   ② HPAEs

③ DNME   ④ DAEs

36. 부품 세트를 외국에 보내어 이를 현지에서 조립 · 판매하는 방식은?

① OEM방식   ② 아웃소싱

③ 인소싱   ④ 녹다운방식

37. 다음 〈보기〉에 제시된 상황들을 설명하는 용어는 무엇인가?

- 1986년 마가렛 대처 정부는 영국 금융시장 문을 열고 규제를 대폭 철폐하는 이른바 '빅뱅'을 단행하였다. 이를 계기로 런던을 중심으로 한 영국 금융산업이 전성기를 구가하게 되었다. 그러나 다른 한편으로는 외국자본의 증권사 소유를 허용함으로 인해 영국 증권사의 90% 이상이 미국의 투자 은행들을 필두로 한 외국자본에 의해 흡수·합병되어 영국 금융시장이 외국자본의 영향력 아래 놓이는 결과를 가져왔다.
- 1997년 IMF 외환위기 이후 우리나라 금융시장을 타의에 의해 개방하게 되어 모든 시중은행이 사실상 외국인 손에 넘어가 금융 주권을 상실할 위기에 처하게 되었다.

① 윔블던 효과   ② 링겔만 효과

③ 메디치 효과   ④ 레버리지 효과

38. 다음 지문상 돼지고기와 표고버섯의 관계는?

돼지고기와 표고버섯은 같이 먹는 것이 좋다고 한다. 따라서 돼지고기의 수요가 늘면 표고버섯의 수요도 함께 증가하게 된다.

① 대체재   ② 보완재

③ 독립재   ④ 경제재

39. 다음 중 우리나라와 가장 먼저 FTA를 체결한 나라는?

① 미국   ② EU

③ ASEAN   ④ 칠레

40. 다음 중 유로화 통용국(Eurozone)이 아닌 나라는?

① 영국   ② 독일

③ 이탈리아   ④ 프랑스

41. G-20(Group of Twenty)에 관한 설명으로 옳지 않은 것은?

① 2009년 G-20 정상회의는 영국의 런던과 미국의 피츠버그에서 개최되었다.

② 1999년 워싱턴에서 개최된 G-20 정상회담이 그 기원이다.

③ 인도, 아르헨티나, 사우디아라비아, 러시아가 포함된다.

④ 유럽연합(EU) 회원국 중 영국, 프랑스, 독일, 이탈리아, EU 의장국 등이 G-20에 포함된다.

42. 다음 보기 출범시대 순으로 바르게 나열한 것은?

> ㉠ GATT 체제
> ㉡ 브레튼우즈 체제
> ㉢ 킹스턴 체제
> ㉣ 스미소니언 체제
> ㉤ WTO체제

① ㉠-㉤-㉡-㉣-㉢
② ㉡-㉠-㉣-㉢-㉤
③ ㉣-㉠-㉤-㉢-㉡
④ ㉠-㉣-㉢-㉤-㉡

43. 다음 (   )안에 들어갈 말로 맞는 것은?

> (㉠) : 주택담보대출의 연간원리금 상환액과 기타부채의 연간이자 상환액의 합을 연소득으로 나눈 비율
> (㉡) : 주택가격에 비해 주택밤보 대출금액이 어느 정도 차지하는지를 나타내는 비율

① ㉠ DTI ㉡ LTV   ② ㉠ LTV ㉡ DTI
③ ㉠ BIS ㉡ PMI   ④ ㉠ CLI ㉡ LTV

44. 「재화의 가격이 상승하면 수요가 감소하고, 가격이 하락하면 수요가 증가」한다는 수요법칙에 대한 예외에 해당하는 것은?

① 기펜의 역설   ② 경제 효과
③ 소득 효과   ④ 피구 효과

45. 다음 주어진 글의 일본 경제 상황에 해당하는 것은?

[SSAT 기출문제 유형]

> 일본의 국내총생산(GDP) 지표에서 국내 물가를 반영하는 올 7~9 월 내수 디플레이터 지표가 지난 해 같은 기간보다 2.6% 급락, 지난 1958 년 3·4분기 이래 최대 폭으로 하락한 것으로 나타났다. 일본의 9월 근원 소비자물가 지수도 지난해 같은 기간에 비해 2.3% 하락해 7개월 연속 하락세를 보였다.

① 디플레이션(Deflation)
② 더블 딥(Double dip)
③ 에코 버블(Echo Bubble)
④ 애그플레이션(Agflation)

46. 미국의 대외 통상협상을 담당하고 있는 정부기관은?

① AMCHAM
② FRB
③ USTR
④ KOTRA

47. 다음에서 설명하고 있는 방식은?

> 대만 업체인 팍스콘은 중국에 있는 공장에서 애플, 인텔, 노키아 등의 세계적인 브랜드의 전자제품을 계약생산하는 세계최대 규모의 하청회사다. 최근 세계적으로 선풍적인 인기를 끌고 있는 아이폰도 여기서 만들고 있다.

① OEM   ② ODM
③ OBM   ④ EMS

48. 다음에서 설명하고 있는 지표에 대한 설명으로 옳지 않은 것은?

 미국에서 3.41달러인 빅맥 한 개의 가격은 아이슬란드에서는 그 두 배가 넘는 7.61달러로 가장 비싸다. 이어 노르웨이(6.88달러), 스위스(5.20달러), 덴마크(5.08달러), 스웨덴(4.86달러) 등에서 비싸다. 한국은 3.14달러로 미국보다 0.27달러 싸다.

중국은 1.45달러로 빅맥을 가장 싸게 먹을 수 있는 나라로 조사됐다. 홍콩(1.54달러), 말레이시아(1.60달러), 필리핀(1.85달러) 등의 아시아 지역에서 빅맥 가격은 2달러를 밑돌았다.

① 영국의 경제주간지 이코노미스트(The Economist)가 1986년 이래로 매년 조사하여 발표하고 있다.

② 국제거래에서 아무런 제약이 없을 경우 서로 다른 국가에서 팔리고 있는 동일한 품질의 재화는 하나의 통화로 가격을 표시했을 때 가격에 차이가 없어야 한다는 전제에 따른 비교이다.

③ 아이슬란드 크로네화는 달러에 대해 123% 저평가되어 있다.

④ 중국 위안화는 58%, 한국 원화는 8% 저평가되어 있다.

49. 미래의 일정 시점에 특정 주식 또는 주가 지수를 미리 정해 놓은 조건으로 매수 · 매도할 수 있는 권리가 부여된 유가증권은?

① ELW
② ELF
③ ELS
④ ELD

50. 기업형 슈퍼마켓(SSM : super supermarket)에 대한 논란으로 가장 옳지 않은 것은?

① 지방자치단체장은 SSM의 영업시간, 점포면적 등에 대해 조정할 권한을 갖고 있다.

② 소매업의 수레바퀴(wheel of retailing) 이론에 의하면 SSM이 동네상권을 지배하게 되면 이들은 고원가, 고마진, 고가격 정책을 사용하게 될 것이므로 소비자는 피해를 보게 된다.

③ 외국에서는 영업시간이나 판매제품 제한, 지역사회에 미치는 경제적 평가 의무화, 인근 상인과 주민대상 공청회 실시 등의 규제책을 시행하고 있다.

④ 동네 슈퍼들은 공동구매와 공동물류로 원가절감, 공동 브랜드화로 이미지 개선 등의 대책을 세워 경쟁력을 제고해 나가야 한다.

1 경제 · 경영 실전문제 정답 및 해설

[1] 정답 ☞ ③

ㄱ 물가안정 : 금리인상은 투자를 위축시키고, 소비의 감소를 초래한다. 이로 인해 총수요가 감소하므로 물가가 안정된다.

ㄴ 인플레이션 유발 : 총수요가 감소되므로 물가가 하락한다.

ㄷ 기업의 투자 촉진 : 기업의 금융비용이 증가되므로 투자가 위축된다.

ㄹ 환율하락 : 금리차익을 노린 외국인 투자로 외국화폐의 공급이 증가하면서 환율은 하락한다.

[2] 정답 ☞ ②

수요의 가격탄력성이란 가격의 변화에 반응하는 수요의 변화를 의미한다. 가격이 오르면 수요는 감소하고, 가격이 하락하면 수요는 증가한다. 따라서 가격이 인하되면 수요(소비)는 증가한다. 이때 수요의 가격탄력성이 0.5라는 것은 가격이 변화하는 데 대하여 50%의 비율로 반응한다는 것이다. 따라서 가격이 10% 인하되면 수요는 5%만큼 변화하게 된다.

[3] 정답 ☞ ②

① 컴퓨터를 생산하기 위해서 A국은 의류 2(200/100)를 포기해야 하고, B국은 컴퓨터 4(560/140)를 포기해야 한다. 즉 기회비용이 적은 A국이 컴퓨터에 대한 비교우위를 갖게 된다. 따라서 A국은 B국에 컴퓨터를 수출해야 한다.

② 양국의 상대가격 비를 따져보면 A국은 컴퓨터를, B국은 의류에 특화해서 무역을 하면 양국에게 모두 이익이 된다.

③ 의류를 생산하기 위해서 B국이 포기해야 하는 이득은 1/4(140/560)이다.

④ 두 상품의 생산성은 B국이 A국에 비해 모두 유리하다. 따라서 두 상품에 대한 절대우위는 B국이 갖고 있다.

[4] 정답 ☞ ④

공정공시제도는 기업공개에 관계된 제도이다. 기업이 회사경영과 관련된 내용을 애널리스트, 기관투자가 등 주요 정보제공 대상자뿐 아니라 일반투자자들에게도 동시에 공시해야 하는 제도를 말한다.

[5] 정답 ☞ ②

기회비용이란 어떤 한 가지를 선택함으로써 잃게 되는 다른 것의 대가를 말한다. A가 여자친구와 데이트를 하지 않았다면 그 날 아르바이트로 벌 수 있는 수입(총 22,500원)이 기회비용이 된다.

[6] 정답 ☞ ③

① 정액세 : 납세자나 그 밖의 사정에 관계없이 일정한 금액을 거두는 세금

② 목적세 : 특별한 목적의 재정수요를 위하여 부과되는 세금

③ 누진세 : 소득금액이 커질수록 높은 세율을 적용하도록 정한 세금

④ 지방세 : 지방자치단체가 재정수요에 충당하기 위하여 주민에게 부과·징수하는 세금

[7] 정답 ☞ ③

① 자회사나 특정부문의 주식을 모기업 주주들에게 나눠주고 분리독립시키는 방법. 주식의 매수 등을 통해 두 개의 기업이 하나로 합쳐지는 인수합병(M&A)과 반대되는 개념이다. 핵심사업과 기타사업을 나눠 경영의 독립성과 효율성을 높이기 위해 사용한다.

② 자체 인력이나 설비를 이용해 하던 업무를 외부용역으로 대체하는 것. 특히 업무가 계절적 일시적으로 몰리는 경우 내부 직원·설비를 따로 두는 것보다 외부용역을 주는 것이 효율적이다.

③ 기업활동의 전 과정에 소비자 또는 대중이 참여할 수 있도록 일부를 개방하고 참여자의 기여로 기업 활동 능력이 향상되면 그 수익을 참여자와 공유하는 방법이다. '대중'(crowd)과 '외부 자원 활용'(outsourcing)의 합성어이다.

④ 특정 기능이나 업무를 낮은 비용에 처리하기 위해 제3자에 위탁하는 아웃소싱과 달리, 창조적 아이디어와 핵심기술을 외부에서 도입해 사업화하는 방식을 말한다.

[8] 정답 ☞ ②

① 모기지론 : 부동산을 담보로 주택저당증권(MBS : Mortgage Backed Securities)을 발행하여 장기주택자금을 대출해 주는 제도

② 역모기지론 : 주택을 담보로 금융기관에서 일정 기간 일정 금액을 연금식으로 지급받는 장기주택저당대출

③ 주택담보대출 : 부동산을 담보로 하여 금융기관에서 대출하는 제도

④ 부동산 신탁 : 토지 및 정착물의 소유권을 신탁재산으로 하여 이루어지는 신탁

[9] 정답 ☞ ④

① 로렌츠 곡선(Lorenz curve) : 미국의 통계학자 M.로렌츠가 창안한 소득분포의 불평등도를 측정하는 방법

② 10분위 분배율 : 10분위 분배율은 한 나라의 모든 가구를 소득의 크기 순으로 배열하고 이를 10등급으로 분류하여, 소득이 낮은 1등급에서 4등급까지의 소득 합계를 소득이 가장 높은 9, 10등급의 소득 합계로 나눈 비율을 말한다.

③ 지니계수(Gini's coefficient) : 소득이 어느 정도 균등하게 분배되는가를 나타내는 소득분배의 불균형 수치

④ 필립스 곡선(Phillips curve) : 임금상승률과 실업률과의 사이에 있는 역(逆)의 상관관계를 나타낸 곡선

[10] 정답 ☞ ①

환율이 오르면(평가절하), 물가상승, 수출증가(수출경쟁력 상승), 수입감소, 외채상환부담이 증가한다.

[11] 정답 ☞ ③

환율이 오르면(평가절하), 물가상승, 수출증가(수출경쟁력 상승, 국제수지개선), 국내물가 상승, 수입감소, 외채상환부담이 증가한다.

[12] 정답 ☞ ④

① NDCS : Now Developed Countries. 유럽, 일본, 미국 등 선진국

② DAES : Dynamic Asian Economies. 동태적 아시아경제

③ NIES : Newly Industrializing Economies. 신흥공업국(신흥공업경제지역)

④ DNME : 신흥공업국지역(NIES)을 대신하는 아시아 신흥경제권의 호칭으로써 경제협력개발기구(OECD) 등 국제기관이 사용해온 DAES(역동적 아시아경제권)에 대한 개칭이다. 이는 DAES의 한국·홍콩·대만·싱가포르·태국·말레이시아에 멕시코·브라질·아르헨티나·칠레를 더해 OECD 비가입 경제권에 대한 총칭으로 사용된다. OECD 비가입 경제권에 대한 총칭으로서는 한국·대만·홍콩·싱가포르 등에 대해 NICS(신흥공업국·지역군)가 한 때 통용됐으나 88년부터 NIES로 바뀌었으며 89년에는 이에 태국과 말레이시아가 추가, DAES로 변경됐었다.

[13] 정답 ☞ ④
① 임금베이스 : 한 기업의 노동자 1인당의 평균임금
② 가급임금 : 근로자가 근로기준법 및 근로계약에서 정한 근로시간의 기준을 초과하여 근로하였을 때에 사용자가 통상임금에 가산하여 지급하는 임금
③ 개수임금 : 생산 개수에 따라 지불하는 임금제도
④ 임금피크제 : 일정 연령이 되면 임금을 삭감하는 대신 정년은 보장하는 제도

[14] 정답 ☞ ②
① 체리 피커(Cherry Picker)란 기업에서 제공하는 각종 서비스와 할인 혜택만 적극적으로 이용하고 실제로 상품은 구입하지 않는 사람을 말한다.
② 시고 맛없는 과일인 레몬밖에 널려 있지 않는 시장이란 뜻이며 미국인들이 중고차 시장을 빗대어 표현하면서 나온 경제 용어로, 대개 중고차 시장은 저급품질 차량만 매물로 등장해 시장가격보다 좋은 차를 찾기 힘들다는 의미에서 "질적인 측면에서 문제가 있는 저급의 재화나 서비스가 거래되는 시장"을 일컫는다.
③ 레몬마켓과 대비되는 개념으로 우량의 재화나 서비스가 거래되는 시장을 말한다.

[15] 정답 ☞ ③
인플레이션이 발생하면 실물보유자가 유리하고 채권자나 임금소득자 등은 불리해진다.

[16] 정답 ☞ ③
인플레이션이란 일반물가수준이 상승하는 현상을 말하는데 원인은 확대재정정책이나 확대금융정책 등의 영향으로 인한 총수요증가로 총공급을 상회하는 경우, 생산비용 등의 증가로 인한 총공급의 감소로 인한 곡선의 좌상방의 이동으로 인한 경우, 독과점기업의 시장지배력에 의한 가격인상으로 일어나는 관리가격인플레이션 등이 있다. ① 과 ④ 는 비용인상으로 인한 비용인플레이션이며, ② 는 총수요 증가로 인한 경우로 수요견인인플레이션이다. ③ 의 경우는 긴축재정으로 소비 및 통화량 감소 등으로 물가하락의 요인이 되어 인플레이션과는 관계가 멀다.

[17] 정답 ☞ ①
① 지급준비율을 높이면 통화량이 감소, 지급준비율을 낮추면 통화량이 증가한다.
② 한국은행이 시중은행에 대해 재할인금리를 인상하면 통화량이 감소, 인하하면 통화량이 증가한다.
③ 긴축재정으로 인해 통화량의 감소
④ 통화량과 직접적 연관성이 떨어진다.

[18] 정답 ☞ ①
재정정책은 정부지출(A)이나 조세율(B)을 변화시켜 국민경제의 안정적 성장을 도모하고자 하는 정책이다.
C. 공개시장조작은 한국은행이 금융시장에 유가증권을 매매함으로써 시중의 통화를 조절하는 동시에 시중의 금리를 변동시켜 시중자금을 조절하기 위한 정책이다.
D. 지급준비율은 시중은행이 중앙은행에 예치하는 법정준비금의 양을 조절하여 시중 통화량을 조절하는

방법이다.

[19] 정답 ☞ ②

① NAFTA(북미자유협정)는 미국, 캐나다, 멕시코가 맺은 자유무역협정(FTA)으로 1994년 정식발효

② WTO(세계무역기구)는 1948년에 발족한 '관세 및 무역에 관한 일반협정'(GATT)을 대체해 1995년 출범한 국제기구

③ EU(유럽연합공동체)는 27개국으로 이루어진 유럽의 정치·경제 공동체로 1993년 마스트리히트 조약으로 성립되었다.

④ OECD는 상호 정책조정 및 정책협력을 통해 회원각국의 경제사회발전을 공동으로 모색하고 나아가 세계경제문제에 공동으로 대처하기 위한 정부간 정책연구·협력기구로 1961년 9월 30일 파리에서 발족하였다.

[20] 정답 ☞ ①

수요의 가격탄력성이란 가격 변화율에 대한 수요 변화율의 비로, 가격 변화에 대한 수요 변화를 측정하는 척도가 된다. 또 수요는 소득의 증감에 의해서도 영향을 받는다. 소득의 변화율에 대한 수요의 변화율의 비를 수요의 소득탄력성이라고 한다. 문제의 경우 가격이 1% 인상된 경우에 수요는 그 이상 하락하므로 총판매수입은 감소하는데 탄력도가 1보다 큰 사치재 등이 이에 해당한다. 탄력도가 1인 경우는 변화가 없으며, 1보다 작은 비탄력적인 경우는 주로 생필품이 해당되며 이 경우는 총판매수입이 증가하게 된다.

[21] 정답 ☞ ③

① 인플레이션에 의하여 통화가 팽창하여 물가가 상승할 때, 그 시점에 있어서의 통화량·물가 수준을 유지한 채 안정을 도모하여 서서히 인플레이션을 수습하려는 경제정책을 말한다.

② 수요견인 인플레이션으로 총수요가 총공급을 초과하여 발생한다.

④ 총공급을 초과하는 총수요로 인해 발생하는 수요인플레이션이 억제되지 않고 진행되는 현상

[22] 정답 ☞ ②

전통적인 자본주의 국가에서는 모든 경제문제를 가격이 해결했으나 현대의 경우는 경제문제를 가격에만 맡길 수 없어서 국가가 개입하게 되어 수정자본주의 체제로 운영되고 있다. 이에 반해 중앙집권적인 사회주의 국가는 계획기구에 의해 계획과 결정으로 해결한다.

[23] 정답 ☞ ③

자유무역지역은 나라 간 관세 및 비관세 장벽을 철폐한 것이다. 비가맹국에 대하여는 각 국가가 독립적으로 관세 및 비관세장벽을 적용하고, 통합의 정도가 가장 약한 것으로 볼 수 있다. 관세동맹은 한 걸음 더 나아가서 비가맹국에 대해 공동관세를 부과한다. 공동시장은 이뿐 아니라 가맹국 사이에 자본·노동을 자유롭게 이동하게 하며, 경제동맹은 가맹국들이 경제정책까지 서로 협조하는 단계를 말한다. 그리고 완전경제통합은 통합의 정도가 가장 강해서 경제면에서 완전한 하나의 국가로 행동하는 것과 같게 된다.

국가간 경제통합단계는 "자유무역협정(FTA) → 관세동맹(Customs Union) → 공동시장(Common Market) → 경제공동체(Economic Community) → 단일시장(Single Market)"으로 점차 발전한다.

[24] 정답 ☞ ②

경기과열은 총수요가 총공급을 초과하여 인플레 상태인 경우로 이를 진정시키기 위해서는 총수요를 억제해야 한다. 이를 위해서는 재정지출의 감소나 세율의 인상 등의 긴축재정정책과 이자율의 인상 등의 긴축금융정책을 실시해야 한다.

[25] 정답 ☞ ①

소득분배의 불평등도를 나타내는 지수로 0과 1 사이의 값을 가지는데, 값이 0에 가까울수록 소득분배의 불

평등 정도가 낮다는 것을 뜻한다. 보통 0.4가 넘으면 소득분배의 불평등 정도가 심한 것으로 본다.

[26] 정답 ☞ ①

① 우리나라에서는 81년 3월부터 통계청에서 발표하고 있다.

〈경기종합지수〉

동행지수	현재 경기동향을 보여주는 지표로 비농가취업자수, 산업생산지수, 제조업가동률지수, 도소매판매액지수, 건설기성액, 수출액, 수입액, 서비스업 활동지수 등을 바탕으로 산출된다.
선행지수	보통 3~4개월 후의 경기동향을 예측하는 경기변동의 단기예측 지표로서 입이직자비율, 재고순환지표(출하－재고증가율), 기업경기실사지수, 설비투자추계지수, 자본재수입액, 건축허가면적, 종합주가지수, 총유동성, 순상품교역조건 등을 바탕으로 산출된다.
후행지수	현재의 경기를 나중에 확인하기 위해서 작성되는 것이다. 이직자수, 상용근로자수, 생산자제품재고지수, 도시가계소비지출, 소비재수입액, 회사채수익률 등 6개 지표를 사용하는데, 많이 쓰이지는 않는다.

[27] 정답 ☞ ④

③ 기업경기실사지수(BSI : Business Survey Index)란 주요 업종의 경기 동향과 전망, 그리고 기업 경영의 문제점을 파악하여 기업의 경영계획 및 경기대응책 수립에 필요한 기초자료로 이용하기 위하여 기업가의 의견을 수렴하여 지수화한 것을 말한다. 일반적으로 지수가 100 이상이면 경기가 좋고 100 미만이면 경기가 안 좋다고 판단하게 된다.

④ 적신호는 경기과열, 청신호는 경기침체를 예고한다.

[28] 정답 ☞ ③

① 신경제 : 1991년 이후 113개월간의 장기호황을 설명하기 위해 비즈니스위크誌에서 만든 용어로, 높은 경제성장은 인플레를 유발한다는 기존 경제이론을 깨뜨리고 90년대 인플레 없이 장기호황을 누린 미국의 경제모델에 붙인 이름이다. 즉 성장률과 주가는 높고 실업률, 물가상승률, 금리 등은 낮은 경제다.

② 수소경제

③ 골디락스 경제 : 영국의 전래동화 「골디락스와 곰 세 마리(goldilocks and the three bears)」에 등장하는 소녀의 이름에서 유래한 용어로, 동화에서 골디락스는 곰이 끓인 세 가지의 수프, 뜨거운 것과 차가운 것, 적당한 것 중에서 적당한 것을 먹고 기뻐하는데, 이것을 경제상태에 비유하여 뜨겁지도 차갑지도 않는 호황을 의미한다.

④ 포트래치 경제

[29] 정답 ☞ ②

② 파출부의 임금은 부가가치를 창출하는 생산활동으로 국내에서 이루어지므로 GDP에 속하며, 또한 국적이 자국이므로 GNP에도 속한다.

①, ③ 은 부가가치를 창출하는 생산활동과 무관하므로 둘 다 GNP와 GDP에 해당되지 않는다.

④ 외국인이 국내에서 수취한 소득이므로 GDP에는 포함되나 국적이 외국인이므로 GNP에는 포함되지 않는다.

• 국내총생산(GDP) : 한 나라의 영역 내에서 가계, 기업, 정부 등 모든 경제 주체가 일정기간 동안 생산활동에 참여하여 창출한 부가가치 또는 최종생산물을 시장가격으로 평가한 합계로서 여기에는 국내에 거주하는 비거주자(외국인)에게 지불되는 소득과 국내 거주자가 외국에 용역을 제공함으로써 수취한 소득이 포함된다.

• 국민총생산(GNP) : 국내·외를 막론하고 그 나라 국적을 갖는 국민이 생산·취득한 최종생산물의 가치 총액을 말한다.

[30] 정답 ☞ ②

② 엔화를 빌려서 타 국가에 투자하기 위해선 달러 등으로 환전을 해야 하므로 달러에 대한 수요는 높아지고 엔화의 수요가 떨어진다. 그러므로 달러강세 엔화 약세현상이 나타나는 것이다.

③ 엔 캐리 트레이드로 미국 서브프라임 모기지에 투자한 상황에서 엔화의 금리 인상이나 서브프라임 모기지 관련 금융회사의 부실화로 인한 투자 위험성의 증가 등으로 엔 캐리 트레이드의 청산이 이루어질 경우 엄청난 금융위기가 닥칠 수 있다.

[31] 정답 ☞ ①

① 유동성함정: 돈을 풀고 금리를 낮춰도 투자와 소비가 늘지 않아 경기활성화가 이뤄지지 않는 상황을 말한다. 이는 이자율이 하락하여 일정 수준에 이르면 장래 이자율이 상승하리라 생각하고 현금을 무한정 보유하고자 한다. 따라서 아무리 많은 돈을 풀어도 소비는 증가하지 않고 경제는 침체상태에 머물게 된다.

② 스태그플레이션: 경제불황 속에서 물가상승이 동시에 발생하고 있는 상태

③ 디맨드풀 인플레이션: 정부지출의 증가나 통화량 증가 등을 통한 총수요의 증가로 인해서 발생하는 인플레이션

④ 디플레이션: 통화량의 축소에 의하여 물가가 하락하고 경제활동이 침체되는 현상

[32] 정답 ☞ ①

① 입사(IBSA): 남아시아 대륙의 인도(I), 남미 대륙의 브라질(B), 그리고 아프리카 대륙의 남아프리카공화국(SA)이 결성한 공동체로 이들의 이니셜을 조합하여 부르고 있는 명칭이다.

② 친디아(Chindia): 중국(China)의 첫글자와 인도(India)의 뒷글자를 합성한 것으로, 브릭스 4국 가운데서도 특히 중국과 인도 두 나라가 21세기 세계경제를 주도할 것이라는 뜻으로 만들어낸 신조어이다.

③ 브릭스(BRICs): 2003년 미국의 증권회사인 골드먼삭스그룹 보고서에서 처음 등장한 용어로, 브라질(Brazil)·러시아(Russia)·인도(India)·중국(China)의 영문 머리글자를 딴 것이다.

④ 메르코수르(MERCOSUR): 남아메리카지역의 자유무역과 관세동맹을 목표로 결성된 경제공동체이다. 회원국은 아르헨티나·브라질·파라과이·우루과이·베네수엘라 5개국이며 칠레와 볼리비아가 준회원국으로 참가하고 있다.

[33] 정답 ☞ ③

① NAFTA(북미자유무역협정): 미국·캐나다·멕시코 3국이 관세와 무역장벽을 폐지하고 자유무역권을 형성한 협정으로, 1992년 12월 미국·캐나다·멕시코 정부가 조인하여, 1994년 1월부터 발효

② EU(유럽연합): 유럽의 정치·경제 통합을 실현하기 위하여 1993년 11월 1일 발효된 마스트리히트조약에 따라 유럽 12개국이 참가하여 출범한 연합기구

③ ASEM(아시아유럽정상회의): 아시아와 유럽 사이의 동반자 관계를 구축하기 위한 회의로 블록 경제기구가 아니다.

④ ASEAN(동남아시아 국가연합): 동남아시아의 지역협력기구

[34] 정답 ☞ ①

베세토 벨트(BESTO belt): 한국·중국·일본의 수도인 서울·베이징·도쿄를 하나의 경제 단위로 묶는 동북아 중심의 도시 연결축으로 한 3국의 경제권역을 말하며, 북미자유무역협정(NAFTA)·유럽연합(EU)과 마찬가지로 동북아시아 경제공동체가 탄생하게 된다.

[35] 정답 ☞ ④

① NIES(Newly Industrializing/Industrialized Economies): 신흥공업경제권 또는 신흥공업경제지역. 1970년대를 통해 개발도상국 가운데 급속한 공업화를 이룩하여 GNP에서 차지하는 공업 점유율이 25~40%

로 거의 선진공업국에 가까운 비율로 올라선 국가들을 지칭하며, 아시아 국가 가운데 한국, 대만, 싱가포르, 홍콩, 중남미에서는 멕시코, 브라질, 아르헨티나, 남부 유럽에서는 그리스, 포르투갈, 유고슬라비아 등의 국가를 일괄하여 지칭하는 용어

② HPAE(High Performing Asian Economies)s : 아시아 高성장국에 속하는 8개 나라를 가리킨다. 세계은행(IBRD)은 [동아시아 개발 보고서]를 통해 한국·홍콩·싱가포르·대만 등 네 마리 호랑이와 동남아 3대 신흥공업국(인도네시아·태국·말레이시아), 일본 등 8개국을 HPAEs로 새롭게 분류했다.

③ DNME(Dynamic Asian Economies) : 신흥공업국지역(NIES)을 대신하는 아시아 신흥경제권의 호칭으로써 경제협력개발기구(OECD) 등 국제기관이 사용해 온 DAES(역동적 아시아 경제권)에 대한 개칭으로써 이는 DAES의 한국·홍콩·대만·싱가포르·태국·말레이시아에 멕시코·브라질·아르헨티나·칠레를 더해 OECD 비가입 경제권에 대한 총칭으로써 사용된다.

④ DAEs(Dynamic Asian Economies) : '동태적 아시아 경제' 혹은 '역동적인 아시아 경제'라는 의미로 한국을 비롯한 대만, 싱가포르, 홍콩 등 4개국을 지칭한다.

[36] 정답 ☞ ④

① OEM방식 : 자기 상표가 아니라 주문자가 요구하는 상표명으로 부품이나 완제품을 생산하는 방식으로 전기·기계 부품이나 자동차부품에 많이 시행되고 있다. 이를 주문자상표부착생산이라 한다.

② 아웃소싱 : 기업 업무의 일부 프로세스를 경영 효과 및 효율의 극대화를 위한 방안으로 제3자에게 위탁해 처리하는 것을 말한다.

③ 인소싱 : 기업이나 조직의 서비스와 기능을 조직 안에서 총괄적으로 제공, 조달하는 방식

④ 녹다운방식 : 부품 그대로 수송하는 편이 운임과 관세가 절약되기 때문이다. 그리고 현지의 싼 노동력을 조립에 이용할 수 있으므로 생산비용을 절감할 수 있다는 점과 무역마찰을 회피할 수 있다는 유리한 점도 있다.

[37] 정답 ☞ ①

① 윔블던 효과 : 외국자본이 국내시장을 지배하는 현상을 가리키는 경제 용어이다. 일본에서 처음 사용되기 시작한 것으로 알려진 이 용어는 주로 외국자본에 대한 시장개방이 가져오는 효과를 설명할 때 사용된다. 영국의 윔블던 테니스 대회는 1877년 처음 시작되어 세계에서 가장 오랜 역사를 지닌 테니스 대회이며, 4대 그랜드 슬램 대회 중 하나이기도 하다. 그러나 남자 단식에서 1936년 프레디 페리, 여자 단식에서 1977년 버지니아 웨이드가 우승한 이후로 자국 출신 우승자는 한 명도 나오지 못하여, 결과적으로 대회 개최는 영국에서 하지만 우승상금은 모두 외국 선수들에게 돌아가는 상황이 수 십년간 지속되고 있다. 이러한 상황은 1980년대 영국이 금융시장 개방으로 겪었던 경험과 매우 유사한 것이었으며, 여기에서 윔블던 효과라는 말이 생겨나게 되었다.

② 링겔만 효과 : 시너지 효과에 대한 반대말로 구성원이 집단 속에서 함께 일할 때 집단 속에서 참여하는 개인의 수가 늘어갈수록 성과에 대한 1인당 공헌도가 오히려 떨어지는 현상을 말한다. 약 100여 년 전 독일 심리학자 링겔만이 줄다리기 실험을 통해 사람의 행태를 연구하면서 정리하게 된 것이다.

③ 메디치 효과 : 서로 관련이 없는 것들의 결합을 통해 뛰어난 작품을 만들어 내거나 아이디어를 창출해 내는 것을 말한다. 르네상스 시대에 메디치 가문이 여러 분야의 학자, 예술가들을 모아 공동작업을 후원함으로써 문화의 창조적인 역량을 이끌어낸 데서 유래된 용어이다. 유명 건축가인 믹 피어스는 1990년대 고객으로부터 짐바브웨의 수도 하라레에 에어컨 시설이 없는 쇼핑센터를 만들어 달라는 주문을 받았습니다. 며칠을 고민하던 그는 우연히 무더운 지역에 사는 흰개미를 주목하기 시작했습니다. 평소 곤충에 관심이 많았던 믹은 흰개미들이 개미탑 상부의 통풍구을 열고 닫음으로써 내부 온도를 일정하게 유지하는 것을 생각해 냈습니다. 결국 그는 흰개미들이 탑을 만드는 방법에 착안해 에어컨 없이도 내부온

도를 시원하게 유지하는 건물은 만드는데 성공하였습니다. 이렇게 서로 관련이 없는 이종 간의 결합을 통해 폭발적인 아이디어 창출과 뛰어난 생산성을 만들어 내는 것을 메디치 효과(Medici effect)라고 부릅니다.

④ 레버리지 효과 : 타인으로부터 빌린 자본을 지렛대 삼아 자기자본이익률을 높이는 것을 말한다. 지렛대 효과라고도 한다. 예를 들자면, 10억원의 자기 자본으로 1억원의 순익을 올렸다면 투자자본 전부를 자기자본으로 충당했다면 자기자본이익률은 10%가 되고, 자기자본 5억에 타인자본 5억을 끌어들여 1억원의 순익을 올렸다면 자기자본이익률은 20%가 된다. 이처럼 차입금 등의 금리비용보다 높은 수익률이 예상될 때 타인자본을 적극적으로 끌어들여 투자하는 것이 유리할 수 있다.

[38] 정답 ☞ ②

[39] 정답 ☞ ④

우리나라는 2004년 4월 1일 발효된 칠레와의 FTA를 시작으로 싱가포르, EFTA, ASEAN과 FTA를 체결했다.

체결·발효	• 한－칠레 FTA • 한－싱가포르 FTA • 한－EFTA FTA • 한－ASEAN FTA • 한－인도 CEPA
서명·타결(미발효)	• 한－미국 FTA • 한－EU FTA

[40] 정답 ☞ ①

EU(European Union)는 대다수 서유럽 국가들이 공동의 경제·사회·안보 정책의 실행을 위해 마스트리히트 조약(1992년 2월 7일 체결, 1993년 11월 1일 발효)에 따라 창설한 국제기구이다. 현재 가입국 수는 총 27개국이다. 유로존(Eurozone)은 국가 통화로 유로를 도입해 사용하는 국가나 지역을 통틀어 부르는 말이다.

통용국 (Eurozone) －17개국－	오스트리아, 벨기에, 키프로스, 에스토니아, 핀란드, 프랑스, 독일, 그리스, 아일랜드, 이탈리아, 룩셈부르크, 몰타, 네덜란드, 포르투갈, 슬로바키아, 슬로베니아, 스페인
비통용국 －10개국－	덴마크, 스웨덴, 영국, 불가리아, 체코, 헝가리, 라트비아, 리투아니아, 폴란드, 루마니아

[41] 정답 ☞ ②

1999년 12월 독일 베를린에서 처음으로 주요 선진국 및 신흥국의 재무장관 및 중앙은행 총재가 함께 모여 국제사회의 주요 경제·금융 이슈를 논의하는 G20 재무장관회가 개최되었다. 이후 정상급회의 격상되어 2008년 미국 워싱턴에서 G20 정상회의가 개최되었다.

[42] 정답 ☞ ②

브레튼우즈 체제(1944년 발족한 국제통화금융체제) → GATT 체제(1948년 1월 발족 관세무역일반협정) → 스미소니언 체제(1971년 미국 등 선진 10개국 재무장관회의에서 정한 통화제도) → 킹스턴 체제(1976년 개최된 IMF 잠정위원회에서 합의된 국제통화협력체제) → WTO체제(1995)

[43] 정답 ☞ ①

[44] 정답 ☞ ①

기펜의 역설 : 한 재화의 가격이 하락이 도리어 그 재화의 수요를 감소시키는 현상. 기펜의 역설은 일반적으로 한 재화의 가격이 하락하면 그 재화에 대한 수요는 증가한다는 수요법칙의 예외현상이라 할 수 있다.

[45] 정답 ☞ ①

① 통화량의 축소에 의해 물가가 하락하고 경제활동이 침체되는 현상을 말한다. 주어진 일본의 경제 상황이 이와 같은 디플레이션에 해당한다.

② 경기침체 후 잠시 회복기를 보이다가 다시 침체에 빠지는 이중침체 현상을 말한다.

③ 메아리처럼 반복된 거품이라는 뜻으로 경기침체와 금융위기가 진행되는 가운데 단기간의 금리 급락과 유동성의 증가로 주식시장이 반등한 후, 다시 증시가 폭락하는 경우를 말한다.

④ 농업(agriculture)과 인플레이션(inflation)의 합성어로, 농산물 가격 급등으로 일반 물가가 상승하는 현상을 말한다.

[46] 정답 ☞ ③

AMCHAM – 주한미국상공회의소, FRB – 연방준비은행, KOTRA – 한국무역협회

• USTR(United Statess Trade Representative ; 미국 무역대표부) : 미국 워싱턴에 있는 대외 통상무역을 관리하는 연방정부기관

[47] 정답 ☞ ①

Original Equipment Manufacturing(OEM)

일반적으로 소규모의 기업이 채택하는 방식으로 두 회사가 계약을 맺고 주문업체가 제조업체에 자사 제품의 제조를 위탁하여, 그 제품을 주문업체의 브랜드로 판매하는 생산방식으로 A사는 제품 설계도와 생산공정만을 제공하고 제조업체의 모든 생산설비을 이용함으로서 비용과 효율을 높일 수 있는 장점이 있다.

주문자는 스스로 생산설비를 갖추지 않아도 되므로 생산비용이 절감되고, 생산자는 주문자의 판매력을 이용하여 가득률을 높일 수 있고, 수출 상대국의 상표를 이용함으로써 수입억제여론을 완화 시킬 수도 있다.

Original Design Manufacturing(ODM)

상품에는 유통업체의 브랜드명을 사용하지만 연구개발, 설계, 디자인등 모든 제조, 생산과정은 제조업체에서 모두 맡는 방식이다. 제조업체는 보유한 기술력을 바탕으로 신제품을 개발하고 유통업체는 자사에 맡는 제품을 선택함으로서 제조자는 연구개발과 생산에 모든 역량을 집중할 수 있고 주문자는 유통에만 중점을 둘 수 있다는 점에서 기존 OEM과는 구별된다.

즉, 판매업자가 건네준 설계동에 따라 단순히 생산만 하는 OEM방식과는 달리, 판매업자가 요구하는 기술을 자체 개발해서 납품하기 때문에 부가가치가 높고, 자체 개발 상품이므로 해외 시장에 판매할 경우 로열티를 받을 수 있다. 부품 구매시에도 제조업체가 주도적으로 참여할 수 있어 원가를 낮추는 데도 도움이 된다.

Original Brand Manufacturing(OBM)

제품을 자체상품으로 시장에 판매하기 위한 자체생산방식이다. 중소기업이 낮은 마진에서 벗어나 경쟁력을 확보하기 위해서는 자체생산이 필수적이다.

[48] 정답 ☞ ③

전 세계 각국에서 판매되고 있는 맥도날드 빅맥 햄버거의 가격을 미국에서의 달러 가격과 같게 만들어 주는 환율을 의미한다. 영국의 경제주간지 이코노미스트(The Economist)가 1986년 이래로 매년 조사하여 발표하고 있다.

장기의 환율결정이론에 따르면 국제거래에서 아무런 제약이 없을 경우 서로 다른 국가에서 팔리고 있는 동일한 품질의 재화는 하나의 통화로 가격을 표시했을 때 가격에 차이가 없어야 한다.

즉 환율은 각 통화의 구매력이 같게 되도록 결정되어야 한다는 것이다.

실제환율이 빅맥지수보다 낮으면 해당 국가의 통화가 고평가되어 있음을, 반대로 높으면 저평가되어 있음을 나타낸다.

[49] 정답 ☞ ①

ELW	주식워런트증권(Equity Linked Warrant)은 증권에 부가된 권리를 사고파는 상품이다. 권리 유형은 증권을 살 수 있는 권리인 콜(call) 워런트와 팔 수 있는 권리인 풋(put) 워런트가 있고 기초자산으로는 주식과 주가지수가 있다. 개별주식옵션 또는 주가지수옵션과 본질적인 특성은 동일하지만 결제가 현금으로만 이루어지고 유동성 공급업자(LP)가 존재하여 시장 조성자 역할을 하며 기본예탁금이 필요 없고 거래소에 상장된다는 차이점을 가지고 있다. 즉 겉모습은 주식 형태를 보이지만 실제 내용은 옵션인 유가증권이다.
ETF	(Exchange Traded Fund)는 상장지수펀드라고 하며 지수(index)펀드를 주식시장에 상장시킨 상품으로 주식과 동일하게 실시간 매도 매수가 가능하다. ETF는 일반 펀드에 비해 투자의사 결정 시점과 환매·매입 시점이 동일해 두 시점 간 차이에 따른 불이익을 제거할 수 있으며 보수율이 낮아 수수료를 줄일 수 있다는 장점이 있다.
ELS	주가연계증권(Equity Linked Security)는 증권사가 발행하는 것으로 대부분 자금을 채권에 투자하고 일부를 주식이나 파생상품에 투자하여 원금을 유지하면서 주식이나 파생상품을 통해 추가 이익을 실현하는 금융상품이다. 대표적인 ELS 유형으로는 사전에 정한 주가지수에 도달했을 때 수익이 확정되는 녹아웃(knock-out)형과 일정 기간마다 주가가 일정 수준에 도달했을 때 조기에 상환되는 조기상환형이 있다.
ELD	주가연계예금(Equity Linked Deposit)는 정기예금과 주가를 연동한 상품으로 일반적으로 원금보장형 상품이며 은행이 취급하고 있다.
ELF	주가연계펀드(Equity Linked Fund)는 ELS를 자산운용사가 운용하는 펀드로 만든 상품으로 만기수익률은 운용실적에 따른 배당으로 결정된다.

[50] 정답 ☞ ②

기업형 슈퍼마켓(SSM)이란 동네 슈퍼마켓보다는 크고 대형 마트보다는 작은 유통점 형태를 말한다. 지역 영세상인들은 동네슈퍼가 고사되고 있다며 이들의 개점을 반대하고 있다. 이처럼 갈등의 골이 깊어지자 정부는 최근 지방자치단체에 SSM에 대한 영업시간, 점포면적, 취급품목 제한 등에 대한 조정 권한을 부여했다. 소매업의 수레바퀴이론이란 소매업에 새로 진입하는 업태는 저원가, 저마진, 저가격으로 시작하여 고원가, 고마진, 고가격으로 옮겨지게 되고 이 공백을 메우기 위해 새로운 소매업태가 더 낮은 원가나 마진, 가격으로 시장에 진입하게 된다는 이론이다.

2 과학 · 공학 · IT

이것만은 알고 가자

※ 뉴튼의 운동법칙

제1법칙 (관성의 법칙)	물체에 작용하는 힘이 0일 때 그 물체는 정지해 있거나 또는 등속직선 운동을 한다.
제2법칙 (가속도의 법칙)	물체에 작용하는 힘이 0이 아닐 때 그 물체는 힘의 방향으로 가속(시간에 따른 속도의 변화)되며 가속도의 크기는 힘의 크기에 비례한다.
제3법칙 (작용·반작용의 법칙)	접촉하는 두 물체 사이의 작용력과 반작용력은 항상 같은 크기를 가지며 반대 방향이다.

9 뛰어가는 사람에게 발을 걸면 넘어지는 것은 무엇에 의한 것인가?

① 만유인력의 법칙   ② 관성의 법칙

③ 중 력   ④ 작용과 반작용의 법칙

> **정답** ②
>
> 외부의 힘이 작용하지 않으면 현재의 상태로 계속 움직이려는 현상으로 「관성의 법칙」의 사례이다.

※ 열역학 관련 법칙

열역학 제1법칙 (에너지 보존의 법칙)	자연계에 존재하는 많은 형태의 에너지는 그 형태가 바뀌거나 한 물체에서 다른 물체로 에너지가 옮겨갈 때, 서로 일정한 양적 관계를 가지고 변환하며 그 총량은 일정하게 유지된다는 법칙.
열역학 제2법칙	고립계에서 총 엔트로피(무질서도)의 변화는 항상 증가하거나 일정하며 절대로 감소하지 않는다. 에너지 전달에는 방향이 있다는 것이다.
열역학 제3법칙	절대영도에서의 엔트로피에 관한 법칙으로, 절대영도에서 열용량은 0이 된다.

⑩ 다음 중 '에너지 보존의 법칙'에 대한 설명으로 바르지 않은 것은?

① 1840년 독일의 헬름홀츠가 발견했다.

② 물질 및 장(場)으로 이루어진 물리학적 체계에 대한 가장 기본적인 물리법칙의 하나이다.

③ 에너지 전환이 일어나기 전후의 에너지 총합은 항상 일정하다.

④ 온도가 다른 두 물체를 접촉시키면 결국 두 물체의 온도는 같아진다.

> **정답** ④
> 열역학 제2법칙에 대한 설명이다.

※ 멘델의 유전법칙

우열의 법칙	한 쌍의 대립형질을 가진 개체를 교배하여 얻은 잡종 제1대에 어버이의 우성 형질만 나타나는 것
분리의 법칙	잡종 제1대를 자화 수분하여 얻은 잡종 제2대에서 우성과 열성형질이 일정한 비율(3:1)로 분리되어 나타나는 것
독립의 법칙	두 쌍의 대립형질이 동시에 유전될 경우, 각각 대립 유전자는 서로 영향을 주지 않고 따로 독립해서 유전되는 것

⑪ 다음 중 멘델의 유전법칙이 아닌 것은?

① 우열의 법칙　　② 도태의 법칙　　③ 분리의 법칙　　④ 독립의 법칙

> **정답** ②
> 멘델의 유전법칙은 우열의 법칙, 분리의 법칙, 독립의 법칙으로 설명된다.

※ 케플러의 법칙

제1법칙 (궤도의 법칙)	모든 행성은 타원을 한 초점으로 하는 타원 궤도를 운동한다.
제2법칙 (면적 속도 일정의 법칙)	모든 행성은 같은 시간 동안에 휩쓸고 지나가는 면적이 같다.
제3법칙 (주기의 법칙)	행성의 공전주기의 제곱은 태양으로부터의 평균거리의 세제곱에 비례한다.

12 다음 중 케플러의 법칙이 아닌 것은?

① 궤도의 법칙   ② 에너지보존의 법칙
③ 주기의 법칙   ④ 면적의 법칙

정답 ②

② 열역학 제1법칙이다.

※ 전자기학 관련 법칙

패러데이의 법칙	패러데이가 발견한 법칙으로, 1831년에 발견한 전자기유도 법칙과 1833년에 발견한 전기분해 법칙이 이에 해당된다. • 전자기유도 법칙 : 전자기 유도에 의해 회로 내에 유발되는 기전력의 크기는 회로를 관통하는 자기력선속의 시간적 변화율에 비례한다. 기전력의 방향을 정하는 렌츠의 법칙과 함께 전자기유도가 일어나는 방식을 나타내게 된다. 전자모터, 발전기, 변압기 등에 응용된다. • 전기분해 법칙 : 전기화학의 가장 기본적인 법칙으로, (전기분해를 하는 동안 전극에 흐르는 전하량)과, (전기분해로 인해 생긴 화학변화의 양) 사이의 정량적인 관계를 나타내는 법칙이다.
플레밍의 법칙	플레밍이 발견한 법칙으로 • 왼손법칙 : 전류가 흐르고 있는 도선에 대해 자기장이 미치는 힘의 방향 • 오른손 법칙 : 전자유도에 의해 생기는 유도전류의 방향 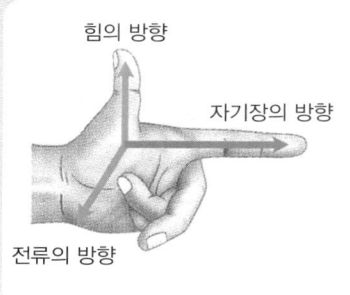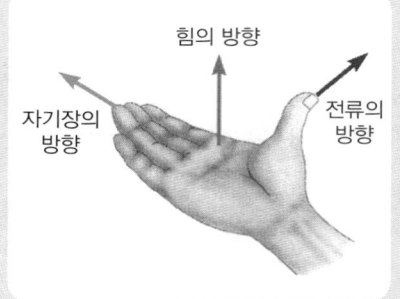
앙페르의 법칙	전류에 의해 형성된 자기장에서 단위자극이 움직일 때 필요한 일의 양은 단위자극의 경로를 통과하는 전류의 총합에 비례한다는 원칙

13 패러데이의 전자기 유도 방식과 관련이 없는 것은? [SSAT 기출문제 유형]

① 교류 발전기　　　　　　② 변압기

③ 스피커　　　　　　　　④ 녹음기 헤드에서 재생

> **정답** ③
>
> 스피커의 동작 원리는 플레밍의 왼손 법칙을 응용한 것이다. 즉, 영구자석 내부의 보이스 코일(Voice Coil)에 전류를 보내면, 전류의 방향에 따라 코일을 밀었다 당겼다 하게 된다. 이 코일 끝에 공기를 밀어내고 당기게 할 수 있도록 진동판을 붙이면 소리가 나게 된다.

14 전류에 의해 형성된 자기장에서 단위자극이 움직일 때 필요한 일의 양은 단위자극의 경로를 통과하는 전류의 총합에 비례한다는 법칙은?

① 앙페르 법칙　　　　② 플레밍 법칙　　　　③ 렌츠의 법칙　　　　④ 패러데이의 법칙

> **정답** ①
>
> 앙페르 법칙에 대한 설명이다. ③ 이 법칙은 전기 회로에서 발생하는 유도 기전력은 폐회로를 통과하는 자속의 변화에 반하는 유도 자기장을 만드는 방향으로 발생한다. 예를 들어, 폐회로를 통과하는 자속이 감소할 경우 이를 증가시킬 수 있는 유도 자기장을 만들기 위해, 유도 전류가 그에 맞는 방향으로 흐르게 된다.

※ 통신세대별 발전단계

1G	2G	3G	4G
• 음성통화 위주 • 아날로그 서비스	• 음성, 메시지, 사진전송 등 초보적 무선인터넷 서비스 • 디지털 서비스 • CDMA, GSM방식	• 영상통화 등 다양한 무선인터넷 서비스 제공 • WCDMA	• 서비스 내용면에서는 3G와 큰 차이가 없음 • 무선인터넷 속도의 획기적 개선 • LTE, WiBro

15 가정이나 사무실에서 PC로 초고속 인터넷을 하는 것처럼, 외부에서 무선으로 이동하면서 초고속 인터넷이 가능하게 해 주는 서비스는? [SSAT 기출문제 유형]

① IPTV　　　　② WiBro　　　　③ Full Browsing　　　　④ UCC

> **정답** ②
>
> 외부에서 이동 중 초고속 인터넷이 가능한 4G 서비스의 한 종류이다. 우리나라가 세계 최초로 상용화 서비스를 개시하였으나, 현재는 LTE와 표준경쟁에서 열세에 처해 있다.

※ 최근의 IT신기술

LTE	LTE는 '롱텀에볼루션(Long Term Evolution)'의 머리글자를 따서 만든 약자로, 3세대 이동통신(3G)을 '장기적으로 진화시킨 기술'이라는 뜻에서 붙여진 명칭이다. 원래 LTE와 와이브로(WiBro)는 4G 이동통신을 두고 치열한 표준 경쟁을 벌였다. LTE는 유럽의 통신업체가 주도해 개발했고 와이브로(WiBro)는 삼성전자 등 국내 업체가 주축이 돼 개발한 방식이다.
NFC	NFC란 Near Field Communication의 약자로 근거리 무선통신이라고 할 수 있다. NFC는 전자태그(RFID)의 하나로 13.56Mz 주파수 대역을 사용하는 비접촉식 근거리 무선통신 모듈로 10cm의 가까운 거리에서 단말기 간 데이터를 전송하는 기술을 말한다. NFC는 결제뿐만 아니라 슈퍼마켓이나 일반 상점에서 물품 정보나 방문객을 위한 여행정보 전송, 교통, 출입통제 잠금장치 등에 광범위하게 활용된다.
클라우드	각 PC 단말기에서 개별적으로 프로그램을 설치해 데이터를 저장하던 기존 방식에서 벗어나, 인터넷 네트워크 상에 모든 컴퓨팅 자원을 저장하여 개별 컴퓨터에 할당하는 개념의 서비스를 말한다.
안드로이드	안드로이드(Android)란 google의 운영체제, 미들웨어 및 주요 응용프로그램을 포함하는 모바일 기기용 소프트웨어 모음을 의미한다. 안드로이드 소프트웨어 개발 툴킷(Android SDK)에서 초반 모양새를 볼 수 있듯, 이것은 자바 프로그래밍 언어를 사용하여 안드로이드 플랫폼 상에 응용프로그램 개발을 시작하는 데 필요한 도구들과 API를 제공한다. 안드로이드의 최초 1.5버전의 명칭은 Cupcake(컵케익), 1.6은 Donut(도넛), 최근 2.0 버전 이후 2.1까지는 Eclair(이클레어), 그 이후 Froyo(프로요, Frozen Yogurt), Gingerbread(진저브레드), Honeycomb(허니컴), Icecream Sandwich로 업그레이드 되고 있다. 알파벳 순서인 C→D→E→F→G→H→I 순서대로 작명되어 왔으며 모두 간식의 이름에서 따왔다는 점이 특이하다.

16 다음 중 옳지 않은 것은?

① LTE는 '롱텀에볼루션(Long Term Evolution)'의 머리글자를 따서 만든 약자로, 3세대 이동통신(3G)을 '장기적으로 진화시킨 기술'이라는 뜻에서 붙여진 명칭으로 사실상 4G의 표준으로 자리잡고 있다.

② NFC는 주파수 대역을 사용하는 비접촉식 근거리 무선통신 모듈로 결제뿐만 아니라 슈퍼마켓이나 일반 상점에서 물품 정보나 방문객을 위한 여행정보 전송, 교통, 출입통제 잠금장치 등에 광범위하게 활용된다.

③ 클라우드란 인터넷 네트워크 상에 모든 컴퓨팅 자원을 저장하여 개별 컴퓨터에 할당하

는 개념의 서비스를 말한다.

④ 안드로이드(Android)란 apple社의 모바일 기기용 운영체제로 무료로 공개된 OS이다.

정답 ④

안드로이드(Android)는 google의 OS이다. apple은 것은 iOS이다.

1. 다음 중 한국 디지털 TV 방식은?

① ATSC 방식　　　② DVB 방식

③ PAL 방식　　　④ NTSC 방식

2. 일반금속은 온도가 내려가면 전기 저항이 감소하지만 절대0도(−273℃)에서도 저항이 0이 되지 않는 물질이 있다. 어떤 온도 이하에서는 저항이 0이 된다. 1911년 네덜란드의 오네스가 처음으로 이 현상을 발견하였고, 1986년 베드로노츠와 뮬러도 이 물질을 발견했다. 자기부상열차 등에 이용되고 있는 이 물질은 무엇인가?

① 케블러 섬유　　　② 폴리카보네이트

③ 초전도체　　　④ 파인 세라믹스

3. 겉으로 보기에는 불안정하고 불규칙적으로 보이면서도 나름대로 질서와 규칙성을 가지고 있는 현상들을 설명하려는 이론은?

① 카오스 이론　　　② 빅뱅 이론

③ 양자 역학　　　④ 뉴턴 역학

4. 뛰어가는 사람에 발을 걸면 넘어지는 것은 어떤 법칙의 작용인가?

① 작용반작용의 법칙

② 만유인력의 법칙

③ 관성의 법칙

④ 뉴턴의 저항법칙

5. 사용자가 네트워크나 컴퓨터를 의식하지 않고 장소에 상관없이 자유롭게 네트워크에 접속할 수 있는 정보통신 환경은?

① 유비쿼터스　　　② 인터넷

③ 근거리 통신망　　　④ 광역 통신망

6. 다음 중 홀로그램은 빛의 어떤 성질을 이용한 것인가?

① 간섭　　　② 회절

③ 산란　　　④ 편광

7. 다음 중 케플러의 법칙과 무관한 것은?

① 행성의 궤도는 태양을 공통 초점으로 하는 타원이다.

② 행성이 궤도를 돌고 있을 때 태양과 그 특성을 묶는 선은 같은 시간 내에 같은 면적을 그린다.

③ 행성의 공전 주기의 2제곱과 궤도 긴반지름 3제곱의 비의 값은 어느 행성에 대해서도 동일하다.

④ 이 법칙은 지구가 태양의 둘레를 도는 경우에 대한 것으로 인공위성이 지구의 둘레를 도는 경우에는 적용되지 않는다.

8. 다음 중 자외선과 적외선의 역할에 대한 설명으로 틀린 것은?

① 살균효과가 있는 자외선은 소독에 이용된다.

② 태양이나 발열체로부터 공간으로 전달되는 복사열은 주로 자외선에 의한 것이다.

③ 원적외선은 생물체 내에 투과되면 피부 깊숙이 들어가서 피하심층의 온도를 상승시켜 미세혈관의 확장과 혈액순환을 촉진하여 혈액량과 산소량을 충분히 공급시키는 역할을 하기도 한다.

④ 피부에 화상을 일으키고 피부색을 검게 변화시키는 자외선은 피부염이나 피부노화를 유발시킨다.

9. 다음 중 추운 겨울 날 철판에 손을 대면 같은 방안에 있는 나무에 대는 것보다 차갑게 느껴지는 이유는?

① 철판이 더 저온이기 때문이다.

② 철판의 비열이 나무보다 작기 때문이다.

③ 철판의 열용량이 나무보다 크기 때문이다.

④ 철판이 열을 더 잘 전도하기 때문이다.

10. 다음 중 아지랑이 현상에서 나타나는 원리는?

① 빛의 반사 ② 빛의 회절

③ 빛의 굴절 ④ 빛의 흡수

11. 게놈 프로젝트에 관한 설명 중 잘못된 것은?

① 지구상의 특정 생명체의 게놈을 해독하여 유전자 배열을 분석하고 유전자 지도를 작성하는 등의 연구를 진행한다.

② 인간의 질병치료에 관한 획기적 발전과 다른 생명체의 보존 및 유지에 일익코자 서구 선진국 주도로 진행되고 있다.

③ 특히 인간게놈 프로젝트는 인간의 생명현상을 결정짓는 DNA 염기서열을 해독, DNA 내 유전자를 확인하여 인간유전자지도를 작성하는 초대형 다국적 과학사업이다.

④ 인간게놈프로젝트(HGP)는 인간유전체를 구성하는 31억쌍의 디옥시리보핵산(DNA) 염기서열 일부분을 해독하는 연구과제이다.

12. 다음 단위의 설명 중 다른 것은?

① 메가톤 – 폭발력의 측정단위로 기호는 Mt

② 퀴리 – 방사능의 단위로 기호는 Ci

③ 베크렐(Becquerel) – 원자핵이 방사선을 방출하면서 붕괴되어가는 비율을 표시한 단위

④ 옹스트롬(Angstrom) – 물질의 한 분자량을 그램으로 나타내는 단위

13. 다음 중 설명이 잘못된 것은?

① 렙톤(Lepton)은 핵자(核子)보다 질량이 작기 때문에 경입자라 한다.

② 뉴트리노(Neutrino)는 표준모형에서 경입자에 속하는 소립자의 하나로 '중성미자'라고도 한다.

③ 소립자(素粒子)는 5조분의 1cm 정도의 극히 작은 입자로 구성되고 있는데, 이 작은 입자를 소립자라 부른다.

④ 반물질(Antimatter)은 보통의 물질을 구성하는 소립자의 반입자(antiparticle)로 구성되는 실제 존재하는 물질을 말한다.

14. 원래는 '생물체총량'을 나타내는 생태학 용어이나 최근에는 에너지원으로 이용되는 생물을 의미하는 것은?

① 바이오 디바이드(Bio-Devide)

② 바이오매스(Biomass)

③ 바이오인포매틱스(Bioinformatics)

④ 바이오센서(Biosensor)

15. 원자핵에서 되튐[反跳]을 수반하지 않고 r선이 방출되어 동종 원자핵에 의해 공명흡수되는 현상은?

① 도플러 효과(Doppler Effect)

② 뫼스바우어 효과(Mössbauer Effect)

③ 제만효과(Zeman Effect)

④ 터널효과(Tunnel Effect)

16. IC(직접회로)나 LSI(대규모직접회로) 등에 관련된 전자기술과 그 응용 분야의 총칭은?

① 마이크로일렉트로닉스(Microelectronics)

② 메커트로닉스(Mechatronics)

③ 바이오일렉트로닉스(Bioelectronics)

④ 소프트사이언스(Soft Science)

17. 방사선(Radiation)에 대한 설명이 잘못된 것은?

① 방사선은 불안정한 방사성 핵종이 좀 더 안정한 핵종으로 변환될 때 방출되는 입자나 전자파의 형태를 갖고 있는 에너지의 집합체

② 방사선은 물질을 투과하는 투과력에 따라 알파선, 베타선, 감마선으로 나눌 수 있다.

③ X선은 감마선과 성질이 거의 유사하나 감마선보다 파장이 짧고 투과력이 강하다.

④ 위해성 크기가 외부에서는 $\gamma > \beta > \alpha$순이나, 식품을 통하여 인체에 침투하는 경우 α선이 큰 피해를 유발한다.

18. 다음 중 운동의 법칙과 관련이 적은 것은?

① 운동의 제1법칙 : 관성의 법칙이라고도 한다. 외부로부터의 힘의 작용이 없으면 물체의 운동 상태는 변하지 않는다는 법칙이다.

② 운동의 제2법칙 : 가속도의 법칙이라고 한다. 물체의 운동의 시간적 변화는 물체에 작용하는 힘의 방향으로 일어나며, 힘의 크기에 비례한다는 법칙이다.

③ 운동의 제3법칙 : 작용-반작용의 법칙이라고도 한다. 두 물체가 서로 힘을 미치고 있을 때, 한쪽 물체가 받는 힘과 다른 쪽 물체가 받는 힘은 크기가 같고 방향이 반대임을 나타내는 법칙이다.

④ 물체는 힘이 작용하더라도 정지한 채로 있거나 등속도 운동을 계속한다.

19. 레이온과 아크릴섬유를 태워 탄소화시켜 만든 섬유로 골프클럽, 샤프트, 낚싯대 등에 사용되는 섬유는?

① 탄소섬유   ② 유리섬유

③ 광섬유   ④ FRP

20. 다음 중 애매하고 불분명한 상황에서 여러 문제들을 두뇌가 판단 결정하는 과정에 대하여 수학적으로 접근하려는 이론을 무엇이라 하는가?

① 퍼지이론   ② 상대성이론

③ 카오스이론   ④ 빅뱅이론

21. 다음 중 '베르누이의 정리'에 의할 때 유체의 속력과 압력과의 관계를 옳게 설명한 것은?

① 유체의 속력이 증가하면 압력은 높아진다.

② 유체의 속력이 감소하면 압력은 낮아진다.

③ 유체의 속력이 증가하면 압력은 낮아진다.

④ 둘은 아무런 관계가 없다.

22. 다음 중 밀폐된 용기 내 액체의 일부에 압력을 가하면 그 압력의 세기는 변함없이 같은 크기로 액체에 가해진다는 것은 어떤 법칙인가?

① 파스칼의 원리

② 에너지보존의 법칙

③ 보일 – 샤를의 법칙

④ 패러데이의 법칙

23. 다음 중 열의 이동에 관한 설명으로 틀린 것은?

① 온도가 다른 물체나 온도가 같은 물체라도 부분적으로 온도차가 있을 때는 열이 고온부에서 저온부로 흐른다.

② 열전도는 열이 물체 속에서 순차적으로 전달되어 가는 현상으로, 이때 열의 전달속도는 물체 단위 길이당 온도차(온도기울기)에 비례한다.

③ 열의 전달속도는 물체의 재질에 상관없이 일정하다.

④ 열전도는 물체는 정지해있고 열만 고온부에서 저온부로 이동하는 현상이며, 대류는 기체나 액체 등이 따뜻해지면 팽창에 의해서 위로 올라가고 열을 받지 않은 부분은 아래로 내려가는 현상을 말한다.

24. 일상생활에서 사용되고 있는 스피드 건은 어떤 효과를 응용한 것인가?

① 도플러 효과

② 뫼스바우어 효과

③ 제만 효과

④ 터널 효과

25. 다음 중 핵융합에 의한 폭발력을 나타내는 단위는?

① 베크렐

② 퀴리

③ 메가톤

④ 그레이

26. 다음 중 광속(光速)보다 빠른 입자가 존재할지도 모른다는 예측에서 그 입자에 대해 붙인 명칭은?

① 반입자

② 뉴트리노

③ 쿼크

④ 타키온

27. 다음 중 수소에너지의 특색과 거리가 먼 것은?

① 원료에 자원적인 제약이 없다.

② 태워도 생성물은 물뿐이므로 깨끗하며 자연의 순환을 교란시키지 않는다.

③ 파이프 수송이 가능하므로 경제적이고 효율적 수송이 가능하다.

④ 열원 이외에 다른 에너지원으로 이용할 수 없다.

28. 네트워크 규모의 증가에 따라 그 비용 역시 직선적으로 증가하지만 그 네트워크의 가치는 기하급수적으로 증가한다는 법칙은?

① 무어의 법칙

② 황의 법칙

③ 메트칼프의 법칙

④ 비트크로스의 법칙

29. 다음 중 나노기술의 특징이 아닌 것은?

① 물리·재료·전자 등 기존의 재료 분야들을 횡적으로 연결함으로써 새로운 기술영역을 구축한다.

② 기존의 인적 자원과 학문 분야 사이의 시너지 효과를 유도한다.

③ 크기와 소비 에너지 등을 최소화하면서도 최고의 성능을 구현할 수 있다.

④ 물적, 인적 투자의 최소화로 최대의 효과를 낼 수 있다.

언
어

수
리

추
리

직
무
상
식

30. 다음 중 블루레이 디스크와 거리가 먼 내용은?

① 차세대 광디스크 저장매체 규격이다.

② 적색 레이저 광선보다 많은 양의 데이터를 기록할 수 있는 청자색 레이저를 사용한다.

③ 종전보다 약 5배의 기록용량을 갖는다.

④ 기존에 이용되고 있는 적색광의 파장이 청자색광의 파장보다 짧다.

31. 다음은 디스플레이의 장 · 단점을 설명한 것이다. 옳지 않은 것은?

① CRT는 가장 일반적으로 사용되고 있는 표시장치로 품질대비 가격성능비가 우수하다는 장점이 있다.

② LCD는 작동을 위해서 거의 전력을 필요로 하지 않으며 대량생산할 경우 가격을 싸게 할 수 있고, 변화가 빠른 표시에 적합하다.

③ PDP는 대(大)화면이면서도 고화질의 실현이 가능하며 프로젝션 TV나 LCD 등과는 달리 자기발광형 표시소자이기 때문에 시야각이 매우 넓다는 장점과 달리 플라즈마 방전을 이용하기 때문에 전력소비량이 많으며, 열이 많이 발생한다는 단점이 있다.

④ TFT−LCD는 전기소비량이 적을 뿐 아니라 가볍고 얇으면서도 해상도가 높다는 이점이 있는 반면에 광학적 이방성 때문에 볼 수 있는 화면의 각도가 좁고 색깔을 바꾸기 어려우며 액정의 응답속도가 느려 자연스러운 동화상 재현이 어렵다는 단점이 있다.

32. 다음 중 유기발광다이오드(OLED)에 대한 설명이 틀린 것은?

① 음극과 양극에서 주입된 전자(電子)와 양의 전하를 띤 입자가 유기물 내에서 결합해 스스로 빛을 발하는 현상을 이용한다.

② 자체 발광기능을 가진 적색(Red)과 황색(Green), 청색(Blue) 등 세 가지의 형광체 유기화합물을 사용한다.

③ 15V 이하의 낮은 전압에서 구동이 가능하고 제품을 초박형으로 설계할 수 있다.

④ 많은 장점에도 불구하고 생산비가 기존 디스플레이에 비해 많이 든다는 단점이 있다.

33. 다음 중 아라미드 섬유의 특징이 아닌 것은?

① 일반 섬유에 비해 수명이 길고 부패하지 않는다.

② 일반 섬유에 비해 매우 뛰어난 인장강도

③ 일반 섬유보다 뛰어난 탄성률

④ 일반 섬유에 비해 뛰어난 내열성

34. 다음 중 고속증식로인 칼리머(Kalimer)에 사용되는 냉각재는?

① 중수   ② 경수

③ 질소   ④ 액체나트륨

35. 줄기세포에 대한 설명으로 잘못된 것은?

① 줄기세포란 인간의 몸을 구성하는 서로 다른 세포나 장기로 성장하는 일종의 모세포

② 성체줄기세포(Adult Stem cell)는 제대혈(탯줄혈액)이나 다 자란 성인의 골수와 혈액 등에서 추출해낸 것으로, 뼈와 간, 혈액 등 구체적 장기의 세포로 분화되기 직전의 원시세포다.

③ 수정한지 14일이 안된 배아기의 세포인 '배아줄기세포(Embryonic Stem Cell)'는 장차 인체를 이루는 모든 세포와 조직으로 분화할 수 있기 때문에 '전능세포' 혹은 '만능세포'로 불린다.

④ 조혈모세포(Hematopoietic Stem Cell)와 재생의학의 재료로 각광 받고 있는 중간엽줄기세포(Mesenchymal Stem Cell), 신경줄기세포(Neural stem cell) 등이 있다.

36. 다음 중 바이오 디바이드(Bio—Devide)란?

① 에너지원으로 이용되는 생물을 말한다.

② 인간 게놈 지도 연구 성과로 인한 유전자 정보의 공유를 통하여 의료, 보험이나 취업 등의 차별을 받는 것을 의미한다.

③ 세균·곰팡이·바이러스 등 미생물을 취급할 때 생기는 감염재해로 생물재해라 한다.

④ 전자공학의 한 분야로 생체에 의한 정보의 전송, 처리 및 그 동작 또는 생체와 외계 사이의 정보 교환 등을 구명하고, 이 기능을 공학적으로 실현하려고 하는 기술이나 공학을 말한다.

37. 다음 중 아빠는 AA의 유전자형, 엄마는 BB의 유전자형을 갖고 있을 때 이 부모 사이에서 태어날 수 있는 자녀의 혈액형은?

① A형   ② B형

③ AB형   ④ O형

38. 다음 중 아래의 빈칸에 들어가는 화학식의 원소 기호를 모두 포함하는 것은?

> 매년 3월 22일은 '세계 (　　)의 날'로 개발도상국의 (　　)문제를 해결하기 위하여 1992년 UN총회에서 제정하였다.

① 이산화탄소   ② 탄산수소나트륨

③ 이산화황   ④ 메탄

39. 프로그램의 복사 방지장치를 풀어서 누구나 사용할 수 있게 한 프로그램은?

① 와레즈 프로그램

② 언어번역 프로그램

③ 디버그 프로그램

④ 보조 프로그램

40. 지적재산권에 반대해 지적 창작물에 대한 권리를 모든 사람이 공유할 수 있도록 하는 것 또는 그러한 운동을 무엇이라 하는가?

① 카피라이트   ② 카피레프트

③ 카피테스트   ④ 카피

41. 두뇌와 정보로 새로운 가치를 창조하여 정보화시대를 이끌어가는 능력 위주의 전문직 종사자를 뜻하는 말은?

① 블루칼라   ② 골드칼라

③ 화이트칼라   ④ 그레이칼라

42. 다음 중 네티즌이 사전에 받기로 선택한 광고성 이메일은?

① 스팸메일   ② 이메일

③ 옵트인 메일   ④ 매치메일

43. 인터넷 웹사이트에서 방문기록을 남겨 사용자와 웹사이트 사이를 매개해 주는 정보는?

① IP   ② 사이버스쿼팅

③ 쿠키   ④ 크래커

44. 컴퓨터간에 정보를 주고받을 때의 통신방법에 대한 규칙과 약속을 무엇이라 하는가?

① 버스   ② 네트워크

③ 프로토콜   ④ 인터넷

45. 다음 중 AMOLED에 대한 설명으로 틀린 것은?

① 고온과 저온에서 색 재현성이 한결같다.

② 자체발광형이기 때문에 휘도나 보는 각도에 따라 명암비가 달라지지 않는다.

③ 후면에서 빛을 쏘아주는 백라이트 유닛이 필요 없어 두께와 무게를 줄일 수 있다.

④ 제조비용이 저렴하여 LCD에 비해 경제성이 뛰어나다.

46. 다음 중 컴퓨터 모니터를 내려다보는 사람들의 목이 거북이 목처럼 앞으로 구부러지는 증상은?

① 거북목 증후군   ② 다운 증후군

③ VDT 증후군   ④ 터널 증후군

47. 컴퓨터의 주기억 장치와 주변장치 사이에서 데이터를 주고받을 때, 둘 사이의 전송속도 차이를 해결하기 위해 전송할 정보를 임시로 저장하는 고속 기억 장치는?

① 버퍼(buffer)   ② 모뎀(MODEM)

③ 쿠키(cookie)   ④ 램(RAM)

48. 서로 다른 통신 사업자의 서비스 지역 안에서도 통신이 가능하게 연결해 주는 서비스는?

① 아키   ② 다이얼 패드

③ 유비쿼터스   ④ 로밍

49. 다음 중 태풍에 관련된 설명으로 옳지 못한 것은?

① 풍속이 17m/s 이상인 열대성 저기압으로 전선을 동반하며, 등압선은 거의 원형을 이룬다.

② 중심 부근의 강한 상승 기류로 인하여 적란운이 벽을 쌓은 듯한 모습의 구름이 나타난다.

③ 해수면 온도가 상승하면서 하층대기에 수증기가 증가하고 에너지가 늘어나면서 보다 강한 태풍이 만들어진다.

④ 일본 기상연구소에서는 지구 온난화의 영향으로 이번 세기에 루사와 매미를 능가하는 태풍이 올 수 있다는 연구결과가 나왔다.

50. 다음은 컴퓨터 처리시간 단위를 나타낸 것이다. 가장 빠른 단위는?

① ps : pico second

② ns : nano second

③ ms : milli second

④ μ s : micro second

언어

수리

추리

직무상식

2 과학·공학·IT 실전문제
정답 및 해설

[1] 정답 ☞ ①

ATSC방식은 대용량 정보전송과 고화질이 가능하다. 반면 전파방해가 많은 도심지나 산악 등에서 수신율이 떨어진다. DVB방식은 화질이 떨어지는 반면 난시청 지역이 적다. 우리나라는 논란을 거듭한 끝에 지난 1997년 정보통신부가 미국식인 ATSC 방식으로 결정했다. 2001년 11월 서울, 수도권 일부에서 지상파 디지털방송이 시작된 후 논란이 계속되었으나 2004년 7월 정부와 방송계가 현행 미국식(ATSC)을 유지하기로 합의함에 따라 디지털TV 전송방식은 ATSC로 최종결정되었다.

[2] 정답 ☞ ③

① 케블러 섬유 : 자동차나 기계에 쓰이는 엔지니어링 플라스틱의 하나로서 강도가 높고 내열성이 크다. 타이어 고무, 크레인의 밧줄이나 벨트, 방탄조끼, 소방수 방화복 등에 사용된다.

② 폴리카보네이트 : 비결정성 수지로 투명하며 높은 내충격성과 내열성을 갖고 또한 치수안정성이 우수한 고성능 엔지니어링 플라스틱의 일종으로 유리 대신 사용된다.

④ 파인 세라믹스 : 세라믹스의 단점을 보완한 인공화합물로서 내열성이 강해 우주왕복선 앞부분 등 고열을 견뎌야 하는 곳에 사용된다.

[3] 정답 ☞ ①

① 카오스 이론(chaos theory) : 겉으로 보기에는 불안정하고 불규칙적으로 보이면서도 나름대로 질서와 규칙성을 가지고 있는 현상들을 설명하려는 이론

② 빅뱅 이론(big bang theory) : 우주가 점과 같은 상태에서 약 200억 년 전에 대폭발이 일어나 팽창하여 현재에 이르고 있다는 이론이다.

③ 양자 역학 : 양자론의 기초를 이루는 물리학이론의 체계

④ 뉴턴 역학(Newtonian mechanics) : 뉴턴의 운동법칙을 토대로 체계화된 역학

[4] 정답 ☞ ③

① 작용반작용의 법칙 : 대상물체에 힘을 작용시키고 있는 물체는 대상물체로부터 자신이 가하는 힘과 같은 크기의 힘인 반작용(력)을 동시에 받으며 이 반작용은 힘을 가한 물체에게는 또 다른 외력으로서 작용한다. 이때 자신이 직접 가하는 힘을 작용(력), 대상물체로부터 받는 힘을 반작용(력)이라 부른다.

② 만유인력의 법칙 : 뉴턴의 이론에 따르면 두 물체 사이에 작용하는 만유인력의 크기 F는 물체의 종류 또는 물체 사이에 존재하는 매질과는 관계없이 그 물체의 질량 m의 곱에 비례하고, 물체 사이 거리 r의 제곱에 반비례한다.

③ 관성의 법칙 : 물체가 그 운동을 계속하려고 하는 성질로 관성의 법칙이 적용되는 예에는 버스가 갑자기 출발하면 사람들이 뒤로 쏠리는 경우이다.

④ 뉴턴의 저항법칙 : 유체 속 어떤 물체에 작용하는 저항에 관해서 I.뉴턴이 도입한 법칙

[5] 정답 ☞ ①

① 유비쿼터스(Ubiquitous) : 사용자가 네트워크나 컴퓨터를 의식하지 않고 장소에 상관없이 자유롭게 네트워크에 접속할 수 있는 정보통신 환경

② 인터넷(internet) : 알파넷(ARPANET)에서 시작된 세계 최대 규모의 컴퓨터 통신망

③ 근거리 통신망(local area network) : 범위가 그리 넓지 않은 일정 지역 내에서 다수의 컴퓨터나 OA 기기 등을 속도가 빠른 통신선로로 연결하여 기기간에 통신이 가능하도록 하는 근거리 통신망

④ 광역 통신망(wide area network) : 지역적으로 넓은 영역에 걸쳐 구축하는 다양하고 포괄적인 컴퓨터 통신망

[6] 정답 ☞ ①

빛의 간섭을 이용해 일상생활 속에서 볼 수 있는 물체와 다름이 없는 3차원 영상의 정보를 사진필름에 기록하는 기술을 '홀로그래피(holography)'라 하며, 그러한 기술을 통해 물체의 영상이 기록된 사진필름 또는 재현된 영상을 '홀로그램(hologram)'이라 한다.

[7] 정답 ☞ ④

④ 이 법칙은 지구가 태양의 둘레를 도는 경우에 대한 것이지만 인공위성이 지구의 둘레를 도는 경우에도 적용된다.

[8] 정답 ☞ ②

태양이나 발열체로부터 공간으로 전달되는 복사열은 주로 적외선에 의한 것이다.

[9] 정답 ☞ ①

같은 방안이므로 철판이나 나무는 온도가 같고, 철판이 나무보다 열전도율이 커 손에서 철판으로 열이 이동되면 철판 내에서 저온 쪽으로 열이 잘 전도되어 접촉 부분의 철판의 온도가 내려가 접촉된 손에서 열이 잘 이동하기 때문이다.

[10] 정답 ☞ ③

빛의 굴절 : 지상 부근에 있는 물체에 대해서도 마찬가지 굴절현상이 일어난다. 이를 지상굴절이라 한다. 이는 지상 부근에서의 기온의 이상분포로 인한 대기밀도의 차이가 큰 원인이며, 신기루 등이 그것이다. 신기루는 해면이 차고, 그 위의 공기가 따뜻할 경우, 즉 하밀상조(下密上粗)의 상태일 때 일어난다. 초원이나 아스팔트길 같은 데서 물이 멀리 있는 것 같이 보이다가 가까이 가 보면 다시 멀어져 가는 대기현상은 지면이나 해면이 따뜻하고 그 위의 공기가 차가운 경우, 즉 하조상밀(下粗上密)의 상태일 때 일어난다.

[11] 정답 ☞ ④

인간게놈프로젝트(HGP)는 인간유전체를 구성하는 31억쌍의 디옥시리보핵산(DNA) 염기서열 전체를 해독하는 연구과제이다. 이는 인간의 생명현상을 결정짓는 유전자의 지도를 작성하고 DNA 염기서열을 결정해 보겠다는 것이다. 그래서 유전자들의 총집합인 유전체(게놈)가 해독되면 3만여개의 유전자 동정과 위치를 확인할 수 있게 돼 난치성 질환의 원인 유전자의 파악도 가능해져 진단과 치료법을 개발할 수 있는 길이 열리게 된다.

[12] 정답 ☞ ④

옹스트롬(Angstrom)은 길이의 단위로 빛의 파장이나 원자 간의 거리 등을 측정한다. 물질의 한 분자량을 그램으로 나타내는 단위는 몰(mole)이며 기호는 mol이다.

[13] 정답 ☞ ①②③④

반물질은 보통의 물질을 구성하는 소립자의 반입자(反粒子, antiparticle)로 구성되는 가상적인 물질을 말한다. 즉 반물질은 전자와 양성자, 중성자로 이루어지는 실재의 물질에 대하여 그 반입자인 양전자, 반양성자, 반중성자로 이루어진다.

[14] 정답 ☞ ②

① 인간 게놈 지도 연구 성과로 인하여 유전자 정보의 공유를 통하여 의료, 보험이나 취업 등의 차별을 받는 것을 의미

② 바이오매스를 이용한 에너지를 '바이오매스 에너지'라고 한다. 식물은 태양에너지와 이산화탄소로부터 유기화합물과 산소를 만들어낸다. 이렇게 해서 만들어진 유기물은 물질순환 사이클에 의해 동물, 미생물 및 무기물로 변화해 간다. 이 사이클에 관여하는 모든 물질을 바이오매스라 총칭한다.

③ 컴퓨터를 이용해 각종 생명정보를 처리하는 학문으로 생명정보학이라고도 한다.

④ 생물 물질이나 생체 조직, 미생물, 세포 기관, 감각 기관, 효소, 항체, 핵산 등을 물리 화학적 변환기나 변환 마이크로 시스템과 결합시킨 광학적·전기 화학적 온도계상, 압전기적·자기적 분석장치

[15] 정답 ☞ ②

① 어느 일정한 주파수의 발생원과 관측자 사이에 상대적인 운동이 있을 때 관측 주파수가 발생원의 주파수와 달라지는 현상

③ 광원(光源)을 강력한 자기장 안에 두고, 거기서 나오는 빛의 스펙트럼을 조사하면, 하나뿐이어야 하는 스펙트럼선이 여러 개로 갈라져 보이는 현상

④ 양자 역학적인 측면에서 입자는 파(波)의 성질을 가지고 있으므로 고전적인 뉴턴 역학에서는 에너지면에서 넘을 수 없는 장벽을 마치 터널을 통과하는 것같이 투과할 수 있는 것을 의미

[16] 정답 ☞ ①

② 메커니즘(mechanism)과 일렉트로닉스(electronics)를 합친 말로 기계와 전자·정보기기를 결합한 기계장치를 가리킨다.

③ 생명공학(바이오테크놀러지)과 전자공학(일렉트로닉스)의 합성어로 단백질의 생체물질과 생명이 갖추고 있는 교묘한 구조를 이용하는 기술로 기존의 전자공학 기술과는 전혀 새로운세계를 여는 첨단분야

④ 복잡한 사회, 경제, 생화학현상 등을 해결하는 종합적인 새로운 과학기술

[17] 정답 ☞ ③

방사선은 물질을 투과하는 투과력에 따라 알파(α)선, 베타(β)선, 감마(γ)선으로 나눌 수 있다. 위해성 크기가 외부에서는 $\gamma > \beta > \alpha$순이나, 식품을 통하여 인체에 침투하는 경우 α선이 큰 피해를 유발한다.

α선	본체는 헬륨의 원자핵으로, 에너지는 강하나 무겁기 때문에 이동거리가 짧고 종이 한 장으로도 차폐가 가능하다.
β선	본체가 전자인 β선은 α선보다 약 500배 정도 투과력이 크며, 알루미늄으로 차단이 가능하다.
γ선	γ선은 파장이 짧은 전자파로서 방사선 중에서도 매우 높은 에너지를 가지며 투과력이 가장 강하다. 한편 X선은 감마선과 성질이 거의 유사하나 감마선보다 파장이 길며 투과력이 약하다.

[18] 정답 ☞ ④

① 운동의 제1법칙 : 관성의 법칙이라고도 한다. 외부로부터의 힘의 작용이 없으면 물체의 운동상태는 변하지 않는다는 법칙이다. 물체는 힘이 작용하지 않는 한 정지한 채로 있거나 등속도 운동을 계속한다.

[19] 정답 ☞ ①

② 공기나 수증기로 날리는 방법, 원심력에 의해 주위에 날려 붙이는 방법 등으로 섬유 모양을 만든다.

③ 석영 유리나 플라스틱 등의 투명한 유전체(誘電體)를 가늘고 길게 뽑아서 만든 섬유로, 그 중심 부분에 적당한 굴절률 분포를 갖게 해서 빛이 전파되도록 한 것

④ 합성수지 속에 섬유기재를 혼입시켜 기계적 강도를 향상시킨 수지의 총칭

[20] 정답 ☞ ①

① 퍼지이론 : 진위, 즉 참과 거짓을 명확하게 구분하기 힘든 개념을 다루는 시스템의 연구. 퍼지란 원래 '애매모호한, 경계가 명확하지 않은'이라는 뜻이다.

② 상대성이론 : 아인슈타인이 만든 이론으로 특수상대성이론과 일반상대성이론이 있다. 특수상대성이론은 운동에 관한 갈릴레이 – 뉴턴의 상대성원리를 근본적으로 개혁하여, 서로 등속도로 운동하는 관측자에 대하여 전자기파의 이론을 포함한 모든 물리법칙이 같은 형식으로 기술되도록 정식화(定式化)되어 있다. 일반상대성이론은 중력을 관성력과 동등한 것으로 간주하는 입장에서, 일정한 가속도를 가진 관측자들에게도 상대성원리가 성립하고, 물리법칙이 좌표계의 변환에 대하여 불변인 형식을 가지도록 체계화한 이론이다.

③ 카오스이론 : 작은 변화가 예측할 수 없는 엄청난 결과를 낳는 것처럼 안정적으로 보이면서도 안정적이지 않고, 안정적이지 않은 것처럼 보이면서도 안정적인 여러 현상을 설명하려는 이론이다.

④ 빅뱅이론 : 우주가 점과 같은 상태에서 약 200억 년 전에 대폭발이 일어나 팽창하여 현재에 이르고 있다는 이론이다.

[21] 정답 ☞ ③

베르누이의 정리(Bernoulli's Theorem) : 유체역학의 기본법칙 중 하나이며 1738년 D.베르누이가 발표하였다. 예를 들면 굵기가 다른 유리관 속에서 물의 수면 높이를 관찰했을 때 굵은 쪽 유리관에 연결된 물기둥은 그 높이가 낮아지고, 가는 쪽 유리관에 연결된 물기둥은 높이가 높아지는 현상을 관찰할 수 있다. 유체는 좁은 통로를 흐를 때 속력이 증가하고 넓은 통로를 흐를 때 속력이 감소한다. 유체의 속력이 증가하면 압력이 낮아지고 반대로 감소하면 압력이 높아지는데, 이것을 베르누이의 정리라고 한다.

[22] 정답 ☞ ①

① 파스칼의 원리 : 밀폐된 용기에 담긴 유체에 가해진 압력은 유체의 모든 부분과 유체를 담은 용기의 벽까지 그 세기가 감소되지 않고 전달된다. 이는 압력이 변할 때 기체의 부피가 바뀐다는 것만 바꾸면, 유체뿐만 아니라 기체의 경우에도 적용될 수 있다.

② 에너지보존의 법칙 : 에너지는 그 전환과정에서 한 형태의 에너지에서 다른 형태의 에너지로 전환될 뿐이며, 에너지 전환이 일어나기 전후의 에너지의 총합은 항상 일정하게 보존된다는 법칙

③ 보일-샤를의 법칙 : 온도가 일정할 때 기체의 압력은 부피에 반비례한다는 보일의 법칙과 압력이 일정할 때 기체의 부피는 온도의 증가에 비례한다는 샤를의 법칙을 조합하여 만든 법칙

④ 패러데이의 법칙 : 유도기전력의 크기는 단위시간에 자기력선이 변화하는 비율에 비례한다는 법칙을 말한다.

[23] 정답 ☞ ③

③ 물체의 재질에 따라 그 속도가 달라진다. 한편, 열전달 방식 3가지 형태 중 복사는 열이 중간 매질 없이 직접 전달되는 현상을 말한다.

[24] 정답 ☞ ①

스피드 건이 속도를 측정하는 원리는 도플러 효과를 이용한 것으로, 스피드 건의 경우 발사된 적외선이 달려오는 자동차에 부딪친 후 반사되어 오면서 진동수의 변화가 발생하는 데 자동차의 속력에 커짐에 따라 진동수의 변화(증가)가 커진다. 이러한 진동수의 변화를 측정하여 달려오는 자동차의 속력을 예측할 수 있

다. 도플러 효과란 소리를 내는 물체에 대하여 소리를 듣는 사람이 어떤 방향으로 운동을 하느냐에 따라 소리의 진동수가 다르게 들리는 현상을 말한다.

[25] 정답 ☞ ③

① 베크렐(Becquerel) : 원자핵이 방사선을 방출하면서 붕괴되어가는 비율을 표시한 단위로 기호는 bq로 표시한다.

② 퀴리(Curie) : 방사성 물질의 방사능 세기를 표시하는 단위로 기호는 Ci이다.

③ 메가톤(Megaton) : 폭발력의 측정단위로 기호는 Mt이다. 핵폭탄의 폭발위력을 나타낼 때 쓰이며, 1Mt은 TNT 100만t에 해당한다.

④ 그레이(gray) : 방사선 에너지가 물질에 흡수된 흡수선량을 나타내는 기호로 기호는 Gy이다.

[26] 정답 ☞ ④

① 반입자 : 보통의 입자와 질량이나 수명, 스핀 등의 물리적 속성은 같지만 반대 부호의 전하, 핵자수, 자기 모멘트를 가지는 입자를 말한다. 대표적인 예로 양전자, 반양성자, 반중성자 등의 입자가 있다.

② 뉴트리노(Neutrino) : 표준모형에서 경입자에 속하는 소립자의 하나로 '중성미자'라고도 한다.

③ 쿼크(Quark) : 쿼크(quark)는 렙톤(lepton)과 함께 물질을 구성하는 가장 기본적인 입자로 추측되는 것이다.

④ 타키온(Tachyon) : 광속(光速)보다 빠른 입자가 존재할지도 모른다는 예측에서 그 입자에 대한 명칭이다. 상대성이론에 따르면 광속보다 빠른 입자는 없으나, 일부 학자들 사이에서는 상대성이론의 방정식 해석 여하에 따라서는 특수한 조건하에서 광속을 넘어설 수도 있다고 생각된다.

[27] 정답 ☞ ④

수소에너지 : 수소에너지란 수소를 연소시켜서 얻는 에너지를 말하며 이 에너지는 ㉠ 원료에 자원적인 제약이 없고 ㉡ 태워도 생성물은 물뿐이므로 깨끗하며 자연의 순환을 교란시키지 않고 ㉢ 파이프 수송이 가능하므로 경제적이고 효율적 수송이 가능하며 ㉣ 에너지 저장의 수단이 된다는 특색이 있다. 열원으로서의 이용 이외에 자동차연료, 항공기연료 등으로 이용분야가 넓다.

[28] 정답 ☞ ③

① 무어의 법칙 : 약 18개월 간격(이 주기는 1년에서 2년으로 늘었다가 18개월로 조정)으로 컴퓨터의 칩 밀도가 두 배씩 증가한다는 법칙이다.

② 황의 법칙 : 황창규 삼성전자반도체 총괄사장이 "반도체 집적도는 1년에 2배씩 증가하며 그 성장을 주도하는 것은 모바일(mobile) 기기와 디지털 가전 등 이른바 비(非)PC"라고 주장한 것을 말한다.

③ 메트칼프의 법칙 : 네트워크 규모의 증가에 따라 그 비용 역시 직선적으로 증가하지만 그 네트워크의 가치는 기하급수적으로 증가한다는 법칙을 말한다.

④ 비트크로스 : 차세대 상품군이 계속 생산됨에 따라 가격이 하락, 차세대 D램 제품의 1비트당 가격이 현행 주력제품의 1비트당 가격보다 낮아져 가격곡선이 교차하는 현상이다.

[29] 정답 ☞ ④

나노기술의 특징은 물리·재료·전자 등 기존의 재료 분야들을 횡적으로 연결함으로써 새로운 기술영역을 구축하고, 기존의 인적 자원과 학문 분야 사이의 시너지 효과를 유도하며, 크기와 소비 에너지 등을 최소화하면서도 최고의 성능을 구현할 수 있으므로 고도의 경제성을 실현할 수 있다는 점 등이다.

[30] 정답 ☞ ④

블루레이 디스크 : 차세대 광디스크 저장매체 규격. 현행 DVD가 파장 650나노미터의 적색 레이저를 광원으로 사용하는데 대하여, 새로 개발된 이 DVD는 파장 405나노미터의 청자색 레이저를 이용함으로써 약 5배

의 기록용량(편면 1층 23기가 바이트)을 갖게 된다. 텔레비전 화상의 송수신 방식이 VHS 방식과 베터 방식으로 나뉘어져 있고, 현행 DVD 방식도 통일되어 있지 않음으로써 초래되었던 시장의 혼란과 소비자의 불편을 해소하기 위한 방편으로 마련된 통일규격이다.

[31] 정답 ☞ ②

LCD(액정디스플레이)는 자체적으로 빛을 발하지 못하기 때문에 어두운 장소에서는 잘 보이지 않으며, 결정이 줄지어 변하는 데 시간이 걸리기 때문에 변화가 빠른 표시에는 적합하지 못하다. 또한 LED 표시기에 비해서 수명도 그다지 길지 않은 단점도 있다.

[32] 정답 ☞ ④

OLED(Organic Light Emitting Diode)는 데이터 응답속도가 TFT-LCD보다 빠르며, 시야각이 170도로 TFT-LCD에 비해 10도 이상 넓어서 어느 방향에서나 동일한 화질을 느낄 수 있다. 또한 생산비용도 이론적으로 30% 이상 낮출 수 있다는 장점을 가지고 있으며, 차세대 평판디스플레이의 필요조건인 전력소모량도 TFT-LCD나 PDP 보다 훨씬 적다.

[33] 정답 ☞ ①

① 은 FRP의 특징. FRP는 합성수지 속에 섬유기재를 혼입시켜 기계적 강도를 향상시킨 수지의 총칭으로 수명이 길고 가볍고 강하며 부패하지 않는 등의 특징을 살려 욕조, 요트, 골프클럽, 공업용 절연자재 등 폭넓은 용도에 사용되고 있다.

[34] 정답 ☞ ④

칼리머(Kalimer)는 고속의 중성자를 핵반응에 이용하여 우라늄을 플루토늄으로 재순환시키는 고속증식로의 일종으로 냉각재로 고압의 물 대신 금속인 액체나트륨을 사용하므로 액체금속로라고 한다.

[35] 정답 ☞ ④

④ 성체줄기 세포에 관한 설명이다. 조혈모세포는 혈액이 백혈구, 적혈구, 혈소판으로 분화되기 이전의 원시세포로 혈액과 면역체계의 모체세포이다. 이는 인간의 생존유지에 절대적으로 필요한 것이며 보통 골수나 아기의 태반과 탯줄에 존재한다.

[36] 정답 ☞ ②

① 바이오 매스(Biomass)

② 바이오 디바이드(Bio-Devide)

③ 바이오해저드(Biohazard)

④ 바이오닉스(Bionics, 생체공학)

[37] 정답 ☞ ③

〈부모 사이에서 태어날 수 있는 자식의 모든 혈액형〉

AA(A형 아빠) × BB(B형 엄마) → AB, AB, AB, AB

[38] 정답 ☞ ②

(   )에 들어갈 말은 '물'이다. 물의 화학기호는 H_2O이다. 수소(H)와 산소(O)를 모두 포함하는 화학식은 탄산수소나트륨($NaHCO_3$)이다. 이산화탄소의 화학식은 CO_2, 이산화황의 화학식은 SO_2, 메탄의 화학식은 CH_4이다.

[39] 정답 ☞ ①

① 와레즈 프로그램 : 와레즈란 프로그램의 복사방지장치(Copy Protection)나 등록장치, 쉐어웨어(shareware)의 시간제한 등을 풀어서 누구나 제한 없이 사용할 수 있게 만든 소프트웨어를 일컫는 말

② 언어번역 프로그램 : 어떤 언어로 된 문장을 이와 동등한 내용의 다른 컴퓨터 언어로 변환시키는 프로그램

③ 디버그 프로그램 : 사용자가 작성한 프로그램을 실행하면서 버그를 검출하고자 할 때 사용되는 프로그램으로 다음과 같은 기능이 있다. ㉠ 지정하는 주소의 프로그램이 수행될 때, 그 이상의 프로그램 수행을 정지시킬 수 있는 기능, ㉡ 레지스터나 기억 장소의 내용을 확인할 수 있는 기능, ㉢ 명령을 하나씩만 실행하게 하는 기능, ㉣ 지정하는 범위의 기억 장소 내용을 확인할 수 있는 기능, ㉤ 명령 실행경로를 추적할 수 있는 기능

[40] 정답 ☞ ②

① 카피라이트(copywriter) : 캐치프레이즈·슬로건·설명 문장 등 광고문안을 만드는 사람

② 카피레프트(copyleft) : 지적재산권에 반대해 지적 창작물에 대한 권리를 모든 사람이 공유할 수 있도록 하는 것 또는 그러한 운동

③ 카피테스트(copy test) : 광고카피의 일부 또는 전체의 효과 가능성을 확인하기 위하여 실시하는 조사

④ 카피 : 광고용어로서 카피는 광고원고를 가리키는데, ㉠ 광고 본문을 가리키는 경우, ㉡ 캐치프레이즈와 서브타이틀 등을 포함하는 경우, ㉢ 일러스트레이션·레이아웃·로고타입(상표) 등을 포괄한 일체의 광고원고 등으로 해석되며 혼용되고 있다.

[41] 정답 ☞ ②

① 블루칼라(blue collar) : 주로 청색 작업복을 입는 데서 생긴 말로, 화이트칼라와 대응된다. 숙련·미숙련을 불문하고 생산 및 서비스업에 종사하는 노동자를 통틀어 말하지만, 농업노동자·농장책임자와 일반 가정의 고용인 등은 제외한다.

② 골드칼라(gold collar) : 두뇌와 정보로 새로운 가치를 창조하여 정보화시대를 이끌어가는 능력 위주의 전문직 종사자

③ 화이트칼라(white-collar) : 명목상으로는 육체적 노력이 요구되는 일을 하더라도 실제로는 상품생산과는 전혀 무관한 일을 하는 사람을 가리킨다.

④ 그레이칼라 : 화이트칼라(white collar, 사무직)와 블루칼라(blue collar, 노동자)와의 중간층

[42] 정답 ☞ ③

① 스팸메일(spam mail) : PC통신이나 인터넷 ID를 가진 사람에게 일방적·대량으로 전달되는 전자우편

② 이메일(E-mail) : 컴퓨터 통신망을 이용하여 컴퓨터 사용자 간에 편지나 여러 정보를 주고 받는 새로운 개인 통신방법

③ 옵트인 메일(Opt-in mail) : 네티즌이 사전에 받기로 선택한 광고성 이메일

④ 매치메일(matchmail) : 성별·나이·취미 등 개인이 원하는 조건에 맞는 사람들을 선택하여 가입자 수백 명에게 한꺼번에 메일이 발송되는 인터넷 서비스

[43] 정답 ☞ ③

① IP(Internet Protocol) : 인터넷상에서 한 쪽의 컴퓨터에서 다른 컴퓨터로 데이터를 전송할 때 이용되는 프로토콜을 의미

② 사이버스쿼팅 : 투기나 판매 목적으로 단체명이나 기업의 제품명 등의 인터넷상의 컴퓨터 주소인 도메인을 이익을 얻을 목적으로 선점하는 행위

③ 쿠키 : 웹 서버가 웹 브라우저에 보내어 저장했다가 서버의 부가적인 요청이 있을 때 다시 서버로 보내주는 문자열 정보를 말한다.

④ 크래커 : 정보를 얻을 목적으로 전산망에 침입하는 것이 아니라 정보를 파괴하거나 빼내려는 악의적인 목적의 해커

[44] 정답 ☞ ③

　① 버스(bus) : 컴퓨터 내에서 중앙처리장치(CPU)와 주기억장치, 입출력장치 간에 정보를 전송하는 데 사용되는 공용목적의 전기적 통로

　② 네트워크(network) : 여러 컴퓨터나 단말기 사이를 통신회선으로 연결한 컴퓨터의 이용 형태

　③ 프로토콜(protocol) : 컴퓨터 간에 정보를 주고받을 때의 통신방법에 대한 규칙과 약속

　④ 인터넷(internet) : 알파넷(ARPANET)에서 시작된 세계 최대 규모의 컴퓨터 통신망

[45] 정답 ☞ ④

　④ AMOLED는 TFT LCD에 비해 제조단가가 비싸 가격경쟁력이 떨어진다.

[46] 정답 ☞ ①

　① 거북목 증후군 : 오랫동안 컴퓨터 모니터를 내려다보는 사람들의 목이 거북이 목처럼 앞으로 구부러지는 증상

　② 다운 증후군(Down's syndrome) : 선천적으로 특유한 얼굴 생김새와 정신지체가 특징인 유전병이다. 상염색체의 이상에 의한 질환으로 몽골증이라고도 한다.

　③ VDT 증후군(VDT syndrome) : 컴퓨터의 스크린에서 방사되는 X선·전리방사선 등의 해로운 전자기파가 유발하는 두통·시각장애 등의 증세

　④ 손목터널 증후군(Carpal tunnel syndrome) : 키보드나 마우스의 과도한 사용으로 인해 발생하는 질환이다. 손바닥에서 엄지, 검지, 중지와 약지의 절반에 감각이 무디어지거나 통증이 생긴다. 하루종일 컴퓨터를 사용하는 사무직 근로자에게 많이 발생하지만, 요즘은 학생들에게도 많이 발생하는 추세다.

[47] 정답 ☞ ①

　① 버퍼(buffer) : 버퍼를 사용하면 컴퓨터의 처리속도가 빨라지며, 논리회로에서의 신호전달을 지연시키는 역할도 한다.

　② 모뎀(MODEM) : 데이터 통신을 하는 경우에 컴퓨터나 단말 등의 데이터 통신용 기기를 통신 회선과 접속하기 위해서 사용하는 장치

　③ 쿠키(cookie) : 인터넷 웹사이트의 방문기록을 남겨 사용자와 웹사이트 사이를 매개해 주는 정보

　④ 램(RAM) : 읽고 쓰기가 가능한 주기억 장치

[48] 정답 ☞ ④

　① 아키 : 인터넷상의 익명 FTP 서버에 공개되어 있는 파일을 검색하는 서비스

　② 다이얼 패드 : 대표적인 인터넷 전화

　③ 유비쿼터스 : 장소에 상관없이 자유롭게 네트워크에 접속할 수 있는 환경

[49] 정답 ☞ ①

　태풍은 전선을 동반하지는 않는다.

[50] 정답 ☞ ①

　① ps(pico second) : 1조(兆)분의 1초　　② ns(nano second) : 1초의 1/10억

　③ ms(milli second) : 10000분의 1초　　④ μ s(micro second) : 100만분의 1초

언어

수리

추리

직무상식

3 정치 · 외교 · 통일 · 법률

이것만은 알고 가자

※ 대통령제와 의원내각제 비교

	대통령제	의원내각제
본 질	엄격한 권력 분립(견제와 균형)	권력융합주의
정부와 의회의 관계	상호독립 ∴ ① 국회 : 정부불신임권 × 　　정부 : 국회해산권 × ② 국회의원의 정부각료겸직 × ③ 정부의 법률안 제출권 ×	상호의존 ∴ ① 국회 : 정부불신임권 ○ 　　정부 : 국회해산권 ○ ② ○ ③ ○
정부구조	일원적 구조 (대통령이 국가원수이자 행정부 수반)	이원적 구조 (국가원수 : 대통령, 행정부수반 : 수상)
장 점	① 정국안정(국가정책의 계속성 보장) ② 국회다수파의 횡포 방지(소수의 이익 보호)	① 민주적 요청에 충실 ② 책임정치의 구현(내각과 의회의 연대 책임으로 정치적 책임에 민감) ③ 의회와 정부 대립시 신속한 해결
단 점	① 독재화의 우려 ② 의회와 정부 대립시 갈등의 장기화 ③ 책임정치에 반	① 정국불안(의회가 정쟁의 장소화) ② 다수파의 횡포
사상적 배경	몽테스키외의 3권 분립	로크의 2권 분립
채택국가	미국, 프랑스 등	영국, 일본, 독일 등

17 다음 중 대통령제의 장점이 아닌 것은?

① 대통령의 임기동안 행정부가 안정되어 국가정책의 연속성이 보장되고, 행정부가 강력한 행정을 수행할 수 있다.

② 다수파가 횡포를 부리거나 신중하지 못한 국정처리를 할 경우에는 이를 견제하여 소수자의 권익을 보호할 수 있다.

③ 내외적으로 일사불란한 정책이 필요할 때 적절하다.

④ 권력분립의 원리에 충실하여 행정부와 의회의 조화가 잘 이루어진다.

> **정답** ④
>
> 대통령제는 권력분립의 원리에 충실하여 행정부와 의회의 조화가 어렵고, 특히 양자가 대립되었을 때는 제도상으로 해결하기 어렵다는 단점이 있다.

18 다음 중 대통령의 권한에 속하지 않는 것은?

① 대통령은 국가의 원수이며 외국에 대하여 국가를 대표한다.

② 대통령은 국가의 독립, 영토의 보전, 국가의 계속성과 헌법을 수호할 의무를 진다.

③ 대통령은 조국의 평화적 통일을 위한 성실한 의무를 진다.

④ 대통령은 행정 각부를 직접 통할한다.

> **정답** ④
>
> 국무총리는 행정에 관하여 대통령의 명을 받아 행정각부를 통할한다(헌법 제86조 제2항).

※ 선거의 종류

총선거 (總選擧)	국회의원 전부를 한꺼번에 선출하는 선거. 대통령제 국가에서는 임기가 만료되었을 때에, 의원 내각제 국가에서는 의회를 해산한 때에 한다.
보궐선거 (補闕選擧)	선거에 의해 선출된 대통령이나 국회의원 등이 그 임기 중 사직·사망 등으로 궐석(闕席)이 생긴 경우에 하는 선거. 선거에 의해 선출된 의원 등이 임기 중 사퇴·사망·실형 선고 등으로 인해 그 직위를 잃어 공석 상태가 되는 경우가 있는데, 이를 궐위(闕位)라고 한다. 보궐선거는 궐위를 메우기 위해 치러진다.
재선거 (再選擧)	다시 하는 선거. 선거의 전부나 일부에 대한 무효판결이 있을 때에, 당선인이 임기 개시 전에 사망하거나 사퇴할 때에, 선거소송이 무효로 된 때에, 선거결과 당선인이 없을 때 실시. 사유가 발생하거나 확정된 날에서부터 90일 이내에 실시한다.

19 재·보궐선거에 관한 설명 중 옳은 것은?

① 당선인이 임기개시 전에 사퇴하거나 사망한 때에는 보궐선거를 실시한다.

② 선거의 전부무효의 판결이 있거나 당선인의 선거범죄로 당선이 무효로 된 때에는 보궐선거를 실시한다.

③ 대통령선거, 지역구국회의원, 지역구지방의회의원, 지방자치단체의 장에 궐원 또는 궐위가 생긴 때에는 원칙적으로 잔여임기를 위한 보궐선거를 실시한다.

④ 재·보궐선거의 투표시간은 일반선거와는 달리 오전 6시부터 오후 8시까지이다.

> **정답** ④
> ① ② 재선거에 대한 설명이다. ③ 대통령 선거의 경우 새로 임기가 시작된다.

※ 선거구제

	소선거구제	대선거구제
방 식	1구 1인 선출방식	1구 2인 이상 선출방식
장 점	• 후보자의 인물과 정견 파악 명확 • 투표율이 비교적 높은 편임 • 선거비용이 비교적 적음 • 선거범죄에 대한 규제 용이 • 선거공영이나 재선거, 보궐선거의 실시 및 선거관리가 용이	• 전국적 인물의 당선 가능성 높음 • 유권자의 후보 선택권이 넓음 • 신진 인사나 새로운 정당 진출 용이 • 선거간섭, 정실, 매수 기타 부정방지가 비교적 용이 • 정당정치의 발전과 선거과열 방지 가능
단 점	• 투표가치에 대한 문제 내포(낙선자의 과다한 사표 발생과 당선자의 잉여표 발생) • 소수당에 불리 • 선거운동의 과열 우려 • 지방적 명망가에 유리하고 신진인사 진출 불리 • 선거구 획정시 게리맨더링의 위험 내포. 선거부정 가능	• 군소정당의 출현으로 불안정국 가능 • 선거구역이 넓어 선거비용이 많이 소요 • 투표율 저조 • 후보자 난립 • 동일 정당 내 후보자 간 과열 경쟁 우려 • 선거공영이나 선거관리 곤란

20 다음 중 선거구에 대한 설명으로 틀린 것은?

① 일반적으로 소선거구제, 중선거구제, 대선거구제로 구분된다.

② 소선거구제는 한 선거구에서 1명의 대표자를 선출하며, 대표법으로 소수대표제와 연결된다.

③ 소선거구제는 대정당에 유리한 방식으로 군소정당의 난립을 억제하여 정국의 안정을 도모할 수 있고 후보자에 대한 상세한 정보를 얻을 수 있다.

④ 대선거구제는 사표가 줄고 지연·혈연 같은 비합리적인 당선요소를 배제할 수 있다는 장점이 있는 반면, 소수당의 난립으로 정국이 불안정해지고 선거비용이 많이 든다는 단점이 있다.

> **정답** ②
> 소선거구를 채택하는 경우 의원은 후보자 중에서 가장 다수의 표를 획득한 사람이 선출되기 때문에 이는 대표법으로 다수대표제와 연결된다.

※ 선거의 4대 원칙

보통선거 (↔제한선거)	사회적 신분이나 재산, 지위에 관계 없이 모든 사람에게 선거권 및 피선거권을 인정하는 선거원칙이다
평등선거 (↔차등선거)	평등의 원칙이 선거제도에 적용된 것으로 투표의 수적 평등, 즉 1인 1표의 원칙과 투표의 성과가치의 평등, 선거참여자의 기회균등 등을 그 내용으로 한다.
직접선거 (↔간접선거)	선거인이 대표자를 직접 선출하는 선거원칙이다.
비밀선거 (↔공개선거)	선거인이 누구에게 투표하였는지 타인에게 알려지지 않도록 하는 선거원칙이다.

21 다음 중 선거의 4대 원칙에 포함되지 않는 것은?

① 보통선거   ② 평등선거   ③ 직접선거   ④ 자유선거

> **정답** ④
>
> 선거의 4대 원칙은 보통선거, 평등선거, 직접선거, 비밀선거이다.

티토이즘 (Titoism)	유고슬라비아의 정치지도자이며, 초대 대통령을 지낸 티토의 정치이념과 그에 의해 대표되는 유고슬라비아의 정책과 체제를 통칭하는 것이다. 즉 다민족국가인 유고의 통합을 고수하면서 반소, 비동맹 공산주의를 표방한 독자노선을 뜻한다.
마키아벨리즘 (Machiavellism)	이탈리아 정치 철학자 마키아벨리가 그의 저서 "군주론"에서 "군주가 정치 권력을 획득·유지·확대하기 위해서는 수단을 가릴 필요가 없다"고 주장한, 권모술수에 의한 정치방법을 말한다.
쇼비니즘 (Chauvinism)	자국의 이익을 위해서는 수단과 방법을 가리지 않으며 국제 정의조차도 부정하는 배타적 애국주의. 나폴레옹 휘하의 병사로 알려진 니콜라 쇼뱅(Nicholas Chauvin)이 제정 몰락 후의 나폴레옹 1세와 그의 전쟁을 찬양한 데서 유래한다.
페이비어니즘 (Fabianism)	점진적 사회주의 사상으로, 영국노동당의 지도이념이다. 사회개량의 수단으로서 혁명을 사용하지 않고 의회주의를 통하여 점진적으로 모든 정책을 실현함으로써 자본주의의 결함을 극복하자는 취지이다. 지구전술(持久戰術)로 카르타고의 한니발을 격파한 고대 로마 장군 파비우스(Fabius)에서 유래한 명칭이다.

교조(教條)주의 (Dogmatism)	어떤 개념이나 학설은 영원 불변하다고 고집하며, 구체적 조건과 변화된 상황 및 새로운 인식과 실천적 경험을 고려하지 않는 비역사적이고 추상적인 사고방식. 특정한 사고나 사상을 절대적인 것으로 받아들여 현실을 무시하고 이를 기계적으로 적용하려는 태도. ※교(教) : 가르침 / 조(條) : 종교상, 학문상의 신념(체계)
징고이즘 (Jingoism)	어느 집단사회에서 발생하는 타 집단에 대한 심리상태를 표현하는 용어로, 맹목적으로 나타나는 경우를 말한다.
생디칼리즘 (Syndicalism)	산업일선의 노동자계급의 활동을 통해 자본가 사회를 붕괴시키는 것을 목적으로 하는 운동. 생디칼리스트들의 사회에서 산업과 정부는 노동자연합에 의해 가동된다.
패권주의	강대한 군사력에 의하여 세계를 지배하려는 강대국의 제국주의적 대외정책을 중국이 비난하면서 나온 용어.
먼로주의	먼로주의의 근원은 대통령 조지 워싱턴 이래의 고립주의에 의한 것이지만 그것을 더욱 명확하게 하여, ① 미국의 유럽에 대한 불간섭의 원칙, ② 유럽의 미국 대륙에 대한 불간섭의 원칙, ③ 유럽 제국에 의한 식민지건설 배격의 원칙 등 3개 원칙을 분명히 하였다.
삼민주의	민족·민권·민생주의의 사상은 1855년 광저우에서의 봉기 실패기부터 싹트기 시작한 것으로, 1905년 국민당의 전신인 중국혁명동맹회의 강령에 이 삼민주의가 채택되었다.

22 외교상 중립정책, 즉 일종의 고립주의를 무엇이라 하는가?

① 티토이즘　　　② 패권주의　　　③ 먼로주의　　　④ 삼민주의

> **정답** ③
>
> 1820년대 북미의 서북단에서 미국과 러시아의 국경분쟁이 발생하고, 또 중남미 식민지의 독립에 대하여 신성동맹이 간섭하려 하자, 이를 견제하기 위하여 1823년 먼로(제5대 미국 대통령)가 발표한 선언에서 비롯된 미국의 외교정책 기조이다.

23 다음 중 자국의 이익을 위해서는 수단과 방법을 가리지 않으며, 국제 정의까지도 부정하는 맹목적 애국주의를 뜻하는 것은?

① 포퓰리즘　　　　② 파시즘　　　　③ 쇼비니즘　　　　④ 매카시즘

> **정답** ③
>
> 쇼비니즘(Chauvinism)에 대한 설명이다.

※ G시리즈 국가모임

G2	미국, 중국
G5	미국, 일본, 독일, 영국, 프랑스
G7	G5 + 이탈리아, 캐나다
G8	G7 + 러시아
G20	G8 + 대한민국, 중국, 인도, 인도네시아, 오스트레일리아, 유럽연합(의장국), 터키, 사우디아라비아, 남아공, 멕시코, 브라질, 아르헨티나

24 다음 중 G20 정상회의에 대한 설명으로 틀린 것은? [SSAT 기출문제 유형]

① 참가국 중 G7 국가가 실질적으로 주도한다.

② 1990년 후반 세계적인 금융위기에 대처하기 위한 것이 주목적이었다.

③ G20은 5개 그룹으로 나뉘는데 한국은 일본, 중국, 인도네시아와 함께 5그룹 국가에 속한다.

④ 한시적 협의기구체로 일정 목적이 달성되면 개최되지 않는다.

> **정답** ④
>
> 2011년 이전에는 한시적 협의기구 성격이 강했으나, 정례화에 합의해 2011년부터는 연례 모임으로 개최되고 있다.

※ 국제 연합(UN)

총 회 (General Assembly)	• 형식상 최고의결기관으로 모든 회원국으로 구성됨 • 국제 평화와 안전의 유지에 관한 권고, 안전보장이사회 비상임이사국 선출, 신가입국의 승인, 기구 예산의 심의 및 의결 권한을 지님 • 1국 1표주의에 의하여 표결함 • 중요 안건에 대해서는 출석 투표국의 2/3 이상 찬성으로, 일반 안건에 대해서는 출석 투표국의 과반수 찬성으로 의결됨

안전보장이사회
(Security Council)

• 국제연합의 실질적인 의사결정기관(국가 간 평화와 안보를 중재하는 역할. 줄여서 안보리로 칭하기도 함. 다른 UN 조직에서는 "권고안(Recommendation)" 선까지만 발표할 수 있지만 안보리에서만큼은 국제연합 헌장 25조에 따라 관련 사안의 심각성, 국제적 협력을 통해 구속력이 있는 결정을 낼 수 있다.)
• 국제분쟁 당사국이나 침략국에 대해 평화적 해결안을 권고하고, 권고가 효과가 없을 경우 경제적 제재나 군사력 사용 등 강제 개입할 수 있는 권한을 행사함
• 5개 상임이사국과 10개 비상임이사국으로 구성됨

상임이사국	미국, 영국, 프랑스, 러시아, 중국
비상임이사국	10개의 비상임이사국은 2년마다 바뀌며 대륙 안배를 고려해 선거로 결정

• 15개국 중 9개국 이상의 찬성으로 의결함. 단 상임이사국 중 한 국가라도 거부권을 행사하면 안건은 부결됨(논의되고 있는 사안에 대해 거부권을 행사할 수 있기는 하지만 절차상에 문제에 대해 결의안 자체에 관한 논의를 거부하는 것은 불가능)

경제사회이사회	• 세계 경제사회의 협력개발을 증진하고자 정기총회의 업무를 보필하는 역할을 맡는다.
신탁통치이사회	• 신탁통치에 관한 문제를 다루는 일을 한다. 1994년에 팔라우가 독립하면서 이 기관의 실질적인 기능이 사라지게 되었다. 이 기관의 본부는 미국 뉴욕에 있다.

25 다음 중 UN의 주요기구에 해당하는 3개 이사회에 포함되지 않는 것은?[SSAT 기출문제 유형]

① 경제사회이사회

② 신탁통치이사회

③ 안전보장이사회

④ 비상임이사회

> **정답** ④
>
> UN의 주요기구에 속하는 3대 이사회에는 안전보장이사회(일명 안보리), 신탁통치이사회, 경제사회이사회가 있다.

※ 외교사절의 종류

대사 (大使, Ambassador)	• 외국에 파견되어 본국을 대표하는 외교사절. 본국의 능력이나 상대국의 중요도에 따라서 한 나라만 전담으로 맡을 수 있고, 여러 나라를 동시에 맡을 수도 있음 • 대사는 자기가 맡은 나라에 가서 그 나라 국가원수(최고 실권자가 아니더라도 상관없음)에게 자기 정부에서 발행한 신임장을 제출한다. • 대사는 외국에서 자기 나라를 대표하기 때문에 면책특권 인정
공사 (公使, Minister)	• 대사(大使) 다음가는 외교사절인데 계급이라든가 석차(席次)라는 의례적인 면에서 차이가 있을 뿐이고, 파견된 국가에서 수행하는 직무나 특권 등의 실질적인 면에서는 차이가 없다.
영사 (領事, Consul)	• 외국에 파견되어서 자기 나라 국민을 보호하고 상대국과 본국의 협력관계(이를테면 무역)를 유지하는 게 주된 목적으로, 정치성은 없는 것이 원칙이다. 그래서 정식 외교관계가 없을 때에도 영사를 보낼 수 있다. 특정한 나라를 맡을 대사는 반드시 한 명이지만 총영사는 여러 명이어도 된다(그 여러 명이 상대국의 지역별로 분담). • 영사는 특별한 협약이 있을 때에만 면책특권 인정 • 영사의 주요 임무 : 자국과 자국민의 보호와 감독에 관한 사항, 파견국과 접수국 사이의 통상·경제·문화·과학의 상호발전의 조장과 우호관계의 촉진, 접수국의 통상·경제의 여러 상황을 파견국에 보고하며, 여권·사증(査證)의 발급, 공증·호적사무, 증거조사 및 소송서류 송달, 자국민 간의 분쟁조정 등
특사	특별한 임무를 띠고 파견하는 사절
순회대사	일정한 나라에 주재하지 않고 특별한 사명을 띠고 여러 나라를 순회하는 외교관

26 다음 중 외교사절단장이 아닌 사람은?

① 대사

② 영사

③ 공사

④ 대리공사

> **정답** ②
>
> 외교사절단장에는 대사, 공사, 대리공사가 있다. 영사는 외국에 있으면서 외무부장관과 특명전권대사·공사의 지시를 받아 자국의 무역통상이익을 도모하고, 주재국에 있는 자국민을 보호하는 것을 주요임무로 하는 공무원이다.

※ **외교사절의 파견절차**

아그레망	→	임명	→	신임장 부여	→	파견

27 주한미국대사 캐슬린 스티븐스(한국명 심은경)가 공식적으로 한국에 부임할 때 한국 정부가 사전에 외교관으로 공식적으로 동의해 주는 제도는? [SSAT 기출문제 유형]

① 페르소나 논 그라타

② 페르소나 그라타

③ 아그레망

④ 엠바고

> **정답** ③
>
> 아그레망(프랑스어 : agrément)은 특정한 인물을 외교사절로 임명하기 전에 상대접수국에게 이의의 유무에 관한 의사를 조회하는 국제관례상의 제도를 말한다. 일어날 수 있는 분쟁을 미리 방지하기 위하여 파견국은 임명에 앞서 '아그레망'의 요청을 선행하는 것이 보통이다. 특정인물이 '만족한 사람(personagrata)'이라고 생각할 때에는 '아그레망'을 부여한다. '아그레망'을 부여한 경우에는 접수국이 그 인물을 외교사절로서 접수할 의무가 생긴다.

※ 유럽연합 EU

정상회의	연 2회 개최되며 집행위원회, 각료이사회에서 해결하지 못하는 문제 등을 협의
유럽의회	European Parliament. 소재지 스트라스부르(프랑스)
사법재판소	EU 창설의 기초가 된 로마조약, 마스트리히트조약의 해석과 적용에서 발생하는 법적 문제를 판단
각료이사회	회원국의 대표(각료)로 구성되는 최고결정기구
순회대사	유럽중앙은행(ECB)은 각국의 주권사항에 속하는 금리결정 등 통화정책권한을 넘겨받아 단일통화 참가국에 일률적으로 적용되는 통화정책을 결정·집행하는 유럽경제의 핵심기관

※ 유로존(Eurozone)

통용국 (Eurozone)	오스트리아, 벨기에, 키프로스, 에스토니아, 핀란드, 프랑스, 독일, 그리스, 아일랜드, 이탈리아, 룩셈부르크, 몰타, 네덜란드, 포르투갈, 슬로바키아, 슬로베니아, 스페인(17개국)
비통용국	덴마크, 스웨덴, 영국, 불가리아, 체코, 헝가리, 라트비아, 리투아니아, 폴란드, 루마니아(10개국)

28 다음 중 유럽연합(EU)과 유로(EURO)화에 대한 설명으로 틀린 것은?

① Eurozone은 국가 통화로 유로화를 도입해 사용하는 국가나 지역을 통틀어 부르는 말이다.

② 유로화를 사용하고 있는 나라는 11개국이다.

③ 영국은 유로화를 쓰고 있지 않다.

④ 유럽연합의 회원국 수(가입대기 제외)는 현재 27개국이다.

⑤ EU는 1993년 발효된 마스트리히트 조약으로 성립되었다.

> **정답** ①
>
> 유로화 통용국(Eurozone)은 총 17개국이다. 2011년 1월 1일부터 에스토니아(Estonia)가 유럽연합 가맹국 중에서 17번째로 Eurozon에 가입하였다.

※ 국회의 의사원칙

의사공개의 원칙	의사진행의 내용과 의원의 활동을 국민에게 공개함으로써 민의에 따른 국회 운영을 실천한다는 민주주의적 요청에서 유래하는 것으로서 국회에서의 토론 및 정책결정의 과정이 공개되어야 주권자인 국민의 정치적 의사형성과 참여, 의정활동에 대한 감시와 비판이 가능하게 될 뿐더러, 의사의 공개는 의사결정의 공정성을 담보하고 정치적 야합과 부패에 대한 방부제 역할을 하기도 하는 것이다
회기계속의 원칙	회기중에 의결되지 못한 의안도 폐기되지 아니하고 다음 회기에서 계속 심의할 수 있다는 원칙이다.
일사부재의의 원칙	의회에서 일단 부결된 의안은 동일회기 중에서 다시 발의하거나 심의하지 못한다는 원칙을 말한다.
정족수의 원칙	정족수는 회의체인 국회가 의사를 진행하고, 의사를 결정하기 위해서 필요한 의원의 수를 말한다. 국회의 의결은 이러한 정족수를 충족하여야 한다는 원칙을 말한다. 헌법 또는 법률에 특별규정이 없는 경우에는 재적의원 과반수의 출석과 출석의원 과반수의 찬성으로 의결(일반의결정족수)하는 경우와 재적의원 3분의 2 이상의 찬성을 요하는 등 일반의결정족수보다 가중된 정족수를 요하는 의결(특별의결정족수)하는 경우로 나눌 수 있다.

29 다음 중 국회의 회의원칙에 대한 설명으로 틀린 것은?

① 캐스팅보트는 합의체 의회 표결 결과 가부(可否)가 동수인 경우에 의장이 가지는 결정권으로 우리나라는 국회의장이 갖는다.

② 의회에서 한 번 부결된 안건은 같은 회기 내에 다시 제출할 수 없다.

③ 국회에 제출된 법률안 기타의 의안은 회기 중에 의결되지 못한 이유로 폐기되지 않는다.

④ 국회의원의 임기가 만료된 경우에 예외적으로 회기불계속의 원칙을 적용한다.

> **정답** ①
> 우리나라의 경우 가부동수인 경우 안건은 부결되며, 국회의장은 결정권이 없다.

언어 수리 추리 직무상식

※ 죄형법정주의

관습형법금지의 원칙(법률주의)	형법에서는 관습법을 법원으로 인정하지 않는다. 왜냐하면 관습법은 사회 통념상 암묵적으로 인정되는 법으로서 성문으로 표기되어 있지 않기 때문이다.
소급효금지의 원칙	형법법규는 그것이 시행된 이후의 행위에 대해서만 적용되고, 시행 이전의 행위에 까지 소급하여 적용할 수 없다는 원칙
유추해석금지의 원칙	법률에 규정이 없는 사항에 대하여 그것과 유사한 성질을 가지는 사항에 관한 법률을 적용하는 것을 금지하는 원칙
명확성의 원칙	형법은 무엇이 범죄이고 그에 대한 효과로서의 형벌은 어떠한 것인지를 명확하게 규정해야 한다는 원칙
적정성의 원칙	범죄와 형벌을 규정하는 법률의 내용은 기본적 인권을 실질적으로 보장할 수 있도록 적정해야 한다는 원칙

30 다음 설명에 해당하는 원칙과 관련이 없는 것은?

> 법률 없으면 범죄 없고 형벌 없다(nullun crimen, nulla poena sine lege)는 근대 형법의 기본원리로서 보장적 기능(국가형벌권의 자의적 행사로부터 국민의 자유와 안전을 보장)과 일반예방적 기능(심리강제)을 갖는다.

① 관습형법금지의 원칙
② 소급효금지의 원칙
③ 불고불리의 원칙
④ 명확성의 원칙

> **정답** ③
>
> 죄형법정주의에 대한 설명이다. ① ② ④ 는 죄형법정주의의 파생원칙들이다. ③ 소송법상의 개념으로 소송 당사자 사이에 주장하지 않은 사실에 대하여 판사가 개입하지 않는다는 당사자주의의 기본원칙이다.

※ 헌법개정절차

제 안		제안권자 : 국회의원(재적과반수) 또는 대통령
공 고	20일 이상	헌법개정안이 발의되면 대통령이 공고
국회의결	공고일로부터 60일 이내	• 국회재적의원 '3분의 2 이상'의 찬성을 얻어 의결 • 기명투표(정치적 책임을 분명히 하기 위해)
국민투표	국회의결일로부터 30일 이내	국회의원선거권자 과반수의 투표와 투표자 과반수의 찬성을 얻어서 확정
공 포		대통령은 국민투표의 결과를 즉시 공포하여야 한다.
발 효		발효시기에 대해서는 헌법상 명문규정이 없어서, 부칙에 특별한 규정이 없는 경우의 발효시기에 대하여 '공포시설'과 '20일 경과설'이 대립한다. 현행헌법은 부칙 제1조에서 "이 헌법은 1988년 2월 25일부터 시행한다"고 발효시기 명시

31 다음 헌법개정절차가 바르게 된 것은?

① 헌법 개정안 발의 국회 재적의원 과반수 또는 대통령 → 대통령이 20일 이상 공고 → 국회의결 재적의원 2/3 이상의 찬성 → 30일 이내에 국민투표

② 헌법 개정안 발의 국회 재적의원 과반수 또는 대통령 → 국회의결 재적의원 2/3 이상의 찬성 → 대통령이 20일 이상 공고 → 30일 이내에 국민투표

③ 헌법 개정안 발의 국회 재적의원 과반수 또는 대통령 → 대통령이 20일 이상 공고 → 국회의결 재적의원 1/2 이상의 찬성 → 0일 이내에 국민투표

④ 헌법 개정안 발의 국회 재적의원 과반수 → 대통령이 20일 이상 공고 → 국회의결 재적의원 2/3 이상의 찬성 → 30일 이내에 국민투표

> **정답** ①
>
> 헌법 개정안 발의 국회 재적의원 과반수 또는 대통령 → 대통령이 20일 이상 공고 → 공고된 날로부터 60일 이내에 재적의원 2/3 이상의 찬성으로 국회의결 → 30일 이내에 국민투표

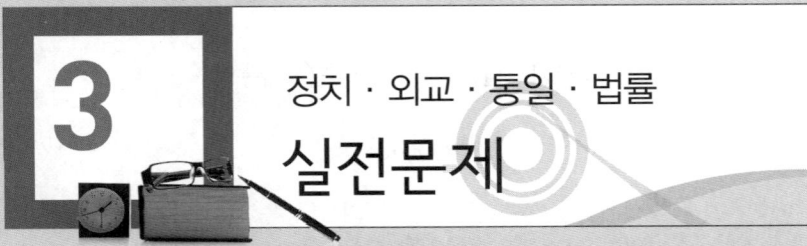

3 정치 · 외교 · 통일 · 법률 실전문제

1. 외교상 중립정책, 즉 일종의 고립주의를 무엇이라 하는가?

   ① 티토이즘　　　　② 패권주의
   ③ 먼로주의　　　　④ 삼민주의

2. 다음 내용의 숫자를 모두 더하면?

   - 공직선거법상 우리나라 국회의원의 수
   - 대통령의 임기
   - 중앙선거관리위원회 위원 수
   - 헌법재판소 재판관의 수

   ① 149　　　　　　② 256
   ③ 322　　　　　　④ 348

3. 다음 중 페르소나 논 그라타는 무엇인가?

   ① 좌파, 우파가 공존하는 정치체제
   ② 남아공화국의 인종차별정책
   ③ 외교용어로 기피인물
   ④ 종합뉴스 사회자

4. 다음 설명 중 옳지 않은 것은?

   ① 게리맨더링이란 자연적인 지역조건에 따라 합리적으로 선거구를 설정하는 것을 말한다.
   ② 우리나라 현행 헌법은 캐스팅보트를 인정하지 않는다.
   ③ 세계 최초로 여성에게 선거권을 부여한 나라는 뉴질랜드이다.
   ④ 제2차 세계대전 후 아시아, 아프리카의 유색인종만이 처음으로 모였던 국제회의를 반둥회의라고 한다.

5. 다음 중 인간의 감성적 · 비합리적 측면에 호소하여 정치적 지배가 가능하도록 하는 비합리적 상황을 일컫는 말은?

   ① 미란다(Miranda)
   ② 코뮌(Commune)
   ③ 네포티즘(Nepotism)
   ④ 오스트라시즘(Ostracism)

6. 패권주의라는 말은 이 나라가 강대한 군사력에 의하여 세계를 지배하려는 강대국의 대외정책을 비난하면서 생긴 말이다. 어느 나라인가?

   ① 일본　　　　　　② 쿠바
   ③ 독일　　　　　　④ 중국

7. 다음 중 신마르크스주의에서 가장 강조되고 있는 것은?

① 의회주의적 사회주의
② 의회주의적 공산주의
③ 인간의 소외문제
④ 비폭력혁명론

8. 다음 국회 원내교섭단체의 구성요건은 국회의원 의석 몇 석 이상인가?

① 10석   ② 20석
③ 30석   ④ 40석

9. 북한이 개발한 신형 장거리 미사일로 미국 본토까지 타격이 가능한 미사일은?   [SSAT 기출문제 유형]

① 스커드 B   ② 노동 1호
③ 대포동 1호   ④ 대포동 2호

10. 다음 중 선거공영제를 위한 두 가지 원칙은?

① 기회균등과 비용의 후보자부담원칙
② 선거부정방지와 비용의 국가부담원칙
③ 기회균등과 비용의 국가부담원칙
④ 선거부정방지와 비용의 정당부담원칙

11. 국가의 유지, 발전을 위해서는 도덕적 관념이나 종교적 정신에 구애됨이 없이 수단과 방법을 가리지 않고 정무를 처리해야 한다는 국가지상주의 사상을 무엇이라 하는가?

① 쇼비니즘
② 시오니즘
③ 코스모폴리타니즘
④ 마키아벨리즘

12. 다음 중 백서란 무엇인가?

① 국정감사보고서의 별칭이다.
② 형사피고인의 자술서이다.
③ 백지위임장을 말한다.
④ 일반적으로 정부가 발표하는 행정현황조사보고서이다.

13. 다음 중 구 소련연방으로부터 분리독립한 나라로 발트 3국에 속하지 않는 나라는?

① 에스토니아   ② 벨로루시
③ 라트비아   ④ 리투아니아

14. 다음 중 수렴이론이란 무엇인가?

① 사회주의적 사회질서는 기존의 자본주의적 사회질서로 수렴된다.
② 자본주의적 사회질서는 혁명적 방법을 피하고도 사회주의적 질서로 환치될 수 있다.
③ 자본주의적 사회질서와 사회주의적 사회질서의 차이는 점점 소멸되고 양자간 공통점은 확대된다.
④ 사회주의적 사회질서가 혁명에 의해 자본주의화 한다.

15. 이른바 요람에서 무덤까지 인종차별정책을 집행하던 남아프리카 공화국이 폐지한 정책은?

① 인종분리   ② 아파르트헤이트
③ 주민등록   ④ 위체스트

16. 다음 중 쇼비니즘이란 무엇인가?

① 자국의 이익만을 주장하는 극단의 국가주의, 즉 국수주의의 입장을 말한다.

② 호전적, 배타적 애국주의 또는 강경 외교정책을 뜻한다.

③ 어느 외국과도 항구적인 동맹을 체결하지 않는 다는 뜻이다.

④ 쿠바 수상 카스트로의 이른바 반미 사회주의 노선을 말한다.

17. 다음 중 UN의 FAO가 하는 일은?

① 질병추방 ② 도덕재무장

③ 기아해방 ④ 노동조건 개선

18. 다음 중 상호 지원을 합의하여 투표를 거래하는 행위는?

① 게리맨더링 ② 크로스보팅

③ 로그롤링 ④ 레퍼렌덤

19. 임기만료를 앞둔 공직자를 '절름발이' 오리에 비유한 이유는?

① 장애를 가지고 있는 공직자가 많아서이다.

② 정책집행에 일관성이 없어서이다.

③ 임기말 공직자에게 권력이 집중되기 때문이다.

④ 임기말 공직자의 복지부동을 꼬집기 위한 것이다.

20. 다음 중 영해수역에 대한 설명으로 틀린 것은?

① 영해는 기선으로부터 그 외측 12해리의 선까지에 이르는 수역을 일컫는다.

② 일정수역에 있어서는 12해리 이내의 범위에서 따로 정할 수 있다.

③ 통상의 기선은 대한민국이 공식적으로 인정한 소축적해도에 의한다.

④ 지리적 특수성이 있는 수역의 경우 대통령령으로 정하는 기점을 연결하는 직선을 기선으로 할 수 있다.

21. 다음 중 공직자윤리법의 목적이 아닌 것은?

① 공직자로서 국가에 대한 충성심 강조

② 공직자의 부정한 재산증식 방지

③ 공무집행의 공정성 확보

④ 국민에 대한 봉사자로서의 공직자의 윤리 확립

22. 센카쿠 분쟁과 관련된 당사국이 아닌 나라는?

① 일본 ② 대만

③ 인도네시아 ④ 중국

23. 중국의 지배에 의해 세계의 평화와 질서가 유지되는 상황을 함축적으로 표현한 말은?

① 팍스 시니카 ② 팍스 아메리카나

③ 팍스 차이나 ④ 팍스 아시아나

24. 유럽중앙은행 창설과 단일통화 사용의 경제통화동맹(EMU), 공동방위정책, 단일 사회정책 등의 내용을 핵심으로 유럽연합(EU)이 시장통합을 넘어 완전한 경제 및 통화 동맹뿐 아니라 실질적으로 정치연합까지도 달성하는 데 있어 중요한 전환점이 되었던 조약은?

① 니스조약(Nice Treaty)

② 로마조약(Rome Treaty)

③ 헌법조약(Constitutional Treaty)

④ 마스트리히트조약(Maastricht Treaty)

25. 「절대권력은 절대 부패한다」는 말을 한 사람은?

① R. Michels ② R. A. Dahl

③ Lord Acton ④ R. Aron

26. 반기문 국제연합(UN) 사무총장이 6월 21일(현지 시간) UN총회에서 만장일치로 연임이 확정됐다. UN 사무총장에 대한 설명으로 바르지 못한 것은?

① 안보리의 추천을 받아 UN총회에서 결정된다.

② 임기는 5년이다.

③ 규정상 재임으로 한정된다.

④ 안보리 상임이사국 중 단 한 국가라도 반대하면 안 된다.

27. 국민경선제의 도입취지와 거리가 먼 것은?

① 국민의 정치적 무관심과 대의원 매수 경계

② 정당의 총재 1인 독주 경계

③ 상의하달식 당 운영 방식 개선

④ 과도한 선거비용의 개선

28. 다음 중 선거관리위원회에 대한 설명으로 틀린 것은?

① 중앙선관위는 대통령이 임명하는 3인, 국회에서 선출하는 3인, 중앙선관위원장이 지명하는 3인으로 모두 9인으로 구성된다.

② 위원장과 상임위원은 위원 중에서 호선하며 대법관이 위원장으로 선출되는 것이 관례로 되어 있다.

③ 위원의 임기는 6년이고, 정당에 가입하거나 정치에 관여할 수 없다.

④ 중앙선관위는 선거·국민투표·정당에 관한 사무를 통할·관리하며, 각급 선관위는 하급선관위를 지휘·감독하고, 선거사무와 국민투표사무에 관하여 관계행정기관에 필요한 지시나 협조요구를 할 수 있다.

29. 브래들리효과의 근본적인 이유는?

① 빈부의 격차 ② 정치적인 성향

③ 학력 격차 ④ 인종적인 편견

30. 미국 정계의 주요세력으로 부상한 보수적인 성향의 민주당원을 일컫는 말은?

① 네오콘 ② 네오뎀

③ 파더콘 ④ 데모콘

31. 먼로주의 4원칙과 거리가 먼 것은?

① 미국의 유럽에 대한 불간섭의 원칙

② 유럽 제국에 의한 식민지건설 배격의 원칙

③ 미국의 아시아에 대한 불간섭의 원칙

④ 미국은 아메리카 대륙의 기존 식민지와 보호령을 인정하고 간섭하지 않는다.

32. 제4세계란?

① 지구를 벗어난 우주세계를 말한다.

② 제3세계에 포함되지 않는 국가들 중 석유 등의 자원을 갖지 못한 자원빈국이면서 식량의 자급자족이 안 되는 개발도상국을 말한다.

③ 입법, 행정, 사법 등에 포함되지 않고 사회전반에 걸쳐 영향을 끼치는 언론분야를 일컫는다.

④ 눈부신 과학의 발전과 더불어 도래할 첨단세계를 일컫는다.

33. 다음 중 국민발안과 국민소환에 대한 설명으로 옳지 않은 것은?

① 두 제도 모두 직접민주제의 한 형태이다.

② 국민발안제는 국민이 직접 헌법개정안이나 중요한 법률안을 제출할 수 있는 제도로 우리나라에서는 아직까지 시행된 적이 없다.

③ 국민소환제는 선거에 의하여 선출된 대표 중에서 유권자들이 부적격하다고 생각하는 자를 임기가 끝나기 전에 국민투표에 의하여 파면시킨다.

④ 국민소환제는 오늘날의 선거인구의 폭발, 정치적 무관심, 행정기능의 확대 등으로 인해서 그 의미를 상실하고 있다.

34. 다음 중 미란다(Miranda)와 크레덴다(Credenda)에 대한 설명으로 틀린 것은?

① 미란다는 인간의 이성적이고 합리적 측면에 호소한다.

② 크레덴다는 피지배자로 하여금 권력의 존속에 동의하게 함으로써 권력을 정당화·합리화한다.

③ 크레덴다는 정부에 대한 존경, 복종, 희생, 합법성의 독점에 대한 인정 등을 이끌어 낸다.

④ 미란다는 노래·제복·포스터·슬로건 등의 정치적 상징조작을 동원하여 권력을 미화시켜 피지배자의 복종을 유도하기도 한다.

35. 국제 정치세계에서 일컫는 '그레이 존'이란?

① 정치적력은 약하나 원유와 같은 자원이 풍부한 국가들을 일컫는다.

② 초강대국의 어느 세력권에도 들지 않은 불분명한 집단이나 지역을 말한다.

③ 경제적으로 어려운 빈국들이 많은 지역을 일컫는다.

④ 정치, 경제적으로 우월한 서방국가들을 지칭한다.

36. 다음 중 정치용어에 대한 설명으로 틀린 것은?

① 텔레데모크라시는 유·무선 통신을 통한 직접적인 정치참여를 높이는 새로운 정치문화이다.

② 행정조직의 기술관료인 테크노크라트는 과학적 지식이나 첨단 기술 등을 보유하고 조직이나 사회의 의사결정에 크게 영향을 준다.

③ 텔레크라시는 텔레비전 등 방송매체를 통하여 정치인과 시민간의 의견교환이 이루어지고, 시민의 정치참여가 넓어지는 등의 새로운 정치문화를 일컫는다.

④ 컴퓨터 통신과 비디오텍스 등 첨단 텔레커뮤니케이션 기술을 활용한 정치활동을 하이테크 정치라 한다.

37. 다음 중 텔레비전 등 방송매체를 통하여 정치인과 시민간의 의견교환이 이루어지고, 시민의 정치참여가 넓어지는 등의 새로운 정치문화를 일컫는 것은?

① 텔레데모크라시 ② 테크노크라트

③ 텔레크라시 ④ 컴퓨토크라시

38. 다음 중 국회에 대한 설명으로 틀린 것은?

① 정기국회는 매년 9월 1일 1회 열리며 회기는 100일 이내인데 반해, 임시국회는 2·4·6월의 1일에 30일 회기로 열리며 회기는 30일 이내이다.

② 회의는 회의공개의 원칙, 회기계속의 원칙, 일사부재의(一事不再議)의 원칙 등에 의한다.

③ 가부동수인 때에는 부결된 것으로 본다.

④ 교섭단체를 구성하려면 15인 이상의 소속 국회의원이 있어야 한다.

39. 야당에서 정권을 잡을 경우를 예상하여 각료 후보로 조직한 내각은?

① 섀도 캐비닛 ② 연립내각

③ 연합내각 ④ 임시내각

40. 다음 중 필리버스터와 관계없는 것은?

① 의회에서 소수당 의원이 다수당의 독주를 막고자 할 때 주로 사용된다.

② 의사진행의 지연이나 방해는 합법·비합법적인 방법을 동원한다.

③ 장시간의 발언, 유회, 산회의 동의, 불신임안 제출, 규칙발언의 연발, 투표의 지연을 꾀하는 등의 방법을 사용한다.

④ 필리버스터의 부작용을 방지하기 위해 의원들의 발언시간을 제한하기도 한다.

41. 다음 중 정부 수반이나 각료들의 측근에서 국민의 생각이나 여론을 수렴해 정책으로 구체화시키거나 정부 정책을 국민들에게 납득시키는 역할을 하는 정치 전문가는?

① 스핀 닥터 ② 레임 덕

③ 폴리페서 ④ 대변인

42. 다음 중 공영선거제에 대한 설명으로 틀린 것은?

① 공영선거제는 자유방임에서 오는 폐단을 방지하고자 선거를 국가만이 관리한다.

② 선거운동에 있어서 기회균등을 보장하기 위한 제도이다.

③ 선거비용의 일부 또는 전부를 국가가 부담한다.

④ 선거의 공정을 기함과 동시에 자력(資力)이 없는 유능한 후보자의 당선을 보장하려는 제도이다.

43. 다음 중 현대 국제사회에서 '논 제로 섬 게임'이 등장하게 된 배경은?

① 현대 국제사회에서 철저한 국익우선으로 인하여 등장하게 되었다.

② 이념의 갈등으로 인해 국가간 분쟁이 발생하면서 등장하게 되었다.

③ 국가간 종교 문제로 인한 종교적 갈등이 표출되면서 등장하게 되었다.

④ 국제사회에서 민족주의 경향이 강하게 표출되면서 민족간의 갈등으로 인해 등장하게 되었다.

44. 다음 중 국제 외교에 있어서 '모두스 비벤디'의 의미는?

① 국제 외교에서 교섭결과 상호간에 양해된 내용을 확인·기록하기 위해 정식계약 체결에 앞서 행하는 문서로 된 합의를 말한다.

② 상대국과 문서만을 전달하는 것을 의미한다.

③ 국제법상 분쟁해결을 위하여 당사자간에 편의적으로 체결되는 잠정적 협정을 말한다.

④ 직접 상대방을 겨냥하지 않고, 그러면서도 상대방의 의견을 타진하기 위하여 흘려보내는 의견이나 정보를 말한다.

45. 다음 중 국제 분쟁지역에 대한 설명으로 틀린 것은?

① 맥마흔 라인은 인도와 파키스탄의 국경선으로 1914년 3월 인도정청 외무장관 A.H.맥마흔과 파키스탄의 대표 간에 성립된 시믈라조약에 의해 정해졌다.

② 북방 4개 도서 분쟁은 일본의 홋카이도와 러시아의 캄차카 반도를 잇는 쿠릴열도 20개 도서 중 최남단의 2개 섬(에토로후, 쿠나시리)과 홋카이도 북쪽의 2개 섬(하보마이, 시코탄)에 대한 일본과 러시아 간의 영토분쟁을 말한다.

③ 센카쿠 분쟁은 엄청난 해저자원과 지리적 요충지인 센카쿠 섬에 대해 일본, 중국, 대만이 서로 영유권을 주장하고 있는 것을 말한다.

④ 코소보는 미국과 유럽연합 회원국들의 독립 찬성을 등에 업고 2008년 2월 17일 독립을 선언했다.

46. 특정 정당에 유리하도록 선거구를 획정하는 것은?

① 캐스팅 보트 　　② 선거구 자연주의
③ 게리맨더링 　　④ 선거구 법정주의

47. 다음 중 '일사부재리의 원칙'을 옳게 설명한 것은?

① 모든 법률은 행위시의 법률을 적용하고, 사후입법으로 소급해서 적용할 수 없다는 원칙을 말한다.

② 소송법상 법원은 원고가 심판을 청구한 때만 심리를 개시할 수 있고, 심판을 청구한 사실에 대해서만 심리·판결한다는 원칙을 말한다.

③ 어떤 사건에 대하여 일단 판결이 내리고 그것이 확정되면 그 사건을 다시 소송으로 심리·재판하지 않는다는 원칙을 말한다.

④ 의회에서 한 번 부결된 안건은 같은 회기 내에 다시 제출할 수 없다는 원칙을 말한다.

48. 북방한계선(NLL)에 대한 설명으로 틀린 것은? [SSAT 기출문제 유형]

① 남북한이 협정에 의해 설치한 서해바다의 북방한계선이다.

② 2004년 6월 남북장성급회담에서 서해상의 우발충돌을 방지하기 위해 군사분계선 지역에서의 선전활동 중지에 대한 내용합의서를 채택했다.

③ 북한은 서해 NLL의 경우 유엔사가 일방적으로 선언한 것이라고 공식 인정하지 않고 있다.

④ 이 지역은 꽃게가 풍부한 어장이다.

49. 다음 중 남북한군의 Hot Line(핫라인)에 대한 설명으로 적절한 것은? [SSAT 기출문제 유형]

① 2002년 9월에 개통되었다.
② 서해안을 경유하는 여객기의 항로
③ 미국의 요청으로 개설한 직통전화
④ 남북 당사자 간의 국경선

50. 다음에 설명하는 단체는 무엇인가?

- 1982년 이스라엘의 레바논 침공에 반발하여 창설되었다.
- 레바논에 근거지를 둔 과격 시아파 단체로서 교전단체이자 정당단체이다.
- 2006년 이스라엘이 레바논을 침공하는 원인이 되기도 하였다.

① 하마스 　　② 헤즈볼라
③ 알 카에다 　　④ 무장 이슬람단

3 정치·외교·통일·법률 실전문제
정답 및 해설

[1] 정답 ☞ ③
① 티토이즘 : 유고슬라비아의 정치지도자이며, 초대 대통령을 지낸 티토의 정치이념과 그에 의해 대표되는 유고슬라비아의 정책과 체제를 통칭하는 것이다. 즉 다민족국가인 유고의 통합을 고수하면서 반소, 비동맹 공산주의를 표방한 독자노선을 뜻한다.
② 패권주의 : 강대한 군사력에 의하여 세계를 지배하려는 강대국의 제국주의적 대외정책을 중국이 비난하면서 나온 용어
③ 먼로주의 : 먼로주의의 근원은 대통령 G.워싱턴 이래의 고립주의에 의한 것이지만 그것을 더욱 명확하게 하여, ㉠ 미국의 유럽에 대한 불간섭의 원칙, ㉡ 유럽의 미국 대륙에 대한 불간섭의 원칙, ㉢ 유럽 제국에 의한 식민지건설 배격의 원칙 등 3개 원칙을 분명히 하였다.
④ 삼민주의 : 민족·민권·민생주의의 사상은 1855년 광저우에서의 봉기 실패기부터 싹트기 시작한 것으로, 1905년 국민당의 전신인 중국혁명동맹회의 강령에 이 삼민주의가 채택되었다.

[2] 정답 ☞ ③
공직선거법상 국회의원의 수(299), 대통령의 임기(5), 중앙선거관리위원회 위원 수(9), 헌법재판소 재판관의 수(9)

[3] 정답 ☞ ③
페르소나 논 그라타 : 좋아하지 않는 인물이란 뜻의 라틴어로 외교상의 '기피인물'을 가리킨다. 외교관계를 맺고 있는 나라가 수교국에서 파견된 특정 외교관의 전력 또는 정상적인 외교활동을 벗어난 행위를 문제삼아 '비우호적 인물' 또는 '기피인물'로 선언하는 것을 의미하는 외교용어이다.

[4] 정답 ☞ ①
① 특정 정당이나 특정인에 유리하도록 자의적으로 선거구를 획정하는 것을 게리멘더링(gerrymandering)이라 한다. 예컨대 반대당이 강한 지역을 억지로 분할하거나 자기당에게 유리한 지역적 기반을 당위성 없이 결합시켜 당선에 유리하게 선거구를 편성하는 것을 말한다.

[5] 정답 ☞ ①
② 프랑스 중세의 자치도시. 11세기 말부터 12세기에 걸쳐 프랑스 북부·동부에 전개된 코뮌운동에 의해 생긴 도시를 코뮌도시라 코뮌이란 본디 시민 상호간의 부조를 맹세한 평화서약사단(平和誓約社團)을 뜻한다.
③ 친족중용주의 또는 족벌 정치를 뜻하는 말이다. 중세 로마 교황들이 자기의 사생아를 조카, 즉 네포스라

고 부르면서 요직에 앉힌 데서 유래되었다. 네포티즘은 그 유래에서 알 수 있듯이 권력 부패의 온상이자 정실 인사의 대명사로 인식되고 있다.

④ 세력이 강해 국가에 위험한 인물이나 야심가 등을 미리 방지하기 위하여 마련한 제도이다. 당시에는 종이가 없었으므로 도자기의 파편에 이름을 적어 투표를 하였던 것에서 유래된 제도(도편추방제)이다.

[6] 정답 ☞ ④

강대한 군사력에 의하여 세계를 지배하려는 강대국의 제국주의적 대외정책을 중국이 비난하면서 나온 용어로, 본래 패권이란 '무력으로 천하를 다스리는 자의 권력'이라는 뜻이다. 이 용어를 국제적으로 처음 사용한 것은 소련의 체코슬로바키아 침공을 비난한 1968년 8월 신화사 보도에서였다. 그 후 1972년 2월 미국·중국 공동성명(상하이공동성명)에서 사용되었는데, 영문표기 헤게모니(hegemony)를 중국신문은 패권주의로 표기하였고, 그해 9월 중국·일본 공동성명에서도 "중국·일본 양국은 아시아태평양지역에서 패권을 추구하지 않으며, 패권을 확립하려는 여하한 국가의 시도에도 반대한다"고 하였다.

[7] 정답 ☞ ③

신마르크스주의의 주요 관심사는 인간소외문제를 어떻게 풀 것인가 하는 것이다. 인간소외현상은 이미 J.J.루소에 의하여 지적되었고, 또한 K.마르크스는 그 원인이 자본주의 체제에서 유래한다고 하였으나, 오늘날에는 산업사회에서 나타나는 병리현상이라고 생각된다.

[8] 정답 ☞ ②

국회에 20인 이상의 소속의원을 가진 정당은 하나의 교섭단체가 된다. 그러나 다른 교섭단체에 속하지 아니하는 20인 이상의 의원으로 따로 교섭단체를 구성할 수 있다(국회법 제33조 제1항).

[9] 정답 ☞ ④

구소련의 스커드 미사일을 기본설계로 하여 개발한 노동 1호보다 사정거리가 훨씬 길어진 탄도 미사일이다. 대포동이란 명칭은 미 국방성이 공중 정찰을 통해 이 미사일을 발견한 지역의 명칭을 따서 붙인 코드명이다. 현재 대포동 미사일에는 액체연료형 2단 로켓으로 1호, 2호의 2가지 종류가 있는 것으로 알려져 있다. 각각의 사정거리는 1호가 1,500~2,000km, 2호는 3,500~6,000km로 추정된다.

[10] 정답 ☞ ③

선거공영제 : 오늘날 선거는 국가의 중요한 공무이기 때문에 공영선거제가 일반적으로 채택되고 있다. 이 제도는 선거운동을 국가나 지방자치단체가 관리하여 선거운동에 있어서 기회균등을 보장하고 선거비용의 일부 또는 전부를 국가가 부담함으로써, 선거의 공정을 기함과 동시에 자력이 없는 유능한 후보자의 당선을 보장하려는 제도이다.

[11] 정답 ☞ ④

① 쇼비니즘 : 맹목적·광신적·호전적 애국주의
② 시오니즘 : 고대 유대인들이 고국 팔레스타인에 유대 민족국가를 건설하는 것을 목표로 한 유대민족주의 운동
③ 코스모폴리타니즘 : 인류 전체를 하나의 세계의 시민으로 보는 입장
④ 마키아벨리즘 : 정치는 일체의 도덕·종교에서 독립된 존재이므로 일정한 정치목적을 위한 수단이 도덕·종교에 반(反)하더라도 목적달성이라는 결과에 따라서 수단의 반(反)도덕성·반(反)종교성은 정당화된다는 정치적 사고를 뜻하는 것이었다.

[12] 정답 ☞ ④

백서 : 정부 각부가 소관사항에 대해서 제출하는 보고서로 원래는 영국 정부의 공식보고서 명칭이다. 표지가 백색이기 때문에 '백서'라는 명칭이 붙었으며, 그에 대하여 영국 의회의 보고서는 푸른 표지였기 때문에

'청서(blue book)'라 하였다.

[13] 정답 ☞ ②

발트3국 : 발트해 남동 해안에 위치한 에스토니아, 라트비아, 리투아니아

[14] 정답 ☞ ③

수렴이론은 대립하는 동서 양 진영 사회를 동질화 시켜 평화를 실현하고자 하는 것으로 양 진영 간의 공통점이 확대된다.

[15] 정답 ☞ ②

아파르트헤이트는 반투 홈랜드(Bantu Homeland) 정책으로 대표되듯 인종격리정책에 의한 인종별 분리의 발전을 추진하는 한편, 다인종 사회적 현장 속에서 반투 정청법(1951)·유권자분리대표법(1956) 등에 의하여 유색 인종의 참정권을 부정하고, 산업조정법(1956)·패스포드법(1952)·원주민법 수정법(1952)·이인종 혼인금지법(1949)·집단지역법(1950) 등에 의하여 경제적·사회적으로 백인의 특권 유지·강화를 기도한 것이다.

[16] 정답 ☞ ②

쇼비니즘 : 맹목적·광신적·호전적 애국주의로 배타적 애국주의를 뜻하며 징고이즘(jingoism)과 유사하다. 프랑스의 연출가 코냐르가 지은 속요 『삼색모표 La Cocarde Tricolore』(1831)에 나오는 나폴레옹 군대에 참가하여 분전하고, 황제를 신과 같이 숭배하여 열광적이고도 극단적인 애국심을 발휘했던 N.쇼뱅이라는 한 병사의 이름에서 유래한 말이다.

[17] 정답 ☞ ③

FAO(국제연합식량농업기구, Food and Agriculture Organization of the United Nations) : 개발도상국의 기근과 빈곤을 제거하기 위해 설립된 국제연합 전문기구로 모든 사람의 영양기준 및 생활향상, 식량과 농산물의 생산 및 분배 능률증진, 개발도상국 농민의 생활상태 개선, 이를 통한 세계 경제발전에 기여하는 것을 목적으로 한다.

[18] 정답 ☞ ③

① 게리맨더링 : 특정 정당이나 특정 후보자에게 유리하도록 자의적으로 부자연스럽게 선거구를 정하는 것을 말한다.

② 크로스보팅 : 의회에서 의안표결시 각 의원이 소속 정당의 당론과는 상관없이 유권자의 태도나 자신의 소신에 따라 투표하는 것을 말한다.

④ 레퍼렌덤 : 중요정책, 헌법 개정안 등 일정한 중요사항을 국민이 직접투표로서 최종 확정하는 제도로, 국민투표를 말한다.

[19] 정답 ☞ ②

레임 덕 현상을 말하는 것으로, 이는 재선에 실패한 현직 대통령이 남은 임기 동안 마치 뒤뚱거리며 걷는 오리처럼 정책집행에 일관성이 없다는 데서 생겨난 말이다.

[20] 정답 ☞ ②③

①, ② : 「영해 및 접속수역법」제1조

③ 영해의 폭을 측정하기 위한 통상의 기선은 대한민국이 공식적으로 인정한 대축척해도에 표시된 해안의 저조선으로 한다(영해 및 접속수역법 제2조 1항).

④ 「영해 및 접속수역법」 제2조 2항

[21] 정답 ☞ ①

공직자윤리법은 공직자 및 공직후보자의 재산등록과 등록재산 공개를 제도화하고, 공직을 이용한 재산취득의 규제·공직자의 선물신고·퇴직공직자의 취업제한 등을 규정함으로써 공직자의 부정한 재산증식을 방지하고, 공무집행의 공정성을 확보하여 국민에 대한 봉사자로서의 공직자의 윤리를 확립함을 목적으로 한다.

[22] 정답 ☞ ③

일본, 중국, 대만이 서로 영유권을 주장하고 있는 센카쿠는 중국에서는 조어대군도, 일본에서는 센카쿠열도로 부르며, 국제적으로는 센카쿠섬이라고 부른다.

[23] 정답 ☞ ①

팍스 시니카(Pax Sinica)란 중국의 지배에 의해 세계의 평화와 질서가 유지되는 상황을 함축적으로 표현한 말이다. 원래 '팍스(Pax)'는 라틴어(語)로 평화를 뜻하는데, 로마 제국의 피정복 민족들에 대한 통치를 가리키는 '팍스 로마나(Pax Romana)', 19세기 영국의 식민지 통치를 가리키는 '팍스 브리태니카(Pax Britanica)', 제2차 세계대전 이후 미국에 의해 유지되는 세계 평화체제를 일컫는 '팍스 아메리카나(Pax Americana)'에 이어 등장한 것이 팍스 시니카(Pax Sinica)이다.

[24] 정답 ☞ ④

[25] 정답 ☞ ③

[26] 정답 ☞ ③

규정상으로는 5년 임기가 무제한으로 연임이 가능하지만 관행상 재임으로 한정된다.

[27] 정답 ☞ ④

국민경선제로 인해 선거비가 추가적으로 소요되므로 과도한 선거비용의 개선과는 거리가 멀다.

[28] 정답 ☞ ④

① 중앙선관위원장은 지명하지 않고, 대법원장이 지명한다.

[29] 정답 ☞ ④

브래들리효과란 선거 전의 여론조사에서는 지지율이 우세하였던 비(非)백인 후보가 실제 선거에서는 여론조사와 달리 득표율이 낮게 나오는 현상을 가리킨다. 1982년 미국 캘리포니아 주지사 선거 때 여론조사와 출구조사에서 앞섰던 흑인 후보 토머스 브래들리(Thomas Bradley)가 개표 결과 백인 후보에게 패배한 데서 유래되었다. 이는 미국민의 인종적인 편견이 그 원인이라 할 수 있다.

[30] 정답 ☞ ②

① 네오콘 : 미국 공화당의 신보수주의자들. 민주당 좌파출신이었다가 베트남 전쟁 패배 이후 당내에 득세하는 반전, 평화주의에 반기를 들고 공화당의 반공·반소 노선으로 들어간 사람들이 대부분으로 강력한 힘을 바탕으로 하여 불량국가에 대해서는 선제공격을 가해서라도 민주주의를 지키자는 사상이다.

② 네오뎀 : 민주당 내 '신 우파'로 불리우는 이들은 이라크전 반대 등 전통적인 민주당 노선을 따르지만 낙태 및 인간배아줄기세포 실험 반대, 총기 소지 찬성 등 일부 공화당과 노선을 같이 하는 것이 특징이다.

③ 파더콘 : 아버지 시절의 보수주의라는 뜻. 로버트 게이츠 국방장관 내정자가 아버지 부시행정부 시절 현실주의 노선을 걸었던 브렌트 스코크로프트 국가안보보좌관 아래서 2년간 부보좌관을 지냈다는 점에 근거를 두고 있다.

[31] 정답 ☞ ③

③ 미국의 아시아에 대한 불간섭의 원칙은 먼로주의 4원칙과 거리가 멀다.

[32] 정답 ☞ ②

제4제계는 제1세계인 미국과 러시아, 제2세계인 유럽과 일본, 제3세계인 중국을 포함한 개발도상국 등에 포함되지 않는 국가로 자원빈국이면서 식량의 자급자족이 안 되는 나라이다.

[33] 정답 ☞ ②

② 국민발안제는 미국의 여러 주 및 스위스의 여러 주 등에서 실시되고 있다. 한국에서는 1954년 제2차 개헌에서, 헌법 개정에 대하여 국회의원선거권자 50만 이상의 찬성으로 제안할 수 있게 하는 국민발안제가 채택되었으나 사실상 무의미한 제도이기 때문에 1972년 제7차 개헌에서 폐지되었다. 국민소환제는 현재까지 우리나라에서는 시행된 적이 없고, 다만 지방자치단체에서 주민소환제를 시행하고 있다.

[34] 정답 ☞ ①

① 미란다(Miranda)는 인간의 감성적·비합리적 측면에 호소하여 정치적 지배가 가능하도록 한다.

[35] 정답 ☞ ②

그레이 존(Gray Zone) : 그레이 존이란 중동 지역이나 제3세계 국가들 중 초강대국의 어느 세력권에도 들지 않은 불분명한 집단이나 지역을 정치세계에서 부르는 용어를 말한다. 이러한 그레이 존에 속한 지역이나 국가들은 강대국들의 정치, 경제, 군사적인 대리장이 될 가능성이 높다.

[36] 정답 ☞ ①

① 텔레데모크라시는 일반화된 인터넷을 통해 국민과 정치인들의 간격을 좁히고 국민들의 직접적인 정치참여를 높이는 새로운 정치문화이다.

[37] 정답 ☞ ③

① 텔레데모크라시 : 일반화된 인터넷을 통해 국민과 정치인들의 간격을 좁히고 국민들의 직접적인 정치참여를 높이는 새로운 정치문화

② 테크노크라트 : 현대 과학사회에서 과학적 지식이나 첨단 기술 등을 보유하고 조직이나 사회의 의사결정에 크게 영향을 주는 사람으로, 특히 행정조직에 있어서는 이들을 기술관료라 한다.

③ 텔레크라시 : 텔레비전(television)과 데모크라시(democracy)의 합성어로, 텔레비전 등 방송매체를 통하여 정치인과 시민간의 의견교환이 이루어지고, 시민의 정치참여가 넓어지는 등의 새로운 정치문화를 일컫는다. 통신민주주의·미디어정치·TV정치라고도 한다.

④ 컴퓨토크라시 : 컴퓨터(computer)와 권력 또는 지배력(cracy)이 합쳐진 말로써 정보화 사회에서는 기존의 뷰로크라트(bureaucrat)가 지배하는 관료제 사회에서 컴퓨터를 조작하는 새로운 지식인인 테크노크라트(technocrat)가 사회를 지배한다는 것을 뜻하는 말이다.

[38] 정답 ☞ ④

교섭단체를 구성하려면 20인 이상의 소속 국회의원이 있어야 한다.

[39] 정답 ☞ ①

섀도 캐비닛 : 야당에서 정권을 잡을 경우를 예상하여 각료 후보로 조직한 내각으로 일명 그림자내각이라고 한다.

[40] 정답 ☞ ②

② 필리버스터(filibuster)는 합법적으로 의사진행을 지연하거나 방해하는 것을 말한다.

④ 의원들의 발언시간을 제한하는 것을 비롯하여 기타 여러 가지 의사진행의 절차를 규제하여 고의로 의사진행을 방해하지 못하도록 법과 규칙을 강화하고 있다. 한국도 이러한 취지에서 헌법과 국회법에서 국회의원들의 발언시간을 제한하고 있다.

[41] 정답 ☞ ①

① 스핀 닥터 : 정부 수반이나 각료들의 측근에서 국민의 생각이나 여론을 수렴해 정책으로 구체화시키거나 정부 정책을 국민들에게 납득시키는 역할을 하는 정치 전문가로 '스핀'은 원래 '돌리거나 비틀어 왜곡한다'는 부정적인 뜻을 가지고 있는 단어로, 스핀닥터란 용어는 1984년에 처음 등장하였다. 당시 ≪뉴욕타임스≫는 사설에서 미국 대통령 후보들의 텔레비전 토론이 끝난 뒤 스핀닥터들이 자기 진영에 유리하도록 홍보력을 발휘하였다고 썼는데, 스핀닥터는 여기서 유래하였다.

③ 폴리페서 : 정치를 뜻하는 영어 'politics'와 교수를 뜻하는 'professor'의 합성어. 적극적으로 현실 정치에 뛰어들어 자신의 학문적 성취를 정책으로 연결하거나 그런 활동을 통해 정·관계 고위직을 얻으려는 교수를 일컫는 한국적인 용어이다.

[42] 정답 ☞ ①

선거공영제는 선거를 국가 또는 지방자치단체가 관리하는 제도를 말한다.

[43] 정답 ☞ ①

논 제로 섬 게임(non zero sum game) : 양쪽의 이익과 손실을 합하면 제로가 되는 제로 섬게임과는 달리 한쪽의 이익과 다른 쪽의 손실을 합하면 제로로 되지 않는 현상을 말한다. 현대 국제사회에서 철저한 국익 우선으로 인하여 자국의 이익을 위해서는 조금의 양보를 하지 않으려는 경향을 말해주고 있다.

[44] 정답 ☞ ③

① 양해각서(MOU), ② 구상서, ③ 모두스 비벤디, ④ 발롱 데세

[45] 정답 ☞ ①

맥마흔 라인은 동부 히말라야산맥 산정의 약 885km에 걸친, 인도와 티베트의 국경선으로 1914년 3월 인도 정청 외무장관 A.H.맥마흔과 중국·티베트의 대표 간에 성립된 시믈라조약에 의해 정해졌으나, 실지측량이 아직 이루어지지 않아 분수령에 따르는 선으로 국경선을 정하고 있다. 그러나 중국이 이 국경선을 정식으로 인정하지 않았기 때문에 1962년 가을 중·인 국경분쟁이 발발하였다.

[46] 정답 ☞ ③

캐스팅 보트 : 가부동수시 국회의장이 가지는 결정권을 말한다.

[47] 정답 ☞ ③

① 법률불소급의 원칙

② 불고불리의 원칙

③ 일사부재리의 원칙

④ 일사부재의 원칙

[48] 정답 ☞ ①

북방한계선은 1953년 정전협정 체결 직후 서해 5도(백령도, 대청도, 소청도, 연평도, 우도)를 따라 UN군 사령부가 그은 경계선이다.

[49] 정답 ☞ ①

2002년 9월 남북 분단 이후 처음으로 개통된 남북한 군당국간의 직통전화를 의미한다. 2002년 9월 17일 개최된 남북한 군사실무회담의 합의에 따라 같은 달 24일 개통되었다. 남북이 분단된 이후 처음으로 개통된 직통전화로, 경의선 철도·도로 연결공사 상황실 사이에 핫라인을 연결해 오후 5시 30분에 시험통화에 성공하였다.

[50] 정답 ☞ ②

4 한국사 · 세계사

이것만은 알고 가자

※ 고구려 왕조 개관

1C	❶ 동명왕	❷ 유리왕	❸ 대무신왕	❹ 민중왕	❺ 모본왕	❻ 태조왕 • 중앙집권의 기초구축 • 계류부 왕위세습(형제상속) • 옥저 복속
2C **3C**	❼ 차대왕		❽ 신대왕		❾ 고국천왕 • 형제상속→부자상속 • 행정적 성격의 5부 체제로 개편(중앙집권의 강화) • 진대법 실시(재상 을파소)	
4C	❿ 산상왕	⓫ 동천왕 • 서안평 공격→ 위장 관구검 침입		⓬ 중천왕	⓭ 서천왕	⓮ 봉상왕
	⓯ 미천왕 • 서안평 점령 • 낙랑 복속	⓰ 고국원왕 • 전연·백제 침략 • 백제에 침입당해 평양성에서 전사		⓱ 소수림왕 • 불교수용(전진) • 율령 반포 • 태학 설립		⓲ 고국양왕
5C	⓳ 광개토왕 • 요동·만주 확보 • 연호 사용(영락) ☜ 최초 • 한강 북부 장악 • 신라 구원(왜구 격퇴)-광개토대왕비문, 호우명그릇	⓴ 장수왕 • 남북조와 등거리 외교 정책 • 평양성 천도→남하정책 • 한강유역 확보-중원고구려비 • 경당 설립			㉑ 문자왕 • 동부여 복속→부여 정복 • 최대 영토	
6C	㉒ 안장왕	㉓ 안원왕		㉔ 양원왕	㉕ 평원왕	

7C	㉖ 영양왕	㉗ 영류왕	㉘ 보장왕
	• 한강 탈환 실패 • 살수대첩(612) • 신집 5권		• 연개소문 집권 • 안시성 전투(645) • 멸망(668)

 다음중 광개토대왕과 관련이 없는 것은?

① 한강 유역 확보

② 신라에 침입한 외구 격퇴

③ 연호(영락) 사용

④ 요동 및 만주 진출

> **정답** ①
>
> 고구려가 한강유역의 확보한 것은 장수왕 때이다.

※ 백제 왕조 개관

1C	❶ 온조왕			❷ 다루왕		❸ 기루왕
2C	❹ 개루왕			❺ 초고왕		
3C	❻ 구수왕	❼ 사반왕	❽ 고이왕 • 국가기틀 확립(형제세습, 16관등, 6좌평, 복색 정비) • 율령반포 • 관등, 복색 제정		❾ 책계왕	❿ 분서왕
4C	⓫ 비류왕	⓬ 계왕	⓭ 근초고왕 • 평양 공격 • 마한 복속 • 요서·산동반도·규슈 진출 • 칠지도 • 부여씨 왕위세습 확립	⓮ 근구수왕	⓯ 침류왕 • 불교 수용과 공인	⓰ 진사왕	⓱ 아신왕
5C	⓲ 전지왕	⓳ 구이신왕	⓴ 비유왕 • 나제동맹결성 (433)	㉑ 개로왕 • 장수왕 침입시 전사	㉒ 문주왕 • 웅진 천도	㉓ 삼근왕	㉔ 동성왕 • 나제동맹 강화(결혼동맹) (493)
6C	㉕ 무령왕 • 22담로 • 남조(양)와 교류	㉖ 성왕 • 사비천도 • 국호 남부여 • 한강유역 장악 • 관산성전투에서 전사 • 나제동맹 결렬			㉗ 위덕왕	㉘ 혜왕	㉙ 법왕
7C	㉚ 무왕 • 서동요			㉛ 의자왕 • 해동증자 • 당항성과 대야성 탈환 • 황산벌전투(계백) • 멸망(660)		

33 백제 근초고왕 때의 사실을 고른 것은?

① 부여씨의 왕위 세습제를 확립

② 국호를 남부여라 칭함

③ 나제동맹을 맺음

④ 지방의 22담로를 설치

> **정답** ①
> ② 성왕 ③ 비유왕 ④ 무령왕

※ 신라 왕조 개관

1C	❶ 혁거세	❷ 남해	❸ 유리	❹ 탈해	❺ 파사
2C	❻ 지마	❼ 일성	❽ 아달라	❾ 벌휴	❿ 나해
3C	⓫ 조분	⓬ 첨해	⓭ 미추	⓮ 유례	⓯ 기림
4C	⓰ 흘해			⓱ 내물	
5C	⓲ 실성	⓳ 눌지		⓴ 자비	㉑ 소지
6C	㉒ 지증왕	㉓ 법흥왕	㉔ 진흥왕	㉕ 진지왕	㉖ 진평왕
7C	㉗ 선덕여왕	㉘ 진덕여왕		㉙ 무열왕	㉚ 문무왕

중대	7C	**㉙ 무열왕** • 최초의 진골출신 왕 • 상대등 세력 약화 • 중국식 시호 • 사정부 설치	**㉚ 문무왕** • 고구려 멸망 • 삼국통일 완성 • 중앙관제 정비 – 우이방부, 사록관, 선부 등
		㉛ 신문왕 • 김흠돌 사건 진압 • 녹읍 폐지와 관료전 지급 • 군사조직 정비 : 9서당 10정 • 중앙관제 정비 : 5부를 중국의 6전제로 개혁 – 위화부, 창부, 예부, 병부, 이방부 + 예작부와 공장부를 설치 • 지방관제 정비(685) : 9주 5소경제 • 국학 설립(682) : 유교이념의 강화 • 지방에 외사정 파견 ※ 기타 : 문무왕릉(대왕암), 감은사, 만파식적, 이견대	**㉜ 효소왕** • 당과 일본과 수교 • 관제정비(692) : 좌우이방부를 좌우 의방부로 개칭 • 의학교 설치(693) : 의학박사(최초) • 시전설치(695) : 서시전과 남시전 ※ 기타 : 발해 건국(698)
	8C	**㉝ 성덕왕** • 국학 재정비 : 공자와 72제자의 화상을 당에서 가져와 안치 • 대외 관계 : 당의 현종과 국교 재개, 일본에 견신라사 파견 • 정전 지급(722) • 상원사종 주조 : 가장 오래된 범종(梵鐘) • 누각전 설치 : 최초로 물시계에 관한 일을 맡은 관청	
		㉞ 효성왕	
		㉟ 경덕왕 • 국학을 태학감으로 개칭 : 유교교육 강화와 전문화, 왕권 강화 시도 • 중국식 명칭 부여 : 중앙관료의 명칭과 지방군현의 이름 변경 • 녹읍 부활 : 귀족의 반발로 관료전의 폐지 • 불국사 석굴암 건립(751) • 만불산	**㊱ 혜공왕** • 대공의 난 • 5조제 : 미추왕, 무열왕, 문무왕, 성덕왕, 경덕왕의 5묘를 지정 • 북선종 전래(신행) ④ 성덕대왕 신종(에밀레종, 봉덕사종, 771)

<table>
<tr><td rowspan="7">하
대</td><td rowspan="6">9C</td><td colspan="4">**㊲ 선덕왕**</td></tr>
<tr><td colspan="4">**㊳ 원성왕**
• 독서삼품과(788)
• 원성왕릉 호석</td></tr>
<tr><td colspan="4">**㊴ 소성왕** **㊵ 애장왕**</td></tr>
<tr><td colspan="3">**㊶ 헌덕왕**
• 김헌창의 난</td><td>**㊷ 흥덕왕**
• 청해진 설치(828)
• 집사부를 집사성으로 개칭
• 백관의 복색제도 공포
• 귀족의 사치 금지령</td></tr>
<tr><td colspan="4">**㊸ 희강왕 ㊹ 민애왕 ㊺ 신무왕 ㊻ 문성왕 ㊼ 헌안왕 ㊽ 경문왕 ㊾ 헌강왕 ㊿ 정강왕**</td></tr>
<tr><td colspan="3">**(51) 진성여왕**
• 전국적 농민 반란 예 : 원종과 애노의 난 등
• 삼대목 편찬</td><td>**(52) 효공왕**
• 견훤 : 후백제 건국(900)
• 궁예 : 후고구려 건국(901)
• 금성(나주) 전투(903)</td></tr>
<tr><td>10C</td><td>**(53) 신덕왕**</td><td>**(54) 경명왕**</td><td>**(55) 경애왕**
• 견훤에게 피살(927)</td><td>**(56) 경순왕**
• 고창전투(930)
• 군신회의 끝에 신라를 고려에 넘김(935)
• 선산전투(935)
• 경주를 식읍으로 받아 최초의 사심관이 됨</td></tr>
</table>

34 신라 문무왕에 관한 설명 중 틀린 것은?

① 진골출신의 첫 왕인 무열왕의 아들로 삼국통일을 완성하였다.

② 당나라의 문화 수입에 배타적이었다.

③ 호국적 신념으로 인하여 유언에 따라서 화장하고 수중릉인 대왕암을 만들었다.

④ 668년 고구려를 멸망시켰다.

정답 ②

삼국통일과정에서 나당전쟁을 벌이기도 하였으나 당나라의 제도와 문물은 적극적으로 도입하였다.

35 다음 중 고대 삼국이 한강 상류를 점령한 순서는?

① 고구려 – 신라 – 백제

② 백제 – 고구려 – 신라

③ 신라 – 고구려 – 백제

④ 고구려 – 백제 – 신라

정답 ②

백제(4세기) → 고구려(5세기) → 신라(6세기)

※ 고려 왕조 개관

❶ 태조
- 민생안정정책
  - 취민유도(取民有度) : 조세경감, 흑창, 노비해방
  - 숭불정책 : 불교와 풍수지리설 존중, 연등회와 팔관회 장려
- 호족융합정책
  - 회유책 : 정략결혼, 사성(賜姓)정책, 호족의 중앙관리 임명, 역분전 지급
  - 견제책 : 기인제도, 사심관제도
- 북진정책
  - 고구려 계승 의식 : 서경 중시. 영토 확대(청천강 ~ 영흥)
  - 반거란정책 : 만부교사건(942)
- ※ 태조의 유훈 : 훈요 10조, 정계·계백료서 반포

❷ 혜종	**❸ 정종**
• 왕규의 난(왕권의 불안정)	• 광군 조직

❹ 광종

• 왕권 강화(「정관정요」를 기본)	• 송과 수교(962)
• 주현공부법	• 제위보 설치(963)
• 노비안검법	• 불교 정책
• 과거제도 실시	- 불교 통합
• 훈신 숙청	- 왕사·국사제도 확립
• 공복 제정 : 자·단·비·녹의 4색 복색 제정	- 최초의 왕사 : 탄문
• 연호 사용 : 광덕 → 준풍	- 최초의 국사 : 혜거
• 칭제건원과 명칭격상 - 황제(왕),	• 제관과 의통을 남중국에 파견
황도(개경), 서도(서경)	- 천태학 수용(교종과 선종의 통합 시도)
	• 귀법사·흥화사 건립

❺ 경종
- 시정 전시과

❻ 성종

• 유교 정치이념 확립	5) 교육
• 최승로의 시무 28조(983)	① 중앙 : 국자감 설치(992)
1) 중앙과 지방의 정비	② 비서성(개경)·수서원(서경)
① 중앙 : 2성 6부제	③ 지방(12목) : 향교
② 지방 : 12목 . 외관 파견	④ 교육조서 반포
2) 거란 1차 침입	6) 노비환천법
① 서희의 담판 외교 ② 강동 6주 획득	7) 의창과 상평창
③ 거란 수교 약속 ④ 송과 일시적 단절	8) 권농정책
3) 군제개혁 : 6위 설치	9) 문치주의
cf) 2군(→ 현종)	① 문신월과법
4) 분사(分司)제도	② 연등회·팔관회 폐지
- 묘청의 난 때 폐지	10) 건원중보 : 최초의 철전으로 널리 유통(×)

❼ 목종
- 개정전시과   • 강조의 정변

10C

11C	**❽ 현종** 1) 거란 2차 침입 : 초조대장경 간행 2) 거란 3차 침입 : 나성(개경), 7대 실록 3) 5도·양계·4도호부·8목 4) 경기제 : 개경 인근의 군현 직접 통치 5) 주현공거법 6) 주창수렴법 : 곡식대여제도 7) 감곡양마법 8) 면군급고법 : 노부모생존시 군역 면제 9) 현화사 건립

❾ 덕종 | **❿ 정종**

⓫ 문종
1) 3심제(三審制)
2) 기인선상법 : 기인제도의 완화
3) 경전전시과 : 전시과의 완성
4) 공음전 : 문벌귀족사회의 강화
5) 동서대비원 : 빈민구제(1049, 개경)
6) 불교 장려 : 흥왕사(1067, 의천)
7) 사학 진흥 : 사학12도

⓬ 순종 | **⓭ 선종** | **⓮ 헌종**

12C | **⓯ 숙종** | **⓰ 예종** | **⓱ 인종** | **⓲ 의종** | **⓳ 명종** | **⓴ 신종**

㉑ 희종 | **㉒ 강종** | **㉓ 고종** | **㉔ 원종**

13C

㉕ 충렬왕
1. 전민변정도감 설치
  ① 고려 후기에 토지 및 노비에 관한 행정을 정비하기 위해 설치
  ② 1269년 원종 10년에 처음 설치, 이후에 충렬왕, 공민왕, 우왕 때 설치
  ③ 환관세력과 친원세력의 반발로 실패
2. 홍자번의 편민 18사 제시
  원 간섭기의 사회모순이 심화되는 가운데 지배세력의 일부는 국가 재정난과 심각한 민생문제를 해결하려는 노력은 홍자번의 편민 18사(충렬왕 22년)로 구체화 → 충선왕 때 본격화
  기타)
  ① 안향의 성리학 소개
  ② 고금록, 천추금경록, 삼국유사, 제왕운기과 같은 역사책 편찬

❷❻ 충선왕

1. 사림원 설치
   ① 부왕인 충렬왕과의 갈등으로 충렬왕의 측근세력을 제거하고 유교 이념에 따라 왕권을 강화하고 관료정치를 회복하고자 함
   ② 정방 폐지, 왕정 문서를 작성하고 한림원의 기능 관할
   ③ 정치고문으로서의 개혁정치 핵심적 역할
   ④ 이승휴와 같은 신진관료(과거급제자)를 등용
2. 의염창 설치
   권세가의 농장확대로 인한 토지제도의 문란을 시정하고 국가 재정확보를 위해 소금과 철의 전매사업 실시
3. 전농사 설치
   전농사를 설치하여 농무사를 파견하여 농장과 노비를 감찰
기타) ① 원의 수도(연경)에 만권당 설치
   ② 재상지종 ③ 심양왕제도 ④ 조세제도 폐지

❷❼ 충숙왕

1. 두 차례에 걸쳐 왕위즉위(← 원의 심양왕제도를 통한 분열정책)
2. 찰리변위도감 설치
   폐단이 많았던 사심관제도를 폐지하고 제폐사목소를 설치하였다가 찰리변위도감으로 고쳐 권세가가 점령한 토지와 노비를 색출하여 그것을 원래의 주인에게 돌려줌

❷❽ 충혜왕

❷❾ 충목왕

1. 8세에 즉위하여 한종유, 이제현, 박충좌 등 개혁 주도
2. 정치도감 설치
   고려사외의 모순과 폐단을 시정하기 위해 설치 충목왕 3년(1347) 원의 순제로부터 폐정개혁에 대한 명령을 받아 정치도감을 설치하고 정치도감장에 따라 개혁활동을 벌였다. 정치도감장에는 정치, 경제, 사회면에서 12개 조항의 당면문제를 거론하였으며 부원세력, 권세가의 불법소지의 토지와 노비를 본 주인에게 환원하고 녹과전을 설치

❸❶ 충정왕

14C

❸❶ 공민왕

① 친원 세력(기철 등) 축출
② 정동행성의 이문소 폐지
③ 조종입법 : 신정부 강령 17조의 내용으로 고려 전기 체제로의 복귀
④ 관제 복구, 몽고풍 일소
⑤ 쌍성총관부 탈환(1356, 유인원) : 철령 이북 땅을 환원
⑥ 요동 공격(지용수, 이성계) : 요양 점령
   • 동녕부 공격
⑦ 정방의 폐지 : 인사권 이부로 환원
⑧ 전민변정도감 설치(신돈)
   − 권문세족의 토지와 노비
   • 본래의 소유주로 환원하거나 노비를 양민화− 고려 말의 승려인 신돈에게 전민변정도감(토지개혁 관청)을 맡기어 부호들이 권세로 빼앗은 토지를 각 소유자에게 돌려주고, 노비로서 자유민이 되려는 자들을 해방시켜 국가 수입을 증대시켰으나 처형당함
⑨ 과거정비를 통해 신진사대부 등용
⑩ 자제위 설치 : 노국공주을 잃은 공민왕은 1372년 자제위를 설치. 공민왕 타살

❸❹ 공양왕

❸❷ 우왕

❸❸ 창왕

급전도감 설치
① 조준의 사전개혁안에 의거하여 전국 토지를 측량 후 설치
② 공·사전적을 소각하여 구세력의 경제기반 박탈
③ 과전법 시행기구로서 공양왕 때 과전법이 공포(1391)

36 고려시대 노비안검법과 과거제를 시행한 왕은?

① 혜 종　　　　② 정 종　　　　③ 성 종　　　　④ 광 종

> **정답** ④
>
> 광종 재위기간의 일들이다.

※ **유네스코 등재 우리의 세계기록유산**(괄호 안은 등재연도)

① 훈민정음(1997)　　　　② 조선왕조실록(1997)　　　　③ 직지심체요절(2001)
④ 승정원일기(2001)　　　　⑤ 팔만대장경판(2007)　　　　⑥ 조선왕조의궤(2007)
⑦ 동의보감(2009)

37 다음 중 유네스코에 등재된 우리의 세계기록유산이 아닌 것은?

① 훈민정음　　　② 승정원일기　　　③ 팔만대장경판　　　④ 고려왕조실록

> **정답** ④
>
> 2011년 현재까지 등재된 우리의 세계기록유산들을 참고

※ **중국 역대 왕조를 세운 북방민족**

요(遼)	거란족
금(金)	여진족
원(元)	몽골족
청(淸)	만주족

38 중국의 역대 왕조와 왕조를 세운 민족의 연결이 틀리게 된 것은?

① 한(漢) – 거란족　　　　② 금(金) – 여진족
③ 원(元) – 몽골족　　　　④ 청(淸) – 만주족

> **정답** ①
>
> 한(漢)나라는 한족(漢族)이 세운 왕조이다.

※ 대한민국 헌법 개정사

		대통령의 선출	대통령의 임기	국무총리제
제1공화국	건국헌법	간선제(국회)	임기 4년 (1차에 한해 중임)	부통령+국무총리제 (국회의 사후승인)
	제1차개헌(1952)	직선제		
	제2차개헌(1954)	직선제	초대대통령에 한해 3선 제한 철폐	국무총리제 폐지
제2공화국	제3차개헌(1960)	간선제(국회)	임기 5년 (1차에 한해 중임)	국무총리제 (민의원의 사전동의)
	제4차개헌(1960)			
제3공화국	제5차개헌(1962)	직선제	임기 4년 (1차에 한해 중임)	국무총리제 (국회동의 ×)
	제6차개헌(1969)	직선제	임기 4년 (3기까지 연임)	
제4공화국	제7차개헌(1972)	간선제 (통일주체국민회의)	임기 6년 (중임·연임제한규정 철폐 하여 영구집권 가능)	국무총리제 (국회의 사전동의)
제5공화국	제8차개헌(1980)	간선제(선거인단)	임기 7년 (단임)	
제6공화국	제9차개헌(1987)	직선제	임기 5년 (단임)	

39 다음 중 제헌헌법에 관한 설명 중 가장 옳지 않은 것은?

① 국회를 양원제로 규정하였다.

② 대통령과 부통령을 4년 임기로 국회에서 선출하도록 하였다.

③ 전문(前文), 10장, 103조로 구성되었다.

④ 노동3권과 사기업에 있어서 근로자의 이익분배균점권 등 사회적 기본권이 규정되었다.

> **정답** ①
>
> 단원제 국회였다.

1. 다음 빈칸에 들어갈 숫자의 합은? [SSAT 기출문제 유형]

> 임진왜란 ( )92년, 콜럼버스의 신대륙 발견
> ( )92년, 조선 건국 ( )92년

① 42 　　　　　　　② 43

③ 44 　　　　　　　④ 45

2. 동학농민군이 제시한 폐정개혁 12조의 내용이 아닌 것은?

① 사법제도 개혁

② 토지의 평균분작

③ 무명잡세 폐지

④ 청상과부의 개가허용

3. 다음 중 실학사상과 관련 없는 것은?

① 무실역행 　　　　② 경세치용

③ 이용후생 　　　　④ 실사구시

4. 고려시대에 있었던 신분해방 운동은 다음 중 어느 것인가?

① 만적의 난 　　　　② 묘청의 난

③ 임꺽정의 난 　　　④ 홍경래의 난

5. 1910년대에 일제에 의한 토지조사사업 실시 이후 농촌사회의 변화는?

① 농민의 생활이 안정되게 되었다.

② 공동농장제가 보편화되었다.

③ 농민은 기한부 계약에 의한 소작농으로 전락하게 되었다.

④ 미신고 토지나, 문중이나 마을 소유 토지 및 산림을 농민이 소유하게 되었다.

6. 다음 중 통일신라시대의 호족세력을 억제하기 위해 설치한 것은?

① 상수리제도 　　　② 기인제도

③ 사심관제도 　　　④ 유향소제도

7. 다음 중 독서삼품과에 대한 설명으로 옳지 않은 것은?

① 신라시대에 행해진 과거예비시험이다.

② 골품제도 때문에 제 기능을 발휘하지 못했다.

③ 원성왕 4년(788년)에 설치한 제도이다.

④ 통일신라시대의 관리등용법으로 독서출신과라고도 한다.

8. 다음 중 고려시대 말기 몽고의 침입에 대해 항쟁을 했던 삼별초에 속하지 않는 것은 무엇인가?

① 신의군(神義軍) 　　② 별기군(別技軍)

③ 우별초(右別抄) 　　④ 좌별초(左別抄)

9. 다음은 조선시대 후기에 나타난 근대 지향적이고 실증적인 학문인 실학에 대한 설명이다. 틀린 것은?

① 실학이란 경세와 실용의 방면에 관심을 둠으로써 유학 본래적 학문의 기능을 회복하려고 한 학문이다.

② 실학은 경세치용학파와 이용후생학파로 나뉘었다.

③ 경세치용학파의 학자로는 유형원, 이익, 정약용 등이 있으며 구한말 애국 계몽사상가들에게 영향을 주었다.

④ 이용후생학파는 토지분배에 관심을 두고 상공업 발달은 빈부격차의 유발을 이유로 부정적 입장을 가졌다.

10. 다음에서 설명하고 있는 사건은?

- 1927년 민족주의 진영과 사회주의 진영이 제휴하여 창립한 민족운동단체이다.
- 지회를 설치, 광주학생운동 시위에 참가했다.

① 신간회　　　　② 신민회
③ 조선사편수회　④ 조선어학회

11. 다음에서 설명하고 있는 단체는?

조의제문, 연산군, 김종직

① 기묘사화　　　② 갑자사화
③ 무오사화　　　④ 을사사화

12. 다음의 우리나라 근대사의 중요사건을 연대순으로 맞게 나열한 것은?

| ㉠ 임오군란 | ㉡ 운요호 사건 |
| ㉢ 갑신정변 | ㉣ 병인양요 |

① ㉡, ㉣, ㉢, ㉠
② ㉣, ㉠, ㉡, ㉢
③ ㉣, ㉡, ㉠, ㉢
④ ㉢, ㉣, ㉡, ㉠

13. 다음 중 흥선대원군의 개혁정치에 해당하지 않는 것은?

① 대전회통과 대전조례 간행
② 원납전과 당백전의 발행
③ 비변사의 폐지와 의정부의 부활
④ 삼군부의 기능 상실

14. 다음 중 '역사는 아(我)와 비아(非我)와의 투쟁'이라는 명제를 내걸어 민족주의 사학을 수립, 한국 근대 사회의 기반을 확립한 인물로 옳은 것은? [SSAT 기출문제 유형]

① 신채호　　　　② 박은식
③ 정인보　　　　④ 최남선

15. 다음 중 고구려의 고분벽화 사신도에 해당하지 않는 것은?

① 청룡　　　　　② 봉황
③ 주작　　　　　④ 현무

16. 유교주의 사관에 입각함과 동시에 단군조선을 우리 역사의 기점으로 하여 쓴 역사서는 무엇인가?

① 동국통감　　　② 삼국사기
③ 삼국유사　　　④ 고려사

17. 흥선대원군이 천주교를 박해하게 된 원인으로 옳은 것은?

① 신미양요　　　② 병인양요
③ 아관파천　　　④ 아편전쟁

18. 다음 중 동학운동과 관계가 먼 것은?

① 교조신원운동　② 청일전쟁
③ 최제우　　　　④ 조병식

19. 다음 중 대한민국 임시정부에 관한 설명으로 틀린 것은?

① 통합된 임시정부는 1919년 4월 상해에서 수립되었다.
② 임시정부는 1919년 5월 이준을 전권대사로 임명, 파리강화회의에 파견하였다.
③ 임시정부의 기관지는 독립신문이다.
④ 임시정부와 국민의 연결은 연통제를 통해 이루어졌다.

20. 다음 중 1972년에 발견된 세계 최고의 금속활자 인쇄본으로 옳은 것은?

① 직지심경　　② 대장경
③ 다라니경　　④ 상정고금예문

21. 다음 중 독립협회의 사상으로 옳지 않은 것은?

① 자주독립　　② 자유민권
③ 자강혁신　　④ 보국안민

22. 다음 중 고구려가 신라의 요청으로 왜구를 토벌했음을 밝혀주는 유물은?

① 금동미륵보살 반가사유상
② 진흥왕순수비
③ 호우명 그릇
④ 광개토왕비

23. 다음에 열거한 비문의 공통점으로 옳은 것은?

• 단양 적성비　• 북한산 순수비　• 창녕비
• 황초령비　• 마운령비

① 모두 남한강 유역에 위치
② 신라 진흥왕 때의 영토의 확장
③ 도교와 유학사상을 내포
④ 고구려 세력의 확대

24. 사화에 관한 설명 중 틀린 것은?

① 갑자사화는 1504년(연산군 10년) 연산군의 어머니 윤씨(尹氏)의 복위문제에 얽혀서 일어난 사화이다.
② 기묘사화는 1519년(중종 14년) 남곤·홍경주 등의 훈구파에 의해 조광조 등의 신진 사류(新進士類)가 축출된 사건이다.
③ 을사사화는 1545년(명종 즉위년) 윤원형 일파소윤이 윤임 일파 대윤을 몰아내어 사림이 크게 화를 입은 사건을 말한다.
④ 무오사화는 광해군 10년 김일손 등 신진사류가 유자광 중심의 훈구파에게 화를 입은 사건이다.

25. 다음 고분벽화 중 상상의 새인 삼족오가 들어있는 것은?

① 쌍영총
② 고구려 국내성 고분벽화
③ 안악 제3호분
④ 무용총

26. 다음 중 서울의 성균관이나 지방의 향교에 부설되어 학생들이 모여 공부하던 건물로써 현재 천원권 지폐 앞면에 들어가 있기도 한 곳은 무엇인가?

① 명륜당　　② 경 당
③ 경회루　　④ 근정전

27. 고려시대의 신분해방 운동은?

① 만적의 난　　② 묘청의 난
③ 임꺽정의 난　　④ 홍경래의 난

28. 다음 중 신라방에 대한 설명으로 옳은 것은?

  ① 장보고가 설치한 해상무역소

  ② 통일신라시대 당나라에 있던 신라인들의 집단
    거류지

  ③ 신라의 사신이 중국에 머물던 장소

  ④ 신라인들이 중국에 세운 사원

29. 발해에 대한 설명으로 옳은 것은?

  ① 676년에 건국했다.

  ② 신라와 밀접한 관계를 유지했고, 특히 문화 교
    류가 활발했다.

  ③ 926년 지도층의 내분을 틈탄 낭나라의 침략으
    로 멸망했다.

  ④ 발해에 대한 본격적인 연구는 조선 후기 실학자
    들이 했다.

30. 신라의 골품제도에 대해 바르게 설명한 것은?

  ① 중앙집권국가로 발전하는 과정에서 각 지방의
    족장세력을 통합 편제한 신분제도이다.

  ② 6두품의 경우 최고 관등인 이벌찬까지 오를 수
    는 있었으나 왕위에 오를 수 없어 득난이라고
    불렀다.

  ③ 신분에 따라 복색과 가옥구조가 달랐으나 관계
    진출에는 제약이 없었다.

  ④ 6두품은 주로 학문과 종교 분야에서 두드러진
    활약을 했다.

31. 고려시대의 무신정권과 관계없는 사항은?

  ① 삼별초   ② 교정도감

  ③ 도 방   ④ 별무반

32. 북한 개성공단의 '개성' 의 지명에 관한 설명으로 바
  르지 못한 것은?

  ① 고구려 때는 동비홀과 부소갑으로 나누어져 있다.

  ② 후기 신라 때 동비홀은 개성, 부소갑은 송학으
    로 불렸다.

  ③ 고려 건국 후 개주로 통합되어 고려의 수도가
    되었다.

  ④ 조선시대 때는 개경이라 불리웠다.

33. 고려와 조선의 정치에서 나타난 공통점으로 볼 수
  없는 것은?

  ① 과거를 통해 문무관리를 선발했다.

  ② 국가의 중대사는 합의를 거쳐 결정했다

  ③ 고급관료의 자제는 과거를 토하지 않고 관직에
    나갈 수 있었다.

  ④ 서경제도를 통해 고관과 국왕의 횡포를 견제했다.

34. 지방세력 견제책의 변천 과정을 바르게 연결한 것
  은?

  ① 사심관제도 – 유향소 – 상수리제도

  ② 상수리제도 – 기인제도 – 경저리제도

  ③ 사심관제도 – 기인제도 – 향청

  ④ 상수리제도 – 유향소 – 향청

35. 다음 중 독립협회의 사상으로 볼 수 없는 것은?

  ① 자유민권   ② 보국안민

  ③ 자주국권   ④ 자강개혁

36. 다음 중 조선시대의 사회 관습제도와 그 시대상이
  맞지 않는 것은?

  ① 대비원 – 광종   ② 의창 – 성종

  ③ 육조 – 태조   ④ 혜민국 – 예종

37. 다음 중 조선시대의 대동법(大同法)의 영향으로 맞지 않는 것은?

① 대동법으로 국가의 재정수입이 증가되었다.
② 지주의 부담은 감소되고 농민의 부담은 증가되었다.
③ 대동법의 실시로 집산지인 삼랑진, 강경, 원산 등이 상업도시로 성장하였다.
④ 공인이 등장하고 상업이 발달하였다.

38. 다음 중 태평천국 운동의 내용이 아닌 것은?

① 민족주의 　　　② 반기독교주의
③ 반외세주의 　　　④ 농민운동

39. 다음 중 "대표없는 곳에 과세없다" 는 슬로건과 관계 있는 사건은? 　　　[SSAT 기출문제 유형]

① 산업혁명 　　　② 러시아혁명
③ 영국 명예혁명 　　④ 미국 독립혁명

40. 로마제정을 시작한 사람은 누구인가?

① 디오클레티아누스
② 네로
③ 콘스탄티누스
④ 옥티비아누스

41. 다음 중국 근 · 현대사에 대한 설명 중 옳지 않은 것은?

① 천안문사태는 1989년 6월 4일 천안문광장에서 그해 사망한 호요방 총서기의 명예회복을 요구하는 학생들과 시민들을 무력으로 진압한 유혈사태로서 덩샤오핑이 장쩌민에게 권력을 이양하는 계기가 되었다.
② 아편전쟁은 아편무역을 둘러싸고 영국과 청국 사이에 일어난 전쟁으로 그 결과 1842년 베이징 조약이 체결되었다.
③ 문화대혁명은 1966년부터 1976년에 걸쳐 전국적으로 일어났던 정치적 성격을 띤 문화운동으로 정책실패로 물러나 있던 모택동이 정치적 기반을 장악하여 유소기를 축출하였다.
④ 5 · 4운동은 베이징에서 일어난 반봉건, 반제국주의 운동으로 윌슨의 민족자결주의와 한국의 3 · 1운동에 자극받아 일어난 것이다.

42. 다음 중 명예혁명과 관계없는 것은?

① 무혈혁명 　　　② 권리장전
③ 찰스 1세 　　　④ 1688년

43. 다음 중 송대 왕안석의 신법 중 '농민에 대한 저리의 금융정책' 은 무엇인가?

① 균수법 　　　② 청묘법
③ 모역법 　　　④ 시역법

44. 다음 중 근대사회를 형성하는 데 영향을 미쳤던 양대 혁명은?

① 프랑스혁명과 미국 독립전쟁
② 러시아혁명과 미국 독립전쟁
③ 프랑스혁명과 영국 명예혁명
④ 산업혁명과 프랑스혁명

45. 다음 역사적 사건의 명칭과 연관이 있는 동물은?

> - 위에서 아래로의 근대화 운동이다.
> - 청나라의 군대 개입으로 삼일천하로 끝났다.
> - 이 사건의 결과 한성조약과 텐진조약을 맺었다.

① 원숭이　　　　② 말
③ 양　　　　　　④ 뱀

46. 파시즘이 대두하게 된 원인을 가장 잘 설명한 것은?

① 자본주의 사회가 혼란하였기 때문
② 민주주의 사회가 강화되었기 때문
③ 공산주의 사회가 확립되었기 때문
④ 사회주의가 악화되었기 때문

47. 영국의 귀족 성직자들이 존(John)왕으로부터 왕권을 제한하기 위하여 받은 약정서는?

① 권리청원　　　② 대헌장
③ 권리장전　　　④ 인신보호율

48. 근세 유럽의 자유주의 사상의 발전을 가로막았던 역사적 사실은?

① 신성동맹　　　② 나폴레옹 전쟁
③ 시민혁명　　　④ 이탈리아의 통일

49. 르네상스(Renaissance)와 관계 깊은 것은?

① 르네상스 정신은 종교개혁운동에는 영향을 주지 못하였다.
② 고전위주의 학문연구로, 국민문화의 발달이 저해되었다.
③ 인간과 자연의 재발견이며, 근대 유럽 정신의 모체가 되었다.
④ 르네상스는 이탈리아의 도시 번영과 정치적 통일의 배경이 되었다.

50. 제2차 세계대전의 영향이라 볼 수 없는 것은?

① 과학의 큰 진보를 가져왔다.
② 많은 신생독립국이 생겨났다.
③ 냉전 이데올로기의 양극화가 야기되었다.
④ 신생국이 정치적 독립과 함께 경제적 독립을 이루게 되었다.

4 한국사 · 세계사 실전문제
정답 및 해설

[1] 정답 ☞ ①

임진왜란(1592년), 콜럼버스의 신대륙 발견 (1492년), 조선 건국 (1392년)

15+14+13 = 42

[2] 정답 ☞ ①

폐정개혁 12조

> 1. 동학도는 정부와의 원한을 씻고 서정에 협력한다.
> 2. 탐관오리는 그 진상을 조사, 엄징한다.
> 3. 횡포한 부호를 엄징한다.
> 4. 불량한 유림과 양반의 무리를 징벌한다.
> 5. 노비 문서를 소각한다.
> 6. 7종의 천인 차별을 개선하고 백정이 쓰는 평량갓을 없앤다.
> 7. 청상과부의 개가를 허용한다.
> 8. 무명의 잡세는 일체 폐지한다.
> 9. 관리 채용에는 지벌을 타파하고 인재를 등용한다.
> 10. 왜와 통하는 자는 엄징한다.
> 11. 공사채를 막론하고 기왕의 것을 무효로 한다.
> 12. 토지는 평균하여 분작한다.

[3] 정답 ☞ ①

① 무실과 역행은 충의와 용감과 더불어 도산 안창호의 4대 정신이다.

② 학문은 세상을 다스리는 데 실익을 증진하는 것이어야 한다는 유학상의 주장이다.

③ 풍요로운 경제와 행복한 의·식·주 생활을 뜻하는 용어로서 18세기 후반에 홍대용·박지원·박제가 등의 북학파 실학자들이 주장한 이념이다.

④ 눈으로 보고 귀로 듣고 손으로 만져 보는 것과 같은 실험과 연구를 거쳐 아무도 부정할 수 없는 객관적 사실을 통하여 정확한 판단과 해답을 얻고자 하는 것이다.

[4] 정답 ☞ ①

① 1198년 최충헌의 사노였던 만적이 중심이 되어 일으키려다 미수에 그친 노비해방운동을 일컫는다.

② 1135~36년 고려 서경 출신의 묘청이 서경에서 일으킨 반란이다.

③ 조선시대의 의적인 임꺽정은 양주의 백정이었으나 정치의 혼란과 관리의 부패로 민심이 흉흉해지자 황해도와 경기도 일대에서 창고를 털어 곡식을 빈민에게 나누어 주고 관아를 습격, 관원을 살해하였다.

④ 19세기 초 홍경래·우군칙 등의 주도로 평안도에서 일어난 넓은 의미에서의 농민 반란을 말한다.

[5] 정답 ☞ ③

토지조사사업(1910~1918) : 일본이 한국의 식민지적 토지소유관계를 공고히 하기 위하여 시행한 대규모의 국토조사사업이다. 이 사업의 결과 이제까지 실제로 토지를 소유해왔던 수백만의 농민이 토지에 대한 권리를 잃고 영세소작인 또는 화전민·자유노동자로 전락하였고, 반면 조선총독부는 전국토의 40%에 해당하는 전답과 임야를 차지하는 대지주가 되었다.

[6] 정답 ☞ ①

① 통일신라시대에 설치된 지방세력을 통제하기 위한 방편으로 지방의 호족들을 일정기간 서울에 와서 거주하게 하던 제도를 말한다.

②, ③ 고려시대의 지방 호족세력들을 견제하기 위한 제도였다.

④ 조선시대 때 지방 군·현의 수령을 보좌하던 자문기관으로 지방의 풍기를 단속하고 향리의 악폐를 막기 위해 설치되었다.

[7] 정답 ☞ ①

① 신라 때 관리선발제도로서 독서출신과라고도 하며, 788년(원성왕 4년) 유교정치사상에 입각한 정치운영을 목적으로 국학 내에 설치하였다. 학생들의 독서능력에 따라 성적을 3등급으로 구분하여 관리로 선발하는 데 참조하였다.

[8] 정답 ☞ ②

② 고종 18년(1881) 5월 오군영으로부터 신체가 강건한 80명의 지원자를 특선하여 이들을 무위영에 소속케 한 중앙에 최초로 창설된 신식군대였다.

①, ③, ④ 고려 무신정권 때의 특수군대로 최우가 치안유지를 위해 설치한 야별초에서 비롯된 것이 삼별초이다. 야별초에서 소속한 군대가 증가하자 이를 좌별초와 우별초로 나누고 몽골병과 싸우다 포로가 되었다가 탈출한 병사들로 신의군을 조직하였다. 이렇게 좌별초, 우별초, 신의군을 합쳐서 삼별초라고 한다.

[9] 정답 ☞ ④

④ 이용후생학파(북학파)는 성리학의 문제점을 신랄하게 비판하였고 자연과학의 도입, 중소상공업의 육성, 기술혁신, 해외 통상 증진 등 국민의 경제를 향상할 모든 것에 관심을 갖고, 이른바 실학운동에 힘을 기울였다.

[10] 정답 ☞ ①

① 1927년 2월 '민족 유일당 민족협동전선'이라는 표어 아래 민족주의를 표방하고 민족주의 진영과 사회주의 진영이 제휴하여 창립한 민족운동단체이다.

② 1907년을 전후하여 일제가 보안법·신문지법 등의 악법을 만들어 반일적 색채를 띤 계몽운동을 탄압함에 따라, 사회계몽운동가들이 국권회복운동을 위해 비밀리에 조직한 단체이다.

③ 조선사편수회는 일본민족의 우위성을 고취하고 역사교육을 통해 한국민의 민족의식을 배제하고자 설립되었다.

④ 1921년 한글의 연구와 통일·발전을 목적으로 창립된 민간학술단체로 이윤재, 장지영, 김윤경, 최현배 등이 '조선어연구회'로 조직하였다가 1931년 '조선어학회'로 개칭하였다.

[11] 정답 ☞ ③

    ③ 1498년(연산군 4년) 김일손 등 신진사류가 유자광 중심의 훈구파에게 화를 입은 사건을 말한다.

[12] 정답 ☞ ③

    ⓔ 병인양요(1866년) - ⓛ 운요호 사건(1875년) - ⓐ 임오군란(1882년) - ⓒ 갑신정변(1884년)

[13] 정답 ☞ ④

    ① 법치질서를 정비하고자 대전회통과 대전조례를 간행하였다.

    ② 경복궁 중건을 위한 원납전과 당백전을 발행하였다.

    ③ 왕권강화를 꾀하기 위해 집권 양반의 정치권력이었던 비변사를 폐지하고 의정부의 기능을 부활시켰다.

    ④ 삼군부를 다시 설치하여 정치와 군사를 분리시켰다.

[14] 정답 ☞ ①

    ① 조선사연구초에서 낭가사상을 전통사상으로 강조하였고 조선상고사에서 '역사는 아(我)와 비아(非我)와의 투쟁'이라고 하였다.

    ② 한국통사와 한국독립운동지혈사를 저술하였으며 민족정신을 혼으로 파악하였다.

    ③ 조선사연구에서 조선의 얼을 강조하였고 조선 후기 실학운동의 학문적 성과를 계승 발전시켜 식민사관에 대응하였다.

    ④ 아시조선, 조선정신, 고사통, 조선독립운동사 등을 저술하였다.

[15] 정답 ☞ ②

    고구려 강서고분의 사신도는 도교의 영향을 받은 것으로 사신도에 해당하는 그림으로는 백호, 현무, 주작, 청룡이 있다.

[16] 정답 ☞ ①

    ① 동국통감 : 편년체로 된 우리나라 최초의 통사로서 세조 때 시작되어 성종 15년(1484년)에 서거정이 왕명으로 편찬하였다. 사대주의적인 체제, 방법이었으나 단군을 민족시조로 하여 우리 역사의 새로운 기점을 마련하였다.

[17] 정답 ☞ ②

    ② 처음에는 대원군이 천주교에 관대하였으나, 프랑스 세력을 끌어들여 러시아 세력을 견제하려던 계획이 실패로 돌아가고, 유생들의 강력한 요구와 병인양요로 인하여 천주교에 대한 대대적인 탄압이 가해졌다.

[18] 정답 ☞ ④

    ④ 함경감사였던 조병식은 일본의 경제적인 침략에 저항하여 1889년에 미곡 수출금지령인 방곡령을 발표한 사람이다.

[19] 정답 ☞ ②

    ② 대한민국 임시정부는 1919년 4월 18일 김규식을 전권대사로 임명하고 파리강화회의에 파견하였으며 각지에 외교관을 파견하는 등 독립에 대한 우리 국민의 열의를 만국에 호소하였다.

[20] 정답 ☞ ①

    ① 고려 우왕 3년(1377년) 승려 백운화상이 간행한 일종의 불서로서 현존하는 최고의 금속활자본이다.

[21] 정답 ☞ ④

    ④ 독립협회는 외세의존과 국권침탈의 위기 속에서 국난극복과 민권신장 및 부국강병을 위해 1896년 설립된 정치단체이다. 서구시민사상을 가진 서재필, 이상재 등과 상인, 농민, 노동자 및 백정출신까지 참여한 범국민적인 조직으로서 자주독립(자주국권), 자강혁신(자강개혁), 자유민권의 목표를 내세우고 독립신문을 간행하였다.

[22] 정답 ☞ ③

　　호우명 그릇은 5세기 신라 고분인 호우총에서 발견된 청동그릇으로, 그릇 뒤편에 '국강상광개토지호태왕'이라는 광개토대왕의 묘호가 새겨져 있어, 광개토대왕이 4세기 말 내물왕 때 신라의 요청으로 남부해안에 침범한 왜구를 토벌했다는 광개토대왕비의 내용을 증명해주는 유물이다.

[23] 정답 ☞ ②

　　신라 진흥왕의 정복활동을 나타내는 비문들이다. 한강진출(단양 적성비, 북한산 순수비), 낙동강 유역 지배(창녕비), 원산만 진출(황초령비, 마운령비)

[24] 정답 ☞ ④

　　④ 1498년(연산군 4년) 김일손 등 신진사류가 유자광 중심의 훈구파에게 화를 입은 사건이다. 사초(史草)가 발단이 되어 일어난 사화로 조선시대 4대 사화 가운데 첫 번째 사화이다. 무오사화는 연산군 4년에 일어난 일이다.

[25] 정답 ☞ ②

　　① 쌍영총 : 평안남도 용강군 용강면 안성리에 위치한 고구려시대의 벽화고분으로 인물풍속도와 사신도가 혼합된 벽화고분으로서 5세기 중반 또는 말경으로 편년된다.

　　② 고구려국내성고분벽화 : 고구려 국내성고분벽화의 일신도는 청룡을 타고 있는 듯한, 반인반수(半人半獸)로 보이는 형상의 남신이 삼족오(三足烏 : 不死鳥)가 들어 있는 해를 이고 구름에 싸여 비상하는 내용이다.

　　③ 안악 제3호분 : 황해도 안악군 용순면(龍順面) 유순리(俞順里)에 있는 고구려시대 벽화고분으로 벽화에는 대행렬도와 부엌 그림이 그려져 있다.

　　④ 무용총 : 중국 둥베이(東北) 지린성(吉林省) 지안현(集安縣) 퉁거우에 소재한 벽화로 생활풍속도가 주로 그려져 있다.

[26] 정답 ☞ ①

　　① 명륜당 : 서울의 성균관이나 지방의 각 향교에 부설되어 있는 건물로, 학생들이 모여서 공부를 하던 강당이다. 그러나 보통 명륜당이라고 할 때는 서울의 성균관에 부설되어 있는 건물을 가리킨다. 성균관의 유생들이 강학을 하던 곳으로, 왕이 이곳에 들러 유생들을 격려하거나 직접 유생들을 가르치고 그 실력을 시험했다.

　　② 경 당 : 고구려의 민간교육기관을 말한다.

　　③ 경회루 : 경복궁에 있는 누각으로 조선시대에 연회를 베풀던 곳이다.

　　④ 근정전 : 경복궁의 정전을 근정전이라 한다.

[27] 정답 ☞ ①

　　만적의 난 : 1198년(고려 신종 1) 최충헌의 사노(私奴) 만적이 중심이 되어 일으키려다 미수에 그친 노비해방 운동

[28] 정답 ☞ ②

　　① 청해진, ③ 신라관 : 신라 사신의 유숙소, ④ 신라원 : 신라인이 세운 사절

[29] 정답 ☞ ④

　　발해 : 699년에 고구려의 장수였던 대조영이 고구려의 유민과 말갈족을 거느리고 동모산에 도읍하여 세운 나라. 수도는 건국 초기를 제외하고 상경 용천부에 두고 '해동성국'이라 불릴 만큼 국세를 떨쳤으나 926년 거란(요)에 망함

[30] 정답 ☞ ④

　① 연맹체 → 고대국가, ② 6두품 → 6위 이찬까지, ③ 5두품 → 10위 대나마까지, 4두품 → 12위 대사까지

[31] 정답 ☞ ④

　별무반 : 고려 숙종 9년(1104)에 윤관이 조직한 군대. 여진 정벌을 위하여 기병을 중심으로 조직하였는데, 신기군·신보군·항마군의 세 부대로 편성하였음

　삼별초 : 고려 무신정권 때의 특수군대. 1219년(고종 6) 최충헌의 정권을 계승한 최우가 방도 등 치안유지를 위해 설치한 야별초에서 비롯된 것

　교정도감 : 고려시대 최충헌 이래 무신정권의 최고 정치기관

　도방 : 무신 정권 집권자의 사병 집단. 경대승이 신변 보호를 위하여 처음 설치하였음

[32] 정답 ☞ ④

　개주(開州)가 고려의 수도가 된 이후 개경·황성·경도 등으로 불리다가 조선시대에는 주로 송도·송경·중경·개성이라고 불리웠다.

[33] 정답 ☞ ①

　① 고려시대 과거제도에는 무관을 선발하는 무과는 없었으나 관학 7재 중의 하나인 무학재(강예재)에서 신체조건이 뛰어난 사람을 따로 뽑아 무반으로 충원하였다.

[34] 정답 ☞ ②

　상수리제도 : 통일 신라 때 지방 세력가인 호족을 수도로 불러 인질(볼모)로 삼는 제도

　＊ 기인제도 : 고려시대 때 향리의 자제를 수도에 데려다가 출신지의 일에 대한 자문에 대비한 정책

　＊ 사심관제도 : 고려시대 중앙의 고위관료들에게 출신 지방을 다스리도록 주었던 제도

　＊ 경저리제도 : 조선시대 중앙관리 중에 지방출신을 그 지방 경저리로 임명. 지방관청의 편의를 돕는 일종의 대행기관 또는 연락기관으로서, 당시의 경저인은한 고을이나 여러 고을의 사무를 서울에서 대행

[35] 정답 ☞ ②

　독립협회는 1896년(고종 33년)에 서재필, 안창호, 윤치호, 이승만 등이 서구의 개혁사상을 받아들여 우리 민족의 개화를 통한 자주국권, 자유민권, 자강개혁 사상을 주장했다.

[36] 정답 ☞ ①

　대비원 : 고려시대 가난한 백성의 질병 치료를 맡아보던 의료 구제기관. 문종 3년(1049)에 개성의 동·서 두 곳에 설치하였음

[37] 정답 ☞ ②

　대동법 실시 이후 과세 기준이 가호에서 토지결수로 바뀌었다. 그로인해 지주들의 부담은 증가하고, 농민들의 부담은 감소하였다.

[38] 정답 ☞ ②

　태평천국 운동은 멸만흥한(滅滿興漢)의 구호를 내걸고 홍수전이 광서성에서 일으킨 농민반란을 말한다. 그리스도교사상과 중국의 고유사상을 조화시켰고, 청조타도·토지의 균등분배·남녀평등을 주장하여 빈민층의 지지를 얻고 세력을 확대시켰다. 1853년에는 남경을 점령하여 수도로 정했다. 처음에 중립을 지키던 열강은 이권확보를 위해 청조를 원조했고 태평천국쪽에서도 내분이 일어나 쇠퇴하였다.

[39] 정답 ☞ ④

　7년 전쟁에서 영국이 승리하자 아메리카 식민지에 대해 설탕조례(1764년), 인지조례(1765년) 제정하여 관세징수를 요구해오자 식민지의 상인 등 지식인 계층이 주축이 되어 "대표없는 곳에 과세없다"는 구호를 앞

세워 강력 반발했다. 보스턴 차(茶) 사건과 더불어 미국 독립혁명의 계기가 된 사건이다.

[40] 정답 ☞ ④

④ 로마제정은 B.C 31년부터 A.C 17년까지 로마시대에서 제정이 시작되었고 로마제정을 시작한 사람은 옥티비아누스(아우구스투스)이다.

[41] 정답 ☞ ②

② 아편전쟁의 결과로 1842년에 체결된 것은 난징조약이다.

[42] 정답 ☞ ③

명예혁명은 1688년에 영국에서 의회가 제임스 2세 왕을 폐위하고 네덜란드 총독인 윌리엄과 메리부처를 왕으로 추대한 사건을 말한다. 유혈사태가 없었기 때문에 무혈혁명으로 불린다. 권리장전은 명예혁명의 결과 이루어진 인권선언이다.

[43] 정답 ☞ ②

① 소상인을 보호하는 정책으로 나라에서 필요한 공납품의 종류와 양을 미리 통보하여 필요물품은 대량생산지역에서 확보하고, 생산되지 않은 지역은 대체품으로 대납하게 하고, 납품한 물품이 불필요할 때는 타지역에서 매매하여 상인들의 공납에 대한 중간착취와 비리를 근절케 하는 법을 말한다.

② 농민의 구제와 국가재정의 확보를 위해 봄에 농민에게 싼 이자로 자금을 빌려주었다가 수확기에 현물이나 돈으로 갚게 하는 일을 말한다.

③ 국가의 역을 면제하여 주는 대가로 빈부의 차이에 따라 면역전을 걷었는데 5포제로 나누어 시행했다.

④ 중소상인들을 위한 법으로 대상인들의 고금리에 시달리는 중소상인들을 위해 국가가 저금리로 돈을 빌려주는 법을 말한다.

[44] 정답 ☞ ④

④ 경제면에서 자본주의가 확립됨으로써 완전한 시민 사회가 형성된 것은 산업혁명에 의해서이며, 정치·사회면에서 근대화의 성립은 프랑스혁명에 의해서이다.

[45] 정답 ☞ ①

갑신정변은 1884년 민씨정권을 무너뜨리고 청국과의 종속 관계를 청산하고자 개화파가 일으킨 정변으로 국민주권국가 건설을 지향한 최초의 정치 개혁 운동을 말한다. 신(申)은 원숭이에 비유된다.

[46] 정답 ☞ ①

파시즘은 자본주의 경제의 위기를 계기로 국가에 의한 경제 통제·감독을 행하는 형태로 발생하였고 무솔리니는 이러한 간섭주의를 혼합경제라고 불렀다. 전후의 몰락한 경제위기 속에서 전통적 프티부르주아들은 점차 급진화 되어 반자본주의적 성향을 띠면서 노동자계급의 혁명적 이데올로기로 기울었다.

[47] 정답 ☞ ②

대헌장 : 존의 실정(失政)에 견디지 못한 귀족들이 런던 시민의 지지를 얻어 왕과 대결, 템스 강변의 러니미드에서 왕에게 승인하도록 한 귀족 조항을 기초로 작성되었다.

[48] 정답 ☞ ①

신성동맹 : 1815년에 러시아, 오스트리아, 프러시아의 세 나라 군주가 파리에서 맺은 동맹. 기독교의 정신을 바탕으로 국내외의 정치에서 정의와 자애, 평화를 표방하였으나 실질적으로는 아무런 성과를 거두지 못한 무의미한 것이었다.

[49] 정답 ☞ ③

르네상스란 부활, 재생이라는 듯의 프랑스 말로 14 16세기에 그리스·로마 문화가 부활하고, 이를 바탕으로 학문, 예술, 사상 등에서 발생한 새로운 문화 운동을 말한다.

[50] 정답 ☞ ④

정치적 독립은 이루어졌으나 경제적인 지배는 벗어나지 못하였다.

5 문화 · 사회 · 환경

이것만은 알고 가자

※ 노벨상

시상분야 및 결정	• 노벨 평화상(노르웨이 국회 스토르팅의 추천에 의해 구성되는 노르웨이 노벨위원회에서 결정) • 노벨 물리학상(스웨덴 왕립 고등 과학원에서 결정) • 노벨 문학상(스웨덴 아카데미에서 결정) • 노벨 화학상(스웨덴 왕립 고등 과학원에서 결정) • 노벨 생리학·의학상(카롤린 의학연구소에서 결정) • 노벨 경제학상(스웨덴 왕립 고등 과학원에서 결정, 정식 명칭은 "알프레드 노벨을 기념하는 스웨덴 중앙은행 경제학상")
역대 노벨 평화상 수상자 (1996년 이후)	• 1996년 : 카를로스 벨루(동티모르), 주제 라모스 오르타(동티모르) • 1997년 : 지뢰금지국제운동(ICBL), 조디 윌리엄스(미국) • 1998년 : 데이비드 트림블(북아일랜드), 존 흄(북아일랜드) • 1999년 : 국경없는 의사회(MSF) • 2000년 : 김대중(한국) • 2001년 : 국제연합(UN), 코피 아난 사무총장 • 2002년 : 지미 카터(미국) • 2003년 : 시린 에바디(이란) • 2004년 : 왕가리 마타이(케냐) • 2005년 : 국제원자력기구(IAEA), 모하메드 엘바라데이 IAEA 사무총장 • 2006년 : 그라민은행, 무하마드 유누스(방글라데시) • 2007년 : 유엔 정부간 기후변화위원회(IPCC), 앨 고어(미국) • 2008년 : 마르티 아티사리(핀란드) • 2009년 : 버락 오바마(미국) • 2010년 : 류샤오보(중국) • 2011년 : 엘렌 존슨-설리프, 레이마 그보위(라이베리아), 타와쿨 카르만(예멘)

40 노벨상에 대한 설명으로 옳은 것은?

① 노벨 평화상, 문학상, 물리학상 등의 모든 분야의 수상자는 스웨덴 왕립 고등 과학원에서 결정된다.

② 노벨평화상 수상자는 단체가 아닌 개인에 대해서만 시상한다.

③ 노벨평화상은 매년 1명의 수상자만을 정하므로 공동수상은 허용되지 않는다.

④ 대한민국의 김대중과 미국의 버락 오바마는 대통령 재직중 노벨평화상을 수상하였다.

> **정답** ④
>
> ① 노벨평화상은 노르웨이 노벨위원회에서 수상자를 결정한다. ② ③ 국경 없는 의사회(MSF), 국제연합(UN), 국제원자력기구(IAEA) 등 단체도 수상자가 될 수 있으며, 공동수상자 선정도 가능하다.

※ 필즈상

국제 수학자 연맹이 4년마다 개최하는 국제 수학자 회의에서 40세가 되지 않은 두서너 수학자에게 수여하는 상이다. 필즈상 수상은 수학자들에게 가장 큰 영예로 여겨진다.

필즈상은 캐나다 수학자 필즈의 유언에 따라 그의 유산을 기금으로 만들어진 상이다. 수학 부문에서 권위가 있는 상이라 하여 세인들이 흔히 "수학의 노벨상"이라고도 부르지만, 노벨상 위원회와는 관련이 없다.

연도	개최지	수상자
1936	노르웨이 오슬로	라르스 알포르스(핀란드), 제시 더글러스(미국)
1950	미국 케임브리지	로랑 슈바르츠(프랑스), 아틀레 셀베르그(노르웨이)
1954	네덜란드 암스테르담	고다이라 구니히코(일본), 장피에르 세르(프랑스)
1958	영국 에든버러	클라우스 로스(영국), 르네 톰(프랑스)
1962	스웨덴 스톡홀름	라르스 회르만데르(스웨덴), 존 밀노어(미국)
1966	소련 모스크바	마이클 아티야(영국), 폴 코헨(미국), 알렉산더 그로텐디크(무국적자), 스티븐 스메일(미국)
1970	프랑스 니스	앨런 베이커(영국), 히로나카 헤이스케(일본), 세르게이 노비코프(소련), 존 G. 톰프슨(미국)
1974	캐나다 밴쿠버	엔리코 봄비에리(이탈리아), 데이비드 멈퍼드(미국)
1978	핀란드 헬싱키	피에르 들리뉴(벨기에), 찰스 페퍼먼(미국), 그리고리 마르굴리스(소련), 대니얼 퀼런(미국)
1982	폴란드 바르샤바	알랭 콘느(프랑스), 윌리엄 서스턴(미국), 야우싱퉁(미국)
1986	미국 버클리	사이먼 도널드슨(영국), 게르트 팔팅스(독일), 마이클 프리드먼(미국)
1990	일본 교토	블라디미르 드린펠트(소련), 본 존스(뉴질랜드), 모리 시게후미(일본), 에드워드 위튼(미국)
1994	스위스 취리히	예핌 젤마노프(러시아), 피에르루이 리옹(프랑스), 장 부르갱(벨기에), 장크리스토프 요코즈(프랑스)
1998	독일 베를린	리처드 보처즈(영국), 윌리엄 고워스(영국), 막심 콘체비치(러시아), 커티스 맥멀린(미국)
2002	중국 베이징	로랑 라포르그(프랑스), 블라디미르 보예보츠키(러시아)
2006	스페인 마드리드	안드레이 오쿤코프(러시아), 그리고리 페렐만(러시아), 테렌스 타오(오스트레일리아), 벤델린 베르너(프랑스)
2010	인도 하이데라바드	스타니슬라프 스미르노프(러시아), 엘론 린덴스트라우스(이스라엘), 응오바오쩌우(베트남), 세드릭 빌라니(프랑스)
2014	대한민국 서울	미정

41 필즈상에 대한 설명으로 옳지 않은 것은?

① 수학계의 노벨상으로 불리나 노벨위원회와는 연관이 없는 별도의 상이다.

② 4년 마다 열리는 국제수학자회의에서 수상자를 발표한다.

③ 만 40세 이하의 수학자만을 수상자로 하며, 우리나라 출신 수상자도 배출된 바 있다.

④ 우리 나라는 2014년 국제수학자회의를 개최할 예정이다.

정답 ③

2011년 현재 우리나라 출신 수상자는 배출된 바 없다. 2014년 국제수학자회의가 우리나라에서 개최되므로 이때 우리나라 출신 수상자가 최초로 탄생할 수 있을 지 기대감이 커지고 있다.

※ 이명박 정부의 5대 국정지표

섬기는 정부	• 정부조직 개편, 공기업 민영화·효율화, 행정규제 개혁 • 엄격한 법질서 확립
활기찬 시장경제	• FTA의 적극적 추진과 투자 유치, 과감한 규제개혁과 기술혁신 촉진 • 개발과 환경의 조화, 시장성과 공공성의 조화
능동적 복지	• 생산적 복지와 맞춤형 복지, 빈곤의 대물림 차단, 일·여가·교육을 3대 엔진으로 하는 복지, 고령화사회 대응 • 지도층의 노블리스 오블리주, 사회적 자본 함양
인재대국	• 교육개혁, 대학경쟁력 강화, 평생직업능력 개발 • 과학기술 투자, 우수 과학 인재 유치
성숙한 세계국가	• 비핵·개방·3000구상, 21세기 창조적 한미동맹 • 新아시아 비전 외교, 한반도 경제공동체

42 이명박 정부의 5대 국정지표가 아닌 것은?

① 섬기는 정부

② 활기찬 시장경제

③ 보편적 무상복지

④ 인재대국

정답 ③

'능동적 복지'가 이명박 정부의 5대 국정지표에 포함된 내용이다.

※ **한국의 유네스코 인류무형문화유산**(괄호안은 등재연도)

① 종묘 및 종묘제례악(2001)　　② 판소리(2003)　　③ 강릉단오제(2005)
④ 강강술래(2009)　　⑤ 남사당(2009)　　⑥ 영산재(2009)
⑦ 제주 칠머리당영등굿(2009)　　⑧ 처용무(2009)　　⑨ 가곡(2010)
⑩ 대목장(2010)　　⑪ 매사냥(2010)

 유네스코 인류무형문화유산에 등재된 우리 무형문화유산이 아닌 것은?

① 판소리

② 씨름

③ 매사냥

④ 강릉단오제

> **정답** ②
>
> 2011년 현재까지 등재된 우리의 인류무형문화유산들을 참고

※ 환경오염과 공해관련 용어의 정리

오존층 파괴	성층권의 오존층 농도가 급격히 감소해 오존층에 구멍이 뚫린 것처럼 보이는 현상. 원인물질로는 프레온(염화불화탄소), 할론, 산화질소, 메틸브로마이드 등이 있다.
온실효과	대기 중의 수증기, 이산화탄소, 오존 따위가 지표에서 우주 공간으로 향하는 적외선 복사를 대부분을 흡수하여 지표의 온도를 비교적 높게 유지하는 작용. 빛은 받아 들이고 열은 내보내지 않는 온실과 같은 작용을 하는 것에서 유래. 원인물질로는 이산화탄소, 사염화탄소, 프레온가스, 질소산화물 등이 있다.
부영양화	호수와 같은 노화된 수중 생태계 안에서 인·질소 및 다른 식물 자양분들의 농도가 점진적으로 증가되는 상태. 부영양화가 일어나면 수중의 질소나 인 등의 영양분이 과다해져 식물성 플랑크톤 등의 생물이 이상 번식하여 적조현상이 일어난다.
황사	봄철에 중국이나 몽골의 사막에 있는 모래와 먼지가 편서풍을 타고 멀리 날아가는 현상을 말한다. 최근 중국의 급격한 공업화로 인해 급증한 오염물질들이 황사를 타고 이동하여 큰 문제가 되고 있다.
POPs	잔류성 유기오염물질. 일반적으로 내분비계 장애물질이라고도 알려져 있으며, 주로 인간의 생산활동이나 폐기물의 처리과정에서 생성되는 인공적인 산물이다. 독성·잔류성·생물농축성 및 장거리이동성 등의 특성을 지니고 있어 사람과 생태계를 위태롭게 하는 물질로서, 다이옥신 등 잔류성 유기오염물질에 관한 스톡홀름협약에서 정하는 것을 말한다.

44 다음 중 오존층 파괴물질이 아닌 것은?

① 프레온가스   ② 할 론   ③ 이산화탄소   ④ 산화질소

> **정답** ③
> 이산화탄소는 오존층 파괴물질에 포함되지 않으나, 온실효과를 유발하는 물질로 분류된다.

45 다음 중 온실효과를 유발하는 가스로 볼 수 없는 것은?

① 일산화탄소   ② 프레온가스   ③ 질소산화물   ④ 이산화탄소

> **정답** ①
> 일산화탄소는 온실효과를 유발하는 물질에 포함되지 않는다.

언어 수리 추리 직무상식

※ 환경보호를 위한 국제협약

GR (Green Round)	환경 보전을 위한 다자간 협상.
리우회의	인간환경회의 20주년을 기념하여 1992년 6월 3일부터 14일까지 12일간 브라질의 리우데자네이루에서 세계 185개국 대표단과 114개국 정상 및 정부수반들이 참여하여 지구환경보전 문제를 논의한 회의. 이때 정부 대표가 중심이 된 '유엔환경개발회의'(UNCED ; United Nations Conference on Environment & Development, 일명 Earth Summit)와 각국 민간단체가 중심이 된 '지구환경회의'(Global Forum '92)가 함께 개최되었는데, 이를 '리우회의'라 한다.
몬트리올 의정서	오존층 파괴물질의 규제에 관한 국제협약. 정식명칭은 '오존층 파괴 물질에 관한 몬트리올 의정서'(Montreal Protocol on Substances that Deplete the Ozone Layer)로 오존층의 파괴 예방과 보호를 위해 제정한 국제협약을 말한다. 이 협약은 1989년 1월에 발효되었다.
교토의정서	지구 온난화의 규제 및 방지를 위한 국제협약인 기후변화협약의 수정안이다. 이 의정서를 인준한 국가는 이산화탄소를 포함한 여섯 종류의 온실가스의 배출량을 감축하며, 배출량을 줄이지 않는 국가에 대해서는 비관세 장벽을 적용하게 된다.
기후변화 협약	지구온난화 방지를 위한 온실가스의 규제 등 지구의 온난화를 규제·방지하기 위한 국제협약이다. 리우환경협약이라고도 한다.
생물다양성협약	CBD(Convention on Biological Diversity). 지구상의 생물종을 보호하기 위해 마련된 협약이다.
바젤협약	유해폐기물의 국가 간 이동 및 처리에 관한 국제협약.
런던협약	폐기물이나 다른 물질의 투기를 규제하는 해양오염 방지조약.
람사협약	물새의 서식지로, 국제적으로 중요한 습지를 보호하기 위해 각국의 협력으로 맺어진 조약.
스톡홀름 협약	잔류성 유기오염물질(POPs)의 제조와 사용을 금지하는 조약. POPs(Persistent Organic Pollutants; 잔류성 유기오염물질)은 분해되기 어렵고, 식물연쇄 등으로 생물의 체내에 축적되기 쉬우며, 극지 등에 축적되기 쉽다. 사람의 건강과 생태계에 유해성이 있는 성질을 갖는 화학물질을 말한다.

46 오존층 파괴물질을 규제하기 위해 생겨난 협정은?

① 몬트리올 의정서

② 바젤협약

③ 리오선언

④ 런던협약

> **정답** ①
>
> 몬트리올 의정서는 오존층 파괴 물질인 염화불화탄소(CFCs)의 생산과 사용을 규제하려는 목적에서 제정한 협약이다.

47 다음 중 교토의정서에 대한 설명으로 틀린 것은?

① 한국은 온실가스 감축의무대상국에서 탈퇴하였다.

② 미국은 교토의정서에 서명을 하지 않았다.

③ 1997년 일본 교토에서 열린 제3차 당사국 총회에서 채택되었다.

④ 2012년까지 의무이행 대상국은 온실가스 배출량을 1990년 대비 평균 5.2% 감축해야 한다.

> **정답** ①
>
> 대한민국은 2002년 11월에 대한민국 국회가 이 조약을 비준하였으나 개발도상국으로 분류가 되어 온실가스 감축의무는 없으며, 대신 공통의무인 온실가스 국가통계 작성 및 보고의무는 부담한다.

※ 구제역(口蹄疫, foot–and–mouth disease, hoof–and–mouth disease)

소와 돼지 등 가축에 대한 전염성이 높은 급성 바이러스성 전염병의 하나이다. 사슴이나 염소, 양과 기타 소과 우제류 가축들, 그리고 코끼리, 쥐, 고슴도치 등 발굽이 두개로 갈라진 가축들(우제류)에게 감염된다. 사람에 영향을 미치는 경우는 매우 드물며, 일반적으로 별다른 치료를 하지 않는다. 대한민국에서는 제1종 가축전염병으로 지정되어 있다.

감염된 가축은 고열이 발생하지만 이틀에서 사흘이 지나면 열이 가라앉는다. 또 입 속에 생기는 수포로 인해 거품이 많고 끈적끈적한 침을 심하게 흘린다. 발굽에도 수포가 생겨 터지기도 하며 걸음을 절뚝거린다. 다 자란 개체의 경우 체중 감소를 겪기도 하며 이런 체중 감소는 몇 달 동안 회복되지 않는다. 수컷의 경우 고환이 부풀기도 하며, 젖소의 우유 생산량이 급격히 감소할 수 있다. 감염된 가축 대부분이 회복되지만, 특히 어린 개체의 경우 심근염 등이 발생하여 폐사하기도 한다. 잠복기는 평균 2일에서 일주일 정도이나, 세계동물보건기구(영어 : OIE, Office International des Epizooties)에서는 최대 잠복기를 14일로 정하였다.

〈구제역 농가 행동지침〉

구제역은 섭씨 50도에서 완전히 사멸하는 것으로 전국 확산의 우려가 있으므로 농가는 아래 구제역 행동 지침을 완전히 숙지하고 행동하여야 한다. 이 지침을 준수하지 않아 질병이 발생할 때에는 보상 대상에서 제외된다.

1. 농장을 폐쇄하고 꼭 필요한 물품과 사람만을 출입시켜야 한다.
2. 꼭 필요한 외출만을 하고 각종 농가 모임은 참석하지 않으며 외출복을 입고 외양간으로 가는 일은 없어야 한다.
3. 구제역 균의 사멸은 섭씨 50도이므로 과립 생석회를 우사 내 외부에 2일 간격으로 살포한다. 외양간 내부에 살포시 화재 위험이 있으므로 비료 살포하듯이 살포하며 절대로 한 군데 많은 양을 살포하면 안된다.
4. 출입구에는 출입구 폭만큼 2미터 길이로 두텁게 생석회를 살포한다.
5. 자체 소독을 강화하되 최소 3일 간격으로 소독하고 소독일지는 반드시 작성한다.
6. 이상이 있는 소를 발견하면 즉시 가축 위생시험소나 행정 시청, 군청에 신고한다.

48 구제역에 대한 설명으로 옳지 않은 것은?

① 인수공통 전염병으로 브루셀라(Brucella)병이라고도 한다.

② 소, 돼지, 양, 염소, 사슴 등 발굽이 둘로 갈라진 동물(우제류)에 감염되는 질병이다.

③ 국제수역사무국(OIE)에서 A급으로 분류, 우리나라 제1종 가축전염병으로 지정되어 있다.

④ 구제역 바이러스는 적당한 조건만 갖춰지면 공기에 의해 수십 km 떨어진 곳에서도 발생한다.

> **정답** ①
>
> 소나 돼지에게 흔히 볼 수 있는 2종 법정가축전염병으로 사람에게도 전파되는 인수 공통 전염병으로 구제역과 구별된다.

※ 주거와 생활권

환경권	인간이 건강하고 쾌적한 생활을 유지하는 데 필요한 모든 조건을 충족시키는 양호한 환경을 구하는 권리
일조권	햇빛을 받아 쬘 수 있다는 법률상의 권리
조망권	먼 곳을 바라볼 수 있는 권리
NIMBY현상 (Not In My Backyard)	장애인 시설, 쓰레기 소각장, 하수 처리장, 화장장, 핵폐기물 처리장 등의 혐오시설물이 '내 뒷마당에서는 안 된다'는 의미로 지역이기주의를 대표하는 말이다.
IMFY현상 (In My Front Yard)	자기 지역에 이득이 되는 시설을 유치하거나 관할권을 차지하려는 현상. 세수원 확보나 지역발전에 영향을 미치는 행정구역 조정, 정수장 관리, 청사유치 등을 위한 적극적 활동을 의미
PIMFY현상 (Please In My Front Yard)	연고가 있는 자기 지역에 수익성 있는 사업을 유치하고자 하는 현상

(49) 쓰레기 소각장, 장례시설 등이 주변에 세워지는 것을 반대하는 지역이기주의를 일컫는 말로 "내 뒷마당에서는 안 된다" 는 의미를 지닌 용어는?

① 님비현상

② 모럴 해저드

③ 임피현상

④ 핌피현상

> **정답** ①
> NIMBY현상에 대한 설명이다.

※ 환경오염으로 인한 공해병

병명	원인물질
이타이이타이병	카드뮴
미나마타병	메틸수은
진폐증	각종 분진
악성중피종	석면
코연골 뚫림병	6가 크롬

50 각종 공해병과 원인물질을 짝지어 놓은 것으로 잘못된 것은?

① 악성중피종 - 석면

② 미나마타 병 - 수은

③ 이타이이타이 병 - 비소

④ 코연골 뚫림 병 - 6가 크롬

> **정답** ③
>
> 이타이이타이병의 원인물질은 카드뮴이다.

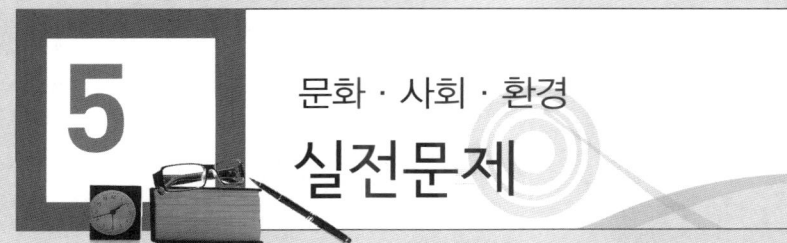

5 문화 · 사회 · 환경 실전문제

1. 노벨상 중 유일하게 스웨덴이 아닌 노르웨이의 오슬로에서 시상하는 상은 무엇인가?

① 평화상　　　　② 경제상
③ 문학상　　　　④ 물리학상

2. 김연아의 광고 속 노래인 씽씽송과 원더걸스의 텔미와 같이 중독성 있는 노래를 일컫는 용어는? [SSAT 기출문제 유형]

① 팝송　　　　② 댄스곡
③ CM송　　　　④ 후크송

3. 다음 중 음악의 빠르기가 느린 것부터 빠른 순서로 옳게 나열된 것은?

① Adagio → Andante → Allegro → Largo
② Largo → Adagio → Andante → Allegro
③ Allegro → Largo → Adagio → Andante
④ Andante → Allegro → Largo → Adagio

4. 다음 중 작가와 작품의 연결이 옳지 않은 것은?

① 바람과 함께 사라지다 – 마가렛 미첼
② 레미제라블 – 빅토르 위고
③ 죄와 벌 – 톨스토이
④ 돈키호테 – 세르반테스

5. 다음 중 난청이 진행되어 청력을 잃은 베토벤이 연주가 끝난 후 청중의 열화와 같은 박수소리를 듣지 못했다는 일화로 유명한 베토벤 최후의 교향곡은 무엇인가?

① 운명　　　　② 합창
③ 전원　　　　④ 비창

6. 다음 중 오페라와 관계가 없는 것은?

① 오라토리오
② 프리모우모
③ 아리아
④ 모차르트의 피가로의 결혼

7. 다음 영화제에 대한 설명으로 옳지 않은 것은?

① 로카르노영화제는 신인감독 위주의 영화제이다.
② 가장 오래된 영화제는 베니스영화제이다.
③ 3대 국제영화제는 베를린, 칸, 베니스영화제이다.
④ 칸 영화제에서는 금곰상, 은곰상 등이 수여된다.

8. 다음 중 후기인상파 화가가 아닌 것은?

① 피카소　　　　② 고흐
③ 고갱　　　　④ 세잔

9. 다음 중 춤곡에 해당하지 않는 것은?

① 폴카　　　　② 왈츠
③ 발라드　　　　④ 미뉴에트

10. 다음 중 진경산수화를 그린 사람은 누구인가?

① 안견   ② 정선

③ 김정희   ④ 김홍도

11. 다음 중 영화와 직접적인 관련이 없는 상은 무엇인가?

① 대종상   ② 아카데미상

③ 퓰리처상   ④ 골든글로브상

12. 다음 중 자유로운 형식의 기악곡을 무엇이라고 하는가?

① 발라드   ② 칸타빌레

③ 포르타멘트   ④ 허밍

13. 다음 중 슈베르트의 3대 가곡집에 속하지 않는 것은?

① 겨울 나그네   ② 백조의 노래

③ 호두까기 인형   ④ 소녀의 기도

14. 다음 중 미술에 있어서의 인상주의에 속하지 않는 화가는?

① 마네   ② 달리

③ 모네   ④ 피사로

15. 다음 중 이야기 본위의 영화작법에 대하여 영상의 주체성을 주장한 제2차 세계대전 후의 프랑스 영화 운동은 무엇인가?

① 앙티로망   ② 오프 브로드웨이

③ 마카로니 웨스턴   ④ 누벨바그

16. 오스트리아 출신 작곡가로 영화 아마데우스의 실제 모델이었던 사람의 작품이 아닌 것은?

[SSAT 기출문제 유형]

① 반짝반짝 작은 별   ② 피가로의 결혼

③ 레퀴엠   ④ 아이다

17. 다음 중 대중문화의 특색을 옳게 설명한 것은?

① 대중들이 선호하는 것과 같이 다양한 것을 말한다.

② 인간의 감성을 풍부하게 하는 것을 말한다.

③ 평균적이고 획일화된 것을 말한다.

④ 대중들의 이익을 대변하는 것을 말한다.

18. 다음 중 지적재산권 협약과 관련이 있는 협약은?

① 마스트리트조약

② 베른협약

③ 바젤협약

④ 샌프란시스코 강화회의

19. 다음 중 세계 4대 뮤지컬에 해당하지 않는 작품은?

① 레미제라블(Les Miserable)

② 오페라의 유령(Phantom of the Opera)

③ 맘마미아(Mamma Mia!)

④ 켓츠(Cats)

20. 우리나라와 북한의 국보 1호가 옳게 짝지어진 것은?

① 숭례문 – 평양성

② 경복궁 – 평양성

③ 숭례문 – 보통문

④ 경복궁 – 보통문

21. 뛰어난 미술품이나 예술작품을 보았을 때 순간적으로 느끼는 각종 정신적 충동이나 분열증상을 뜻하는 것은?

① 매너리즘   ② 스탕달신드롬

③ 리리시즘   ④ 아우라

22. 다음 중 차례상의 규칙에 속하지 않는 것은?

① 조율이시   ② 홍동백서

③ 두동미서   ④ 좌포우혜

언어

수리

추리

직무상식

23. 경력이 있는 신인감독을 대상으로 하는 영화제는?

① 베니스 영화제

② 칸 영화제

③ 로카르노 영화제

④ 부산국제 영화제

24. 다음 중 클레이메이션 기법과 거리가 먼 것은?

① 움직이지 않는 점토덩어리를 움직임을 갖게 하는 애니메이션이다.

② 인형, 나무, 과일 등 클레이 동작의 자유로움을 나타낼 수 있으나 캐릭터의 다양한 표정과 색채를 구사할 수 없다는 단점이 있다.

③ 영화적 리얼리즘과 애니메이션이 합쳐진 영상이다.

④ 찰흙처럼 보이는 플라스티신(Plasticine)이라는 소재로 만든 인형을 사용하며, 재료는 플라스티신 외에도 말랑말랑한 폼(Foam) 라텍스, 실리콘, 레진 등이 쓰인다.

25. 다음 중 블록버스터에 대한 설명으로 맞는 것은?

① 제작 분량이 적은 단편영화

② 대규모 흥행을 목적으로 막대한 자본을 들여 제작한 영화

③ 다큐멘터리 형식의 영화

④ 작품성에 초점을 맞춘 예술적인 영화

26. 다음 중 브로드웨이에 올려진 연극을 대상으로 시상하는 '연극의 아카데미상' 이라 불리우는 상은 무엇인가?

① 토니상

② 에미상

③ 템플턴상

④ 골든글로브상

27. 모놀로그(monologue)란 무엇을 의미하는가?

① 등장인물이 특정의 상대에게 들려주기 위해서 하는 대사가 아닌 혼자만의 극의 대사를 말한다.

② 연극을 개막하기에 앞서 하는 작품의 내용이나 작자의 의도 등에 관한 해설을 말한다.

③ 연극 막 사이에 들려주는 극 내용에 대한 배경 설명을 말한다.

④ 소설이나 시 등의 맺음 부분으로 연극에서는 극의 종말에 추가한 끝 대사 또는 보충한 마지막 장면을 말한다.

28. 다음 중 넌버벌 퍼포먼스의 구성요소가 아닌 것은?

① 몸짓

② 대사

③ 소리

④ 비트

29. 스페인 태생의 프랑스 화가로 입체파를 대표하는 화가이자 20세기 최대의 거장이 된 인물로 '게르니카' 등을 그린 화가는?

① 피카소

② 고흐

③ 렘브란트

④ 세잔

30. 자연을 대상으로 한 사실 묘사에서 이것의 특정 부분을 강조하거나 왜곡하여 변형시키는 미술기법은?

① 미니멀리즘

② 레디메이드

③ 키치

④ 데포르마시옹

31. 다음 중 사신도(四神圖)의 신과 4방위의 연결이 잘못된 것은?

① 동쪽 – 청룡

② 서쪽 – 백호

③ 남쪽 – 해태

④ 북쪽 – 현무

32. 다음 중 3원3재(三園三齋) 중 3원에 속하지 않는 사람은?

① 김홍도　　　　② 신윤복
③ 심사정　　　　④ 장승업

33. 다음 중 미술 분야의 삼원색에 속하지 않는 것은?

① 빨강　　　　② 파랑
③ 노랑　　　　④ 흰색

34. 다음 중 기악의 연주형태가 잘못된 것은?

① 현악 3중주 − 바이올린, 비올라, 첼로
② 피아노 4중주 − 바이올린, 피아노, 첼로, 비올라
③ 클라리넷 3중주 − 바이올린, 피아노, 클라리넷
④ 현악 4중주 − 바이올린, 비올라, 첼로, 더블베이스

35. 다음 중 형식에 구애됨이 없이 악상이 떠오르는 대로 자유로이 작곡한 작품은?

① 환상곡　　　　② 아리아
③ 칸타타　　　　④ 세레나데

36. 오페라의 주인공이 부르는 독창곡을 무엇이라 하는가?

① 오라토리오　　　　② 아리아
③ 칸타타　　　　④ 소나타

37. 다음 중 성악의 성부에서 남성의 제일 높은 음역부터 낮은 음역까지 옳게 나열된 것은?

① 테너 − 베이스 − 바리톤
② 베이스 − 바리톤 − 테너
③ 테너 − 바리톤 − 베이스
④ 알토 − 베이스 − 테너

38. 다음 중 설명이 틀린 것은?

① 플라멩코는 스페인 남부의 안달루시아 지방에서 전해져 내려오는 민요와 무용을 말한다.
② 일정한 관념이나 사물을 묘사하기 위해 곡명으로서 표제를 붙인 음악을 표제음악이라 한다.
③ 오페라에서 제1여가수를 프리마돈나라 하며, 상대역 남자 가수를 테너라 한다.
④ 세계 3대 교향곡은 차이코프스키의「비창」, 베토벤의「운명」, 슈베르트의「미완성」등을 말한다.

39. 형식과 내용면에서 비교적 자유로운 환상곡풍의 기악곡으로서 광시곡이라고도 불리는 것은?

① 세레나데　　　　② 소나타
③ 랩소디　　　　④ 미뉴에트

40. 다음 중 현재 사용되고 있는 좌파, 우파의 용어를 처음으로 사용한 시기는?

① 프랑스혁명
② 중국의 문화대혁명
③ 쿠바혁명
④ 러시아혁명

41. 미국의 흑인이 백인음악과의 접촉을 통해서 낳은 도시형 음악은?

① 힙합　　　　② 레게
③ 블루스　　　　④ 재즈

42. 다음 중 세계 민속음악에 대한 설명이 잘못된 것은?

① 칸초네의 특징은 멜로디가 밝고 누구나 쉽게 부를 수 있으며 내용도 단순하고 솔직하게 표현한 사랑의 노래가 많은 데 있다.

② 탱고는 아르헨티나의 수도 부에노스아이레스의 다운타운에서 발생하여 유럽으로 건너가 유행했다.

③ 삼바는 인디언들의 민속무용을 바탕으로 한 것이라 하며, 여럿이 원무를 추거나 행렬을 지어 행진하면서 추는 것이 특색이다.

④ 살사는 흔히 라틴음악의 복합적인 요소와 미국적 재즈 및 다양한 리듬과 스타일이 섞여 있는 음악이라 할 수 있다.

43. 다음 우리나라 국악기 중 현악기에 속하지 않는 것은?

① 해금　　　　　② 당적
③ 금슬　　　　　④ 아쟁

44. 다음 중 판소리에서 고수가 흥을 돋우기 위해 붙이는 말은 무엇인가?

① 발림　　　　　② 내드림
③ 아니리　　　　④ 추임새

45. 다음 중 판소리에 대한 설명이 틀린 것은?

① 판소리에서 1고수 2명창이란 말은 고수의 중요성을 말해주고 있다.

② 판소리 다섯마당은 춘향가, 심청가, 흥보가(박타령), 수궁가(토별가), 적벽가를 일컫는다.

③ 동편제는 수식과 기교가 많아 자상하며 듣는 사람의 애간장을 녹이는 듯한 감상적인 면이 강조되는 소리이다.

④ 판소리의 구성요소는 창, 아니리, 추임새, 발림 등이다.

46. 다음 국악과 서양 음악에서 '매우 빠르게' 를 나타내는 장단을 옳게 묶어 놓은 것은?

① 엇모리 – 프레스토
② 휘모리 – 알레그로
③ 중모리 – 모데라토
④ 자진모리 – 안단티노

47. 다음 중 각 지역 민요의 특징을 설명한 것으로 틀린 것은?

① 경기민요는 가락이 맑고 부드러우며 경쾌하고 서정적이다.

② 전라민요는 격렬하게 떠는 음과 꺾는 음을 사용하며 가락이 구성지다.

③ 강원민요는 높은 음에서 낮은 음으로 내려오는 구조가 많고 애절하며 순박하다.

④ 제주민요는 쾌활하고 활동적이며 억양이 강하다.

48. 다음 중 베토벤이 작곡한 음악으로만 묶어진 것은?

가. 사계	나. 합창
다. 마왕	라. 월광 소나타
마. 마술피리	바. 숭어
사. 엘리제를 위하여	아. 피가로의 결혼

① 가, 다, 마　　　② 나, 라, 사
③ 나, 바, 아　　　④ 가, 사, 아

49. 다음이 설명하고 있는 것은?

> 액션을 과장한 희극으로 어수선하고 소란스러운 소극을 일컫는 말이다. 이 희극의 형식은 영화에서도 이용되었는데, 과장되고 우스꽝스러움 속에 사회풍자와 반역정신을 담고 있어 한때 큰 인기를 끌었다. 이것의 대표적인 배우로 찰리 채플린이 있다.

① 판토마임(pantomime)

② 스크루볼 코미디(screwball comedy)

③ 슬랩스틱 코미디(slapstick comedy)

④ 블랙코미디(black comedy)

50. 도시의 생물다양성을 높이기 위해 인공으로 조성하는 소생물권을 가리키는 용어는 무엇인가?

① 블루벨트   ② 그린벨트

③ 생태계 연결지대   ④ 비오토프

5

문화 · 사회 · 환경 실전문제
정답 및 해설

[1] 정답 ☞ ①

노벨상 : 매년 12월 10일(노벨의 사망일)에 스웨덴에서 6개 부문(평화상, 문학상, 물리학상, 화학상, 생리의학상, 경제학상)에 걸쳐 인류 발전에 공헌한 사람들에게 주어지는 상으로 유일하게 평화상은 노르웨이 오슬로에서 시상한다.

[2] 정답 ☞ ④

짧은 후렴구의 반복된 가사로 듣는 사람에게 흥겨움을 유발시키는 음악장르를 말한다.

[3] 정답 ☞ ②

음악의 빠르기 순서 : Largo(아주 느리게) → Adagio(느리게) → Andante(느리게) → Allegro(빠르게)

[4] 정답 ☞ ③

① 마가렛 미첼은 1925년부터 남북전쟁과 전후의 재건시대를 배경으로 한 역사소설 『바람과 함께 사라지다 Gone with the Wind』(1936)를 10년이 넘도록 계속 집필하였다. 그 해에 100만부를 넘는 베스트셀러가 되었고 국내외에서 기록적인 독자를 획득하였다. 1937년에는 퓰리처상을 받았으며 발간 후 즉시 영화화되어 아카데미 작품상을 비롯 8개 오스카상을 수상하였다.

② 프랑스의 대문호 빅토르 위고의 장편소설로서 1862년에 간행되었으며, 인도주의적인 세계관으로 일관된 파란만장한 서사시적 작품으로서 낭만주의 문학의 대표작이다. 한국에서는 1918~1919년 우보 민태원이 매일신보에 『애사(哀史)』란 제목으로 번안하여 처음 연재하였다.

③ 죄와 벌은 러시아의 작가 도스토예프스키의 장편소설로서 1866년 잡지 『러시아 통보(通報)』에 발표된 세계 문학 걸작의 하나로 한국에서도 애독되는 작품이다. 작자는 그리스도교적 신앙의 입장에서 서구의 합리주의 · 혁명사상을 단죄하려고 한 것같이 보이지만 작품은 그러한 의도를 뛰어넘어 폐색적인 시대상황 속에서 인간 회복에의 원망을 호소하는 휴머니즘을 표출하였다.

④ 에스파냐의 작가 세르반테스의 풍자소설로서 정식표제는 『재기 발랄한 향사 돈키호테 데라만차El Inge-nioso—Hidalgo Don Quixote de la Mancha』이다. 전편은 1605년, 후편은 1615년에 출판했다. 이 이야기는 결코 단순한 익살이나 풍자소설이 아니다. 프랑스의 비평가 A.티보데는 '인류의 책'이라 불렀지만, 진정으로 '인간'을 그린 최초, 최고의 소설이라는 격찬을 받기도 하였다.

[5] 정답 ☞ ②

② 1822년~1824년 초에 작곡된 것으로 베토벤 최고의 걸작으로 꼽는다. 9번의 교향곡 중에서 규모가 가장 크고, 베토벤의 후기 양식을 대표하는 작품이다. 1824년 5월 빈에서 베토벤이 스스로 지휘봉을 잡고

초연하였는데, 당시 베토벤은 청력을 잃은 상태라 마지막 악장을 마쳤을 때 음악이 끝난 것도 몰랐고, 청중의 박수가 쏟아지는 것도 듣지 못했다는 유명한 일화가 전해진다. 2002년에 악보로는 처음으로 유네스코 지정 세계문화유산으로 등록되었다.

[6] 정답 ☞ ①

① 오라토리오는 17~18세기에 성행했던 대규모의 종교적 극음악으로서 헨델의 '메시아', 하이든의 '천지창조' 등이 유명하다.

② 18세기 오페라의 기본이 되는 배역 중 주역 남성가수를 뜻하고 상대 주역 여배우는 프리마돈나라고 한다.

③ 오페라·칸타타·오라토리오 등에서 나오는 선율적인 독창부분(드물게는 2중창)으로서 영창(詠唱)으로 번역되며 레치타티보(서창)와 대조적으로 쓰이는 말이다. 많은 경우 기악의 반주가 따른다. 레치타티보가 대사(臺詞)를 노래하는 것인 데 반하여, 아리아는 모든 음악적인 표현수단을 구사하고 가수의 기량을 나타내는 일 등에 중점을 두고 있다.

④ 오스트리아 작곡가 W.A.모차르트의 오페라로서 모차르트의 수많은 오페라 중에서도 으뜸가는 걸작인 『피가로의 결혼』은 보마르셰의 희곡을 원작으로 하고 있다. 1786년 5월 1일 빈의 부르크테아터에서 초연되었는데 당시 국왕이 앙코르의 횟수를 제한하는 명령을 선포했을 정도로 대단한 성공을 거두었다.

[7] 정답 ☞ ④

④ 금곰상, 은곰상 등을 수여하는 것은 베를린영화제이다.

[8] 정답 ☞ ①

① 피카소는 입체파화가에 속한다.

②, ③, ④ 후기인상파 화가는 세잔, 고갱, 고흐 등이 대표적이며 인상주의의 단계를 거치면서도 그 양식의 한계에 만족하지 못해 인상주의에서 벗어나기 시작하면서 독자적으로 활동을 추구하던 화가로서 인상주의 이후의 세대라는 관점에서 '후기 인상주의 화가'라는 명칭을 얻게 되었다.

[9] 정답 ☞ ③

① 보헤미아의 민족무곡으로서 '폴란드 아가씨'란 뜻이며 빠른 2박자의 특징 있는 리듬을 지녔다. 1830년대에 보헤미아에서 발생하여 곧 전 유럽의 살롱에 전파, 19세기 말까지 열광적인 인기를 모았다. 보헤미아의 작곡가 스메타나와 드보르자크 등에 의하여 예술작품에도 인용되고 있다.

② 4분의 3박자의 경쾌한 무곡으로 19세기 유럽에서 널리 유행하였다.

③ 음악에서는 담시곡, 이야기곡 등으로 번역되는 통속적인 가곡을 뜻한다.

④ 17~18세기경 유럽을 무대로 보급되었던 3/4박자의 무용과 그 무곡으로서 프랑스에서 시작되었다. 고도로 양식화된 우아한 표현이 특징이며, 스텝의 폭이 작은 데서 붙여진 이름이다.

[10] 정답 ☞ ②

① 조선 전기 때의 화가로서 북송 때의 화가 곽희의 화풍을 바탕으로 여러 화가의 장점을 절충, 많은 명작을 남겼는데 특히 산수화에 뛰어났고 초상화·사군자·의장도 등에도 능했으며, 그의 화풍은 일본의 수묵산수화 발전에도 많은 영향을 끼쳤다.

② 우리나라의 산천을 독자적인 화법으로 그려내어 진경산수화풍을 확립시킨 동시에 진경산수화의 발달에 지대한 공로를 남긴 화가이다. 정선은 전통적인 절파계의 북종화법과 새로 유입된 남종화법을 결합시켜 자신만의 독창적인 화법을 창안해 냈는데, 이러한 화법을 토대로 우리나라 제일의 명승지인 금강산을 비롯하여 전국 각지의 빼어난 경치를 사생(寫生)하여 화폭에 담았다.

③ 조선 후기의 서화가·문신·문인·금석학자로서 학문에서는 실사구시를 주장하였고, 서예에서는 독특한 추사체를 대성시켰으며, 특히 예서·행서에 새 경지를 이룩하였다.

[11] 정답 ☞ ③

① 한국영화의 질적 향상을 도모하기 위하여 설치된 영화예술상으로서 한국영화계의 대표적 영화제로 존속하면서 우수영화의 발굴 및 포상을 통한 진흥효과를 거둔 것은 긍정적이지만 정부의 영화계 통제수단으로 변질되거나 포상을 둘러싼 영화인들의 마찰 등 부작용을 유발하기도 하였다.

② 정식 명칭은 영화예술과학아카데미상이다. 그 전해에 발표된 미국영화 및 미국에서 상영된 외국영화를 대상으로 우수한 작품과 그밖의 업적에 대하여 해마다 봄철에 시상한다. 1927년 창설된 미국 영화예술과학아카데미의 주관으로 1929년부터 매년 시상해 왔는데, 이는 오늘날 미국영화계의 가장 큰 연중행사의 하나일 뿐만 아니라 세계적인 관심과 흥미의 대상이 되고 있다.

③ 미국에서 가장 권위 있는 보도·문학·음악상으로서 저명한 언론인 J.퓰리처의 유산 50만 달러를 기금으로 하여 1917년에 창설되었다. 언론 분야는 뉴스·보도사진 등 8개 부문, 문학 분야는 시·소설 등 5개 부문, 드라마 1개 부문, 음악 1개 부문에서 수상자를 선정한다.

④ 1943년에 설립된 할리우드 외신기자협회(Hollywood Foreign Press Association)에서 수여하는 상으로, 2000년 제57회를 맞이하였다. 그 영향력이 아카데미상까지 이어지기 때문에 아카데미상의 전초전이라고 불린다.

[12] 정답 ☞ ①

① 자연스런 형식의 소서사시를 의미하지만 음악에서는 통속적 가곡을 뜻하는 것으로 쇼팽의 발라드 4곡과 브람스, 포레 발라드가 유명하다.

② 노래하듯이 또는 노래하는 듯한 표정으로라는 뜻이다.

③ 음이 끊어지지 않도록 아주 부드럽게 미끄러지듯이 연주하는 것을 말한다.

④ 성악의 발성법 중 하나로 입을 다물고 콧노래로 부르는 창법을 말한다.

[13] 정답 ☞ ③

③ 호두까기 인형은 백조의 호수와 잠자는 숲속의 미녀와 함께 차이코프스키의 3대 발레음악이다.

[14] 정답 ☞ ②

① 프랑스의 화가로서 인상주의의 아버지로 불리운다. 세련된 도시적 감각의 소유자로 주위의 활기 있는 현실을 예민하게 포착하는 필력에서는 유례없는 화가였다. 종래의 어두운 화면에 밝음을 도입하는 등 전통과 혁신을 연결하는 중개역을 수행한 점에서 공적이 크다.

② 달리는 스페인의 초현실주의 화가로서 그는 보기 드문 조숙아로 일찍이 인상파나 점묘파·미래파의 특질을 터득하고 입체파나 형이상회화 등의 감화를 받으며 작풍편력을 하였다.

③ 프랑스의 인상파 화가로서 작품은 외광을 받은 자연의 표정을 따라 밝은 색을 효과적으로 구사하고, 팔레트 위에서 물감을 섞지 않는 대신 '색조의 분할'이나 '원색의 병치'를 이행하는 등, 인상파기법의 한 전형을 개척하였다.

④ 프랑스 화가였던 그의 작풍은 인상파 특유의 기법을 바탕으로 수수하면서도 견실성을 보여 모네와 시슬레보다 한층 구성적인 면에 특색을 보였으나, 1850년대 중반경 한 때 G.슬러의 점묘법에 끌려 밝고 섬세한 규칙적인 필법에 의한 작품도 남겼다.

[15] 정답 ☞ ④

① N.사로트의 소설 『낯선 사나이의 초상 : Portrait d'un inconnu』(1947)의 서문에서 J.P.사르트르가 처음으로 사용한 호칭이다. 사르트르가 그 서문에서, "앙티로망은 소설의 외견과 윤곽을 간직하고는 있으나, 실은 소설 자체에 의하여 소설에 이의(異議)를 부르짖고, 소설을 파괴하는 것을 지향하고 있다"고 말한 후부터 널리 이 말이 쓰이게 되었다.

② 미국 연극의 중심역할을 해 온 브로드웨이 연극이 대자본을 필요로 하는 상업연극으로 변모한데 대한 반발로, 제2차 세계대전 후에 일어난 소극장 또는 그 연극운동을 말한다.

③ 이탈리아에서 미국의 서부극을 본떠 만든 영화로서 미국 서부극과 같은 개척정신의 요소는 없고, 주로 멕시코를 무대로 총잡이를 등장시켜 잔혹한 장면을 강렬하게 묘사한 것이 특색이다.

④ 1957년경부터 프랑스 영화계에 일어난 새로운 물결을 뜻하며 20~30대의 젊은 영화인들이 전통적인 영화에 대항하여 새로운 영화제작을 시작한 것으로, 직업의식을 갖지 않은 작은 그룹에 의한 제작이 많다.

[16] 정답 ☞ ④

모차르트의 작품이 아닌 것은 「아이다」로 베르디의 작품이다.

[17] 정답 ☞ ③

대중사회를 기반으로 성립되는 문화인 대중문화는 획일화되고 평균화되어 가는 일반 대중의 문화를 가리킨다.

[18] 정답 ☞ ②

① 마스트리트조약 : 유럽의 정치통합과 경제 및 통화 통합을 위한 유럽통합조약

② 베른조약 : 1886년 스위스의 수도 베른에서 저작권을 국제적으로 서로 보호할 것을 목적으로 체결된 조약

③ 바젤협약 : 유해폐기물의 국가간 이동 및 처리에 관한 국제협약

④ 샌프란시스코 강화회의 : 제2차 세계대전 후 일본과의 강화조약을 체결하기 위한 국제회의

[19] 정답 ☞ ③

세계 4대 뮤지컬 : 레미제라블, 미스 사이공, 오페라의 유령, 캣츠

[20] 정답 ☞ ①

- 우리나라 국보 1호~10호 : 제1호 - 숭례문, 제2호 - 원각사지십층석탑, 제3호 - 북한산신라진흥왕순수비, 제4호 - 고달사지 부도, 제5호 - 법주사쌍사자석등, 제6호 - 중원탑평리칠층석탑, 제7호 - 봉선홍경사사적갈비, 제8호 - 성주사 낭혜화상백월보광탑비, 제9호 - 부여정림사지오층석탑, 제10호 - 실상사 백장암 삼층석탑

- 우리나라 보물 1호~10호 : 제1호 - 동대문, 제2호 - 서울보신각종, 제3호 - 대원각사비, 제4호 - 중초사지당간지주, 제5호 - 중초사지삼층석탑, 제6호 - 고달사 원종대사혜진탑비 귀부 및 이수, 제7호 - 고달사 원종대사혜진탑, 제8호 - 고달사지 석불좌, 제9호 - 서봉사 현오국사탑비, 제10호 - 강화하점면 오층석탑

- 북한의 국보 1호~10호 : 제1호 - 평양성, 제2호 - 보통문, 제3호 - 강서대묘, 제4호 - 강서중묘, 제5호 - 강서소묘, 제6호 - 약수리 벽화고분(大獵塚), 제7호 - 연화총, 제8호 - 태성리 제1호 고분, 제9호 - 태성리 제2호 고분, 제10호 - 용강대총

[21] 정답 ☞ ②

① 매너리즘 : 예술 창작이나 발상면에서 독창성을 잃고 평범한 경향으로 흘러 표현수단의 고정과 상식성으로 인하여 예술의 신선미와 생기를 잃는 일 등을 말한다.

② 스탕달신드롬 : 프랑스의 작가 스탕달(Stendhal)이 1817년 이탈리아 피렌체에 있는 산타크로체성당에서 레니(Guido Reni)의 ≪베아트리체 첸치≫작품을 감상하고 나오던 중 무릎에 힘이 빠지면서 황홀경을 경험했다는 사실을 자신의 일기에 적어 놓은 데서 유래한다.

③ 리리시즘 : 예술적 표현의 서정성, 특히 그것을 고조하였을 경우, 또는 그 서정적 기분이나 수법을 추구하는 서정정신을 뜻한다.

④ 아우라 : 어떤 예술작품이나 물건에서 느껴지는 분위기, 혼, 모방할 수 없는 특유의 기운, 창조성이 느껴지는 유일무이성, 즉 다른 것과는 다른 한 예술작품의 고유한 특성 혹은 미적 아름다움을 뜻한다.

[22] 정답 ☞ ③

차례상 진설의 한문어구

㉠ 좌포우혜(左胞右醯) : 좌측에는 포, 우측에는 식혜를 놓는다.

㉡ 어동육서(魚東肉西) : 생선은 동쪽에, 육류는 서쪽으로 가게 한다.

㉢ 동두서미(東頭西尾) : 생선의 머리가 동쪽으로, 꼬리가 서쪽으로 향하게 놓는다.

㉣ 홍동백서(紅東白西) : 붉은 과일은 동쪽, 흰색은 서쪽으로 놓는다.

㉤ 조율이시(棗栗梨柿) : 좌측부터 조(대추), 율(밤), 이(배), 시(곶감)의 순서로 진설하고 다음에 호두 혹은 망과류(넝쿨과일)를 쓰며 끝으로 조과류(다식, 산자, 약과)를 진설한다.

[23] 정답 ☞ ③

① 베니스 영화제 : 예선을 통과한 세계 각국의 영화가 상영되고, 각국의 배우·감독·프로듀서·기자 등이 참석하여 기자회견·리셉션 등이 2주간에 걸쳐 화려하게 열린다. 1932년에 시작되어 국제영화제로서는 가장 오랜 전통을 지니며, 칸영화제와 쌍벽을 이룬다.

② 칸 영화제 : 프랑스 남부의 휴양도시 칸(Cannes)에서 매년 5월 개최되는 국제영화제로 베니스국제영화제, 베를린국제영화제와 함께 세계 3대 영화제이다.

③ 로카르노 영화제 : 스위스 영화협회가 주관하는 대회로 2편 이내의 영화 제작 경력이 있는 신인감독을 대상으로 하고 있다. 시상은 금표범상·은표범상·동표범상·어네스트 아타리아(Ernest Artaria) 기념상·심사위원 특별상 등 5개 부문에 걸쳐 시상한다.

④ 부산국제 영화제 : 한국 영화의 발상지인 부산을, 영상문화의 중앙 집중에서 벗어나 지방자치시대에 걸맞은 문화예술의 고장으로 발전시키고자 기획된 영화제이다.

[24] 정답 ☞ ②

② 인형, 나무, 과일 등 클레이 동작의 자유로움, 캐릭터의 다양한 표정과 색채를 구사할 수 있는 독특한 애니메이션이다.

[25] 정답 ☞ ②

영화에서 단기간에 큰 흥행을 올리기 위해 엄청나게 돈을 들여 만든 대작을 뜻하는 말. 블록버스터(Blockbuster)란 단어는 원래 2차 세계대전 중에 쓰이던 폭탄의 이름이다. 2차대전 때 영국 공군은 4·5톤짜리 폭탄을 독일 폭격에 썼는데, 이 폭탄은 한 구역(block)을 송두리째 날려버릴(bust) 위력을 지녔다고 해서 이 폭탄의 이름을 블록버스터라고 명명하였다.

[26] 정답 ☞ ①

① 1947년 브로드웨이의 뛰어난 연출가 앙투아네트 페리를 기념해 창설된 '연극의 아카데미상'이라 불리는 상으로 매년 봄에 브로드웨이 극장관계자들을 중심으로 드라마와 뮤지컬 두 부분을 합쳐 16개 분야에 주어진다.

② 텔레비전 작품 관계자의 우수한 업적을 평가하여 미국텔레비전 예술과학 아카데미가 주는 상으로서 방송계 최대의 행사이다. 1949년부터 시작하여 매년 5월에 할리우드에서 개최되고, 63년부터 이상의 일환으로 국제 에미상이 설립되었다.

③ 1972년 미국의 사업가 템플턴이 창설하여 종교활동의 증진·향상에 기여한 사람에게 주는 상으로서 노벨상에 종교 부문이 없는 것을 안타깝게 여겨 1972년 템플턴 재단을 설립하고 3만 4000파운드의 기금을 상금으로 내 놓으면서 제정되었다.

④ 1943년에 설립된 할리우드 외신기자협회(Hollywood Foreign Press Association)에서 수여하는 상으로 2000년 제57회를 맞이하였다. 그 영향력이 아카데미상까지 이어지기 때문에 아카데미상의 전초전이라고 불린다.

[27] 정답 ☞ ①

    ① 모놀로그(monologue)

    ② 프롤로그(prologue)

    ④ 에필로그(epilogue)

[28] 정답 ☞ ②

넌버벌 퍼포먼스(Non-Verbal Performance)란 대사가 아닌 몸짓과 소리, 즉 리듬과 비트만으로 구성된 비언어 퍼포먼스로 넌버벌 퍼포먼스 장르는 대사가 없기 때문에 언어장벽이 없고 누구나 쉽게 이해하고 공감할 수 있어 1990년대 초부터 전세계적으로 인기몰이를 하고 있다.

[29] 정답 ☞ ①

피카소 : 스페인 태생의 프랑스 화가. 초기에는 르누아르, 툴루즈, 뭉크, 고갱, 고흐 등 거장들의 영향을 받았다. 후에 입체파를 대표하며 20세기 최대의 거장이 되었다. ≪게르니카≫, ≪아비뇽의 아가씨들≫ 등 수많은 역작이 있다.

[30] 정답 ☞ ④

    ① 미니멀리즘(minimalism) : 1960년대 후반, 미국의 젊은 작가들이 최소한의 조형 수단, 즉 회화와 조각 등 시각 예술 분야에서 대상의 본질만을 남기고 불필요한 요소들을 제거하는 경향으로 제작했던 회화나 조각을 가리킨다.

    ② 레디메이드(ready-made) : 기성품의 미술작품을 의미한다.

    ③ 키치(Kitsch) : 키치란 '통속 취미에 영합하는 예술 작품'을 가리키는 말로 최근에는 일부러 유치하고 천박한 방법을 동원함으로써 기성 예술의 엄숙주의를 조롱하고 야유하는 예술의 한 형식을 가리키는 용어로 쓰이고 있다.

[31] 정답 ☞ ③

사신도(四神圖)는 4방위를 맡은 신을 그린 그림으로 동쪽의 청룡(靑龍), 서쪽의 백호(白虎), 남쪽의 주작(朱雀), 북쪽의 현무(玄武) 등의 방위신을 표현한 것이다.

[32] 정답 ☞ ③

3원3재(三園三齋) : 3원3재란 조선 후기의 대표적인 화가로 다음 6인을 일컫는다.

    • 3재 : 겸재(謙齋) 정선, 현재(玄齋) 심사정, 관아재(觀我齋) 조영석

    • 3원 : 단원(檀園) 김홍도, 혜원(蕙園) 신윤복, 오원(吾園) 장승업

[33] 정답 ☞ ④

다음 중 미술 분야의 삼원색에 속하지 않는 것은?

삼원색(三原色) : 다른 색들의 혼합으로는 만들어지지 않는 기본적인 3가지 색. 빛의 색(색광), 즉 컬러텔레비전에서는 빨강(赤, red)·초록(綠, green)·파랑(靑, blue)을, 그리고 물감이나 잉크 등의 색재(色材)에서는 빨강·파랑·노랑을 말한다. 인쇄에서는 시안(cyan)·마젠타(magenta)·옐로(yellow)를 색재의 3원색이라고 한다.

[34] 정답 ☞ ④

    ④ 현악 4중주 - 제1·2바이올린, 비올라, 첼로

[35] 정답 ☞ ①

    ① 환상곡 : 형식에 구애됨이 없이 악상이 떠오르는 대로 자유로이 작곡한 작품

    ② 아리아 : 오페라·칸타타·오라토리오 등에서 나오는 선율적인 독창부분(드물게는 2중창)

    ③ 칸타타 : 17세기 초엽에서 18세기 중엽까지의 바로크시대에 가장 성행했던 성악곡의 형식

④ 세레나데 : '맑게 갠'을 뜻하는 이탈리아어 sereno에서 나왔으며 16세기 이후 '저녁때'를 가리키는 이탈리아어 sera와도 관계가 있다. 보통 소야곡·야곡 등으로 번역되며 이와 대비되는 음악이 오바드(aubade : 아침음악)이다.

[36] 정답 ☞ ②

① 오라토리오 : 17～18세기에 가장 성행했던 대규모의 종교적 극음악

② 아리아 : 오페라·칸타타·오라토리오 등에서 나오는 선율적인 독창부분

③ 칸타타 : 17세기 초엽에서 18세기 중엽까지의 바로크시대에 가장 성행했던 성악곡의 형식

④ 소나타 : 기악을 위한 독주곡 또는 실내악으로 매우 규모가 큰 몇 개의 악장으로 이루어지며 일반적으로 진지한 내용과 절대 음악적인 구성을 가진다.

[37] 정답 ☞ ③

〈성악에서 성부〉

1. 남성

① 테너(tenor) : 음악에서 남성 최고 음역

② 바리톤(baritone) : 테너와 베이스의 중간 목소리

③ 베이스(bass) : 남성의 가장 낮은 성역

2. 여성

① 소프라노(soprano) : 여자 목소리의 최고 성역

② 메조 소프라노(mezzo soprano) : 여성(女聲)에서 소프라노와 알토의 중간에 속한 낮은 소프라노

③ 알토(alto) : 소프라노에 대해 여성(女聲)의 낮은 음역

[38] 정답 ☞ ③

오페라에서 제1여가수인 프리마돈나의 상대 남성가수를 프리모우오모(primo uomo)라 한다.

[39] 정답 ☞ ③

① 세레나데 : 보통 소야곡·야곡 등으로 번역되는 저녁때(밤)나 창 밖 등 연주시간과 장소를 가리킨다.

② 소나타 : 1600년 전후에 성립한 기악곡 또는 그 형식을 뜻한다.

③ 랩소디 : 성격적으로는 서사적·영웅적·민족적인 색채를 띠고 있다. 리스트의 ≪헝가리 광시곡≫이 그 한 예이며 랄로, 드보르자크, 바르토크의 작품에서도 이와 같은 경향을 찾아볼 수 있다

④ 미뉴에트 : 17～18세기경 유럽을 무대로 보급되었던 3/4박자의 무용과 그 무곡으로 그 시작은 프랑스에서부터였다. 고도로 양식화된 우아한 표현이 특징이며, 스텝의 폭이 작은 데서 붙여진 이름이다.

[40] 정답 ☞ ①

좌익과 우익이라는 말이 정치적 의미로 사용되기 시작한 것은 프랑스 혁명기다. 1789년 혁명 직후 소집된 국민의회에서 의장석에서 보아 오른쪽에 왕당파가 앉고 왼쪽에 공화파가 앉은 것이 그 기원이다. 공화파가 장악한 1792년의 국민공회에서도 왼쪽에 급진적인 자코뱅파 의원들이 앉고 오른쪽에 보수적인 지롱드파 의원들이 앉았다. 가운데에는 중간파인 마레당이 앉았다. 이 때문에 프랑스에서 보수적이거나 혁명의 진행에 소극적이고 온건한 세력은 우익으로, 상대적으로 급진적이고 과격한 세력은 좌익으로 나누는 것이 혁명기에 하나의 관행이 되었다.

[41] 정답 ☞ ④

① 힙합 : 1980년대 미국에서부터 유행하기 시작한 다이내믹한 춤과 음악의 총칭으로서 당초에는 1970년대 후반 뉴욕 할렘가에 거주하는 흑인이나 스페인계 청소년들에 의해 형성된 새로운 문화운동 전반을 가리키는 말이었다.

② 레게 : 1968~1969년 카리브해 자메이카에서 발생한 새로운 대중음악으로 전통적인 흑인 댄스뮤직에 미국의 솔뮤직(soul music : 靈歌調의 재즈음악) 등의 요소가 곁들여 형성되었다.

③ 블루스 : 노예해방 후에 미국 남부에서 발생한 흑인 민요의 일종. 흑인영가(spirituals)가 합창으로 부르는 집단적인 노래임에 비해, 블루스는 개인의 노래이며 19세기 말 기타가 보급되면서 기타의 반주에 맞춰 부르는 형태로 발달했다.

④ 재즈 : 미국의 흑인이 백인음악과의 접촉을 통해서 낳은 도시형 음악으로 1900년 무렵, 남부의 항구도시 뉴올리언스를 중심으로 발생했다. 아프리카와 유럽의 요소를 갖고 있는 일종의 혼혈음악이다.

[42] 정답 ☞ ③

삼바는 아프리카계의 민속무용을 바탕으로 한 것이라 하며, 여럿이 원무를 추거나 행렬을 지어 행진하면서 추는 것이 특색이다.

[43] 정답 ☞ ②

② 당적은 관악기에 속한다.

〈국악기의 종류〉

1. 현악기 : 해금, 아쟁, 가야금, 거문고, 향비파, 당비파, 금슬, 월금, 공후, 양금
2. 관악기 : 대금, 당적, 지소, 적, 통소, 단소, 향피리, 세피리, 당피리, 생황, 훈, 나각, 나발
3. 타악기 : 편종, 편경, 운라, 징, 장구, 소고, 박, 축, 어

[44] 정답 ☞ ④

① 발림 : 판소리에서 창자가 소리의 가락이나 사설의 극적인 내용에 따라서 손·발·온몸을 움직여 소리나 이야기의 감정을 표현하는 몸짓을 일컫는다.

③ 아니리 : 판소리에서 창자가 소리를 하다가 한 대목에서 다른 대목으로 넘어가기 전에 자유 리듬으로 사설을 엮어나가는 행위이다.

④ 추임새 : 판소리 창자가 노래를 부를 때 창자에게 흥을 돋우어 주기 위해 고수나 청중이 가락이 적당한 곳에서 붙이는 '좋지, 얼씨구, 잘한다' 등의 말을 추임새라고 한다. 이것은 창자의 흥을 돋우어 주고, 소리의 강약을 보강해 주는 등 복합적인 기능을 함으로써 판소리의 맛을 한층 더 이끌어 낼 수 있다.

[45] 정답 ☞ ③

동편제의 무뚝뚝한 맛과는 달리 서편제는 수식과 기교가 많아 자상하며 듣는 사람의 애간장을 녹이는 듯한 감상적인 면이 강조되는 소리이다.

[46] 정답 ☞ ①

① 국악에서 엇모리는 매우 빠른 10박 장단이며, 서양 음악에서 프레스토는 매우 빠르기를 나타내는 장단이다.

② 휘모리는 국악 장단 중 가장 빠른 장단이며, 알레그로는 서양 음악에서 빠르게를 나타내는 장단이다.

③ 중모리는 조금 빠른 장단이며, 모데라토는 보통 빠르기의 장단이다.

④ 자진모리는 보통 빠르기의 장단이다.

[47] 정답 ☞ ④

④ 쾌활하고 활동적이며 억양이 강한 민요는 경상민요이며, 제주민요는 제주도 지방 특유의 방언을 사용하는 것이 특징이다.

〈민요〉

- 경기도 민요 : 〈닐리리야〉, 〈도라지 타령〉, 〈아리랑〉, 〈풍년가〉 등
- 전라도 민요 : 〈농부가〉, 〈육자배기〉, 〈강강술래〉, 〈진도 아리랑〉 등
- 강원도 민요 : 〈정선 아리랑〉, 〈강원도 아리랑〉, 〈한 오백 년〉 등
- 경상도 민요 : 〈밀양 아리랑〉, 〈옹헤야〉, 〈쾌지나 칭칭 나네〉, 〈뱃노래〉 등
- 서도(황해도, 평안도) 민요 : 콧소리를 섞어 떨며 애수적이고 감상적이다. 〈몽금포 타령〉, 〈수심가〉, 〈영변가〉, 〈긴 아리랑〉 등
- 제주도 민요 : 〈오돌또기〉, 〈해녀가〉, 〈이야옹 타령〉 등

[48] 정답 ☞ ②

'사계'는 비발디, '마왕'과 '숭어'는 슈베르트, '마술피리'와 '피가로의 결혼'은 모차르트의 작품이다.

[49] 정답 ☞ ③

판토마임 : 대사를 일체 사용하지 않고 몸짓만으로 표현하는 연극

스크루볼 코미디 : 1930년대 미국 대공황 시기에 유행했던 코믹극의 한 종류로 빈부나 신분격차가 큰 남녀 주인공이 나와 재치 있는 대사로 갈등과 애증을 겪는데, 처음에는 갈등의 폭이 커지지만 결국엔 행복한 결말에 이른다.

블랙 코미디 : 아이러니한 상황이나 사건을 통해 웃음을 유발하는 코미디의 하위 장르로 냉소적이며 음울하고 때로는 공포스러운 유머 감각을 담고 있다.

[50] 정답 ☞ ④

생명을 나타내는 bio와 장소라는 의미를 가진 topes의 합성어로 도심에 존재하는 인공적인 생물서식공간을 말한다.

[공저자 약력]

언어영역	**이 승 철** 선임연구원
	고려대학교 법학과 졸업 / 홍익대학교 교육대학원 석사과정
	• (현) (주) 에듀테크 적성시험연구소 선임 연구원 및 언어영역 강사 • 2011년 중앙대, 국민대 언어 특강 • 전 목동 청산학원 언어/논술 대표강사 • SMART 통합 기업적성시험교재 시리즈(에듀테크) 언어 집필위원
수리영역	**최 재 영** 선임연구원
	서울대학교 사학과 졸업
	• (현) (주) 에듀테크 적성시험연구소 선임 연구원 및 수리영역 강사 • 2011년 중앙대, 국민대 수리 특강 • 전 수학 전문학원 원장 • SMART 통합 기업적성시험교재 시리즈(에듀테크) 수리 집필위원
추리영역	**이 형 찬** 선임연구원
	고려대학교 경영학과 졸업
	• (현) (주) 에듀테크 적성시험연구소 선임 연구원 및 추리영역 강사 • 2011년 중앙대, 국민대 추리 특강 • SMART 통합 기업적성시험교재 시리즈(에듀테크) 추리 집필위원
직무상식영역	**김 춘 호** 선임연구원
	한양대학교 법과대학 졸업
	• (현) (주) 에듀테크 적성시험연구소 선임 연구원 및 상식영역 강사 • (현) 종로국가정보학원 공사 공단 상식 전임교수 • 2011년 중앙대, 국민대 상식 특강 • 한국교육진흥재단 법학, 상식교수 • SMART 통합 기업적성시험교재 시리즈(에듀테크) 상식 집필위원

Smart 기업 직무적성시험

발행일   2012년 1월 15일 초판인쇄
          2012년 1월 20일 초판발행

공저자   이승철·최재영·이형찬·김춘호
발행인   황인욱
발행처   圖書出版 오래

주 소   서울특별시 용산구 한강로 2가 156-13
전 화   02-797-8786, 8787, 070-4109-9966
팩 스   02-797-9911
이메일   orebook@naver.com
홈페이지   www.orebook.com
출판신고번호   제302-2010-000029호.(2010. 3. 17)

ISBN   978-89-94707-49-5

가 격   20,000원